OK, **ROBERTO**.
VOCÊ VENCEU!

ERNESTO LOZARDO

OK, ROBERTO. VOCÊ VENCEU!

O PENSAMENTO ECONÔMICO DE ROBERTO CAMPOS

Copyright © 2018 Ernesto Lozardo

EDITOR
José Mario Pereira

EDITORA ASSISTENTE
Christine Ajuz

REVISÃO
Cristina Pereira
Luciana Messeder

PRODUÇÃO
Mariângela Felix

CAPA
Miriam Lerner | Equatorium,
sobre arte de Beto Nejme | Nejme Editorial

DIAGRAMAÇÃO
Arte das Letras

CIP-BRASIL. CATALOGAÇÃO NA FONTE.
SINDICATO NACIONAL DOS EDITORES DE LIVROS, RJ.

L959o

    Lozardo, Ernesto
    Ok, Roberto. Você venceu!: o pensamento econômico de Roberto Campos / Ernesto Lozardo. – 1ª ed. – Rio de Janeiro: Topbooks, 2018.
    352p.; 23 cm.

    Inclui índice
    ISBN 978-85-7475-280-8

    1. Campos, Roberto, 1917-2001. 2. Economistas – Brasil – Biografia. 3. Economia – Brasil – História. I. Título.

18-53556   CDD: 923.381
                                          CDU: 929:330(81)

TODOS OS DIREITOS RESERVADOS POR
Topbooks Editora e Distribuidora de Livros Ltda.
Rua Visconde de Inhaúma, 58 / gr. 203 – Centro
Rio de Janeiro – CEP: 20091-007
Telefax: (21) 2233-8718 e 2283-1039
topbooks@topbooks.com.br/www.topbooks.com.br
Estamos também no Facebook e Instagram.

*Dedico este livro à minha esposa, Carla,
e aos nossos filhos, Stefano e Domenico.*

IN MEMORIAM

Este livro é um gesto pequeno, mas de imensa gratidão à memória daqueles com quem convivi e que, em diferentes fases da vida, foram-me imprescindíveis. Pessoas que me engrandeceram e continuam alimentando minhas esperanças na dignidade humana e na construção de sociedades mais justas, pacíficas, livres e de bem viver. Dessa convivência, ainda jovem em idade, firmaram-se sólidos pilares na formação do meu pensar, do meu caráter e do meu querer. A lista dessas pessoas é enorme; todas já nos deixaram, porém pontuarei aquelas que permanecem me inspirando até os dias atuais. Como escreveu certa vez o pe. João Batista Zecchin que "a única herança do homem é a sua personalidade transmitida", para mim, celebrar a personalidade e a importância do pensamento econômico de Roberto de Oliveira Campos é fundamental. Campos foi um intelectual brilhante, pragmático e comprometido em transformar o Brasil em uma nação próspera. Este livro é uma maneira de eu celebrar seu centenário e retribuir seu inestimável apoio e amizade.

Na minha adolescência, dificilmente ficava indiferente às realidades política e social do país. Estava engajado na luta pela democracia e por uma sociedade brasileira mais justa e cristã. Nesse período, chamou-me a atenção a personalidade de Roberto Campos. Um intelectual comprometido com as causas econômicas e sociais do Brasil. Ele continua sendo uma das mais notáveis referências nas minhas reflexões em como transformar o Brasil em uma sociedade desenvolvida e com plena inserção social. Na vida adulta, tive pouca convivência com Roberto Campos, mas, em um momento, em 1970, ele foi-me uma pessoa imprescindível.

Em meio à mais obscura fase do regime militar, passei por momentos críticos. Campos, no entanto, possibilitou minha saída do Brasil e, por sua indicação, permaneci um período no Banco Mundial; depois consegui ingressar na New York University e, mais adiante, na Columbia University para concluir os cursos de graduação e dois mestrados em administração e economia.

Assim como a Campos, dedico este livro à memória de outras pessoas notáveis que me deixaram legados importantes. Na minha adolescência, o pe. João Batista Zecchin soube me guiar para os valores da minha formação cristã. Na minha fase adulta, conheci Gilberto Ferreira Paim, um amigo inigualável que me aproximou de Roberto Campos e acompanhou meus passos em minha trajetória profissional. Na vida universitária, meus mentores, os professores Robart C. Carr e Oskar Morgenstern, ambos da New York University, foram mestres inspiradores, que não pouparam tempo e amizade para me orientar nos estudos e compartilhar reflexões.

AGRADECIMENTOS

Meu encantamento pela personalidade de Roberto Campos cresceu ainda mais com as entrevistas que realizei com amigos dele. Devo destacar o ex-presidente Fernando Henrique Cardoso, o ex-secretário de Estado dos Estados Unidos Henry Kissinger, o ex-ministro Antonio Delfim Netto, o ex-presidente do Banco Central do Brasil Ernane Galvêas e o pianista João Carlos Martins. A todos, agradeço a gentileza dos relatos que destacaram a admiração à personalidade e ao compromisso desse ilustre brasileiro com as realidades humanas, em particular, a brasileira. Cada um tem uma apreciação distinta sobre Campos, mas há uma homogeneidade de pensamento sobre integridade intelectual e contribuição positiva dele às diversas áreas do conhecimento social e econômico, particularmente, à brasileira. Acrescento, também, a sua personalidade humanista, sua generosidade, seu apego à democracia e aos direitos universais dos seres humanos.

Agradeço aos amigos e professores Roberto Castello Branco, Carlos Geraldo Langoni da FGV do Rio de Janeiro, e aos professores Mauro Boianovsky e Jorge Arbach, ambos da Universidade de Brasília (UNB), pela leitura cuidadosa e úteis sugestões para o melhor entendimento deste trabalho.

Minha gratidão ao professor Antonio José Barbosa, da UNB, que me auxiliou na coletânea dos debates no Senado Federal entre o ex-presidente Fernando Henrique Cardoso e Campos; aos ipeanos que tiveram a iniciativa na criação do prêmio IPEA – Prêmio Excelência à Pesquisa Roberto Campos aos estudos das diversas áreas socioeconômicas nas quais o instituto realiza suas atividades; às bibliotecárias da EAESP-FGV que me deram assistência na busca de livros e documentos raros sobre Campos; a Cristiane Dias pela qualidade exemplar no trabalho de revisão, de pesquisa e de inúmeras sugestões dos originais; e à minha esposa, Carla, e aos nossos filhos, Stefano e Domenico, que tanto me apoiaram e ouviram meus relatos sobre o progresso deste livro. Antecipadamente, agradeço a você, leitor ou leitora, que disporá de tempo para ler este trabalho sobre a originalidade, o realismo e o incansável desejo de Roberto Campos em transformar o Brasil atrasado em uma nação próspera e justa. Se pudesse caracterizar seu modo de ser, repetiria sua própria autoanálise: "*Sou um cético que se recusou a perder a esperança. Um pessimista pela razão e otimista pelo coração.*"* Seu otimismo realista, sua criatividade e autenticidade continuam nos impulsionando a compreender a originalidade e a praticidade do seu pensamento econômico. Foi sem dúvida um dos brasileiros mais influentes, brilhantes e culto personagem nacional do século passado. Como de praxe, toda e qualquer falha de interpretação que possa existir neste livro deve-se, unicamente, a mim.

ERNESTO LOZARDO
PROFESSOR DA EAESP-FGV E PRESIDENTE DO IPEA

---

* SIMONSEN, Mário Henrique e CAMPOS, Roberto de Oliveira. "O modelo brasileiro de desenvolvimento". In: *A nova economia brasileira*. Rio de Janeiro: José Olympio, 1974, p. 1.

SUMÁRIO

Introdução 15
1 – Reflexões do crepúsculo 25
2 – Os fundamentos das controvérsias 42
3 – Não existe meia gravidez 82
4 – Planejar ou improvisar o progresso socioeconômico 115
5 – As bases do crescimento sustentável 156
6 – A concepção do desenvolvimento socioeconômico 175
7 – A nova economia: as reformas institucionais (1964-1967) 196
8 – A política de aceleração do crescimento (1967-1973) 226
Memórias dos amigos de Roberto Campos 259
   – Fernando Henrique Cardoso 261
   – Henry Kissinger 274
   – Antonio Delfim Netto 283
   – João Carlos Gandra da Silva Martins 293
   – Ernane Galvêas 303
Posfácio – Roberto Campos, uma referência de vida 315
Notas de referências 323
Bibliografia 343
Índice remissivo 347

INTRODUÇÃO

Há muito, desejava prestar uma homenagem ao economista, filósofo, político e embaixador Roberto Campos, que, como poucos da sua geração, dedicou sua vida profissional à formulação de um Brasil próspero e desenvolvido. No ano de 2017, celebrou-se seu centenário. Como presidente do Instituto de Pesquisa Econômica Aplicada (IPEA), que foi criado por Campos, nada mais oportuno do que lhe prestar esta homenagem em nome de todos os ipeanos.

É de extrema importância apresentar o pensamento de Campos neste início de século, pois ele foi um idealista culto e pragmático, um formulador eficiente e consistente de políticas públicas e macroeconômicas. Suas indagações, formulações e proposições em matéria de políticas econômica, fiscal, tributária, previdenciária, laboral, institucional e social continuam atuais. Sua visão de mundo, que abrange um Brasil democrático, desenvolvido, socialmente próspero integrado à economia global, persegue suas reflexões e concepções.

Como filósofo, economista e homem público importa caracterizar sua referência ideológica. Desde seu primeiro trabalho acadêmico em economia, passando desde sua dissertação de mestrado e todos os demais estudos e aos mais diversos assuntos socioeconômicos, Campos se revela um ideólogo do capitalismo democrático de mercado. Sua participação no governo militar de Castello Branco, um regime de exceção ao regime democrático, não foi uma opção pessoal, mas uma demanda do general sem restrições ao pensamento ou proposições de Roberto Campos. O general sabia que Campos tinha concepções claras de como transformar o Brasil em uma economia desenvolvida sustentável, democrática e socialmente próspera. Tratava-se de um general progressista democrático. A intervenção militar teve a conotação de salvar tanto as instituições democráticas como a prosperidade socioeconômica nacional. Os movimentos de esquerda, socialistas, comuns na América Latina e nos países desenvolvidos, colocavam em risco a natureza liberal e democrática nacional. A intervenção política militar brasileira de 1964 teve o propósito de reorganizar tanto o arranjo político institucional como econômico da nação brasileira, assim como tinha data marcada para devolver aos civis a responsabilidade constitucional das eleições diretas, a partir de março de 1967. O general Castello Branco compartilhava com o modo de pensar de Roberto Campos: capitalista democrático de livre mercado.

A adesão de Roberto Campos ao regime militar não teve conotação política. Ele jamais aderiu ao pensamento autoritário dos militares da "linha-dura". Sua adesão ao governo de Castello Branco teve conotações políticas e pragmáticas. Em verdade, ao ser convidado para ocupar o ministério do Planejamento, Campos recusou. Tinha outras aspirações profissionais voltadas ao mercado privado. No entanto, o general Castello Branco não lhe deu opção: nomeou-o ministro do Planejamento com o objetivo de estruturar e organizar a economia para o crescimento. Campos aceitou, pois sabia que se tratava de um regime militar temporário e moderado. O general Castello Branco lhe assegurou o retorno das eleições presidenciais, em 1967. Campos, portanto, teria três anos para reduzir a inflação e promover o crescimento, o que de fato ocorreu. Retornar à democracia e apresentar a economia melhor organizada tratava-se de um desafio político que tanto Campos como os membros civis do ministério aceitaram.

Os militares da "linha-dura" que praticaram o contragolpe nos propósitos do general Castello Branco, o general Costa e Silva e os demais que deram continuidade ao regime militar, tinham dois inimigos, contrários aos seus propósitos político e constitucional: o general Humberto de Alencar Castello Branco e Roberto de Oliveira Campos.* Impor-

---

* Lozardo, Ernesto. *Globalização: a certeza imprevisível das nações*. São Paulo: Editora do Autor, 2007, Capítulo 8.

Introdução

ta destacar essa característica política de ambos para não se cometer a imprudência de colocá-los em lugar comum no âmbito da história dos militares brasileiros no poder.

Quando foi ministro do Planejamento (de abril de 1964 a outubro de 1967), contribuiu para corrigir rumos ou modificar realidades econômicas, sociais e empresariais por meio de ajustes e reformas econômicas e institucionais. Soube identificar os fatores propulsores dos avanços dos países desenvolvidos e procurou adaptá-los à realidade brasileira. Campos foi um intelectual que soube filtrar o que caberia à nossa realidade e transformaria o Brasil de modo que o país pudesse ingressar no mundo dos desenvolvidos com crescimento sustentável, previsível e sem inflação destruidora de valores.

Ao estudar seu pensamento, é possível observar que Roberto Campos, com sua inventividade criativa e propositiva, antecipou vários conceitos que hoje fazem parte da corrente central (*mainstream*) da literatura econômica. Esses aspectos serão apresentados ao longo deste trabalho.

Em 2007, quando estudava as políticas de desenvolvimento da Coreia do Sul na década de 1970, deparei-me com a formulação e implementação dos programas de desenvolvimento daquele país. Qual não foi meu espanto ao observar que elas se assemelhavam às concepções e formulações estratégicas que encontramos no Programa de Ação Econômica do Governo (PAEG) e no Plano Decenal de Desenvolvimento Econômico e Social (PDDES) – ambos elaborados pelo IPEA entre 1964 e 1967. Essa similaridade entre os planos de ação levou-me a indagar: como isso teria sido possível? Nesse país, tais planos estratégicos começaram a ser executados no início da década de 1970.

Em 2007, Roberto Campos já havia falecido. Procurei o dr. Eliezer Batista, que foi amigo de Campos, para me explicar o fato supracitado. Encontrei-me com ele em seu escritório, no Rio de Janeiro. Expus-lhe meu achado e perguntei-lhe: "Dr. Eliezer, Roberto Campos copiou os planos de desenvolvimento da Coreia do Sul?" Respondeu-me: "Não, Lozardo. Foi o contrário. Na época de execução das reformas econômicas e institucionais do governo de Castello Branco, do PAEG e do Plano Decenal de Desenvolvimento Econômico e Social (PDDES), os técnicos do Banco Mundial e do FMI foram entusiastas dos programas do governo de Castello Branco e diziam aos países subdesenvolvidos: 'Olhem o Brasil. Lá estão sendo feitas as reformas certas de desenvolvimento.'" Os sul-coreanos, como várias outras delegações de países subdesenvolvidos, estiveram aqui em 1965 e 1967. Ao final desse período, Campos ofereceu aos sul-coreanos um jantar no Rio de Janeiro. Dr. Eliezer continuou explicando: "Nesse dia, estive presente. Após as falas de agradecimento aos brasileiros, o representante chefe da comitiva, agora pasme, encerrou seu discurso dizendo: 'Esperamos ser um Brasil daqui a 30 anos.' O resto é história do atraso econômico brasileiro que você deverá contar aos seus alunos da FGV." Assim se encerrou minha entrevista com dr. Eliezer.

Este relato nos apresenta a dimensão do pensamento e da praticidade transformadora que Campos pretendeu imprimir ao Brasil. Embora muitos estudiosos possam discordar, cabe esclarecer, neste início, mesmo considerando o sucesso do modelo de financiamento do desenvolvimento implementado por Delfim Netto, que a chance de se transformar a economia brasileira em uma nação desenvolvida foi abortada pelos militares que sucederam Castello Branco. A supressão à liberdade política e o vigor do modelo intervencionista de capitalismo de Estado iniciado pelo general Costa e Silva foram os divisores de águas entre a prosperidade democrática e o atraso autoritário. O ponto alto da falência autoritária deu-se no governo de Ernesto Geisel (1974-1979). A dinâmica do pensamento econômico e político intelectual de Roberto Campos ao liberalismo reflete sua indignação à opção dos militares pelo subdesenvolvimento econômico e cultural brasileiro. Campos opôs-se a esse caldo cultural autoritário e atrasado até o final da sua vida. Essa atitude foi tanto para manter sua coerência intelectual, mas também pela sua inquebrantável crença em semear na sociedade brasileira as raízes da liberdade democrática e da eficiência da economia de livre mercado.

Lendo seus debates e escritos sobre o desenvolvimento brasileiro e contrastando-os com as ideias de seus oposicionistas da época, entre 1950 e 1960, é possível notar a clareza e organização do seu pensamento no tocante às condições propostas para transformar o Brasil em um país economicamente dinâmico e desenvolvido, socialmente próspero e institucionalmente sólido.

Campos foi incansável na busca de soluções, disciplinado, estudioso das realidades nacionais e internacionais e deixou rastros de luz na literatura econômica nacional e no saber das pessoas sobre como o Brasil poderá se transformar em um país desenvolvido.

Campos nunca se deixou seduzir pela ideia de príncipe, algo comum entre os eruditos menos comprometidos com sua integridade intelectual. O príncipe sempre tem um forte magnetismo político: tem o poder da caneta, que encanta os intelectualmente menos coerentes.

Sua crítica sempre esteve voltada para os desvios ou para a falta de rumos da política econômica brasileira. Raros foram os momentos de debate público com a academia, pois esta evitava enfrentá-lo ou contestá-lo, embora ele nunca tivesse deixado de argumentar suas ideias com a oposição; pelo contrário, ele chamava os que pensavam de modo diferente para um debate público. Convidou representantes da academia para discutir temas sobre políticas de desenvolvimento nacional – em especial, os aliados ou aderentes às proposições estruturalistas da Comissão Econômica para a América Latina e o Caribe (Cepal) ou keynesianas. Ele nunca se opôs à industrialização, mas discordava daqueles que propunham a política de substituição das importações sem um arcabouço institucional adequado no processo de financiamento desse modelo. Os cepalinos, partidários das proposições da Cepal referentes às décadas de 1950 e 1960, acreditavam no milagre da industrialização, como se esta por si só fosse transformar o Brasil em um país desenvolvido, tornar o crescimento sustentável e promover significativa melhora na distribuição da renda nacional. Esse é um dos muitos pontos que Campos desmistificou na formulação conceitual do desenvolvimento econômico para os países subdesenvolvidos da região latino-americana. Esse e outros aspectos serão abordados neste livro.

Campos optou por aplicar seu talento às questões de políticas públicas, com o claro objetivo de influir no processo de construção de uma nação que incorporasse os valores da cultura ocidental: o capitalismo democrático e uma sociedade próspera, socialmente justa e educada, com plena distribuição de renda, aberta às demais economias do mundo, politicamente influente na região latino-americana e aliada às economias mais prósperas do planeta (Estados Unidos, Europa e Japão). Entre todas essas enunciações construtivas, ele teve uma obsessão constante: a elevação da qualidade do capital humano nacional, fonte de toda prosperidade.

Campos lutou sozinho. Foi combatido pela esquerda e pela direita da ditadura. Isso se deve ao fato de que ele preconizava para o desenvolvimento do país, compreendido no PDDES: reformas estruturantes, maiores investimentos na formação do capital humano e abertura comercial como forma de absorver tecnologias e inovações mais desenvolvidas para o país. Propunha facilitar a entrada de capitais internacionais para complementar a inadequada poupança nacional diante da crescente demanda de investimentos. Ele não foi incompreendido pelos membros da esquerda nacionalista. Eles conheciam seu arquétipo capitalista. Na realidade, Campos era temido. Representava o capitalismo liberal democrático e a inclusão social no desenvolvimento com qualidade de mão de obra e de ensinos profissionalizantes. Era inimigo implacável do financiamento com dívida pública e inflacionária. Sabiam que ele poderia estar certo, como de fato estava. "O mundo ficou parecido com o seu modo de pensar."

Campos não foi um homem rancoroso; não guardava mágoas nem de seus oponentes políticos nem dos acadêmicos que se opunham às suas ideias. Reagia, por meio dos seus escritos, com ironia em relação à pequenez humana. Foi uma pessoa culta, sofisticada no pensamento, refinada no trato com os semelhantes, alegre (adorava contar piadas). Era uma companhia muito agradável. Assim relatam seus amigos de diferentes origens, talentos e matizes de conhecimento.

Hoje, reverencia-se o quanto ele esteve à frente do seu tempo no tocante às formulações de um Brasil desenvolvido e de um capitalismo democrático e socialmente responsável. Esses postulados, ele os defendeu, com uma mente juvenil, irônica e lúcida, até o fim do século passado, antes de adoecer.

A história provou que seu pensamento e proposições estavam certos. As ideologias existentes de aversão ao capitalismo democrático empobreceram o Brasil, tanto no âmbito das dimensões do conhecimento e da dignidade humana como no acesso às riquezas globais. Hoje, muitos o reconhecem (e sentem sua ausência) pela sua capacidade de enxergar em meio à escuridão da ignorância, da violência urbana e das incerte-

Introdução

zas políticas e por conseguir propor rumos claros à política e preconizar reformas visando ao desenvolvimento socioeconômico e científico nacional. É importante reconhecer seus méritos e aprender sua forma consciente e coerente de lidar com as irresponsabilidades das políticas públicas, sociais e econômicas no Brasil.

Expor as ideias de Campos em prol do aprimoramento do pensamento econômico nacional é dever de justiça a esse brasileiro que continua nos ensinando.

Roberto, você venceu!

Campos esteve à frente de seus opositores: economistas e sociólogos vinculados às proposições desenvolvimentistas da Cepal. Esses profissionais influenciaram e continuam acreditando que: o desenvolvimento do Brasil passa pela economia de Estado, pelo Estado grande, que deve ser o vetor do crescimento econômico; os recursos públicos do Estado são ilimitados, devendo-se ter aversão aos investimentos estrangeiros; a política monetária de combate à inflação serve unicamente aos banqueiros. Essa ideologia guarda um pensamento socioeconômico limitado e retrógrado, descasado dos desafios que a globalização impõe aos países emergentes ou subdesenvolvidos. Apesar das rupturas históricas de desenvolvimento socioeconômico, como as que o Brasil atravessa nos últimos anos (entre 2013 e 2017), as sementes do pensamento desse brilhante intelectual estão espalhadas em mentes férteis e socialmente responsáveis existentes em muitos brasileiros que atuam nas esferas pública, privada e política, comprometidos com a prosperidade da nação.

Roberto Campos preparou o terreno para a existência do Plano Real. Muito antes de o presidente Itamar Franco e seu ministro da Economia Fernando Henrique Cardoso terem articulado reformas (fevereiro de 1994) para o advento do Plano Real (junho 1994), o pensamento e as proposições de reformas de Roberto Campos com vista à estabilização do poder de compra da moeda foi determinante para o sucesso do plano de estabilização de preços na economia. A partir daquele momento, acreditou que o país trilharia um caminho mais seguro rumo ao capitalismo democrático e desenvolvido, o que lamentavelmente não ocorreu.

Isso se deveu ao retorno do populismo político que se espalhou como uma epidemia sobre quase todos os países do continente sul-americano durante um pouco mais de duas décadas, entre 1985 e 2016. O Brasil, desde 2013, atravessa uma das piores crises política e fiscal da sua história. Mas poderia ter sido muito pior caso tivessem ocorrido também crises institucionais, de liquidez, inflacionária e cambial. Felizmente, esse desastre perfeito não sucedeu.

Este livro está dividido em capítulos que procuram organizar o pensamento econômico de Roberto Campos desde os primeiros debates e proposições de desenvolvimento na década de 1950 até o fim do século passado e, ao final, apresenta os desafios da nação neste século. Isto por conta de que o mundo ficou parecido com seus prognósticos.

Os Capítulos 1, 2 e 3 apresentam os principais temas controversos entre Campos e os desenvolvimentistas cepalinos na busca de uma formulação específica de desenvolvimento para os países latino-americanos. As ideias de Campos foram o ponto da discórdia.

Nominaremos os economistas anti-Campos como desenvolvimentistas estruturalistas e keynesianos, e Campos como desenvolvimentista neoliberal, apesar de, no final da sua vida, ter se denominado liberal. O processo evolutivo de seu pensamento econômico de neoliberal ao longo de três décadas, passando para a fase liberal, será analisado, destacando-se que suas concepções desenvolvimentistas neoliberais predominaram.

Os Capítulos 4, 5 e 6 consistem na parte mais notável sobre a solidez e a ordenação do pensamento econômico de Campos, ressaltando as bases do crescimento sustentável, nas quais a industrialização é importante, porém condicionada à existência de reformas econômicas, sociais e institucionais que possibilitem tanto o equilíbrio dos orçamentos públicos, da conta corrente e da taxa de câmbio como o aumento da poupança e do financiamento não inflacionário do crescimento. Se isso não ocorre, há crescimento randômico, concentrador de renda e limitante ao desenvolvimento e à renda real por habitante. É destacada a importância que Campos endereça à produtividade dos fatores de produção, notadamente a capacidade laboral dos brasileiros. Ele nunca se afastou da importância da qualidade do capital humano na evolução do progresso nacional. Isso nos remete à qualidade do ensino básico e fundamental, temas sempre presentes nas suas atribuições públicas (ministro e político), nos seus escritos e debates. O capítulo 4 deve ser analisado com muito cuidado, pois nele encontramos as razões pelas quais Roberto Campos, inspirador do PAEG e do PDDES, obras primas de desenvolvimento capitalista inclusivo, atribuía ao planejamento, em nações emergentes ou menos desenvolvidas, primar pela correção das falhas de mercados, tornando-os mais competitivos, pelos avanços da produtividade dos fatores de produção, priorizando a qualidade do desenvolvimento e do crescimento sustentável. Essa imensa contribuição do desenvolvimento estratégico foi abandonada pelos militares que sucederam Castello Branco. Sem sombra de dúvida, se o PDDES tivesse seguido seu caminho, o Brasil teria sido diferente, mais justo e próspero.

Campos entendia a necessidade de se organizar a produção e a competitividade produtiva para tornar os fatores de produção eficientes e competitivos. Elementos-chaves no desenvolvimento. Apregoava a importância de se obter crescimento com estabilidade inflacionária. O planejamento econômico da nação seria um caminho a ser percorrido até o limite do capitalismo de mercado. Uma estratégia semelhante percorrida pelos Estados Unidos, enquanto não eram uma potência, mas almejavam ser. O Capítulo 5 apresenta a formulação de Campos no tocante às condições para o Brasil crescer de forma sustentável no longo prazo. O Capítulo 6 apresenta de forma concisa o núcleo do pensamento econômico desenvolvimentista de Roberto Campos, tanto do ponto de vista teórico como prático, no sentido de conduzir uma nação pobre e tecnologicamente atrasada, como a brasileira, a tornar-se economicamente desenvolvida e socialmente próspera.

O Capítulo 7 adentra de forma pragmática nas reformas institucionais econômicas consolidando todas as condições necessárias à construção de um sistema capitalista democrático de mercado. Diante do crescimento econômico mundial na década de 1960 e início dos anos 1970, a fase do "milagre econômico" aconteceria de qualquer maneira, pois as bases institucionais realizadas no governo Castello Branco estavam prontas. A continuidade dependeria da prudência dos militares que o sucederam, que eles não invertessem a ordem dos fatores no jogo das prioridades. A equação macroeconômica, na sua essência, difere das equações matemáticas: a inversão dos fatores altera o produto final. Assim, ao invés de avançarmos economicamente como os Tigres Asiáticos fizeram durante a década de 1970 em diante, o Brasil retrocedeu, deparando-se com a década perdida. As causas do "milagre econômico", conteúdo do Capítulo 8, serão consideradas como sendo a fase da "aceleração temporária do crescimento", decorrente das transformações institucionais realizadas no governo Castello Branco, porém aniquiladas pela ditadura de Costa e Silva em diante. Muitas das quais foram elaboradas no EPEA e implementadas durante o governo de Castello Branco, sob a inspiração e coordenação do então ministro do Planejamento, Roberto Campos. Ele contou com o apoio de outros ilustres economistas da época, como Mário Henrique Simonsen, Otávio Gouveia de Bulhões, entre tantos outros. Embora o período da aceleração do crescimento tenha ocorrido durante os anos entre 1968 e 1972, no entanto, o impulso econômico alastrou-se até o final da década.

Finalmente, registram-se várias entrevistas realizadas com pessoas ilustres que, em diferentes fases, conviveram com Roberto Campos como economista, embaixador, filósofo ou político.

A concepção deste livro foi tomando forma e dimensões à medida que diversos documentos publicados por Campos foram sendo resgatados. Felizmente, ele teve o cuidado de registrar seu pensamento econômico de forma linear na trajetória da sua evolução, o que foi fundamental para o entendimento de suas ideias. Campos foi um pensador independente, pragmático, singular, culto e multifacetado. Um intelectual comprometido com o progresso econômico e social do Brasil.

1
REFLEXÕES DO CREPÚSCULO

"A história é a juíza imparcial, mas tem a mania de chegar tarde."
|ROBERTO CAMPOS

Este livro reúne uma reflexão sobre o versátil pensamento econômico de um dos mais brilhantes intelectuais brasileiros. Desde seu mestrado em economia, Roberto Campos buscou como nenhum outro pensador brasileiro caminhos seguros para o desenvolvimento da economia brasileira. Sabia que, em todas as teorias econômicas sobre desenvolvimento, há um relativismo que deve ser avaliado e ajustado às condições e circunstâncias de cada nação. Em verdade, a teoria econômica trata, em sua essência, do desenvolvimento e do crescimento econômico das nações. Diferentemente das prescrições médicas para determinados sintomas genéricos da saúde humana, as proposições da teoria econômica de combate às causas do atraso econômico e social das nações nem sempre se aplicam, ou muito pouco se podem repetir, em diferentes sociedades. Nisso residem os mistérios do crescimento econômico das nações.

Roberto Campos refletiu profundamente sobre a relatividade da teoria econômica e procurou extrair o que de melhor pudesse ser adaptado e realizado no Brasil. Considerou todas as diferentes correntes de pensamento sobre o desenvolvimento econômico, avaliou e tentou implementá-las ou discuti-las no contexto nacional e latino-americano. Na década de 1950, durante o debate sobre o modelo de desenvolvimento da América Latina, Campos chegou a refletir com alguns preceitos teóricos keynesianos, mas logo os deixou. Quando atuou como ministro do Planejamento, foi neoliberal com pronunciado marco intelectual sobre a relevância da existência e da qualidade das estruturas das instituições econômicas. Campos foi, de fato, mudando sua referência de intelectual reflexivo como um artista plástico que molda a argila para ela ganhar forma, consistência, coerência e praticidade crítica às diferentes realidades que vivenciou e influenciou.

Com relação à importância das instituições, Campos estava à frente do seu tempo. Sabia que, sem elas, não seria possível concretizar o ideário de desenvolvimento industrial, atrelado ao agronegócio e ao setor de serviços, para que o Brasil pudesse se tornar uma nação desenvolvida. Essas mesmas proposições tornaram-se mais destacadas na literatura econômica resultante dos trabalhos empíricos do laureado economista Douglass North, Nobel em economia.

Campos, desde muito cedo, imprimiu seu selo de economista profissional maduro ao considerar como causa da inflação a emissão de moeda ou a dívida pública acima da taxa de crescimento econômico. Incansavelmente, publicou e proferiu discursos de que a inflação mata o que se pretende preservar: o poder de compra da classe assalariada de menor poder aquisitivo. A imprevisibilidade da inflação ou o elevado nível de preços, dizia, desestimulam os investimentos privados de longo prazo. Os assalariados não têm como se protegerem do aumento de preços e os investidores privados são avessos a riscos criados pela inconsistência da gestão econômica. Assim sendo, afirmava, incentivam-se o desemprego, o acúmulo desnecessário de estoques de bens, elevando o custo do capital (juro real e capital próprio), o qual inibe a demanda de capital de giro e dos investimentos das empresas. A economia tende à estagnação, queda na taxa de lucro das empresas e aumento dos déficits públicos e das transações correntes do balanço de pagamentos. Com esse entendimento, Campos se opunha frontalmente ao pensamento vigente entre os economistas vinculados à Cepal, com sede em Santiago, Chile, de que a inflação é fruto do crescimento econômico. Ele defendia que é possível sustentar crescimento com equilíbrio das contas públicas e dos orçamentos fiscais. Essas afirmações de Roberto Campos se deram na década de 1950 e se perpetuaram, no início da década seguinte, nos escritos de Milton Friedman, também Nobel em economia, tornando-se capítulos importantes do pensamento econômico contemporâneo.

A trajetória do seu pensamento guardou coerência analítica, sabedoria interpretativa e pragmatismo político. Campos foi um filósofo pragmático, como costumava defini-lo o economista Mário Henrique Simonsen. Mas foi também um dos mais notáveis economistas do seu tempo.

Campos encontrou apoio às suas ideias no general Castello Branco. Este o admirava pelo seu preparo intelectual, integridade de pensador liberal e caráter. Campos sempre o considerou o maior político brasileiro. Ele nunca se desviou do seu pensamento humanista e comprometido com as causas do desenvolvimento brasileiro. Sempre priorizou a qualidade do capital humano como a chave da prosperidade nacional. Para ele, o fundamento de uma democracia madura centrava-se na qualidade da base educacional que valorizaria a riqueza da cultura nacional. Campos sempre acreditou na pluralidade e na qualidade da educação: estas seriam as bases de uma sociedade brasileira rica e próspera, sem pobreza. Esse seu ideário nunca se concretizou. Viveu lutando por ele. Considerava-se um crítico realista, jamais um pessimista.

Seu pensamento liberal filosófico iluminista não se coadunava com os propósitos de capitalismo de Estado. Essa foi uma das razões pelas quais rejeitou a relevância do planejamento estratégico econômico como instrumento útil às ações de governança pública. Entendeu que esse método nas mãos indesejáveis e não democráticas poderia ser utilizado para conceder privilégios fiscais, estimular a corrupção e distorcer as forças naturais do livre mercado. Esse também será um dos temas a serem analisados neste estudo.

Para entender por que o Brasil ainda não deu certo como nação desenvolvida, importa considerar um fato relevante: os militares que sucederam o general Humberto de Alencar Castello Branco desconsideravam as proposições do ex-ministro do Planejamento. O pensamento neoliberal e capitalista democrático de mercado de Roberto Campos era uma ameaça ao capitalismo de Estado dos militares.

Campos tinha a clareza sobre a natureza do modelo desenvolvimentista da sociedade brasileira: políticas de redução da pobreza, promoção do capital humano por meio da educação de qualidade, uma estrutura social mais justa, diminuição das desigualdades sociais por meio de políticas públicas de estímulo ao emprego, estatuto da terra, bancos regionais de fomento, sistema e instituições financeiras sólidas e direcionadas ao desenvolvimento e à construção de um setor industrial globalmente competitivo.

Encantos e desencantos da política econômica dos militares

Em retrospectiva, em 1963, o nível de inflação atingiu 80%. No início do governo Castello Branco, a inflação anual aumentou ainda mais: alcançou 108% ao ano, em 1964. Ao deixar o governo, em 1966, a inflação foi reduzida para 38% ao ano, com orçamento público federal equilibrado. Entre 1964 e 1967, contrariando as hipóteses cepalinas sobre inflação e crescimento, a inflação regrediu e a taxa média de crescimento do produto aumentou em 4,7% ao ano. Nos anos seguintes, entre 1967 e 1969, a inflação continuou em queda, oscilando entre 20% e 25% ao ano, e o produto cresceu, em média, 7,8% ao ano.

Entre 1967 e 1979, o crescimento médio da economia foi da ordem de 8,9% ao ano. Esse resultado foi fruto da nova ordem dos gastos públicos e das reformas fiscal, trabalhista, tributária, cambial e do sistema financeiro nacional realizadas no governo de Castello Branco (1964-1967). Elas possibilitaram o sucesso da política de crescimento do ministro Delfim Netto, que ficou conhecida como a fase do "milagre econômico" (1968-1972). Nesse curto período, a economia cresceu em média 10,7% ao ano. Em matéria de política econômica, inexiste a prerrogativa de fenômenos paranormais causadores de crescimento econômico. O suposto "milagre", denominado por analistas internacionais, na realidade, como afirma Mário Henrique Simonsen, "foi o corolário da aplicação de um modelo econômico teoricamente bem estruturado e acompanhado de um bom tempero de pragmatismo".[1] Foi mais de uma década de crescimento exuberante. No entanto, perdeu-se após 1980.

O fato relevante a ser considerado foi que, entre 1960 e 1970, os países industrializados cresceram em média 5,6% ao ano e, entre 1970 e 1980, praticamente mantiveram o patamar do período anterior: 5,3%. A economia brasileira cresceu em média três pontos percentuais a mais.

Dessa maneira, desde a metade dos anos 1960 até o final da década seguinte, a economia brasileira se destacou no seu ritmo de crescimento e foi, também, impulsionada pelo crescimento do comércio internacional, da produção e do emprego dos países industrializados.

No período de crescimento econômico internacional (1967-1977), as reformas econômicas realizadas possibilitaram que a economia brasileira desfrutasse desse ciclo de prosperidade. No entanto, com a interrupção desse ciclo, iniciou-se a fase de recessão: elevada inflação e desemprego, conhecida como a *década perdida* (1981-1990).

Esta se deve ao fato de os militares nacionalistas intervencionistas de mercado reverterem as proposições do modelo de capitalismo de mercado, substituindo-o por capitalismo de Estado: estatização econômica, protecionismo econômico, pouca ênfase na capitalização das empresas nacionais por meio do mercado de capitais, distanciamento do capital e da absorção das tecnologias internacionais. Pode-se afirmar que a ideologia de desenvolvimento dos militares que sucederam Castello Branco assemelhou-se às proposições dos desenvolvimentistas estruturalistas cepalinas: as intervenções públicas como forma de impulsionar o desenvolvimento.

Essa ótica de desenvolvimento deu-se por intermédio de política macroeconômica que privilegiou setores econômicos por meio de barreira tarifária, rejeição ao capital internacional com complemento à falta de poupança interna, política industrial de substituição das importações e ênfase no capitalismo de Estado.

O controle sobre o financiamento do desenvolvimento industrial deu-se por meio da expansão dos investimentos das empresas estatais. Estas atuaram, também, como instituições controladoras dos preços administrados pelo governo federal. Na crise do petróleo, atuaram como tomadoras de recursos financeiros internacionais para atender à demanda de dólares para o pagamento da Petrobras pela importação de petróleo. O endividamento dessas empresas cresceu de forma exponencial.

O resultado dessa política intervencionista tanto reduziu o ritmo do crescimento como derrubou a produtividade dos fatores de produção angariados durante os anos de 1964 a 1972. Os militares favoráveis ao capitalismo de Estado (1967-1985) receberam a economia crescendo em média 4,7% ao ano, e inflação em torno de 38% ao ano. Ao deixarem o comando político-econômico, em 1985, o Brasil mergulhava na recessão e inflação em torno de 224% ao ano. O Brasil saiu do período do crescimento acelerado e desembarcou na "década perdida". Tratou-se de um desencanto e uma oportunidade perdida para transformar a economia e a sociedade brasileira em uma das mais desenvolvidas do mundo.

O MUNDO QUE ALMEJOU, MAS NÃO ALCANÇOU

Roberto Campos e seu grupo de economistas, engenheiros e pensadores idealizaram uma nação desenvolvida, democrática e social próspera. Essa afirmação encontra-se registrada nos documentos do PDDES elaborados pelo EPEA, entre 1965 e 1966. No entanto, o receio dos militares pelo capitalismo democrático de mercado com participação de investidores internacionais deu margem ao desenvolvimento do capitalismo estatal, intervindo nos mercados e criando estatais federais, como sendo um instrumento de alocação de recursos para o desenvolvimento nacional, criando conglomerados financeiros e concentrando a renda social. Foi uma opção pior que a da Cepal no tocante ao modelo de desenvolvimento com base na substituição das importações. Os militares nacionalistas intervencionistas desconsideraram a importância da formação de sólidas instituições econômicas e financeiras competitivas para atingir a industrialização desejada. Houve uma reversão na política de desenvolvimento socioeconômico sustentável arquitetado pelo ministro do Planejamento Roberto Campos e seus assessores.

Isso fez com que, até os dias atuais, o país permanecesse como sendo de renda média, quando outros, como os Tigres Asiáticos – Coreia do Sul, Taiwan, Hong Kong e Cingapura – convergiram em três décadas para níveis de renda *per capita* próximos aos das nações desenvolvidas.

Há economistas que refutam essa comparação, alegando que aqueles países não dependiam do capital internacional. Isso é irrelevante. Importa é a estrutura do financiamento do desenvolvimento que pode ser feita com capital internacional em setores que o planejamento estratégico indique como sendo crucial e não competitivo. Por exemplo, Campos sempre ironizou o papel da Petrobras, um monopólio que depende de importações para abastecer o mercado nacional. Hoje, essa condição está em fase de mudança, mas será gradual por falta de recursos para investimentos. Mesmo assim, a estatal ainda tem dificuldades para criar parcerias internacionais na exploração do petróleo em grande escala. O Brasil ainda não é autossuficiente em petróleo.

Países asiáticos, como a China – com escassez relativa de recursos naturais, não se valendo de petróleo, água e solo fértil –, optaram por aumentar a produtividade, elaboraram estratégias de industrialização moderna de baixo custo para competir no mercado internacional e criar renda. Não se valendo, inicialmente, do seu imenso mercado de consumo, pelo contrário, optaram por criar renda e produtividade baseadas na abundância de mão de obra para produzir bens de consumo e manufaturados com qualidade e de baixo custo. O foco da industrialização do país foi o de gerar renda, novos mercados de trabalho e competir no mercado internacional para ganhar produtividade. Após a rápida industrialização, a China tornou-se a manufatura do mundo e volta-se, agora, para a construção do seu mercado interno de consumo. Nenhum país pobre pode prescindir de estratégias para o desenvolvimento socioeconômico orientado para o crescimento da produtividade dos fatores de produção. A China, país comunista, após o fracasso, martírio socioeconômico do "Salto à Frente" (1958-1961) e da Revolução Cultural (1966-1976) de Mao Tsé-Tung, fracasso e miséria absolutos, forçou seus líderes a pensarem em uma alternativa para salvar o país e a si mesmos. Chen Yun e Li Peng, dois devotos do planejamento estratégico e do livre mercado, idealizaram a saída da crise por meio de reformas que promovessem, inicialmente, o crescimento econômico com foco na indústria e nas atividades econômicas com característica na utilização intensiva de mão de obra. A China também enfrentou as tragédias da década perdida, mas encontrou a saída por meio da abertura econômica, liberalização dos preços agrícolas e industrialização competitiva global.[2] Tratou de uma estratégia pragmática e politicamente correta.

A história da transformação da economia brasileira não foi como Roberto Campos a idealizou. Foi politicamente errática, inconclusa e dogmática em relação ao papel do mercado no processo de desenvolvimento socioeconômico. No curso da sua vida, ele exerceu cargos diversos: embaixador do Brasil nos Estados Unidos e na Inglaterra, ministro do Planejamento, deputado federal e senador da República. Foi, sem dúvida, um ícone do pensamento liberal no Brasil, admirado por muitos dentro e fora do país, respeitado pelos seus opositores e reconhecido por pessoas ilustres como um intelectual brilhante e coerente. No início deste milênio, Roberto de Oliveira Campos, octogenário, vivenciou o reconhecimento da sua inestimável contribuição intelectual às causas de um mundo melhor, um Brasil politicamente mais maduro, economicamente desenvolvido, socialmente mais justo e ambientalmente responsável.

Certa vez, indagado em um programa de entrevistas sobre como se sentia diante do fato de estar desfrutando em vida o reconhecimento pela sua visão sobre o futuro do capitalismo e da economia mundial, respondeu: "Sempre mantive certo grau de coerência nas minhas proposições. De fato, o mundo é que ficou parecido com minhas ideias." Que mundo econômico era esse, idealizado por Campos, que se tornou uma realidade? Que Brasil tinha em mente que justificava suas proposições e reformas? Em relação ao progresso mundial, Roberto Campos, na sua dissertação de mestre em economia, em 1948, já preconizava o fim do comunismo e o início das inter-relações econômicas globais.[3] Embora não utilizasse a palavra "globalização", o conceito está claro quando menciona o impacto econômico da internacionalização das relações econômicas entre as nações desenvolvidas e subdesenvolvidas.[4]

Ao avaliar a evolução do seu pensamento econômico, é possível concluir que Roberto Campos foi o mais legítimo economista neoliberal desenvolvimentista brasileiro. Sempre acreditou na eficiência da economia por meio do livre mercado, atribuindo ao Estado o dever de corrigir distorções e de responder pelas suas funções básicas (educação, saúde, segurança e infraestrutura).

Estudos sobre o pensamento político e econômico de Roberto Campos enfatizam determinados aspectos ideológicos das suas proposições no tocante às políticas de desenvolvimento econômico brasileiro em épocas específicas.[5] Este livro difere dos trabalhos existentes em razão de três propostas: (1) compreender o processo intelectual evolutivo de Roberto Campos na sua forma de adaptar teorias de desenvolvimento econômico, de crescimento e de distribuição às políticas do Estado brasileiro em diferentes estágios econômicos e institucionais; (2) entender o conteúdo teórico do seu distanciamento das teses das políticas de desenvolvimento elaboradas pela Cepal entre 1950 e 1960, voltadas à superação das causas do subdesenvolvimento latino-americano e (3) atinar para suas ideias de como superar o subdesenvolvimento brasileiro baseadas na filosofia liberal iluminista.[6] Em uma palavra, este trabalho almeja retratar a importância histórica e a contemporaneidade do pensamento econômico de Roberto Campos com a realidade brasileira.[7]

Campos era um homem tímido, recatado, afável. Uma pessoa generosa, amiga, espirituosa e desprovida de ambições materiais. Um incansável pensador propositivo e pragmático e detentor de um conhecimento inigualável em diferentes idiomas. Estimado e combatido nacionalmente e admirado internacionalmente por pessoas ilustres, como Henry Kissinger, Robert McNamara, Robert Mundell e tantos outros. Uma das suas notáveis qualidades humanísticas era sua capacidade de não guardar mágoas daqueles que o criticavam ou que lhe tivessem causado prejuízos financeiros ou dificultado seu retorno ao governo federal, como ministro. Campos sempre esteve muito acima das palavras e dos atos de pequenez dos seres humanos. Soube conviver com o pensar dos discordantes, respeitava a polêmica e duelava com o contraditório com elegância e ironia. Ser irônico com a mediocridade do pensar sobre a realidade socioeconômica brasileira era o seu dom, pois debatia com seus oponentes com palavras sábias e de forma inteligente. Foi um economista teoricamente preparado, rigoroso, coerente e culturalmente brilhante.

Campos não deixou uma obra acadêmica teórica que possa ser considerada como ponto de partida para o estudo do seu pensamento econômico. No entanto, escreveu inúmeros trabalhos de conteúdo teórico propositivo, indicando novos rumos de pensamento e de formulações no campo da teoria econômica.[8] Os questionamentos e proposições econômicos e sociais encontram-se em inúmeros artigos, livros e trabalhos produzidos e publicados no Brasil e no exterior. Todos tratam dos mesmos temas indicados anteriormente, mas com nítido diferencial no tocante à evolução propositiva vinculada ao progresso temporal das instituições econômicas e políticas brasileiras.

À medida que essas instituições amadureciam, Campos avançava no seu entendimento pragmático neoliberal com vista ao progresso e nunca arredando do seu propósito de explicitar de forma clara os direcionamentos da política macroeconômica no Brasil. Embora tenha participado do governo de Castello Branco, os dogmas institucionais democráticos e de responsabilidade social sempre estiveram enraizados na sua conduta e no seu pensamento. Eles representam os pilares do seu entendimento de justiça social no tocante aos limites do capitalismo no tratamento do bem-estar e da segurança social de cada cidadão. Sempre se posicionou contra o capitalismo de Estado, mas acreditava que o papel do Estado era assegurar o aprimoramento das instituições políticas e econômicas do país. Entendia que o governo Castello Branco, um golpe militar, fora um interregno na evolução da democracia nacional em face da crise política institucional da época e que essa pausa democrática serviria para dar rumo mais claro à democracia e à prosperidade social no futuro. Tal propósito fugiu das mãos, da autoridade e do desejo de Castello Branco. A velocidade com que se implementou a industrialização resulta desse entendimento. Sabia que era do ideário de Castello Branco criar as condições para o desenvolvimento sustentável e, em um curto espaço de tempo, restabelecer a democracia. O desenvolvimento era um projeto decenal, assim como a democracia com o retorno das eleições diretas a partir de 1967. A história dos governos militares que sucederam a Castello Branco contrariou tanto o ideário do general como o de Roberto Campos.[9]

Castello Branco, ao criar o sistema bipartidário, com a Arena e o MDB, em agosto de 1966, explicou: "Até 15 de março de 1967, a Revolução vai completar sua institucionalização básica, para, numa fase seguinte, robustecer a democracia brasileira e o desenvolvimento econômico do país."[10]

O LEGADO

Cabe fazer uma curta apreciação da crença de Roberto Campos sobre os fundamentos do liberalismo filosófico iluminista que permeia toda sua existência, o qual deve ser diferenciado do liberalismo político-partidário. Os fundamentos do liberalismo filosófico iluminista consistiam na base de toda sua crítica e proposições no campo da política econômica.[11] Campos acreditou em uma sociedade brasileira fundamentada no liberalismo, aberta, com liberdade de expressão, democrática e competitiva. Repudiou o favoritismo político e econômico e os regimes políticos de exceção.

O processo de falência institucional irreversível da economia brasileira começou a se delinear no governo de Ernesto Geisel (1974-1979). Nesse aspecto, é justo apontar a ditadura militar como sendo responsável pelos retrocessos econômicos, políticos e sociais do Brasil. A lição que fica desse processo de desenvolvimento foi a opção de sucumbir a democracia, o processo de abertura econômica e promover a industrialização pelas mãos visíveis do Estado, desmantelando as instituições econômicas e deformando as democráticas. Essa opção política ocorrida durante o regime militar "linha-dura" enraizou as características mais perversas do subdesenvolvimento socioeconômico: a dependência socioeconômica das benesses do Estado brasileiro, ou seja, a corrupção sistêmica entre os setores público, privado e político.

No governo do general João Figueiredo (1979-1985), em face do declínio econômico herdado e com a elevação da inflação e do desemprego, devolver a economia em frangalhos aos civis seria a única opção. Isso evitaria que a história os culpasse pelos fracassos econômicos da década de 1980, pelos erros sobre a vigilância à liberdade individual e da imprensa e pela defasagem institucional em relação às economias mais desenvolvidas. Os conflitos sociais e distributivos eram fortes e crescentes no final do governo do general João Figueiredo.

Em face das novas realidades socioeconômica e política do país, Campos aprimorou suas proposições, ajustando-as às contingências e possibilidades. Foi um incansável idealista que almejou construir um Brasil economicamente desenvolvido, socialmente próspero e democraticamente desenvolto.

Roberto Campos deixou um grande legado ao pensamento econômico brasileiro. Revisitar suas ideias e proposições reformistas institucionais, econômicas, sociais e políticas é uma tarefa desafiadora.

Como intelectual, Campos foi um escritor culto, dotado de refinada e sutil ironia. Essa característica é notada em quase todos os seus escritos, até mesmo no título da sua volumosa obra, a qual intitulou de *A lanterna na popa: memórias*, como se toda sua produção se dirigisse apenas ao passado da história e da política econômica brasileira.[12] Ao contrário, Campos foi um incansável propositor e debatedor de alternativas e soluções para as diferentes fases da história econômica, atentando sempre ao futuro da nossa sociedade e das instituições políticas e à prosperidade econômica nacional. *A lanterna na popa* deve ser entendida como uma epopeia do seu passado intelectual construtivo, porém com propostas que poderiam antecipar a prosperidade da nação brasileira. Campos foi um dos mais destacados economistas brasileiros pelo seu apego às proposições pragmáticas. Essa obra deve ser vista como um relato de quem esteve e participou dos principais eventos transformadores da vida econômica e institucional brasileira, ao longo da segunda metade do século XX. A coerência intelectual neoliberal desenvolvimentista de Roberto Campos, com toda a justiça, torna-o um dos mais destacados brasileiros que manteve acesa, na proa do seu pensamento, a luz do discernimento entre o supérfluo e o essencial em matéria de política econômica de desenvolvimento que pudesse elevar o Brasil à condição de país desenvolvido econômica, social e institucionalmente em um ambiente de plena democracia.

Diante desse referencial, Campos insistia na importância da competitividade dos fatores de produção, tendo como referências a maior abertura econômica, o direcionamento da produção industrial à competitividade internacional e não limitada ao Mercosul. Isso com o intuito de abastecer o mercado local com produtos e serviços com a mesma qualidade dos existentes nos principais mercados desenvolvidos.

A contemporaneidade do pensamento de Roberto Campos está referendada no instrumental moderno da teoria econômica, o qual ainda não estava disponível no período mais fértil das reformas institucionais realizadas no governo Castello Branco. Reformas que propiciaram a todos os setores da economia brasileira uma das fases de maior prosperidade econômica e social já alcançada na nossa história (1968-1979). Campos plantou as sementes do crescimento econômico com vista à integração da produção agrícola e industrial na cadeia produtiva global. O canal dessa inserção seria por meio da complementaridade de investimentos estrangeiros, pois a economia brasileira não dispunha de recursos de poupança suficientes para o programa de investimentos em infraestrutura, logística e construção de um novo parque industrial. Entendia que os investimentos diretos internacionais atenderiam às demandas de capital, tecnologia e mão de obra mais qualificada. Entendia que essa característica do desenvolvimento para um país carente de recursos para o financiamento do desenvolvimento elevaria tanto a qualidade da mão de obra local como os salários reais por meio da competitividade pela mão de obra mais qualificada.

Roberto Campos continua sendo apreciado por muitos. Foi embaixador notável e economista brilhante. Ideólogo respeitado por todos (admiradores e oponentes), pensador eclético, pragmático, construtivo, humanista, atento ao todo; analisava a realidade socioeconômica como ela é, e não como desejava que fosse. Sua utopia foi dominada pelo seu pragmatismo. Tinha preocupações constantes com o desenvolvimento do Brasil. Seus escritos não deixam dúvidas quanto ao fato de que ele almejou construir um Brasil econômica, industrial e cientificamente desenvolvido e socialmente justo e um sistema democrático pleno e maduro.

Sua angústia era que o seu país se distanciasse desse ideário. Ele estava certo. No processo de amadurecimento intelectual, desde os anos 1950, o pensamento de Campos foi evolutivo, ajustando-se às transformações políticas, institucionais e socioeconômicas do Brasil. Ele foi um economista e pensador genuinamente brasileiro. Suas proposições em matéria de política econômica sempre se pautaram na importância do mercado como o "ambiente mais democrático" das decisões econômicas. Foi pragmático em matéria de política econômica. Isso significa que, no seu entender, em face das transformações econômicas e institucionais às quais qualquer nação democrática está sujeita, não há proposição econômica atemporal. As mudanças e ajustes econômicos devem sempre ter por base a concorrência de mercados. Em caso de desvios desse pressuposto, entendia que era papel do Estado corrigi-los.

O IDEALIZADOR PRAGMÁTICO

Campos esteve, de fato, sempre à frente de seu tempo. Ele começou a compreender as transformações do capitalismo no século XX e demonstrou as limitações das teorias de crescimento com menos de 30 anos de idade, durante a elaboração do seu trabalho de mestrado em economia.[13] Com base nisso, criou referenciais próprios de como transformar um país pobre em desenvolvido. Desde os anos 1950 até meados da década de 1970, seu pensamento e proposições em matéria de política econômica não se fixaram em uma escola econômica dominante na América Latina: keynesiana ou estruturalista. Campos foi criando concepções próprias de desenvolvimento e crescimento para países subdesenvolvidos, particularmente o Brasil. Ele tinha plena consciência de que as teorias de desenvolvimento ou de crescimento econômico existentes se aplicavam aos países desenvolvidos. Eles tinham instituições mais sólidas que as do Brasil, abertura econômica, produção diversificada e elevado nível de produtividade dos fatores de produção: capital e trabalho. Seu conhecimento e pragmatismo foram testados nas reformas realizadas que visavam modificá-las para que o desenvolvimento pudesse construir-se em bases sólida e sustentável, jamais um "milagre econômico", um evento espasmódico do crescimento.

A admiração de Campos pelo general Castello Branco tem suas razões: o presidente deu pleno apoio para que Campos e Bulhões fizessem as reformas administrativas, econômicas e estruturais necessárias ao Brasil, voltadas à maior produtividade econômica dos fatores de produção e das exportações. O foco das reformas era claro: transformar o país em uma economia aberta e de mercado. Para tal, era necessário debelar a "inflação corretiva" e reduzir gastos públicos, equilibrar o orçamento público federal e estabelecer uma estratégia de desenvolvimento sustentável.[14]

Mesmo o Brasil estando em um regime de exceção democrática, as reformas estruturais realizadas por Roberto Campos demandaram um novo ordenamento político e socioeconômico, que implicou entendimento político nacional, coesão do governo com as lideranças empresariais (num primeiro momento) em prol das reformas propostas e responsabilidade social (para aliviar tensões) na fase da estabilidade do crescimento econômico.[15]

Seu pensamento seguia a moderação da racionalidade e a objetividade em propor soluções, pois tinha o discernimento claro sobre a estrutura econômica e institucional no momento da partida, a trajetória a ser percorrida e a meta de chegada. Esta sempre esteve presente no pensamento do economista: sólidas instituições econômicas, elevação da renda nacional por habitante, baixo nível de inflação, capacitação do capital humano e industrialização competitiva.

As bases da sua racionalidade, objetividade, humanismo e capacidade de argumentação do contraditório vieram, em grande medida, da sua formação intelectual, a qual foi influenciada pelo ensinamento escolástico cristão, em sua época de seminarista.[16] Mais tarde, na vida secular, foi influenciado por Max Weber, Maquiavel, Locke, Karl Popper, Schumpeter, Keynes, Von Mises e Hayek, cujas proposições Campos conhecia e as adequava à sua realidade de pensador eclético. Nisso se resumem sua originalidade, seu ecletismo cultural e a singularidade do seu pensamento econômico.

Foi um crítico incansável das mazelas do Estado, do favoritismo nos setores públicos, das imperfeições institucionais que facilitavam a ação dos corruptores e do poder de corrupção do capitalismo de Estado. Foi um neoliberal democrata que acreditou no Estado capitalista e no poder dos mercados como o ambiente democrático pleno na determinação do valor de um bem econômico.

No percurso do pensamento econômico de Roberto Campos, houve um distanciamento do seu pensar keynesiano, que visava modificar as condições de um país subdesenvolvido, pobre e sem instituições econômicas e democráticas, para o que pudesse alicerçar uma base de desenvolvimento industrial sustentável e competitivo internacionalmente (1950-1975).[17] Entendia o protagonismo do Estado como instituição capaz de promover os caminhos do desenvolvimento por meio de ações delineadas pelo planejamento estratégico. Num segundo momento

(1982-1995), o Estado deixou de ser o protagonista do desenvolvimento e abriu espaço para que as forças de mercado, da concorrência, passassem a nortear os caminhos do desenvolvimento.[18] Nesse sentido, se no passado o Estado procurou traçar as prioridades do desenvolvimento por meio de planos estratégicos, elaborados por burocratas, agora a demanda concorrencial global, e não somente a local, delinearia os contornos da oferta e da demanda de bens e serviços, tecnologia, qualificação da mão de obra e aprimoramento das organizações econômicas e sociais do país.

Antonio Delfim Netto destacou: "...a reorganização da administração econômica e financeira conduzida por Campos permitiu que o Brasil reencontrasse os caminhos do desenvolvimento, com estabilidade interna e externa. O país se desenvolveu extraordinariamente nos 15 anos seguintes, com o produto dobrando duas vezes, com notável expansão dos níveis de emprego e de salários, com exportações crescendo 15% ao ano e com taxas de inflação declinantes. Nossos registros históricos são geralmente omissos ou tragicamente facciosos em relação aos que efetivamente contribuíram para o progresso do país e o bem-estar de seu povo. Roberto Campos é, na segunda metade do século XX, um de seus maiores artífices, além de ser, seguramente, o mais genial inimigo da irracionalidade na condução das políticas econômicas. Apesar da incompreensão de muitos de seus concidadãos, ele viveu o bastante para ver um clarão de racionalidade iluminando a paisagem brasileira, para o qual ele contribuiu como poucos em sua geração, com sua lúcida visão de economista e sua magistral participação como escritor e polemista."[19]

Era irrefutável que Campos e Bulhões haviam realizado um plano de estabilização econômica, a base para o crescimento acelerado, que viria a ser chamado de "o milagre econômico brasileiro". Delfim Netto compreendeu a profundidade das reformas, do plano de estabilização, da nova reorganização da economia brasileira, da eliminação dos desperdícios de recursos orçamentários do governo federal e da expansão fiscal inflacionária. Foram duras medidas angariadas por Campos e Bulhões. Elas fortaleceram a economia de mercado, e não o capitalismo de Estado. Delfim Netto soube aproveitar essa nova economia, que apresentava elevada capacidade ociosa, e, sem populismo econômico, estimulou o crescimento tanto na indústria como na agricultura por meio da expansão do crédito. A inflação era de custos, juros altos, de sorte que o aumento do crédito acelerou o crescimento sem elevar o nível geral de preços. Delfim Netto foi lúcido ao compreender a profundidade das reformas realizadas por Campos-Bulhões, com as quais estruturou sua política de crescimento acelerado e redução gradual da inflação. Não lhe cabe a responsabilidade de os militares da "linha-dura", a partir de Costa e Silva, terem optado por um modelo capitalista de Estado, intervencionista, estatizante e desvinculado da economia global.

Campos foi um incansável debatedor e idealizador de soluções pragmáticas, antes, durante e após sua participação no governo de Castello Branco. Identificou-se com os propósitos desse general nas propostas de reformas institucionais, sociais e econômicas que visassem transformar o país em uma grande nação. Para tal, era necessário restabelecer uma nova ordem social por meio da revisão constitucional, haver estabilidade socioeconômica e ordenamento político. Esses intentos remetem-nos, num primeiro momento, à necessidade do entendimento político nacional da época, às ações de coesão política do governo com as lideranças empresariais e ao apoio às reformas propostas. A negociação desse entendimento nacional seria vital para minimizar possíveis rupturas políticas e tensões sociais. Na fase da estabilidade econômica, o Estado deveria mantê-lo em relação às ações diretas no tocante às políticas de distribuição de renda e às tributárias direcionadas à redução das disparidades econômicas entre os estados do Norte-Nordeste em relação aos do Sudeste, aliviando, assim, possíveis tensões políticas regionais. Assim, entendia Campos o papel do Estado na fase do reordenamento político institucional e econômico pró-desenvolvimento capitalista democrático de mercado.

2
OS FUNDAMENTOS DAS CONTROVÉRSIAS

> *"A verdade é que, no curto prazo, todo estruturalista, quando defrontado com a decisão da política econômica, torna-se monetarista, ao passo que todo monetarista, no longo prazo, torna-se estruturalista."*
>
> | ROBERTO CAMPOS

Rotular uma pessoa com determinada característica nem sempre corresponde à realidade, mas é uma maneira de justificar uma percepção que pode ser favorável ou adversa. No âmbito da política brasileira, esse tipo de manifestação é frequente. O ex-presidente Jânio Quadros, na década de 1950, era chamado de "Vassourinha", tendo sido esta associada a ele, quando foi prefeito da cidade de São Paulo, a figura de quem limpou a prefeitura das mazelas dos funcionários públicos. Isso não foi verdade, porém consistiu em um jogo de marketing político que lhe rendeu resultados por certo tempo; entretanto, essa tipificação se desfez no ar. O ex-presidente Getúlio Vargas era chamado de "Pai dos pobres" e "Mãe dos ricos". "Pai dos pobres" por ter criado a Consolidação das Leis do Trabalho (CLT) em 1943, dando garantias e direitos à classe trabalhadora e aos sindicatos, e "Mãe dos ricos" por ter proporcionado mais estabilidade nas relações entre patrões e empregados. Nenhuma das rotulações condiz com a ideologia de que Getúlio Vargas tenha sido socialista. Ele foi um político pragmático. Sancionou a CLT, regulamentando as relações trabalhistas individuais e coletivas do trabalho. Foi uma lei eficiente e completa para a época, a qual perdurou até a reforma trabalhista do presidente Michel Temer, em 2017.

Roberto Campos foi apelidado de "Bob Fields", uma qualificação simplista e enganosa, como se ele fosse um brasileiro aliado ao capitalismo norte-americano; ele respondeu que admirava os EUA, mas, acima de tudo, amava o Brasil. Essa etiqueta ideológica lhe associava valores estrangeiros que o próprio tempo foi eficiente em descolar da figura emérita que Roberto Campos representa para o Brasil. Essa rotulação negativa foi a forma que a esquerda e os populistas brasileiros inventaram para caracterizar um dos mais brilhantes brasileiros. Como será apresentado, Campos buscou, durante toda sua vida, caminhos e condições para transformar o Brasil em uma economia desenvolvida e socialmente justa. Concordo com Ricardo Bielschowsky, que, em um encontro no BNDES, afirmou: "Roberto Campos pode até ter cometido equívocos, como foi seu apoio à criação do imposto único, pois almejava uma solução tributária simples, mas foi, inegavelmente, um grande brasileiro. Ele refletia, 24 horas por dia, em como transformar o Brasil em uma nação desenvolvida." Essa afirmação está parcialmente correta. Ela tem um viés no tocante ao alcance do pensamento de Roberto Campos. O aspecto correto da afirmação refere-se ao fato de que ele refletia diariamente sobre como transformar um Brasil atrasado em uma nação próspera. O aspecto incorreto está no tocante ao imposto único, o qual antevia a simplificação da boa governança do processo de arrecadação de impostos e tributos. Nesse aspecto, poderia não ser o modelo inicialmente idealizado, mas certamente, ele antevia a revolução digital, assim a criação do imposto eletrônico seria uma questão de tempo, o que de fato ocorreu anos mais tarde.[1] E de fato, todo o esforço intelectual propositivo de Campos foi de encontrar caminhos para que o Brasil se transformasse em uma nação desenvolvida. No entanto, a esquerda brasileira tentou, inutilmente, reduzir o valor do seu pensamento propositivo. "Bob Fields": uma brincadeira de mau gosto. Em geral, esse segmento político latino-americano é pródigo em imaginar adesivos ideológicos ilustrativos, mas pífio na criação de conceitos e proposições propulsores da riqueza e do progresso das nações.

"Roberto Campos era um idealista realista, comprometido com as causas nacionais", assim me definira seu grande amigo, o jornalista Gilberto Ferreira Paim. Ele sabia que o Brasil poderia ser uma nação desenvolvida, mas temia a influência política das correntes do pensamento econômico retrógrado das lideranças acadêmicas brasileiras e hispânicas latino-americanas da época. Nesse contexto, vale lembrar, compartilhando o mesmo receio de Roberto Campos, que Simón Bolívar (1783-1830), pouco antes de falecer, escreveu ao general Juan José Flores uma carta na qual relatou suas desilusões e o sentimento de fracasso na luta pela libertação econômica, social e política dos países hispânicos latino-americanos. Bolívar, cuja imagem de vida política foi desvirtuada na região, afirmava que os países da região não escapariam de governos tiranos e criminosos e que não via outra saída a não ser emigrar. Antevia uma América Latina ingovernável e pobre.[2]

Campos não deixou dúvidas quanto ao seu sonho de construir um Brasil capitalista, economicamente desenvolvido, socialmente próspero e institucionalmente democrático. No entanto, o mau entendimento e a radicalização ideológica cepalinos sobre seu pensamento econômico e institucional causaram, na época, distorções na objetividade e na qualidade intelectual das suas proposições. Esforço inútil, pois elas acabaram suplantando os intentos econômicos e ideológicos cepalinos da época e transformaram a economia brasileira em uma das mais dinâmicas do mundo, até o advento da desastrosa política econômica do general Ernesto Geisel, que pôs quase tudo a perder. A economia brasileira perdeu sua dinâmica de crescimento e entrou em uma espiral de endividamento público sem igual. Nesse período, deu-se o início da década perdida. O país se recuperou após o Plano Real do governo de Fernando Henrique Cardoso, mas as mesmas irracionalidades da política econômica do governo de Geisel se repetiram no início do século XXI, nos governos petistas de Lula e Dilma.

É oportuno parafrasear o pensamento de Deng Xiaoping: "Não importa a cor do gato, desde que mate o rato." Nesse sentido, Roberto Campos, na época neoliberal, fez parte do governo reformista do general Castello Branco e deu início a um novo status do capitalismo brasileiro com um amplo leque de reformas econômicas direcionadas ao crescimento e à modernização das instituições econômicas. O mesmo processo se repete, agora, na democracia: as reformas econômicas, trabalhistas e institucionais de FHC (1995-2002) e as de Michel Temer (2016-2018). Os fundamentos da nova economia brasileira foram fincados no governo de Castello Branco pela capacidade criativa e realista de Roberto Campos e operacional de Otávio Gouveia de Bulhões.[3]

Entender a evolução do pensamento político e econômico de Roberto Campos requer cuidados de pesquisa para discernir o período das

Os fundamentos das controvérsias

suas reflexões e proposições e a sua trajetória intelectual. Isso não significa que tenha alterado o curso da sua bússola intelectual. Ele compreendia a dinâmica da geopolítica mundial e pretendeu extrair vantagens comparativas para o Brasil por meio de reformas e políticas que pudessem inserir o país na rota das decisões das grandes nações.[4] Campos atravessou fases evolutivas do seu pensamento econômico neoliberal entre 1950 e 1970, desembarcando no modelo liberal conservador clássico em meados de 1970 e permanecendo nesse arcabouço teórico.[5]

Alguns estudiosos sobre Roberto Campos intitulam-no de desenvolvimentista nacionalista, mas essa adjetivação não reflete a estrutura do seu pensamento econômico, pois todo economista, por definição, é desenvolvimentista. O termo "nacionalista" refere-se ao comprometimento do pensador – economista ou sociólogo – com as realidades do seu país, mas não se trata de uma escola de pensamento econômico ou filosófico.[6] Sua vinculação à realidade representava a massa crítica por meio da qual as transformações deveriam ser realizadas, sem negá-la ou substituí-la, mas transformá-la em um ambiente institucional típico de nação desenvolvida e democrática. Alguns outros pensadores chegaram a acreditar que estavam criando uma nova teoria de desenvolvimento para os países latino-americanos. Entretanto, a denominação "desenvolvimentista nacionalista" não é precisa, pois não representa uma escola dentro do espectro da teoria econômica, tampouco uma distinção dentro das sugestões desenvolvimentistas latino-americanas. De todo modo, Campos esteve engajado no grande debate da época sobre o modelo de desenvolvimento socioeconômico da América Latina. Tinha visão muito distinta da corrente dominada pelos cepalistas.

Ao longo deste capítulo, será feita uma distinção entre três diferentes grupos de economistas latino-americanos cujas concepções e proposições estiveram ligadas a uma determinada corrente do pensamento econômico. Todo economista, seja ele adepto da teoria keynesiana, estruturalista, neoliberal ou liberal, tem o mesmo escopo: a prosperidade socioeconômica do país (emergente ou desenvolvido). Para se alcançar esse intento, os caminhos podem variar entre as nações, mas os objetivos são os mesmos: aumentar a renda real por habitante, melhorar a distribuição da renda nacional, promover a inclusão social no processo de desenvolvimento, ampliar a inserção dos setores produtivos na cadeia de produção internacional, sintetizados na elevação da produtividade dos fatores de produção.

Os fundamentos do estruturalismo latino-americano que prescreve a política de industrialização substitutiva de importações foram baseados nas proposições de Raúl Prebisch e Paul Singer. Essa formulação concluía que haveria uma tendência de longo prazo de deterioração dos termos de troca entre países desenvolvidos, exportadores de bens de capital, e os em desenvolvimento, exportadores de *commodities*. Esse entendimento tinha três hipóteses: 1 – economias em desenvolvimento especializadas na produção de *commodities*; 2 – inovações tecnológicas concentradas na indústria e 3 – baixa elasticidade renda da demanda de *commodities* relativamente aos produtos manufaturados. Com base nesses pressupostos, a conclusão de Prebisch-Singer foi baseada em análises superficiais nos termos de troca no Reino Unido entre 1876 e 1947. Análises empíricas mostram tendências diversas no longo prazo e não fixas. Por exemplo, constata-se uma tendência crescente nos termos de troca entre 1780 e 1870, no entanto, uma tendência decrescente no período entre 1870 e 1950, e novamente crescente entre 1950 e 2011. De modo que, são conclusões inconsistentes. A inovação muda e se desloca de lugar, ou de regiões, com o passar do tempo. Exemplos como o progresso de inovação existente na Índia, China e em quase todos os países do Sudeste asiático comprovam que a inovação e a tecnologia de países desenvolvidos são absovidas em países em desenvolvimento por conta de políticas de desenvolvimento que incorporam a integração econômica no processo dos canais globais de tecnologia e de inovação.

O modelo Prebisch-Singer apresenta inconsistência teórica. Referem-se à inovação como se não pudesse ser transferida para outros setores que não sejam os de manufaturas: agroindústria, serviços etc. Desconsideram também mudança na qualidade dos produtos manufaturados, como automóveis, sistema de comunicações que sofreram grandes inovações comparadas aos fabricados há três ou quatro décadas. Foram erros de antecipação do futuro, algo que Roberto Campos não cometeu, pelo contrário, ele foi capaz de antecipar e prever mudanças tecnológicas em diversos setores. Os propositores do modelo de desenvolvimento industrial substitutivo das importações não coseguiram explicar o desenvolvimento econômico de países desenvolvidos que continuam sendo exportadores de *commodities* como Botswana, país africano miserável, com dois milhões de habitantes, que se tornou independente do Reino Unido, em 1966. Naquela década, a renda por habitante era de 70 dólares e representava 15% da renda por habitante do Brasil. Nas últimas décadas, o país cresceu de forma formidável e o PIB *per capita* atual equivale a 60% do Brasil. Os autores e seus seguidores cepalinos tampouco conseguiram antever a possibilidade de países com renda menor que a brasileira, como a Coreia do Sul, ultrapassarem e se tornarem uma nação desenvolvida.

O fracasso do pensamento estruturalista latino-americano, que foi um arcabouço propositivo de desenvolvimento, não uma escola ou doutrina econômica, tornou-se um modelo de alerta para os economistas desenvolvimentistas asiáticos: "Não vamos cometer os erros das proposições econômicas do estruturalismo latino-americano, que empobreceram a região, concentraram a renda nacional, expandiram as favelas e não resolveram o fenômeno da elevada inflação."[7]

O GRANDE DEBATE

Essa denominação, o grande debate, tem razão de ser, pois os envolvidos buscavam uma saída para o subdesenvolvimento da região. Ele ocorreu entre as décadas de 1950 e 1960. Nessa época, calorosos e importantes debates ocorreram entre economistas e sociólogos, alguns ligados à trupe cepalina, outros mais independentes, mas todos os participantes tinham como meta o desenvolvimento socioeconômico da região da América Latina. O professor Albert Hirschman organizou uma série de encontros e um deles resultou no livro *Monetarismo vs. estruturalismo: um estudo sobre a América Latina*.[8] Tratou-se de um embate entre economistas e pensadores da América Latina sobre a política de desenvolvimento da região.

Um dos fatos marcantes desse debate foi a utilização da terminologia "monetarista" para identificar um específico pensamento econômico e foi, pela primeira vez, na história do pensamento econômico latino-americano, utilizado para identificar a teoria monetária e seus adeptos, "os monetaristas". Roberto Campos utilizou essa terminologia clássica da teoria econômica para separar o pensamento estruturalista latino-americano e o dos monetaristas.[9] Os estruturalistas, enfatizou Campos, têm a virtude do entendimento de que financiar o crescimento econômico por meio da expansão monetária ou fiscal, a uma taxa de expansão acima da taxa do crescimento econômico, redunda em inflação. Esta reduz o poder de compra da moeda dos consumidores e inibe a decisão de os agentes econômicos investirem tanto nos projetos de desenvolvimento quanto na expansão da capacidade de produção da economia. Em síntese, a política de desenvolvimento econômico baseada nesses preceitos dá origem ao conhecido processo de *"stop and go"* na taxa de crescimento, ou seja, a economia não sai do lugar, com uma agravante social: o aumento da pobreza e da concentração da renda social. Esses aspectos consistem no eixo central da discordância entre Campos e os adeptos das prerrogativas cepalinas de desenvolvimento econômico, a qual ele caracterizou com muita precisão como diferença do pensamento desenvolvimentista entre monetaristas e estruturalistas cepalinos na época do grande debate sobre o desenvolvimento da região. Debate relevante, mas perdeu a força intelectual ao longo das décadas que o sucederam. Nesse aspecto não há uma única razão pelo enfraquecimento do debate, mas pode-se apontar uma causa: o rumo político dos países da região pautado por ditaduras e regimes de exceção não democrática impediu seu avanço em vista do sucesso das transformações realizadas por Campos-Bulhões no governo de Castello Branco.

Cabe também salientar, sem entrar nos detalhes do pensamento de Roberto Campos, o seguinte aspecto: a distinção feita consiste em um dos aspectos que o difere dos estruturalistas. As diferenças de premissas e de proposições com vista ao desenvolvimento socioeconômico são abismais e mais complexas. Esses aspectos serão objeto deste trabalho para afirmarmos com precisão o quanto o pensamento econômico desenvolvimentista de Roberto Campos estava teoricamente bem concebido com um forte viés de pragmatismo às realidades socioeconômica e institucional brasileiras. Campos estava adiante do seu tempo e, certa vez, afirmou: "*um dos meus principais erros foi ter antecipado o futuro antes da hora*".

Anos mais tarde, Milton Friedman, prêmio Nobel de economia, professor da Universidade de Chicago, fez uso da mesma denominação, monetarismo e monetaristas, em relação a esse pensamento econômico e assim prevalece na literatura. O mesmo se pode atribuir à originalidade de Campos ao identificar os estruturalistas ao pensamento econômico latino-americano da época. Essas denominações, monetaristas e estruturalistas, qualificaram o debate e prevalecem até os dias atuais. Campos não utilizou os preceitos da teoria monetarista para classificar uma corrente de pensamento econômico na América Latina, mas assim afirmou: "Os monetaristas deveriam ser chamados de fiscalistas, uma vez que dão muita importância à execução da política fiscal como parte relevante da estabilidade do poder de compra da moeda." [10] Um fato importante a ser considerado é que os países latino-americanos possuíam um sistema financeiro pouco desenvolvido, impossibilitando que os princípios da política monetária fossem aplicados com eficácia no controle do poder aquisitivo da moeda.

No entendimento de Campos, "a política monetária nos países da região carece de relevância, pois, além de não se ter mercado financeiro desenvolvido, não havia instituições bancárias e financeiras que pudessem fazer parte da política de desenvolvimento industrial, como ocorre nos países mais desenvolvidos".[11] O desenvolvimento econômico e industrial requer mercados bancário e financeiro competitivos e capitalizados (visto que tanto o crédito como a demanda por moeda são amplos, diversificados e contínuos) e Banco Central e Tesouro Nacional não relacionados. Suas proposições eram pragmáticas e pertinentes ao incipiente sistema financeiro da região para dar conta das políticas de desenvolvimento industrial. Em geral, a organização financeira e bancária de um país não necessariamente precede ao progresso econômico e industrial. Os dois tipos de organização podem surgir conjuntamente. Nesse sentido, Campos debateu e apoiou a política de industrialização como uma medida relevante para o desenvolvimento dos países latino-americanos, porém alertando para a importância da organização das instituições econômicas voltadas ao financiamento do desenvolvi-

Ok, Roberto. Você venceu!

mento (Banco Central independente, sistema financeiro voltado ao financiamento da produção e à captação da poupança nacional, amplo mercado de capitais etc.). No entanto, os temas relevantes à constituição de instituições econômicas sólidas e democráticas ficaram à margem do debate sobre os caminhos para o desenvolvimento latino-americano. O foco do debate esteve voltado à industrialização dos países da região por meio da substituição das importações, sem as condições institucionais necessárias para se chegar a tal propósito. Grande parte deste capítulo versará sobre as discordâncias de Roberto Campos no tocante ao fato de que nenhum país da região dispunha de organização institucional crível que pudesse assegurar o projeto sem elevar a inflação. Os cepalinos pensavam de forma distinta.

Campos alertava para um aspecto relevante pertinente aos desequilíbrios das principais variáveis macroeconômicas (nível de inflação, taxa real de salários, câmbio e juros reais) no processo de desenvolvimento proposto pela Cepal. As políticas econômicas direcionadas à industrialização seriam financiadas por meio da expansão fiscal ou emissão de moeda. A região não dispunha de poupança nacional suficiente para financiar a industrialização. Essa propositura é tão atual como foi no calor dos debates sobre desenvolvimento e inflação realizados entre 1950 e 1960. Campos entendia que o processo de desenvolvimento industrial dos países subdesenvolvidos requer organização institucional e poupança nacional que assegurem a viabilidade do projeto sem incorrer no aumento da inflação. A política de desenvolvimento industrial proposta pelos cepalistas, por meio da substituição das importações, não lograria êxito, pois seria inflacionária.

De acordo com Campos, a proposta de desenvolvimento cepalista geraria instabilidade de preços e os custos dessas improbidades recairiam sobre aqueles que mais se pretendiam proteger: os pobres e a classe trabalhadora que teriam sua renda real reduzida. Aos produtores, a incerteza inflacionária causaria retração dos investimentos produtivos. Destacava esses impropérios afirmando: "Os governos que cedem a exageros distributivos acabam desservindo as próprias classes que desejariam servir."[12]

No transcorrer do grande debate sobre política de desenvolvimento, Campos faz um ato de contrição por ter cunhado as palavras "monetarismo" e "estruturalismo" para descrever as divergências na América Latina sobre temas como a inflação e o desenvolvimento e as diagnoses e terapias acerca de como combater a inflação.[13] No estudo desses temas, torna-se claro o viés político da ala estruturalista cepalina contra as proposições de desenvolvimento de Campos. Nos anos 1950, os estruturalistas o nominaram de monetarista, por ter Campos caracterizado as diferenças de política de desenvolvimento econômico em dois grupos distintos: os estruturalistas, vinculados ao pensamento da Cepal, e o seu, este como sendo de natureza institucional e ordem fiscal. Assim, estabeleceu-se uma divisão clara entre dois pensamentos sobre política econômica desenvolvimentista na região.

Provavelmente, Roberto Campos tenha sido o primeiro economista a ser nominado de monetarista. Ele conhecia os meandros dos efeitos inflacionários quando o desenvolvimento é financiado pelo expansionismo monetário ou fiscal: ambos convergem para o aumento da inflação e de impostos. Este último com vista a financiar a longa cauda dos déficits públicos, incerteza cambial, fuga de capital produtivo e perda contínua de produtividade.

Para simplificar o entendimento sobre a divergência entre latino-americanos durante o intenso e produtivo debate em torno da temática de desenvolvimento dos países da região, são delineados três dos principais grupos: desenvolvimentistas estruturalistas, desenvolvimentistas neoliberais e desenvolvimentistas liberais.

Diferenciar o pensamento desses grupos é relevante para a clareza de entendimento no tocante às diferentes políticas de desenvolvimento e às controvérsias entre elas. Essas divisões não constituem escolas de pensamento econômico desenvolvimentista latino-americano, mas refletem a importância do debate no tocante ao desenvolvimento da região. Reúnem conteúdos que tangenciam diferentes escolas do pensamento econômico tradicional. Esse foi um momento único na América Latina, pois os principais debatedores buscavam uma alternativa de desenvolvimento para a região de forma integrada; entretanto, com o passar do tempo, essa reflexão se perdeu, retornando com diferentes dimensões e em momentos políticos distintos em cada um dos países. Mesmo assim, tais divisões nos ajudam a compreender os limites, o alcance, a praticidade, as circunstâncias institucionais e a fase de desenvolvimento do pensamento latino-americano sobre uma região socialmente pobre e tecnologicamente atrasada.

A tentativa de sintetizar o pensamento de diferentes economistas e identificá-los em um escopo de pensamento econômico é arriscada, mas nos ajuda a compreendê-los no tocante a suas proposições teóricas de desenvolvimento. Assim, podem-se agrupá-los: os pensadores desenvolvimentistas estruturalistas como sendo Raúl Prebisch, Roberto Simonsen e Celso Furtado; o desenvolvimentista neoliberal Roberto Campos; Mário Henrique Simonsen aproximou-se muito do keynesianismo; e Delfim Netto um economista heterodoxo; e por último, o desenvolvimentista liberal Eugênio Gudin.

Como já frisamos anteriormente, Campos foi consolidando seu pensamento econômico ao longo da sua vida. Notadamente, na década de 1950, teve grande influência dos economistas e pensadores como Joseph Schumpeter, John Maynard Keynes e Friedrich Hayek, mas sem que qualquer um deles tivesse predominância no seu pensar. Ao longo da década seguinte, seu pensamento econômico foi sendo moldado mais fortemente como um neoliberal. Daí a razão de classificá-lo como neoliberal, pois essa denotação refere-se ao período de análise do pensamento econômico de Roberto Campos, quando exerceu o cargo de ministro do Planejamento do governo de Castello Branco. Na década seguinte, Campos tende para o pensamento liberal e assim permanece até o fim da sua vida.

Ao observar com mais cuidado os detalhes sobre a origem do pensamento liberal de Campos, observa-se estreita ligação entre sua formação religiosa, especificamente, o pensamento católico escolástico, e o seu pensamento econômico liberal.

O pensamento católico escolástico representou a base do seu pensamento e das suas arguições dialéticas. É no período medieval que encontramos as primeiras e mais expressivas contribuições de monges católicos escolásticos na formulação de uma teoria sobre a economia de mercado e o papel da moeda como reserva de valor.[14]

Na tradição dos estudos do pensamento econômico tudo começa com Adam Smith e outros do século XVIII. No entanto, os pensadores católicos da era medieval e os escolásticos compreendiam e teorizaram sobre a economia de mercado e o papel da moeda. Parece-nos uma afirmação surpreendente, mas não é. Ao ler a *History of Economic Analysis*, de Joseph Schumpeter, um dos mais notáveis economistas do século passado, encontramos uma menção que nos chama a atenção quando afirma o seguinte: "It is they who come nearer then does any other group to having been the founder of scientific economics."[15] Em uma tradução livre, Schumpeter afirma que "são eles (os católicos escolásticos) que chegaram muito mais próximos do que qualquer outro grupo a ser considerados os fundadores da economia científica. Embora muito pouco explorado ou quase desprezado capítulo da história do pensamento econômico, os pensadores católicos estavam formulando uma teoria econômica de livre mercado. Um dos brilhantes católicos a teorizar sobre o papel da moeda e do livre mercado foi Nicolas Oresme (1325-1382) que escreveu *A Treatise on the Origem, Nature, Law and Alterations of Money*, considerado um marco na teoria da moeda. O economista Murray N. Rothbard realizou um importante trabalho destacando a relevância dos pensadores escolásticos no pensamento econômico.[16] Consistiram em brilhantes pensadores sociais e analíticos em economia. Ele traz importantes reflexões de como esses pensadores escolásticos culminaram na formação da Escola Austríaca de economia, resultando em notáveis economistas de pensamento liberal como Ludwing von Mises, F. A. Hayek, Nobel em economia em 1974, Carl Menger, Oskar Morgenstern e muitos outros. Foram esses economistas que influenciaram a formação do pensamento econômico liberal de Roberto Campos, pois desde sua formação religiosa, o pensamento escolástico estava na base da sua formação econômica.

No Brasil, a arquitetura do pensamento desenvolvimentista estruturalista foi inspirada nas obras econômicas do renomado engenheiro, pensador, jornalista e economista romeno Mihail Manoilescu (1891-1950).[17] Ele tinha uma visão peculiar sobre a política de desenvolvimento industrial para os países subdesenvolvidos. Não era democrata, apoiou o fascismo. Foi contra o capital internacional nos países em desenvolvimento e sugeria o protecionismo comercial para o desenvolvimento do setor industrial. Roberto Simonsen acompanhou as proposições de Manoilescu, pois acreditava que o protecionismo comercial em um país subdesenvolvido favorece a industrialização e aumenta sua capacidade de inserção no comércio global.[18] Tratava-se de uma ginástica conceitual de difícil entendimento prático ou teórico. Pensamento econômico distante do que viria a ser a natureza do desenvolvimento dos países chamados de Tigres Asiáticos. Os cepalinos construíram hipóteses, realizaram análises e apresentaram conclusões precárias, com pouca ou nenhuma base empírica, sobre os países latino-americanos.

No início da sua carreira como economista, Roberto Campos assimilou com profundidade o pensamento de renomados economistas, tais como: Joseph Schumpeter, Friedrich August von Hayek, T. W. Schultz e Gottfried von Haberler, os quais conheceu pessoalmente; John Maynard Keynes e Milton Friedman, este último, no início no final da década de 1960. Assim, Campos tornou-se um especialista nas teorias de desenvolvimento econômico e em economia monetária, e mais tarde, com Gary Becker e Jacob Mincer, aprofundou seu conhecimento das teorias do capital humano.

Embora tenham tido entendimentos distintos sobre política de desenvolvimento, os economistas Mário Henrique Simonsen, Antonio Delfim Netto, Roberto Campos e Eugênio Gudin formaram o mais preparado quarteto de economistas profissionais humanistas e intelectuais pragmáticos que o Brasil teve. Delfim Netto, que continua entre nós, é economista, escritor, político, ex-ministro e pensador e permanece influenciando o pensamento empresarial nacional e as políticas econômicas de diversos governos na última década. Esses economistas atuaram dentro da corrente do pensamento neoliberal com o cuidado de adaptá-la às realidades brasileiras.

As teorias de desenvolvimento ou políticas macroeconômicas foram pesquisadas e desenhadas para serem aplicadas nos países desenvolvidos. Estes desfrutavam e contam com instituições formais econômicas sólidas, cultura empreendedora expressiva e papel do Estado bem delineado no âmbito do capitalismo democrático. Esse contexto diferia – e continua diferindo – das realidades dos países da região latino-americana. Essa constatação é importante, para que se possa distinguir o estágio evolutivo da teoria econômica aplicável aos países desenvolvidos e a necessidade de adaptá-la às realidades das nações menos desenvolvidas.

Roberto Campos foi o economista que mais se destacou nessa tarefa ao debater tanto as bases do crescimento sustentável como a importância de se criarem instituições formais que possibilitassem a existência de um ambiente de desenvolvimento econômico crível e sustentável. Com o tempo, foi consolidando suas convicções e proposições. Procurou, como os demais da sua convivência, construir uma sociedade brasileira desenvolvida. Campos, ao longo da década de 1970, foi se afastando dos pressupostos do desenvolvimento neoliberais e vinculando-se aos preceitos de desenvolvimento e de organização econômica liberais. Desse modo, aproximou-se do pensamento liberal de Eugênio Gudin, a ponto de ter mencionado a Delfim Netto, em uma sessão do Senado Federal, que deveria ter estudado mais o pensamento de Hayek.[19]

Os que estudam o pensamento de Roberto Campos devem considerar o contexto das suas prerrogativas desenvolvimentistas no âmbito da dinâmica das transformações das realidades e da teoria econômica. Importa também destacar a influência dos efeitos mutacionais do mundo contemporâneo: a globalização das sociedades, das economias e do acesso à evolução tecnológica e científica. Todas as mudanças ocorridas no mundo e no Brasil, como a queda da fertilidade da mulher e o envelhecimento das populações, fizeram com que Campos deixasse de enfatizar a necessidade do planejamento familiar como forma de controle da natalidade. Ressaltou a importância da reforma da previdência pública, bem como a necessidade de se implementar a previdência complementar para assegurar um mínimo de equilíbrio fiscal e a liquidez do regime próprio de previdência pública. Caso contrário, a expansão da dívida pública seria um dos principais entraves ao crescimento econômico de longo prazo, pois representaria um risco singular ao custo do capital investido.

Ele foi filósofo e economista pragmático, com uma dinâmica intelectual própria e inovadora; pensou na transformação do Brasil em uma sociedade próspera e com plena distribuição da renda, menos desigualdade e mais oportunidades no mercado de trabalho. Campos previu a globalização da produção e nela identificou as oportunidades da inserção econômica do Brasil. Por ter a capacidade de prognosticar e articular as vantagens competitivas do Brasil e a necessidade do capital estrangeiro para alavancar essa possibilidade, foi chamado de "Bob Fields". Não importa! Essa sua visão, transformada em propostas desenvolvimentistas, foi reconhecida por muitos e o "mundo atual que anteviu ficou mais parecido com o seu pensamento".

NEOLIBERAIS E ESTRUTURALISTAS

Os economistas neoliberais e estruturalistas são desenvolvimentistas no sentido de que o principal objetivo da teoria econômica consiste em promover o desenvolvimento socioeconômico, com crescimento sustentável da renda por habitante. O pensamento econômico estruturalista será abordado de modo análogo ao cepalino da época. O distanciamento entre neoliberais e estruturalistas evidencia-se na forma pela qual cada um desses grupos entende o realismo das proposições e a eficiência da política econômica na obtenção dos seus objetivos. Há algumas instâncias que os diferem.

Os estruturalistas destacam a relevância do papel do governo na alocação de recursos com vista à promoção do desenvolvimento e do crescimento sustentável da renda por habitante. Nesse sentido, o receituário tem as seguintes características: 1) planejamento econômico pleno e centralizado; 2) industrialização por meio da substituição das importações; 3) elevação do nível da inflação, acreditando que ela é própria do processo de desenvolvimento dos países subdesenvolvidos; 4) políticas de comércio protecionistas, que assumem um papel preponderante no processo de desenvolvimento e 5) distanciamento do capital internacional no processo de financiamento do desenvolvimento.

O pensamento do desenvolvimentista neoliberal Roberto Campos apresenta vários aspectos, sintetizados a seguir, os quais, na época do grande debate sobre o modelo de desenvolvimento latino-americano, já estavam presentes e foram se tornando mais explícitos durante o período em que Campos foi ministro do Planejamento (1964-1967). Suas referências propositivas o diferenciavam dos desenvolvimentistas estruturalistas da época. Segundo seu entendimento, os fundamentos do desenvolvimento sustentável – portanto, não inflacionário – dos países subdesenvolvidos são os seguintes: 1) livre mercado de bens e serviços como o processo mais eficiente na alocação dos recursos dos agentes econômicos; 2) criação, por parte do Estado, de condições tecnológicas e científicas e de infraestrutura energética e logística necessárias à iniciativa privada no processo do desenvolvimento; 3) rigor fiscal, visando preservar o equilíbrio orçamentário; 4) regime tributário que possibilite tanto a redução dos custos da produção e da competitividade da economia como a integração econômica regional; 5) política monetária que assegure o poder de compra da moeda nacional; 6) política de comércio exterior direcionada à diversidade da pauta de exportações; 7) política de importações de bens e serviços que complementem a produtividade dos produtos exportados; 8) câmbio flexível; 9) estímulo à entrada de capital externo para complementar a poupança nacional e atender à demanda de investimentos produtivos; 10) direcionamento do desenvolvimento industrial com vista a promover a produção de bens e serviços com elevado valor tecnológico e competitivo internacionalmente; 11) iniciativa privada (e não governamental) de criar empregos e expandir a riqueza nacional; 12) priorização, no conjunto das políticas de desenvolvimento, da qualidade do capital humano; 13) desenvolvimento de instituições econômicas, financeiras e políticas sólidas que permitam a evolução socioeconômica de longo prazo e 14) atribuía a importância da democracia como sendo o melhor sistema político na distribuição da riqueza nacional.

Campos, como os neoliberais, admitia a ação do governo no tocante à correção das distorções no funcionamento da livre concorrência, eliminando monopólios ou oligopólios na produção de bens e de serviços. Portanto, aceitava a existência de um protagonismo do governo, mas limitado à ordem e ao controle da eficiência no funcionamento dos mercados – jamais como o vetor ou indutor do crescimento econômico, segundo a visão dos desenvolvimentistas estruturalistas cepalinos. O Estado como vetor ou indutor do desenvolvimento, entendia, significa expansão fiscal e adoção de mecanismos de subsídios fiscal ou creditício que premiam aqueles que têm acesso ao financiamento de longo prazo e podem assumir riscos de mercado, contrapondo aos pequenos e médios produtores e empresários.

Outro aspecto que merece atenção nas divergências entre cepalinos e Roberto Campos diz respeito ao entendimento da natureza da teoria econômica como um referencial útil para a compreensão dos limites da política econômica no processo de desenvolvimento socioeconômico de uma nação. Ele expressava uma realidade sobre as limitações do conhecimento humano no tocante ao frágil domínio sobre a tecnologia do desenvolvimento e do crescimento econômico sustentável. Mesmo assim, a teoria econômica consiste em um conjunto de premissas básicas, e cada país pode adequar as suas características formais e informais aos fatores de produção existentes. A política de desenvolvimento nada mais é do que o ajuste dos instrumentos de política econômica às possibilidades institucionais de uma nação com vista a elevar a renda por habitante e oferecer à sociedade uma organização socioeconômica que possibilite às pessoas alcançar um melhor padrão de vida de forma plena e segura. Essas premissas sempre estiveram nos debates e nas ações de Roberto Campos. Ele almejava uma nação brasileira próspera ao alcance de todos os cidadãos: capitalismo de mercado e sistema político democrático. No seu entender, a qualidade das instituições formais seria um fator determinante para o desenvolvimento socioeconômico sustentável e a elevação do nível da renda por habitante.

Com esses princípios de eficiência da governança do desenvolvimento, para Campos e os neoliberais, o tamanho do governo deve ser aquele que permite o bom funcionamento tanto das instituições formais como das iniciativas privadas e assegura a geração de riquezas no longo prazo. Os governos devem, no limite, promover as precondições necessárias ao funcionamento da economia, fornecendo infraestrutura e serviços, investimentos em ciência e tecnologias que atendam à demanda por esses bens – atividades que o setor privado não tem condições de realizar, pois não condizem com os seus objetivos. Enfatizava: "Governos devem se preocupar com quatro temas do desenvolvimento: segurança nacional, educação e serviços de saúde de qualidade para todos, e moradia para a população de baixa renda."

Os fundamentos das controvérsias

A teoria econômica está fundamentada em prerrogativas de que a economia, em estado de normalidade, deve funcionar próximo ao equilíbrio macroeconômico em relação a todas as suas principais variáveis reais, tais como índice de preços e taxas de salários, câmbio e juros reais.[20] Negar essa premissa ou modificá-la, desconsiderando os preceitos de equilíbrio macroeconômico, seria adentrar um universo desconhecido da teoria econômica. Nesse aspecto, a eficácia das políticas fiscal e monetária torna-se de grande relevância.

Ao leigo, esses aspectos teóricos parecem ser pouco relevantes, mas são fundamentais. Os neoliberais diferem dos cepalistas quanto às prerrogativas de desenvolvimento, pois entendem que a instabilidade de qualquer um dos principais preços da economia decorre da inconsistência da política de financiamento do desenvolvimento, originando desequilíbrios fiscais, os quais rebatem na política monetária expansionista, causando elevação dos preços e da dívida pública. Mas qual o problema? Normalmente, desequilíbrios fiscais e monetários acabam impondo condições igualmente recessivas: imprevisibilidade do câmbio, da taxa de juros e dos preços; aumento de impostos sobre a classe produtiva; redução dos investimentos críticos com vista à formação de capital na economia. As propostas neoliberais sempre consideram a estabilidade de preços próxima do equilíbrio para assegurar o ambiente macroeconômico de expectativas previsíveis e sustentáveis no médio e longo prazos. Nisso consistem as prerrogativas de crescimento sustentável da renda nacional, elemento crucial nas decisões dos agentes econômicos para suas alternativas de investimentos no médio e longo prazos. O desalinhamento dessas variáveis econômicas incide sobre a imprevisibilidade da taxa de crescimento de longo prazo. Nesses aspectos residem as principais divergências entre economistas cepalinos e neoliberais, pois os cepalinos sempre deram pouca importância ao processo inflacionário, alegando que ele é próprio das políticas de desenvolvimento de um país subdesenvolvido.

Este trabalho pretende enfatizar as proposições dos representantes do pensamento neoliberal brasileiro, evidenciando Roberto Campos. Infelizmente, a história do desenvolvimento no Brasil deu-se de forma contrária às prescritas pelos neoliberais, liberais e keynesianos brasileiros. Em geral, excetuando-se os governos do general Castello Branco

Ok, Roberto. Você venceu!

e depois a gestão de Fernando Henrique Cardoso, em todos os demais governos brasileiros, as alternativas de desenvolvimento se aproximaram mais das premissas dos desenvolvimentistas estruturalistas, os "keynesianos bastardos", como classificava Eugênio Gudin, pela política de financiamento do desenvolvimento, sempre desembarcando no desequilíbrio fiscal e acarretando incertezas macroeconômicas nos principais preços (salário, inflação, taxa de juros e de câmbio).

Há dois legados históricos nefastos da política econômica típica estruturalista brasileira: o da década perdida, dos anos 1980, pela política de estímulos fiscais e de endividamento público do general Ernesto Geisel (1974-1979) e, analogamente, nos governos petistas Lula-Dilma Rousseff. No segundo mandato do ex-presidente Lula (2007-2011), ocorreu a crise financeira dos Estados Unidos. Com receio de que a crise refletisse no Brasil, ocasionado uma recessão, optou-se pela expansão fiscal, cuja taxa de crescimento foi muito acima das possibilidades da taxa de crescimento do produto nacional. Somam-se a essa política econômica a expansão do crédito para pessoa física e jurídica e a elevação da dívida interna pública para financiar os creditos subsidiados do BNDES ao setor produtivo. O governo da ex-presidente Dilma deu continuidade à política do seu antecessor. Assim, esses três ex-presidentes optaram por políticas econômicas que resultaram em elevação da inflação, do desemprego, da recessão econômica e da taxa real de juros. Geisel, Lula-Dilma semearam as maiores crises econômicas que o Brasil já registrou na sua história. Geisel iniciou o processo da década perdida, a dos anos de 1980. Lula e Dilma Rousseff prepararam a fase da mais profunda recessão da história econômica brasileira, 2015-2017.

A política de financiamento do crescimento do general Geisel causou o período da década perdida (1980-1989), e a dos petistas registrou o período da mais profunda recessão econômica e de desemprego social da história econômica brasileira entre 2014 e 2016. No entanto, o governo petista difere do de Geisel, e dos militares em geral, em aspectos cruciais referentes à governança pública e à cultura política nacional: o petismo de Lula-Dilma disseminou a cultura da corrupção sistêmica em quase todas as entidades públicas federais, na gestão das estatais brasileiras e na estrutura político-partidária nacional.

Os fundamentos das controvérsias

Feito esse inexistente nos governos militares. Essa afirmação não faz qualquer ilação à importância da democracia, mas cabe um alerta: a democracia pode desaparecer em países cujas instituições políticas e as crenças da sociedade nos valores democráticos sejam tênues, desprovidos de ideais e da proteção do bem comum, mas a serviço da perpetuidade de governança político-partidária ou do culto político pessoal de líderes populistas.[21]

No tocante ao período de estudo deste trabalho, 1964-1973, a qualidade da política de desenvolvimento econômico social permanece como um paradigma de lucidez, inovador e revolucionário, em um período da história mundial quando os desafios da globalização estavam sendo arquitetados.

O Brasil do período Castello Branco-Roberto Campos pode ser caracterizado como o de preparação institucional para a arrancada do desenvolvimento acelerado capaz de navegar nas ondas futuras da globalização e tornar-se uma nação desenvolvida tal qual veio a ser a Coreia do Sul. No entanto, até os dias atuais, a cultura estruturalista tem predominado na maior parte do século XX, exceto nos governos Castello Branco e Fernando Henrique Cardoso. A dominância tem sido a cultura do poder do Estado em prover as demandas sociais pela expansão fiscal, políticas de desenvolvimento por meio do favorecimento do crédito público aos setores econômicos mais representativos, uma forma de mantê-los sob o controle político dos governantes, mas disfarçados de governos democratas. Essas e outras usurpações do ideal do bem comum, com governantes brasileiros populistas, têm deixado um enorme rastro de subdesenvolvimento cultural, econômico e social. O Brasil, por essas razões, permanece um país deslocado do progresso socioeconômico global.

Em resposta a todas essas afrontas aos valores do bem comum da sociedade brasileira, Roberto Campos insurge-se contra as propostas cepalinas de desenvolvimento e de financiamento da prosperidade. Antevia os riscos do populismo tanto dos civis como dos militares.

A política de crescimento com inflação enfraquece o desenvolvimento industrial. Cabe lembrar que o ponto da discordância de Campos não era a industrialização como meio de desenvolvimento do Brasil, mas os elevados custos sociais que o modelo de substituição das importações carregava. Este se baseava em gastos fiscais acima da taxa de crescimento. Ademais, a política de substituição das importações estava direcionada para o abastecimento da demanda interna e não para fazer frente à concorrência industrial internacional. A política desenvolvimentista substitutiva inflacionária, além de causar elevação do custo de vida da sociedade, com perda de poder de compra da moeda, não absorveria a dinâmica da evolução tecnológica e inovadora dos mercados internacionais. A dimensão exportadora estaria vinculada ao excedente da produção local. Isso significa que a abertura comercial competitiva seria uma segunda opção possível de ocorrer: caberia somente o excedente da produção sem a criação de uma eficaz estrutura comercial, mas de política de exportações ocasionais. Assim sendo, a inserção comercial brasileira não corresponde às dimensões da economia brasileira. A economia brasileira permaneceu fechada, atrasada, dependente de recursos do orçamento público federal, de creditos subsidiados para financiar a demanda social de bens e serviços. Criou-se a mentalidade de que o setor público federal, por meio do seu orçamento e do endividamento, pode sustentar o crescimento da demanda social e a dos investidores privados. Fomentou-se na nação a relevância do capitalismo de estado, sem risco de mercado, como sendo a plataforma de sustentação do crescimento econômico e do emprego dos fatores de produção. Exclui-se dessa equação a pujança de recursos de longo prazo do mercado de capitais nacional e dos recursos externos para complementar a demanda interna de recursos para investimentos. Esses são fontes de recursos cujo custo financeiro é muito inferior aos existentes na economia brasileira. O capitalismo de estado dos governos militares da "linha dura", mais tarde, os de Lula-Dilma, estimularam a dependência dos agentes produtivos por recursos públicos privilegiados, pois poucos podem ter acesso. Isso gera corrupção e desvios dos objetivos da política pública.

    O favoritismo público se dá por meio de isenções ou redução de alíquota de impostos fiscais, redução de tarifas e do perverso sistema de tributação conhecido como supersimples. Este último estabelece um limite de faturamento para que os empresários paguem menos, mas, muito menos impostos, estimulando o capitalismo anão. Pra que crescer? Para pagar mais impostos? Essa foi a chave da equação para limitar o sonho decrescimento de muitos empresários nacionais empreendedores: é preferível permanecer um capitalista anão do que ter de pagar impostos.

A cultura do capitalismo de estado é uma erva daninha que contamina e prolifera a ineficiência e a desqualificação de todos os elementos inovadores, enfraquecendo a eficácia dos fatores da produção. O resultado antevisto por Roberto Campos foram aspectos nocivos à prosperidade de um país pobre, dependente do setor público. O resultado tem sido a insignificância da economia brasileira tanto no PIB mundial, 2,5%, como no âmbito do comércio internacional, visto que há cinco décadas a média da participação do comércio brasileiro mantém-se em 1,2% do total das exportações mundiais. A única vez em que o comércio brasileiro excedeu 2% foi em 1948, no final do ciclo do café. Comparativamente, em 1957, o produto da Coreia do Sul representou 0,4% do PIB mundial, o do Brasil 2%. Em 2017, o Brasil aumentou ligeiramente sua participação, passou para 2,6%, e a Coreia do Sul 2%. Em seis décadas, a Coreia do Sul aumentou sua participação em cinco vezes no PIB mundial, ou seja, 400%, enquanto que o Brasil teve um aumento de menos de 0,5%, no mesmo período, sabendo que o projeto inicial da Coreia do Sul foi inspirado no modelo brasileiro, PAEG, de 1964.[22] Comparativamente, em 1964, considerando a taxa de paridade do poder de compra, o PIB real por habitante do Brasil era mais do que o triplo do da Coreia do Sul: US$ 3,690 contra US$ 1,119. Em 2016, meio século depois, a Coreia do Sul tinha um PIB por habitante no valor de US$ 25,458 contra US$ 10,826 do Brasil.

Os cepalistas admitiam que a política de substituição acarretaria elevação de preços, considerada natural, pois a instalação do novo parque industrial seria financiada por meio da expansão monetária e dos gastos públicos. Como? O processo de instalação do parque industrial exigiria o financiamento de máquinas e equipamentos importados com crédito fiscal, ou seja, ocorreria por meio da expansão da dívida pública. O raciocínio era de que, ao se criar um déficit fiscal no presente, com a expansão da produção e a geração de novos empregos, a arrecadação tributária cresceria e, no futuro, cobriria o déficit gerado. Essa política visava instalar no país um parque industrial menos dependente de importações de bens manufaturados. O resultado foi que a economia brasileira acabou não

Ok, Roberto. Você venceu!

se inserindo na produção global (como ocorreu com os países asiáticos), tampouco desenvolveu um setor de manufaturas competitivo. Este sobrevive à custa de recursos subsidiados do Tesouro Nacional, os quais são, até hoje, repassados ao BNDES para atender à demanda financeira de baixo custo e amenizar os custos da ineficiência produtiva. Vale lembrar que o setor manufatureiro se tornou refém dessa política de baixa qualidade desenvolvimentista e ficou limitado ao tamanho do mercado interno.

Campos discordava dessa política em vários aspectos, como se pode notar pelos pontos destacados. Enfatizava que o foco da industrialização deveria ser a diversificação da pauta de exportações, ou seja, a incrementação de produtos manufaturados e de maior valor agregado (tecnologia) na pauta de exportações. A diferença propositiva não é semântica, mas de intentos díspares. A prerrogativa da substituição das importações não tornaria o parque industrial menos dependente de importados; pelo contrário, a dependência de benefícios tributários ou de créditos subsidiados não daria as condições de independência de recursos públicos. Isso, como enfatizava Campos, tornaria o setor industrial dependente das disponibilidades de recursos públicos, e não da sua própria geração de caixa. Nesse sentido, o mercado de capitais, um dos componentes relevantes do escopo institucional que Campos enfatizou, tornar-se-ia menor no processo de desenvolvimento industrial. A dependência produtiva do setor industrial por recursos públicos colocava a pirâmide do desenvolvimento industrial de ponta-cabeça, de modo que a produção industrial atenderia exclusivamente à demanda interna.

Campos opunha-se às prerrogativas estruturalistas, porque a política de industrialização cepalista tinha um viés antidesenvolvimentista e nefasto ao progresso do país: montar um novo parque industrial para substituir as importações sem considerar a diversificação da pauta de exportações e sem inserir os diferentes setores industriais nas cadeias internacionais de produção. Campos era favorável à agenda de industrialização, desde que ela fosse direcionada a diversificar a pauta de exportações com produtos de maior valor agregado (manufaturados, agrícolas ou do agronegócio) que fossem competitivos globalmente. O setor de exportações deveria gerar superávit suficiente para pagar as importações necessárias. Evitar-se-ia, desse modo, déficit na balança comercial. Criar um novo parque industrial direcionado à demanda interna, em vez de atender à externa, geraria elevados déficits tanto no orçamento público federal, com o aumento da dívida pública emitida para financiar os gastos públicos, como na conta corrente do balanço de pagamentos, pois as importações cresceriam sem que as exportações acompanhassem. Estaria assim formado um cenário de crises fiscal, cambial e de liquidez doméstica (juros reais altos), resultando em altas taxas de inflação.

No entendimento de Roberto Campos, o processo de substituição das importações se esgotaria nele mesmo, ou seja, elevaria déficit e dívida pública, causando instabilidade cambial e acentuado nível de inflação, bem como imporia proteção comercial às importações para evitar colapso na conta corrente do balanço de pagamentos, quando não à política de centralização cambial, sem gerar capacidade produtiva competitiva em relação aos mercados internacionais. A crítica de Roberto Campos às proposições cepalinas era de que os países que adotassem a política de substituição das importações não atenderiam à demanda nacional por produtos internacionais de melhor qualidade e com preços mais competitivos. Seria um esforço fiscal gigantesco, com inúmeras incertezas macroeconômicas e fiscais, sem que a política industrial de substituição das importações modificasse a pauta do comércio internacional e tornasse o parque industrial competitivo globalmente.

Ele alertava que os sinais da equação da política industrial brasileira baseada na substituição das importações estavam invertidos. O foco da política industrial deveria ser o de diversificar a pauta das exportações com produtos de maior valor agregado, o que se configura em uma distribuição porcentual mais equilibrada entre produtos agrícolas, agroindustriais e manufaturados e serviços. Essa diversificação se deu a partir de 1994, com a vigência do Plano Real. Ocorreu ajustamento gradual na pauta de exportações, o qual se harmonizou a partir de 2010, com uma distribuição mais equilibrada entre produtos, como mostra o Gráfico 2.0. Mesmo assim, não foi suficiente para tornar a produção industrial mais profícua e promover a competitividade da economia brasileira industrial em relação às exportações internacionais. Na melhor das hipóteses, possibilitou que a indústria e a manufatura se tornassem

Ok, Roberto. Você venceu!

competitivas até a porta da fábrica, mas, fora dela, perdiam produtividade em decorrência da falta de infraestrutura física e logística. Essa perda representa algo em torno de 25% a 30% em relação aos produtos similares internacionais. Esses fatos consistem em um dos mais intrincados componentes do "custo Brasil".

Cabe ressaltar que a política de desenvolvimento da Coreia do Sul deu grande ênfase aos investimentos no capital humano e na educação de qualidade, algo que o Brasil nunca fez. Ademais, a política de desenvolvimento industrial, com subsídios fiscal e creditício, tinha prazo para terminar. Os beneficiários dessa política assumiram o compromisso de aumentar as exportações de bens manufaturados e de maior conteúdo tecnológico, coisa que as políticas brasileiras de desenvolvimento nunca ensejaram como, por exemplo, qualquer avaliação de custo e benefício dos recursos públicos. Volta e meia, as políticas de estímulo de produção industrial têm como meta a malfadada substituição às importações industriais, com subsídios ou redução de tributos e aumento de tarifas nas importações: o viés do atraso.

No comércio internacional, aquele país representava 0,5% do total das exportações internacionais, e o Brasil 1,2%. Entre 1970 e 1990, a Coreia do Sul adotou uma política industrial similar à que Roberto Campos expressou no PDDES, em 1967, ou seja, uma política industrial direcionada à diversificação da pauta de exportações. Em 2016, a Coreia do Sul exportou produtos de elevado conteúdo tecnológico, representando 5% do total das exportações mundiais, e tornou-se uma nação de renda elevada. O Brasil, nas últimas quatro décadas, continuou com sua insignificante participação no comércio internacional, cuja média foi em torno de 1,0%, e limitada pauta de exportações. Atualmente, uma nova política de desenvolvimento com aumento da participação das exportações brasileiras no total das exportações mundiais torna-se muito mais complexa. Todos os setores – indústria, serviços e agronegócio – estão interligados no processo de produção de todo e qualquer bem, seja ele de consumo ou insumo.

Isso significa que a política de desenvolvimento industrial deveria proporcionar volumes crescentes e diversificados de produtos de elevado valor tecnológico competitivo internacionalmente e importar bens que complementassem a produtividade dos produtos exportados, ou seja, importar tecnologia e bens de capital. Campos entendia que a receita das exportações deveria ser sempre elevada para pagar as despesas com as importações. Um dos motivos do sucesso do desenvolvimento da Coreia do Sul foi o fato de ter-se comprometido o seu desenvolvimento com ênfase nos investimentos em educação. Os planos de desenvolvimento industrial deram muita ênfase à inserção global da produção, com estímulos fiscais e creditícios com prazo de término. Os programas de desenvolvimento industrial brasileiro deram muita ênfase à substituição das importações, cujo foco foi atender à demanda interna com estímulos fiscais e creditícios sem prazo. Políticas industriais coreanas tinham prazo para terminar os compromissos dos beneficiários, os quais eram voltados ao aumento das exportações. As do Brasil permanecem como benesses sem prazo definido, cujo objetivo continua o de substituir importações.

A política de industrialização dos países latino-americanos por meio da substituição das importações, desde a sua largada, estava condenada ao fracasso. Ela não elevaria a produtividade e a competitividade do setor industrial. A manutenção dessa política industrial inviabilizaria a possibilidade do equilíbrio do orçamento público federal, causando, desse modo, instabilidade de preços: inflação crescente. Esse fato ocorreria devido à necessidade de financiamento contínuo da política de substituição das importações, o qual se daria por meio de subsídios creditícios e fiscais, tornando incerto o equilíbrio fiscal. O desequilíbrio fiscal demandaria elevação dos impostos e da dívida pública federal para continuar essa modalidade de programa de desenvolvimento.

Contrastando com a competitividade do setor industrial, a partir de meados da década de 1990, os setores agrícola e de agronegócio tornaram-se competitivos e produtivos por conta de políticas públicas direcionadas à prospecção tecnológica e ao apoio institucional às pesquisas com foco na elevação da produtividade setorial em relação ao mercado internacional. Um dos erros centrais da política industrial baseada na substituição das importações foi a não promoção da abertura econômica, mas reproduzir no Brasil indústrias similares às existentes em países desenvolvidos, sem que investimentos em inovação e tecnologia bem como a elevação da renda por habitante fossem compatíveis aos existentes nos países desenvolvidos. Ademais, não se construíram instituições econômicas e financeiras formais sólidas compatíveis com as dos desenvolvidos. Se ao menos se tivesse realizado uma política de industrialização como a dos países asiáticos, copiando produtos dos países desenvolvidos, como forma de se ter um direcionamento dos investimentos em inovação, tecnologia e design, a política industrial almejaria escala de produção e qualidade internacionais. Assim, o Brasil poderia ter alcançado resultados mais favoráveis com um parque industrial moderno e competitivo globalmente.

Para reforçar esse argumento, destaca-se, nesse quesito, o papel da Embrapa. Esta entidade seguiu um programa de tornar a agricultura e o agronegócio brasileiro competitivos em escala internacional. Os setores industrial e de manufaturas nem sempre acompanharam a trajetória da competitividade do agronegócio. Os recursos públicos para os seguros da safra e o financiamento da produção permanecem competitivos em relação aos disponíveis para o setor industrial. Mesmo sem qualquer política de desenvolvimento industrial, o setor continuaria dependente de recursos públicos subsidiados – creditícios ou fiscais – para preencher parte das deficiências concorrenciais, notadamente, tecnologia e inovação. Essa política pública de crédito subsidiado, mantida pelos bancos públicos federais, tem sido a tábua da salvação do setor industrial.

A sobrevivência do setor industrial tem dependido das benesses econômicas e financeiras da decisão pública federal que mantêm subsídios explícitos ou implícitos. Campos destacava que esses procedimentos desvirtuavam os objetivos dos gastos públicos federais para investimentos, assim como toda a estratégia de desenvolvimento expressa no PAEG e no Plano Decenal do governo Castello Branco, ambos realizados sob a coordenação do EPEA.

Esse seu entendimento exigia, como corolário da premissa, a entrada do capital internacional para complementar a falta de poupança nacional, ou seja, recursos adicionais privados para impulsionar a formação da indústria local competitiva.

Roberto Campos e Delfim Netto, diferentemente dos demais que participaram do grande debate, tiveram a oportunidade de exercer cargos públicos de ministros de Estado e de implementar seus pressupostos institucionais de desenvolvimento industrial e agrícola no Brasil. Estavam certos. Os resultados da política de comércio e de industrialização configuram-se no Gráfico 2.1. Neste nota-se a desconcentração das exportações, primeiramente, de produtos agrícolas e depois de minérios e petróleo (1970-1982), fazendo com que a política de diversificação das exportações fosse se ajustando a um novo direcionamento, mais competitivo internacionalmente (1983-2002), obtendo uma pauta mais diversificada e equilibrada a partir de 2010 em diante. Mesmo assim, a economia brasileira não deu qualquer movimento em relação à abertura internacional. O Brasil exporta o mesmo percentual, 1,1% em média no total das exportações mundiais, desde os anos de 1970. A única vez que o país atingiu um percentual mais expressivo, 2,3% no total das exportações mundiais, foi em 1948. Naquela década, o país exportava, essencialmente, produtos agrícolas: café em grão. Esse perfil de exportação não agrega valor à economia nacional, também não destrói valor, mas não eleva a produtividade dos fatores de produção, como faria qualquer indústria de manufaturas e de bens de capital direcionando o esforço produtivo à conquista de mercados externos, concorrendo com preços, custos e qualidade dos produtos. Em meados dos anos 1970, os Tigres Asiáticos construíram a prosperidade do seu futuro nessa direção. Foram exitosos. O Brasil ficou para trás.

O Gráfico 2.1 contém informações relevantes para o entendimento do que se afirmou. As informações das exportações datam desde 1970, portanto, um longo período da série histórica de dados. Verifica-se que, após a implementação das reformas estruturais do governo Castello Branco, houve o curso da transformação na composição da pauta de exportações. Reduziu-se o conteúdo agrícola e ampliou-se o de manufaturas. A economia brasileira cresceu, a inflação regrediu e as exportações e as importações expandiram-se depois das reformas estruturais e institucionais realizadas por Roberto Campos e Otávio Gouveia de Bulhões. O ápice da aceleração do crescimento foi em 1973, quando atingiu 13,9%, embora viesse crescendo desde 1968. Nos anos seguintes, a economia, mesmo depois do choque do preço do petróleo, continuou se expandindo, sendo que em 1976 atingiu 10,3%, depois um crescimento ainda expressivo, em 1980, 9,2%, mas, após esse fenômeno, a proeza não mais se repetiu.

No período de Delfim Netto (1967-1972), a indústria colheu os resultados da política de Roberto Campos ao promover maior inserção e diversificação da pauta de exportações, dinamizando o processo da industrialização com queda da inflação. Isso contrariou totalmente os argumentos cepalinos de que a inflação é própria do desenvolvimento.

A implementação da política de industrialização foi seguida de maior abertura comercial e imprimiu maior dinamismo à política comercial por conta das reformas cambial e tributária e do novo sistema financeiro voltado ao financiamento da produção e das exportações. O resultado da nova política de desenvolvimento pode ser notado na gradual mudança na pauta das exportações pela ascendência dos produtos manufaturados, máquina, material elétrico e material de transporte, desde 1970 até 2016. O setor do agronegócio estabilizou-se no período de 1993 até 2006, mas isso não significa que tenha perdido velocidade no crescimento, pois ele retomou seu dinamismo na pauta de exportações. Os demais setores expandiram-se mais rapidamente, porém o do agro, após 2006, em valor de exportações igualou-se ao de manufaturas.

Gráfico 2.1 – Porcentagem das exportações por grupo (1970-2016)

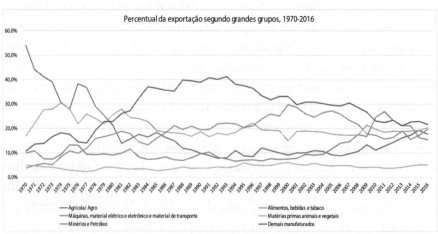

Os fundamentos das controvérsias

Como se pode notar na pauta de importações, Gráfico 2.2, o petróleo ultrapassou 50% durante o período da crise financeira e petrolífera mundial (1970-1983). Mesmo com a crise global, as importações de manufaturas, máquinas e equipamentos se reduziram substancialmente na composição porcentual da pauta. O retorno do aumento desses produtos nas importações após 1984 deve-se muito aos desajustes macroeconômicos causados pelas más políticas macroeconômicas de ajustes fiscais e de endividamento público. Não fosse a errônea política de financiamento do crescimento por meio dos gastos e dívida pública do governo central, o Brasil teria evitado o período da década perdida (1982-1992) e se posicionado como um país de renda média alta. Isso não ocorreu e ele permanece como um país de renda média baixa: US$ 8,000 por habitante.

Gráfico 2.2 – Porcentagem das importações brasileiras por grupo (1970-2016)

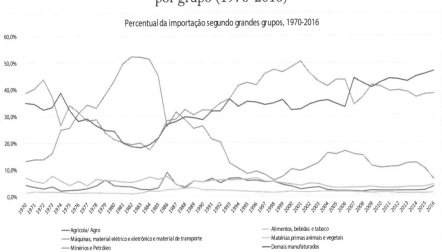

Roberto Campos, ao propor uma política industrial, destacava a importância de se ter um sistema financeiro capaz de financiar a demanda de capital e de crédito dos agentes econômicos. Ressaltava a relevância dos instrumentos financeiros de longo prazo que pudessem elevar a poupança nacional. Tratava-se de estimular o mercado de capitais (e não

Ok, Roberto. Você venceu!

o BNDES) como fonte de recursos de longo prazo para o setor privado. Em relação ao BNDES entendia-se que deveria financiar projetos de longo prazo, principalmente, a infraestrutura com instrumento financeiro próprio de captação de recursos. Em momento algum se pensou que o Tesouro Nacional seria a fonte de recursos para o banco de fomento, que teria independência na captação, mas direcionando-os aos programas de desenvolvimento de longo prazo estabelecidos pelo governo central: projetos de energia, logística e saneamento básico.

Ele sempre se posicionou contra qualquer modalidade de protecionismo comercial como forma de assegurar o surgimento da indústria nacional competitiva. À medida que a industrialização se direcionava ao atendimento da demanda interna, a política macroeconômica deveria manter constante o crescimento da renda por habitante e elevado o nível de emprego dos fatores de produção. Caso contrário, o baixo poder aquisitivo da sociedade brasileira não sustentaria a demanda exigida do setor industrial para manter crescentes os recursos para seu desenvolvimento e competitividade. Nesse caso, o programa de industrialização teria de contar com apoio governamental: subsídios fiscais e creditícios.

No final da década de 1970, o sucesso inicial da industrialização nacional foi interrompido devido aos erros da política de desenvolvimento com base no financiamento externo em meio à crise de preços do petróleo. Esses erros serão apontados mais adiante, capítulo 3, pois eles concentraram-se na política de financiamento do crescimento do general Geisel. No entanto, no meio empresarial, o pensamento protecionista de Mihail Manoilescu sempre esteve presente, sendo remanescente da política de substituição das importações voltada à demanda do mercado local e de restrições ao capital internacional e favorável ao protecionismo comercial externo.

A industrialização, sem dúvida, é um caminho possível para o desenvolvimento de uma nação, principalmente do Brasil, que conta com setores básicos competitivos: agricultura, minérios e, mais recentemente, o agronegócio. Na época, Campos incluía na sua proposta de industrialização a necessidade de instituições formais sólidas que pudessem assegurar o crescimento e o desenvolvimento nacionais. Ele se inspirava na formação institucional de economias capitalistas maduras, como as da Europa e dos Estados Unidos.

Keynesianos e liberais

A crise de 1929 era própria dos países desenvolvidos. Keynes apresentou novos caminhos para retirar esses países da depressão econômica. Redirecionava a equação do crescimento com foco no crescimento da demanda efetiva, estimulando gastos advindos dos setores de consumo, investimentos, governo e comércio internacional. Dava importância à política de gastos públicos em projetos de infraestrutura, seguida de investimentos privados, como forma de estimular o crescimento. Importa dar alguns esclarecimentos sobre a construção desse modelo econômico que acabou sendo útil na política macroeconômica, considerando tanto a formulação fiscal quanto a monetária. Esse modelo foi de relevante influência no pensamento econômico da América Latina.

Entre meados de 1950 e os anos 1960, criaram-se no meio acadêmico ocidental um grande otimismo e uma confiança em relação aos preceitos dos instrumentos analíticos keynesianos. Os professores Alvin Hansen e John Hicks elaboraram uma apresentação formal da Teoria Geral de John Maynard Keynes. A estrutura teórica produzida é utilizada até os dias atuais. Portanto, esses dois professores foram os responsáveis pela propagação dos fundamentos teóricos da Teoria Geral de Keynes. O professor Paul Samuelson desenvolveu importante síntese sobre as proposições de Keynes e a propagou por meio do seu famoso livro-texto *Economics: An Introductory Analysis*, o qual se tornou leitura básica sobre a teoria econômica keynesiana nas economias ocidentais.[23]

O pensamento keynesiano, nos anos de debates sobre o modelo de crescimento da região latino-americana, representou uma revolução na teoria econômica capitalista, influenciando políticos e acadêmicos no tocante ao papel do governo na possibilidade de estimular o crescimento. O keynesianismo, então, afastou-se das proposições da teoria econômica clássica, pois esta se configura na ideia de que as forças de mercado são suficientes para assegurar ou recuperar o equilíbrio macroeconômico, mesmo que a economia esteja em recessão. A nova teoria descarta as forças da mão invisível do mercado e ressalta a importância da mão visível do governo por meio da política de expansão fiscal direcionada aos setores mais dinâmicos da produção e do emprego de mão de obra para impulsionar o crescimento econômico. A teoria econômica clássica formula suas premissas teóricas de crescimento econômico com base nos estímulos à oferta de bens e serviços, sendo contrária à de Keynes, que enfatiza os estímulos à demanda.

No neoliberalismo, as forças de mercado predominam e admite-se a ação do governo somente para corrigir falhas de mercado, como, por exemplo, a concentração empresarial em determinado setor, o que acarreta práticas de preços acima do que seria a livre concorrência. Se correções não forem realizadas, existe a possibilidade de o preço de mercado do produto permanecer distante do que seria sua normalidade na presença do mercado competitivo.

Surgiu também a denominação "desenvolvimentistas keynesianos latino-americanos". Essa qualificação procura escapar das proposições desenvolvimentistas estruturalistas referentes à política de industrialização e vincula-se às propostas de desenvolvimento por meio de estímulos ao crescimento do economista inglês John Maynard Keynes.[24] Nesse sentido, objetiva-se fazer uma ligação das proposições do economista inglês ao papel do Estado no processo de financiamento do desenvolvimento econômico. Esses economistas esticaram demasiadamente a corda do pensamento do ilustre economista, pois ele se limitou a resolver a crise do capitalismo, e não a lançar boias para salvar os países subdesenvolvidos do atraso socioeconômico.

As propostas de política macroeconômica de John Keynes para retirar as economias capitalistas da depressão econômica no início do século XX foram um dos maiores feitos nas economias ocidentais desenvolvidas. Agora, esse modelo econômico de estímulos à demanda efetiva para retirar uma economia da depressão econômica (com preços cadentes, desemprego acentuado e elevada capacidade ociosa nos setores produtivos), recuperá-la e torná-la estável pode não ser aplicável à política de industrialização em economias atrasadas da América Latina. Qualquer tentativa trata-se de contorcionismo teórico difícil de ser real ou prático. Keynes tinha como pressuposto das suas proposições gastos públicos como uma maneira de combater a crise das economias capitalistas, a qual foi inicialmente financeira e depois se transformou em crise de confiança nas instituições. O papel do governo como um estimulador do crescimento consistiu em um caso de excepcionalidade para salvar o capitalismo; jamais foi uma política de superação do atraso das economias subdesenvolvidas.

A denominação "desenvolvimentistas keynesianos" está sendo utilizada para identificar economistas latino-americanos que buscaram no modelo keynesiano elementos para o desenvolvimento com destaque ao papel do Estado, visto como o vetor estruturante das economias atrasadas da região. Nesse sentido, o economista Celso Furtado entendia que a superação do subdesenvolvimento estaria em uma política econômica de planejamento pleno. O Estado faria a distribuição da riqueza e a ordenação do desenvolvimento. Nenhuma menção foi feita ao fortalecimento do livre mercado e à importância de considerar a capacidade empreendedora dos agentes econômicos. Os desenvolvimentistas keynesianos encontram no capitalismo de Estado um refúgio importante para a realização das políticas de desenvolvimento industrial. Não há qualquer referência à qualidade das instituições formais, as quais são fundamentais para o desenvolvimento das nações.

Nas prerrogativas do capitalismo de Estado, este é concebido como um criador de empregos, tecnologia e inovação para transformar o atraso em economia competitiva. Os estruturalistas e os keynesianos latino-americanos conferem ao Estado o papel de provedor das demandas socioeconômicas por meio dos gastos públicos.

Cabe fazer uma distinção entre os liberais e os keynesianos latino-americanos. Os liberais assumem que basta criar a oferta que a demanda surge. A política econômica está toda centrada no lado da oferta. A expansão da oferta causa redução de preços e da taxa real de juros de sorte que a demanda aparece espontaneamente.

Nesse sentido, em uma fase de recessão econômica, a solução dos economistas liberais é a expansão da oferta de moeda pelo Banco Central, a qual reduz o custo do capital, e uma taxa real de juros, menor ou negativa, que estimulará os agentes econômicos para novos investimentos e emprego da mão de obra. Quando há crise institucional, de liquidez ou fiscal, essas premissas não funcionam. Portanto, é necessário entender a natureza da crise, como fez Keynes ao prescrever os ingredientes corretos para as economias capitalistas desenvolvidas.

Na época da depressão econômica, com elevado nível de desemprego e incertezas sobre o futuro, os empresários empreendedores não conseguiam estimular um novo Estado de desenvolvimento. Nesse período, a aversão ao risco foi parceira tanto dos empreendedores quanto dos consumidores. Em oposição a esse pensamento clássico liberal, surgem as proposições de John Keynes, segundo as quais o Estado deve assumir o risco dos investimentos para que os empreendedores o acompanhem. Keynes estava postulando algo novo e inusitado à época: em período de depressão econômica ou recessão aguda, o Estado deve estimular a demanda de bens e serviços e o emprego por meio da expansão fiscal, que redunda na elevação do endividamento público. Quando há elevada capacidade ociosa dos fatores de produção, os estímulos ao crescimento não resultam em inflação.

Os keynesianos latino-americanos entendiam que, mesmo a economia não estando em recessão ou depressão, só se poderia promover o desenvolvimento industrial por meio dos gastos públicos. Os agentes econômicos por si só não realizarão esse intento. O Estado é a única saída institucional. Keynes recuperou as bases do capitalismo de mercado, enquanto os cepalistas e keynesianos latino-americanos enviesaram para o capitalismo de Estado. Acreditavam que o Estado passaria a ser o vetor do crescimento e do desenvolvimento. Nesse sentido, à burocracia estatal caberia o poder de modificar as regras do mercado para corrigir as distorções das políticas inflacionárias causadas pelos desequilíbrios orçamentários do governo central.

As políticas de subsídios fiscais e creditícios surgem como mecanismo para compensar as distorções de mercado criadas pela política de estímulo ao crescimento em qualquer tempo ou situação. Trata-se de distorções de preços relativos influenciadas pelas políticas de crescimento do Estado, que direcionam recursos fiscais subsidiados a setores econômicos. Quando a política de desenvolvimento passa a ter essa característica, os principais preços macroeconômicos deixam de ter o comportamento próprio da atividade econômica, refletindo o grau de intervenção das políticas de estímulos fiscais ou creditícios na formação dos preços. Nesse sentido, ocorre o deslocamento dos mercados de crédito competitivos, dando lugar ao financiamento subsidiado. A formação dos preços e dos custos setoriais passa a ser função do governo. Nisso consiste a distribuição dos créditos direcionados e o uso abusivo dos juros subsidiados do governo federal alocados em diferentes setores e programas de investimentos com baixo ou nenhum retorno social desejado.

Os verdadeiros formadores de preços no mercado são os agentes econômicos, pois eles decidem como e quando atuar de forma específica. Eles assumem o risco da atividade que pode ser o de movimentação correta ou contrária às suas expectativas. De qualquer forma, essas interações entre agentes econômicos, tomando decisões, formam o preço de mercado. Na presença de políticas de crédito subsidiado e de estímulos fiscais ao consumo ou a setores produtivos, os agentes econômicos que não dispõem dessas benesses agem na direção de obter os mesmos benefícios, aumentando preços ou abstendo-se de produzir. Sem a atuação desses agentes, o mercado perde eficiência e cria-se o desemprego estrutural dos fatores de produção. Nesse caso, os preços e as taxas de juros livres tendem a ser mais elevados que na ausência de políticas de incentivos fiscais, de crédito subsidiado e crédito direcionado para estimular ou assegurar a sobrevivência de setores menos competitivos. Sempre que são adotadas políticas protecionistas de estímulos creditícios direcionados, de barreiras tarifárias ou de *quantum* das importações, ocorrem benesses que geram corrupção, distorções concorrenciais e política monetária de pouca eficiência no controle da inflação.

Os setores ou agentes econômicos que não têm acesso a essa modalidade de benesses pagam o custo de crédito subsidiado, quando da necessidade de capital de giro, e repassam esse custo, aumentando seus preços ao consumidor final.

Roberto Campos militou contra essa característica de financiar o crescimento econômico: privilégios setoriais que distorcem a eficiência da política macroeconômica, assim como enfraquecem as instituições econômicas. O tema pertinente às instituições econômicas a que Campos se refere será apresentado no capítulo 5. A política de industrialização por meio da substituição das importações na época favorecia setores e, portanto, impossibilitava o surgimento de uma economia competitiva e eficiente em relação aos mercados internacionais. Surgia, assim, com os keynesianos latino-americanos, o capitalismo de compadrio, contrário ao capitalismo de mercado concorrencial que John Keynes prescreveu.

O DESENVOLVIMENTISTA NEOLIBERAL ROBERTO CAMPOS

Roberto Campos, na sua dissertação de mestrado, apresentou o quanto havia assimilado sobre o conteúdo do grande debate econômico durante a primeira metade do século XX.[25] Fez comparações entre as proposições de crescimento de Schumpeter, Hayek e Keynes e deu sugestões teóricas. No início dos anos 1950, as proposições de Keynes estiveram na linha de frente do pensamento de Roberto Campos, no que tange às variáveis do crescimento e aos ciclos de negócios. Já as prerrogativas de Hayek permaneceram no canteiro das suas reflexões futuras, as quais acabaram florescendo e dominaram o terreno do seu pensamento econômico. Isso se deu após 1970.

Roberto Campos, durante o grande debate sobre o modelo de desenvolvimento dos países latino-americanos, aproximou-se do pensamento keynesiano, mas logo se afastou. Um desses aspectos foi o fato de ele aceitar a neutralidade da moeda no longo, mas não no curto prazo. A neutralidade da moeda foi um tópico importante apresentado por Friederich Hayek, o qual Keynes rejeitava em qualquer tempo.

Trata-se de uma ideia de que uma mudança no estoque de moeda causada pela emissão ou pela sua redução afeta somente variáveis nominais como preços, salários e taxa de câmbio, sem nenhum efeito sobre emprego e o PIB. Campos aceitava a neutralidade da moeda no longo, mas não no curto prazo. Isso significa que emissões de moeda acima do crescimento do produto têm efeitos reversos no curto prazo sobre as variáveis nominais (preços, salários, taxa de câmbio) assim como nas reais (consumo, Produto Interno Bruto e emprego). Campos importava-se com o curto prazo. Isso se deve ao fato de que a oferta de bens e serviços não responde com a mesma velocidade da demanda. O movimento da demanda é imediato, mas o processo de produção para atender à demanda é mais lento. Como resultado, os primeiros a se movimentarem são os preços, salários e taxa de câmbio, influenciando a expectativa dos agentes econômicos no tocante à formação de estoque ou ao aumento da produção. Assim, a instabilidade da oferta de moeda gera incerteza tanto no mercado de produção como no de trabalho. Campos sempre pressupunha uma política econômica que oferecesse estabilidade nesses mercados com o intuito de normalizar a produção (oferta) e os gastos (demanda), criando assim previsibilidade para ambos os setores. A incerteza nos preços funciona como um imposto social progressivo sobre a renda e os salários dos trabalhadores. Desse modo, em decorrência do primeiro ato, aumento do estoque de moeda, no segundo ocorrem redução dos ganhos reais dos assalariados, queda do consumo, do produto real e do emprego. Ao final desse processo, tem-se a elevação geral de preços, acompanhada de redução do poder aquisitivo dos assalariados e diminuição do Produto Interno Bruto. Portanto, no curto prazo, a moeda não é neutra.

Campos apontava uma condicionante distinta da de Keynes: as economias dos países latino-americanos não estavam em uma armadilha de liquidez na qual o aumento dos gastos públicos resultaria na recuperação da dinâmica do crescimento e do emprego sem causar a alta dos preços. Para que a inflação não ocorresse, a economia deveria apresentar elevada capacidade ociosa. No caso das economias latino-americanas, havia uma situação de quase pleno emprego. Sendo assim, os gastos públicos gerariam a inflação seguida de todos os efeitos da não neutralidade da moeda.

Na década de 1950, discutia-se como tornar as economias da região latino-americana desenvolvidas por meio da industrialização. Em situação de quase pleno emprego, a expansão fiscal para financiar a política industrial causaria, segundo Campos, desequilíbrio no orçamento público, sem a possibilidade de recuperá-lo por meio do aumento de demanda. O aumento da inflação reduz o poder aquisitivo, portanto, consome-se menos, produz-se menos, paga-se menos impostos. A receita esperada do governo não corresponde às despesas ocorridas no curto prazo. Dá-se a elevação do déficit público. Trata-se de um processo que tem dinâmica própria, típica de livros-textos de economia, a qual precisa ser entendida.

Importa conhecer o estado de equilíbrio da economia, ou seja, se a economia se encontra em situação de quase pleno emprego dos fatores de produção (capital, trabalho e tecnologia) ou de elevada capacidade ociosa desses fatores. Esse é o ponto de partida para que uma determinada política de desenvolvimento não acarrete desequilíbrios macroeconômicos com efeitos devastadores nas sociedades menos protegidas da inflação e do emprego.

Os keynesianos latino-americanos acreditavam na relevância da expansão fiscal para estimular o crescimento. Desconsideravam todo o resto da dinâmica desse processo. A crença era – e continua sendo – de que, embora o gasto fiscal possa gerar déficit público e elevação da dívida pública, ao estimular o crescimento econômico, a receita obtida no longo prazo compensará o déficit criado no curto prazo. Trata-se de uma esperança de ganhos futuros, não uma realidade. Em geral, ocorrem déficits e elevação da dívida pública, comprometendo o equilíbrio no mercado de trabalho e gerando redução do poder aquisitivo da moeda, queda do crescimento e aumento do custo do capital para as empresas continuarem investindo.

Roberto Campos, além de indicar as limitações da teoria keynesiana para o desenvolvimento de uma nação subdesenvolvida, alicerçava suas proposições em um conjunto de precondições fundamentais para o avanço industrial das nações subdesenvolvidas. Todas essas proposições encontram-se no PAEG e no PDDES que serão apresentados nos Capítulos 5 e 6. Entretanto, importa antecipar que Campos tinha plena convicção e conhecimento de que política de desenvolvimento industrial requer a construção ou a existência de entorno institucional formal que possa assegurar o financiamento da industrialização, permitindo o crescimento sustentável e sem elevação da inflação. Essas prerrogativas não se encontravam nas formulações de John Maynard Keynes.

Campos pôde construir seu ideário de desenvolvimento quando foi ministro do Planejamento, muito antes de a literatura econômica começar a ressaltar a importância das instituições formais e a industrialização voltada para as vantagens competitivas nacionais em relação ao resto do mundo no processo de desenvolvimento. Entendia que as teorias de desenvolvimento econômico retratavam as condições dos países desenvolvidos, ou seja, das regiões onde existiam instituições formais sólidas que sustentavam os investimentos de longo prazo e onde havia poupança suficiente para atender à demanda de investimentos para o crescimento sustentável. Ele foi um ardoroso incentivador do papel dos mercados financeiros e de capitais, considerando-os fontes de recursos de longo prazo não inflacionários para estruturar as necessidades de investimentos para o crescimento. O Brasil não dispunha de instituições financeiras públicas e privadas que pudessem atender ao crescimento sustentável. Seria preciso criá-las, evitando o financiamento por meio de gastos públicos. Estes, assim entendia Campos, estariam voltados, essencialmente, às demandas sociais, tais como segurança e defesa nacional, habitação, educação e saúde pública. Ademais, ele defendia a mudança na pauta de exportações, priorizando produtos manufaturados de elevado valor agregado (tecnologia), e ressaltava a importância do capital internacional no desenvolvimento devido à falta de poupança nacional para atender à demanda de investimentos. À medida que essas precondições fossem sendo construídas, a produção da industrialização deveria atender tanto ao mercado interno quanto ao internacional. A arquitetura industrial deveria ser competitiva internacionalmente e não meramente atender às demandas locais, como foi a proposta da industrialização por meio da substituição das importações.

Roberto Campos, a partir do início da década de 1970, volta-se para as proposições liberais clássicas e assim permanece. Campos, em verdade, foi um economista competente, culto, brilhante e de pensamento independente, com um destacado diferencial: um idealista realista que buscou um caminho plausível para o Brasil se tornar uma nação desenvolvida. Os capítulos que se seguem apresentarão toda a arquitetura conceitual econômica de Roberto Campos com vista à transformação da economia brasileira, transformando-a em uma nação desenvolvida.

3

NÃO EXISTE MEIA GRAVIDEZ

"Os economistas estruturalistas acreditam que a inflação é um fator de estímulo ao crescimento. Em breve, ela passa a exercer um efeito negativo sobre a poupança, distorce investimentos, diminui a produtividade dos fatores produtivos, cria desemprego estrutural e reduz a capacidade de importar."
| ROBERTO CAMPOS

Não existe meia gravidez, corretamente se costumava enfatizar. Em matéria de política econômica, a inflação foi um dos temas mais intensamente analisados por Roberto Campos. Como neoliberal desenvolvimentista, atribuía à inflação a ineficiência produtiva da economia. Apontava o descontrole dos gastos públicos como causa do processo inflacionário brasileiro, pois ele leva a economia ao endividamento público como forma de financiar o desenvolvimento, consolidando o processo da imprevisibilidade dos preços e da taxa de câmbio. Afirmava que a política de combate à inflação, equilibrando o orçamento e os gastos públicos e mantendo elevada a poupança pública, era a única forma de assegurar o crescimento e a distribuição da renda nacional. Considerava a inflação um imposto pernicioso sobre a renda de toda a sociedade, porém mais devastador sobre a dos pobres. Estes não dispõem de poupança atrelada ao índice de preços ou salários nominais corrigidos com a periodicidade que anule o efeito da perda do poder de compra passado. De fato, durante décadas, o principal objetivo das políticas de desenvolvimento brasileiro foi o combate à inflação, pois esta inviabilizava o crescimento sustentável.

A inflação foi um capítulo importante na reflexão dos desenvolvimentistas estruturalistas, que propuseram soluções distintas das dos desenvolvimentistas neoliberais. O professor Hirschman afirmava que o estruturalismo não era uma teoria econômica, mas um estratagema para resolver problemas econômicos, utilizando a inflação como uma desculpa para solucionar outras questões – reformas tributária e agrária – que, de outra maneira, não entrariam na pauta das discussões nacionais.[1] Os países da América Latina experimentaram as duas alternativas de desenvolvimento, mas não lograram êxito no longo prazo. O Brasil, na fase inicial do regime militar dos generais Castello Branco e Costa e Silva, atravessou um surto de crescimento e de desenvolvimento, com baixo nível de inflação, conhecido como "milagre econômico", mas os militares que lhes sucederam não souberam perpetuá-lo. Optaram por uma política de crescimento direcionada para o mercado interno, fortalecendo as empresas estatais (em vez das privadas) e a industrialização seguindo os preceitos da política de substituição das importações, visando atender à demanda local. As principais metas dos governos de Castello Branco e Costa e Silva foram os investimentos na formação do capital nacional, energia e logística e na escolaridade do capital humano. Tais medidas eram preconizadas pelos desenvolvimentistas neoliberais brasileiros, notadamente Roberto Campos, Eugênio Gudin, Mário Henrique Simonsen e Delfim Netto. Por conta da reversão do direcionamento da estrutura de desenvolvimento no governo do general Ernesto Geisel, o "milagre econômico" foi um espasmo, uma chance histórica perdida na prosperidade socioeconômica do país.

Na América Latina, o Chile é sempre lembrado como o país que logrou um desenvolvimento mais estável na região. Várias reformas ocorreram no governo do general Pinochet, seguindo um receituário neoliberal. Os militares que lhe sucederam deram continuidade a essa fórmula e, então, o Chile se firmou como um país de crescimento estável e com relevante distribuição de renda por habitante. Uma de suas deficiências, entretanto, é sua dependência da evolução do preço e da demanda pelo cobre, uma das principais *commodities* que compõem a cesta de produção chilena. A representatividade da economia chilena é pequena no conjunto das demais nações da região, representa 5% da produção total; mesmo assim, o Chile é um dos países de maior renda por habitante. Nos termos da paridade do poder de compra, a renda por habitante na economia do Chile (US$ 25 mil/hab.) é maior que a do Brasil (US$ 15 mil/hab.) e a da Argentina (US$ 22 mil/hab.). Esses valores indicam que a economia do Chile equivale à da Polônia, enquanto a do Brasil se assemelha à da Bulgária. Isso mostra que a economia chilena tem renda por habitante correspondente à dos países europeus desenvolvidos. Nesse sentido é que se afirmou que o Brasil perdeu uma chance histórica na construção da sua prosperidade socioeconômica.

É um fato curioso que as proposições dos desenvolvimentistas estruturalistas durante as décadas de 1950 e 1960 se basearam na economia do Chile; no entanto, os formuladores do período militar optaram por uma política de abertura e não de substituição das importações como estratégia de desenvolvimento, com amplo programa social de educação e qualificação da mão de obra. O Brasil dos militares pós-fase do crescimento acelerado ficou com um parque industrial pouco competitivo, sustentado por subsídios fiscais, economia fechada e com renda média de país pobre.

Os estruturalistas, a seu modo, não consideravam a inflação como um problema para o crescimento, desde que ela fosse bem administrada. Entendiam-na como um estímulo ao crescimento econômico. Mas como?

Se os agentes econômicos preveem que o nível da inflação anual irá crescer, os consumidores irão antecipar suas compras para não terem de comprar por preços mais elevados, pois, caso a inflação se confirme, terão de gastar mais. Os produtores também percebem o movimento nos custos da produção e elevam os preços, a fim de assegurar seu lucro, antes de aumentar a produção. Trata-se do equívoco apontado por Campos, pois não existe meia gravidez, meia inflação que possa estimular a produção. No entender de Campos e dos demais neoliberais, o que estimula a produção é a estabilidade de preços, mantendo-se orçamentos públicos equilibrados, e o crescimento constante da produtividade dos fatores de produção. Esse resultado depende de investimentos eficientes na infraestrutura e na qualidade do ensino em todos os níveis.

A proposição estruturalista cepalina promovia a incerteza do nível de preços na economia, o que contraria a premissa dos neoliberais: estabilidade de preços. Como, então, os estruturalistas entendem a dinâmica do crescimento? Em um primeiro momento, supondo que haja expansão fiscal, o governo inicia uma série de gastos na compra de bens e serviços, estimulando o aumento do consumo e dos preços. Os consumidores percebem que haverá alta de preços em diversos setores da economia. Assim, resolvem antecipar suas compras com o receio de que, em razão do aumento de preços, não consigam comprar o que desejam daqui a alguns meses. Os produtores também percebem uma pressão nos preços e decidem, de imediato, aumentar o preço de seus produtos sem elevar a produção, a oferta de produtos. Produzir leva tempo, mas a majoração de preços se dá de imediato. Em um segundo momento, a alta dos preços já ocorreu sem que haja elevação dos salários nominais ou da renda familiar. Assim sendo, a renda dos consumidores decresce, e eles comprarão menos daqui para a frente, até o novo aumento da renda familiar promovido pelos ajustes dos salários. A queda do consumo real provoca redução da produção, dos estoques e do nível de emprego. Caso a expansão dos gastos públicos continue, aquilo que parecia ser um pequeno estímulo à produção e ao emprego transforma-se em pressão inflacionária – os produtores insistem em limitar a produção, pois entendem que os preços estão subindo não por conta de aumento da produtividade e do crescimento econômico, mas por causa da expansão fiscal.

Nem todo aumento de gastos públicos é inflacionário. Gastos públicos nem sempre dão vida à sociedade. Se a taxa de expansão for acima daquela em que cresce a economia, representará desemprego e inadimplência dos consumidores: dissabores sociais.

Os estruturalistas consideravam aceitável haver aumento da oferta de moeda acima da taxa de crescimento da economia como estratégia de financiamento do desenvolvimento. Alegavam ser um equívoco conceitual neoliberal de que o aumento da oferta de moeda acima da taxa de crescimento esperado provocasse inflação de demanda. Mesmo que ocorresse um aumento moderado, alegavam os estruturalistas, a inflação é um fator de estímulo e decorrente do crescimento dos países subdesenvolvidos. Novamente, Campos debruçava sobre esse tema, contrário ao suposto aumento moderado da inflação. Argumentava: a inflação não estimula crescimento, pelo contrário, causa perda real de salários, queda da produção, recessão e desemprego: somente o investimento público não inflacionário e o privado de longo prazo promovem o emprego e o crescimento sustentável. Esse foi o foco do debate e das discórdias entre os estruturalistas e Campos.

Os estruturalistas consideravam como causa da inflação o fato de os países subdesenvolvidos serem países periféricos e, portanto, demandadores de produtos com elevado conteúdo tecnológico e exportadores de alimentos e insumos básicos com baixo conteúdo tecnológico. Alegavam, também, a inelasticidade dos preços dos produtos exportados.

Os equívocos dos estruturalistas ficam explícitos na afirmação de Roberto Campos: "As doutrinas da Cepal, que intoxicaram toda uma geração de economistas, criaram excessivo entusiasmo pela industrialização substitutiva de importações e grave subestimação da elasticidade das exportações, se praticadas taxas cambiais realistas. O protecionismo exacerbado favoreceu a cartelização da economia, gerou um viés inflacionário, relegou ao segundo plano o controle de qualidade e resultou numa baixa produtividade da economia. As reservas de mercado se tornaram reservas de incompetência."[2]

Importa destacar os resultados nefastos obtidos na região latino-americana pela falta de clareza sobre o processo e os fundamentos do desenvolvimento, em particular a economia brasileira, visto que a chilena, mesmo tendo passado por um período de interrupção da democracia pela ascensão do regime militar, obteve um processo contínuo de desenvolvimento, o que não ocorreu com a brasileira.

Entre 1980 e 2016, Brasil e Argentina cresceram, em média, à taxa de 0,7% ao ano. Isso significa que o PIB real desses dois países dobraria em cem anos. A economia do Chile cresceu a 3,0% ao ano, ou seja, o PIB real dobraria em 24 anos. O PIB real *per capita* do Chile representou 65,3% do Brasil em 1980, no entanto, em 2016, a renda *per capita* daquele país foi 148% superior à brasileira. Isso demonstra que a qualidade do crescimento e a política de desenvolvimento chileno são superiores às da Argentina e do Brasil. Fica uma questão pontual: com o protecionismo comercial desses dois países, ainda influenciados pela cultura regressiva cepalina dos anos 1960, de que nos serve o Mercosul? Qual a razão de permanecermos distante da integração econômica com os países da OCDE? A resposta é simples: na ausência de estratégias de inserção internacional do setor industrial, o mais fácil é manter a economia escondida da abertura com o manto sagrado do protecionismo comercial, seguindo o receituário do economista fascista romeno Mihail Manoilescu.

OS DESENVOLVIMENTISTAS ESTRUTURALISTAS LATINO-AMERICANOS

Nas décadas de 1950 e 1960, houve grandes debates sobre o modelo de desenvolvimento para a América Latina. Nesse período, ocorreram oscilações nos preços da região. O tema "inflação" recebeu muita atenção, e suas causas e relevância no processo de crescimento foram o centro das discussões e divergências. Os economistas desenvolvimentistas estruturalistas entendiam que a inflação era de natureza estrutural. A premissa era de que a economia brasileira, exportadora de insumos básicos (alimentos e minérios), contava com restrição no ganho relativo ao aumento da renda dos países importadores, pois o preço desses produtos era inelástico. Isso quer dizer o seguinte: se a renda dos países desenvolvidos cresce, a demanda por *commodities* (carne, grãos, minérios e alimentos) não aumenta na mesma proporção da renda. O preço desses produtos se modifica, para mais ou para menos, somente no longo prazo. Desse modo, no médio e curto prazos, o preço dos produtos exportados dos países subdesenvolvidos permanece estável. Quais seriam as implicações dessa realidade para os países subdesenvolvidos que almejam o desenvolvimento? Essa questão bem como o modelo e as políticas de desenvolvimento foram temas de grande importância e de muita discórdia entre os desenvolvimentistas neoliberais e os desenvolvimentistas estruturalistas.

O CAMINHO PARA O DESENVOLVIMENTO

Buscava-se uma forma de acelerar o crescimento dos países subdesenvolvidos, cuja principal atividade era a produção de *commodities* sem um parque industrial competitivo. O fator limitante era a inelasticidade do preço e da renda dos produtos manufaturados. Isso significa que, se há aumento de renda nas economias importadoras de *commodities*, o preço desses produtos permanece estável no curto e médio prazos: a demanda é estável. Já em países subdesenvolvidos, aumento de renda causa elevação da demanda de bens duráveis e de maior valor tecnológico (bens duráveis: geladeiras, automóveis, componentes de motores) importados

dos países desenvolvidos. Os economistas estruturalistas alegavam que essa dinâmica acarretaria déficit estrutural na conta corrente do balanço de pagamentos.[3] As receitas das exportações não cobririam os gastos dos importados, gerando, desse modo, déficit estrutural na conta corrente. O déficit poderia ser evitado por meio de políticas protecionistas nas importações de bens manufaturados e de capital e desvalorizações frequentes do câmbio. Estas provocariam alta do preço dos importados, a qual, consequentemente, seria repassada tanto para o consumidor interno como para os setores exportadores que dependiam de insumos importados. Isso ocasionaria aumento do nível geral de preços na economia e não tornaria a economia mais produtiva e competitiva.

No entendimento dos cepalistas, considerando o câmbio estável, a demanda pelos produtos exportados dos países subdesenvolvidos depende da renda dos países compradores; no entanto, a sensibilidade do aumento da venda desses produtos não acompanha a elevação da renda do país importador. Exemplificando, se a renda de um país desenvolvido que produz bens manufaturados (máquinas e equipamentos) cresce 5%, a venda de minério de ferro do país subdesenvolvido não aumenta 5% – pode permanecer estável no curto prazo, subindo no longo prazo, caso a renda do país desenvolvido cresça continuamente. Nesse caso, em economia, a sensibilidade do aumento da venda do produto pela renda é inelástica. Essa realidade dificulta a dinâmica das exportações. Agora considere que, num país subdesenvolvido, um aumento da renda pode elevar a demanda por importações de bens manufaturados de países desenvolvidos. Esses produtos inexistem: são fabricados com má qualidade ou em volumes não satisfatórios. Isso pode desequilibrar a balança comercial: importar mais produtos manufaturados do que exportar *commodities* acarretaria déficits na balança comercial. Em geral, é o que sucede. A esse fato os economistas chamam de inelasticidade-renda da demanda dos produtos primários. A ampliação das exportações de produtos primários pode ocorrer no longo prazo, ao passo que a demanda por bens manufaturados se dá no curto prazo. O diferencial de resultados, receitas de exportações para cobrir as despesas com importações, deve-se ao tempo de as exportações produzirem receitas possíveis para o pagamento das importações. Isso acarreta graves desequilíbrios no balanço de pagamentos.

O atraso econômico se explicaria por essas vertentes de raciocínio. O caminho para o crescimento e desenvolvimento sustentáveis seria a política de industrialização: a substituição das importações. Estas com maior valor agregado – manufaturados e bens de capital – tornariam a economia mais competitiva. Ela cresceria sem as limitações de expansão da produção e de preços que o setor de *commodities* impõe. Nesse modelo, a inflação se daria, segundo os estruturalistas, por conta da demanda crescente por bens e serviços, seguida de maior expansão monetária e fiscal.

A expansão monetária ocorreria para atender à demanda de moeda, e a fiscal para atender à demanda de gastos de investimentos públicos em infraestrutura. Mesmo assim, essa formulação causaria desequilíbrios na conta corrente do balanço de pagamentos: demanda crescente de recursos externos e maior procura por produtos importados. A balança comercial apresentaria déficits porque as importações de bens manufaturados e de capital continuariam crescendo. Isso se daria pelo fato de a política de substituição das importações estar direcionada ao abastecimento da demanda interna. Para evitar crises no balanço de pagamentos, os estruturalistas são favoráveis ao protecionismo e às cotas de importações. Isso significa haver política econômica de monitoramento do mercado e dos agentes produtivos. Se a política de industrialização caminhasse no sentido de tornar esse setor competitivo internacionalmente, não haveria a necessidade de monitorar o crescimento da demanda da sociedade e dos agentes econômicos por importados.

Segundo os estruturalistas, a política de industrialização não deveria estar voltada à concorrência internacional. Dever-se-ia exportar o excedente e quase nunca produzir para atender ao crescimento da demanda internacional de produtos industrializados e de bens de capital. Dessa forma, criar-se-ia um modelo de crescimento industrial pouco competitivo endógeno, dependente de créditos e tarifas subsidiados do governo federal e de insumos importados. Essa política de industrialização mediante a substituição das importações não aliviaria o aumento da demanda interna por importados de melhor qualidade e preços mais competitivos. A pressão do déficit externo continuaria ativa. As crises internas (fiscais ou inflacionárias) seriam um impedimento ao crescimento, porém os estruturalistas não compreendiam dessa forma. Esses desequilíbrios, segundo eles, seriam próprios das dores do crescimento econômico.

Por último, cabe destacar o entendimento dos estruturalistas em relação ao capital internacional. Esse grupo propositor de um novo modelo de crescimento para a região latino-americana não era favorável ao capital internacional, pois acreditava que este era fluido na economia e que guardaria um caráter mais especulativo do que investidor. Os estruturalistas sempre propuseram a centralização cambial em tempo de muita volatilidade da taxa de câmbio, quando adotariam câmbio múltiplo para diferentes setores pela demanda de moeda estrangeira. Nesse aspecto, apregoavam um modelo de crescimento de economia fechada, com produção industrial direcionada ao mercado interno e manutenção das exportações de *commodities* com a mesma dinâmica.

Em resumo, em um país subdesenvolvido com essas características de produção, o crescimento econômico induz déficits nas transações correntes e desequilíbrios frequentes no balanço de pagamentos. As exportações não são suficientes para cobrir os gastos com as importações. Essa situação promove periódicas desvalorizações da moeda nacional, causando aumento da inflação. Os estruturalistas entendem que a industrialização por meio da substituição das importações ameniza esse fenômeno inflacionário estrutural; entretanto, surge uma nova dinâmica inflacionária originada pelos déficits nas transações correntes do balanço de pagamentos ocasionada pelo crescimento econômico oriundo da industrialização.

Os adeptos do estruturalismo cepalino ainda são devotos da tese de que a inflação decorre do crescimento, sendo, portanto, endógena, própria do crescimento. Esse raciocínio é falacioso – como se não houvesse crescimento econômico sem inflação.[4] Há inúmeros exemplos que reforçam o fato de que a economia pode crescer de forma sustentável quando a taxa da produtividade permanece acima da taxa de inflação. Isso ocorre sempre que o crescimento sustentável resulta de investimentos na produtividade dos fatores de produção. Na presença de estabilidade ou equilíbrio do orçamento e superávit primário das contas públicas, a taxa de produtividade dos fatores iguais ou acima da taxa da inflação torna a taxa de retorno dos investimentos altamente rentável. O efeito mais evidente desse processo é a baixa taxa de desemprego. Para elucidar essa proposição, para evitar apresentar fatos muito distantes, o exemplo dessa evidência ocorreu na economia norte-americana, durante quase três décadas (1980-2006). Nesse período, essa economia apresentou elevação contínua da produtividade dos fatores. Isso foi fruto de uma deliberada política de investimentos em inovação e tecnologias transformadoras do processo de produção na escala da produção. No período, a taxa de crescimento da produtividade permaneceu igual ou acima da inflação; crescimento econômico elevado; redução contínua do desemprego; e ganhos reais de salários e renda. Todos esses elementos promoveram uma das mais elevadas taxas de crescimento, baixo nível de preços e de desemprego. No entanto, esse processo foi interrompido pelas crises financeiras internacionais, originadas nos Estados Unidos em 2008.[5] Em resumo, a produtividade é um indicativo de quanto a qualidade de vida e a prosperidade das pessoas se modificarão no tempo. De forma oposta, o nível de preços, portanto, a inflação, pode desestruturar o padrão de consumo, limitando o poder de consumo, desempregando famílias e fechando as oportunidades de trabalho seguro e formal. Dentro do processo inflacionário ou de elevado nível geral de preços não há possibilidade de melhoria da qualidade de vida ou do padrão de consumo, mas de empobrecimento e de rupturas sociais.

É importante destacar que, conceitualmente, Eugênio Gudin, Mário Henrique Simonsen e Roberto Campos divergiram do diagnóstico cepalista no tocante à postulação de que a política de crescimento econômico induz certa dose de inflação. Embora Campos e Gudin discordassem das premissas cepalinas, tinham entendimentos distintos sobre as causas, os impactos da inflação e sobre como crescer assegurando baixo nível de inflação. São visões distintas, com endereçamentos diferentes em matéria de desenvolvimento econômico. Esses aspectos serão apresentados a seguir.

Os desenvolvimentistas brasileiros

Eugênio Gudin, Roberto Campos, Antonio Delfim Netto e Mário Henrique Simonsen representaram os mais brilhantes economistas da época. Eugênio Gudin era um economista liberal, com entendimento muito particular sobre a estrutura econômica brasileira. Seu pensamento econômico monetarista tinha quase nenhuma interface com o dos desenvolvimentistas neoliberais da época. Nesta parte, apresenta-se de forma sucinta, o pensamento desses economistas com o objetivo de entender como o liberal e os demais neoliberais compreendiam a política econômica, as condições de desenvolvimento, a dinâmica e o processo por meio do qual o Brasil, país subdesenvolvido, deveria se organizar para prosperar, social e materialmente.

Antonio Delfim Netto (1928-)
O desevolvimentista heterodoxo

Mesmo quando ainda era um jovem economista e professor da USP, Antonio Delfim Netto já tinha um atualizado conhecimento sobre as causas da inflação em países em desenvolvimento. "É de grande interesse", escreveu Delfim Netto, "não só no Brasil, mas na maioria dos países em processo de desenvolvimento, o estudo das inter-relações entre o fenômeno inflacionário e o crescimento econômico. A experiência histórica tem mostrado que a elevação dos níveis de renda nos países economicamente atrasados, em relação às nações líderes, no processo de industrialização, vem frequentemente acompanhada de variações consideráveis no nível geral dos preços. Se bem que algumas vezes essa elevação possa estimular o ritmo do crescimento econômico, é inegável que ela provoca graves distorções no sistema, criando pressões sociais altamente danosas que podem inibir o processo de desenvolvimento."[6] Com esse entendimento, Delfim Netto e seus associados, quando assumiram posições de destaque nos governos militares, praticamente minimizaram as discussões acadêmicas estruturalistas sobre as causas da inflação e do atraso econômico dos países latino-americanos (produtores e exportadores de alimentos e minérios).

A política de desenvolvimento de Delfim Netto, baseada na expansão das fontes próprias de recursos dos empresários (ou seja, no espaçamento gradual do prazo de pagamento de impostos e no aumento, assim, do capital de giro das empresas), conjugada com a estabilidade da taxa de câmbio e uma intensiva política de financiamento na expansão energética, na logística e na industrialização da economia, enfraqueceu os argumentos dos estudiosos e economistas desenvolvimentistas estruturalistas. O fato real foi que seus antecessores, Campos e Bulhões, realizaram um rigoroso ordenamento e ajuste nas contas públicas, um rígido controle da expansão da moeda e reformas estruturais e institucionais direcionadas ao crescimento e ao desenvolvimento, as quais ocasionaram queda abrupta da inflação e ocorreu crescimento econômico. A forte queda do salário real se iniciou em 1960. Ao calcular a média do salário real, entre janeiro de 1964 e dezembro de 1966, a queda foi pequena. Houve uma recuperação do salário em 1964, porém a queda deu-se em 1965. Daí em diante a política foi a de estabilizar o valor real do salário-mínimo em torno de R$ 800. Foi o que prevaleceu até 1972, conforme o gráfico abaixo.

Gráfico 3.1 – Variações do valor real do salário-mínimo, em R$, 1960-1973.

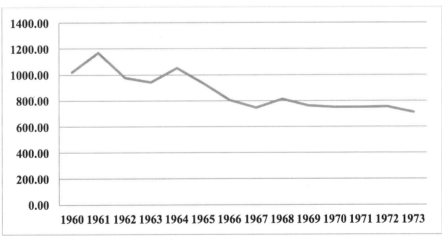

Fonte: Série elaborada pelo IPEA.

Ok, Roberto. Você venceu!

 A abordagem de Delfim Netto e seus associados sobre as causas da inflação e do baixo crescimento econômico propôs uma nova modalidade de crescimento da produção, da renda familiar e das exportações por meio de investimentos que aumentassem a oferta de produção nacional.[7]

 Delfim Netto nunca se afastou de rigorosas políticas fiscal e monetária, mas as flexibilizou quando foram conjugadas com novos investimentos e aumento da oferta de emprego e produtos para consumo interno e exportáveis. A renda real da população expandiu. O país cresceu e o nível de inflação regrediu (1968-1972), sendo esse período conhecido como o "milagre econômico" brasileiro.[8] Esses feitos contrariaram as premissas dos estruturalistas de que a inflação faz parte do crescimento.

 Delfim Netto e seus associados elaboraram uma análise concisa sobre as causas da inflação brasileira, diferente da dos estruturalistas. O diagnóstico feito sobre a inflação brasileira continua atual, sem que se possa acrescentar qualquer outro elemento. Ele citou quatro fatores como causas da inflação brasileira: o elevado déficit do setor público e sua forma de financiamento; as pressões de custo provenientes da fórmula de reajustes salariais; desvalorizações da moeda nacional para auxiliar as exportações; as pressões oriundas das limitações da oferta de bens e serviços do setor privado.[9]

 A inflação, segundo Delfim Netto e seus associados, resulta da ineficiência das políticas macroeconômicas, fruto dos aspectos apontados acima. Administrar o nível da inflação e a expectativa dos agentes econômicos requer políticas econômicas não inflacionárias de financiamento do crescimento sustentável. Delfim Netto destaca um fato que pode ser típico de países subdesenvolvidos: o "efeito demonstração" (também ressaltado por Roberto Campos), ou seja, os hábitos de consumo dos países desenvolvidos influenciam os das nações menos desenvolvidas. Isso significa que a prioridade delas passa a ser o consumo, em detrimento da poupança. Esse comportamento faz com que as pessoas prefiram sacrificar a poupança e antecipar o consumo de bens. Nesse aspecto, Delfim Netto sugere a poupança forçada feita por meio da política fiscal ou compulsória, limitando a demanda de consumo, visto que a elevação da produção requer tempo. A decisão de investir ou de aumentar a produção exige análises sobre a realidade e a credibilidade da administração da política macroeconômica de forma que esta possa assegurar o crescimento da demanda por bens e serviços. Essas decisões envolvem custos de oportunidade empresarial; portanto, a confiabilidade na política macroeconômica é crucial. Outro aspecto é o regime de reajustes do salário-mínimo. Se a taxa de crescimento do salário-mínimo cresce acima da oferta da produção, os preços sobem além do esperado e podem continuar elevando-se à medida que a produção não atenda à demanda social por bens e serviços. Nesse caso, a taxa de câmbio aumenta com reflexos na queda das importações de bens que possam complementar a falta de produtos no mercado local. Há, portanto, de acordo com esse diagnóstico, uma falha na oferta de bens da economia. Essa é uma das causas da inflação. O caminho, segundo Campos, para reparar essa falha é a ampliação da oferta de bens por meio da industrialização, possibilitando aos empresários créditos e capital de giro para o aumento da capacidade produtiva e da modernização do setor industrial. Campos e Delfim compartilhavam do mesmo pensamento no tocante à industrialização: criar um parque industrial competitivo global, sem qualquer vínculo com as premissas de industrialização parcial por meio da substituição das importações para atender unicamente o mercado nacional.

O cerne da política de industrialização nacional tanto de Campos como de Delfim Netto era promover o setor industrial, modificando o perfil da produção nacional e a pauta de exportações brasileiras, de modo que esta se concentrasse menos nos produtos agrícolas e mais nos manufaturados (Gráficos 2.1 e 2.2). Portanto, as causas da inflação brasileira indicadas por esses economistas não guardavam qualquer semelhança com as apontadas pelos estruturalistas.

Com esse diagnóstico, Delfim Netto e seus colaboradores foram para o governo de Costa e Silva e promoveram crescimento econômico nacional com: orçamento fiscal equilibrado, herdado do período de Campos e Bulhões; política monetária ativa no controle da inflação; política de reajuste de salários mais condizente com o crescimento do produto; modificação no perfil do produto nacional, exportando manufaturados; política cambial flexível para propiciar tanto o equilíbrio da conta corrente como a redução do nível de inflação proveniente das limitações da oferta. O lucro das empresas nacionais cresceu, possibilitando a realização de investimentos acima da taxa de poupança nacional. Nessa época, eles alcançaram 25% do PIB e a poupança nacional foi compatível com a demanda de investimentos, embora o governo de Costa e Silva tenha contraído elevados empréstimos e investimentos internacionais para cobrir a falta da poupança interna e atender à demanda interna de investimentos.

Delfim Netto soube identificar as causas da inflação e do atraso econômico nacional e adotou, como ministro, as medidas certas, resultando no que ficou conhecido como a fase do "milagre econômico" brasileiro. Delfim Netto rejeitou essa titulação, ressaltando que o elevado crescimento com queda da inflação havia sido fruto de uma estratégia adequada de desenvolvimento para o Brasil, a qual durou uma década.

Em meio a um dos maiores episódios de instabilidade dos custos da produção e do capital internacional, movido pela crise do preço do petróleo e pela alta das taxas de juros nos Estados Unidos, a insensata política de crescimento econômico do governo de Geisel, ao tentar estimular o crescimento econômico por meio da elevação da dívida pública federal e da expansão fiscal, acarretou o aumento dos custos do capital, dos juros internos e da produção. Essa política tornou imprevisíveis a inflação e a taxa de câmbio. O governo de Ernesto Geisel (1974-1979) desconsiderou as recomendações das principais instituições internacionais – FMI e Banco Mundial – com vista ao controle da inflação e ao equilíbrio das contas públicas. O general Geisel foi presidente da Petrobras (1969-1973), porém ignorou a extensão da crise do petróleo. Ele a considerava "passageira". Caso não tivessem ocorrido equívocos na política macroeconômica, a economia brasileira teria continuado seu curso de crescimento, evitando quase duas décadas perdidas (1979-1994).

Mário Henrique Simonsen (1935-1997)
O DESENVOLVIMENTISTA KEYNESIANO

Delfim Netto e associados brilhavam como representantes da FEA-USP, e Campos, Gudin e Simonsen da FGV-Rio. Esses dois grupos tinham concepções teóricas semelhantes. Formavam um núcleo de economistas com visões parecidas sobre as causas da inflação brasileira (desequilíbrio fiscal, regras de reajuste do salário-mínimo, baixo nível de poupança, "efeito demonstração", política tributária ineficiente e limitações no perfil da produção nacional). Era unânime a oposição desses economistas em relação às proposições desenvolvimentistas estruturalistas.

No tocante à política de combate à inflação, ao longo dos anos 1970, Mário Henrique Simonsen ordenou o pensamento econômico neoliberal brasileiro da época em inúmeras publicações e debateu sobre as alternativas gradualistas e o tratamento de choque.[10] Importa lembrar que a economia mundial sofreu dois choques que alteraram o seu ritmo de crescimento: o dos preços do petróleo no início da década de 1970; o dos juros norte-americanos no final desse período. O preço do petróleo subiu de US$ 2,90 o barril, em outubro de 1972, para US$ 11,65 o barril, em janeiro de 1973. O preço do petróleo no mundo aumentou 300%, ou seja, quatro vezes, em três meses, gerando impactos na inflação mundial. Em 1979, em consequência da Revolução Islâmica, o preço do barril do petróleo passou a custar US$ 40, equivalente ao preço de 2017, 38 anos depois. Em 1972, a taxa básica de juros norte-americana estava, em média, em 10,9% ao ano. Em 1979, elevou-se para 19,1% ao ano. Em 1981, alcançou 20% ao ano. A inflação norte-americana chegou a 13,5% ao ano, em 1979. Após o choque de juros, ela recuou para 3,5% ao ano, em 1982.

Como os países subdesenvolvidos tinham dívidas externas em juros flutuantes, elas tornaram-se impagáveis. Uma onda de moratória espalhou-se pelo mundo, e esse período ficou conhecido na América Latina como a década perdida. Países como Brasil, México e Polônia foram duramente castigados pela elevação dos juros do Banco Central Norte-Americano, o Federal Reserve System (Fed).

Nos Estados Unidos, o tratamento de choque resultou na retração rápida da inflação, evitando a estagflação – baixo crescimento com elevada inflação –, e a economia pôde recuperar seu crescimento ao longo da década de 1980. No Brasil, Simonsen discutia alternativas de política monetária de combate à inflação, sugerindo dois caminhos alternativos: tratamento de choque ou medida gradualista para conter a espiral

Ok, Roberto. Você venceu!

inflacionária que se desenhou nos anos 1970, mas que se tornou aguda na década seguinte. A política econômica dos generais Ernesto Geisel e João Figueiredo preferiu a alternativa gradualista. Mário Henrique Simonsen insistia no tratamento de choque para conter os gastos públicos e elevar os juros, evitando, assim, o crescimento da dívida interna e das despesas públicas, o que aceleraria a inflação – como, de fato, ocorreu.

Eugênio Gudin (1886-1986)
O DESENVOLVIMENTISTA LIBERAL

Eugênio Gudin foi engenheiro civil e autodidata no estudo da teoria econômica. Em 1944, o ministro da Educação, Gustavo Capanema, designou Gudin para redigir o Projeto de Lei que institucionalizou o curso de economia no Brasil. Nesse mesmo ano, foi escolhido como delegado brasileiro para participar da Conferência Monetária Internacional, em Bretton Woods, nos Estados Unidos. Roberto Campos o conheceu nessa época, pois ele foi convidado para assessorar a delegação brasileira.

O professor Eugênio Gudin fundou a primeira Faculdade de Economia do Brasil, a antiga Faculdade Nacional de Economia da Universidade do Brasil, hoje UFRJ. Foi também o fundador do Instituto Brasileiro de Economia da Fundação Getúlio Vargas – IBRE.

Vale lembrar o histórico debate entre o professor Gudin e o industrialista paulistano, Roberto Simonsen, em 1944 e 1954. Na época, o prof. Gudin defendia as vantagens comparativas no comércio internacional, a liberdade dos mercados, o equilíbrio orçamentário e o combate à inflação. Simonsen defendia o protecionismo comercial como forma de evitar o crescimento das importações, sendo as importações um fator limitante à industrialização do país, portanto, as barreiras comerciais seriam importantes para o surgimento da indústria nacional. Infelizmente, Gudin foi vencido pela burguesia industrial protecionista.

O prof. Gudin foi pioneiro em apontar o crescimento da produtividade como sendo fonte importante do desenvolvimento econômico. Em um dos seus artigos publicados na *Revista Brasileira de Economia*, de setembro de 1954, ele afirma: "O mais grave dos problemas econômicos nacionais é o de baixa produtividade."[11] Esse tema somente reaparece na literatura econômica nacional nos anos 1990, sendo muito atual. No artigo, prof. Gudin agradece as colaborações de colegas economistas como Roberto de Oliveira Campos, Alexandre Kafka, Jorge Kingston e Otávio Gouveia de Bulhões pelas contribuições ao texto.

Gudin tinha uma visão bastante particular sobre o mercado de trabalho e as causas da inflação. Assumia que a economia brasileira funcionava em pleno emprego, ou seja, a demanda de mão de obra era igual à sua oferta. Conforme seu entendimento, o equilíbrio no mercado de trabalho sugere que os salários pagos refletem a estabilidade de preços na economia, de maneira que haveria pouca ou nenhuma ociosidade na capacidade produtiva dos diferentes setores. Compreendia a inflação como um fenômeno que resulta do excesso de demanda dos consumidores em relação à oferta de bens e serviços dos setores produtivos. A respeito destes, havendo pouca capacidade ociosa, a elevação da demanda (consumo) ocorreria por conta do aumento compulsório dos salários, baseado na inflação passada. Para manter a inflação estável, Gudin enfatizava que os ajustes reais de salários deveriam ser feitos por meio dos ganhos de produtividade da mão de obra.

No pensamento econômico de Gudin não existe estoque de reserva de mão de obra. Portanto, a elevação real de salários não induz aumento de empregos, mas unicamente de preços, o que provoca redução do poder aquisitivo dos salários. Dessa forma, a demanda retorna ao seu nível inicial, no médio ou no longo prazos.

Em verdade, essa hipótese sobre o equilíbrio do mercado de trabalho, Gudin a manteve mais por conta do seu rigor teórico do que por qualquer embasamento empírico sobre a realidade brasileira. De qualquer maneira, ele refutava o aumento da inflação como resultante do crescimento econômico, visto que, na economia brasileira, o mercado de trabalho encontrava-se em equilíbrio.

No tocante ao estado estacionário do crescimento por conta do equilíbrio do mercado de trabalho, os economistas Roberto Campos, Mário Henrique Simonsen e Delfim Netto não comungavam com as hipóteses de Gudin, tampouco com a premissa de esgotamento dos efeitos da inflação sobre os salários dos trabalhadores, o que faria com que o movimento ascendente da demanda retornasse ao seu nível original. É como se, no médio e longo prazos, os salários reais permanecessem estáveis, estacionados, e o crescimento se desse somente no longo prazo por conta do acréscimo de produtividade, resultante das inovações tecnológicas. Era, de fato, uma concepção da escola clássica de economia sobre os fatores do crescimento econômico.

Roberto de Oliveira Campos (1917- 2001)
NEOLIBERAL LÚCIDO QUE IDEALIZOU E TRANSFORMOU O BRASIL

Para o debate sobre desenvolvimento econômico latino-americano, Roberto Campos trouxe temas relevantes e inéditos referentes ao crescimento sustentável, em uma distinta abordagem econômica, social e institucional.

No aspecto econômico, ele identificava a inflação como uma característica mais própria do século XX, uma vez que, no século XIX, o progresso ocorreu sem inflação ou, pelo menos, não apresentou aspectos crônicos. "Inflação e crescimento equilibrados" foi um tema que ele debateu em toda a sua vida. Tinha como rigor a lógica teórica, rigor escolástico, sobre o equilíbrio macroeconômico de maneira simples e objetiva. Nunca se referiu ao equilíbrio geral macroeconômico, mas ao crescimento equilibrado conjugado com o aumento da produtividade dos fatores de produção: capital, trabalho e tecnologia.

Acrescentou dois outros aspectos igualmente relevantes, mas pouco ou não considerados na época, sendo o social – o valor do conhecimento humano na elevação da produtividade dos fatores – e, inegavelmente, inédito, e o tema sobre a importância das instituições econômica, política e judicial. Esses aspectos serão apresentados com detalhes nos Capítulos 6 e 7.

Campos sempre se ateve à importância da estabilidade e da sustentabilidade do crescimento econômico. Para que esse intento fosse alcançado, ressaltou a observância de dois dos mais importantes componentes da gestão da política macroeconômica: a expansão dos gastos públicos deveria permanecer em linha com o crescimento do produto, PIB, assim como o aumento da oferta de moeda. Para concluir esse seu modo de pensar, Campos destacou, com o mesmo rigor, a importância do equilíbrio do balanço de pagamentos. Este poderia sofrer modificações em decorrência de dois fatores: choques de preços internacionais e expansão real da moeda acima da taxa de crescimento do produto nacional. Este último poderia ocorrer por conta de: aumento dos gastos públicos motivado por políticas fiscais expansionistas de gastos sem a contrapartida do crescimento do produto (ou da produtividade); elevação da dívida pública ou de impostos para financiar os déficits das contas públicas.

Campos enfatizava a relevância de se ter crescimento com um orçamento público equilibrado, para que os ganhos reais futuros não fossem destruídos pela inflação. Ele tinha clara a importância do equilíbrio de comportamento das principais variáveis macroeconômicas, como: nível de inflação e taxas reais de juros, de salário e de câmbio. A significância desse último aspecto será tratada mais adiante. Por enquanto, basta entender que, no tocante ao crescimento equilibrado e inflação, Campos destacava que a estabilidade da inflação era maior nos países desenvolvidos que nos subdesenvolvidos, pois nestes o produto nacional era composto mais de *commodities*, como alimentos, minérios, petróleo gás etc., que de produtos de maior valor agregado, como manufaturas, inovação e tecnologia. A elasticidade-renda da demanda por produtos industrializados era maior que a de alimentos e minérios. Isso significa que o aumento da renda da sociedade eleva a demanda por bens industrializados mais do que por alimentos e minérios. Embora nesse aspecto não diferisse dos estruturalistas, na formulação conceitual sobre o crescimento econômico sustentável para países subdesenvolvidos a divergência era profunda.

A questão da inflação e do crescimento tem de ser explicada por outros fatores, que não o estrutural, como as características gerais que estimulam a produção: recursos naturais existentes, ingresso de capital estrangeiro, nível de poupança, conhecimento tecnológico, nível de escolaridade (capital humano), capacidade empresarial, eficiência institucional, abertura econômica e qualidade da mão de obra. Em países pouco desenvolvidos, como os da região latino-americana, a inflação não necessariamente deve ser própria do crescimento, pois "em nada reduz a importância da política monetária na conciliação do crescimento com estabilidade de preços", afirmava Campos.[12] Deve-se perseguir a política de crescimento com estabilidade de preços.[13] Portanto, segundo Campos, não há necessidade de promovê-la além da própria dinâmica do crescimento. A política econômica de aceleração do crescimento deve levar em conta a composição do produto nacional, os níveis de ociosidade da capacidade de produção e de desemprego existentes para que o objetivo almejado não resulte na aceleração da inflação, mas no crescimento com produtividade dos fatores de produção.[14] O crescimento com estabilidade de preços e sustentabilidade do investimento torna o desenvolvimento mais duradouro e socialmente crível, afirmava Campos.[15]

Ele rebateu a proposição dos economistas latino-americanos que consideravam a inflação como um fator de estímulo ao crescimento. A hipótese desses economistas era de que a economia de países subdesenvolvidos, especificamente a latino-americana, operava abaixo do nível de pleno emprego, ou seja, havia capacidade ociosa nos diferentes setores econômicos. O que não se sabe dessa alegação é se a existência de mão de obra desempregada se devia à falta de oportunidades para sua empregabilidade como mão de obra qualificada ou semiqualificada ou se ocorria pelo fato de não haver demanda para todo tipo de mão de obra. Cada uma dessas hipóteses causa impactos distintos no mercado de trabalho com efeitos nos salários e no custo da produção. Nesse tema, nem Campos nem os estruturalistas deram encaminhamento à política de desenvolvimento. Seguramente, pode-se afirmar que, em situações fora do âmbito da recessão, induzir o aumento da produção, do emprego e do crescimento por meio de estímulos inflacionários é inconsistente com os pressupostos de crescimento com estabilidade de preços (salários, juros, inflação e câmbio) preconizados pela teoria macroeconômica.

No tocante ao equilíbrio macroeconômico, Campos insiste na proposição de que o crescimento equilibrado resulta da estabilidade de preços, assegurada tanto pela moderação dos gastos fiscais como pela política monetária de administrar a expectativa dos agentes econômicos em relação aos juros reais e à taxa de câmbio no médio e longo prazos.

A abordagem de que a inflação promove ou de que é parte inerente ao crescimento em nada tem a ver com a proposta "schumpeteriana", segundo a qual o crescimento e desenvolvimento se originam do movimento da produção espontânea dos empresários e empreendedores. Os economistas estruturalistas defendem, sem culpa, a "meia gravidez", ou seja, acreditam que um pouco de inflação é útil ao processo de crescimento econômico.

Essa proposta guarda inúmeras inconsistências no tocante à sustentabilidade do crescimento (investimentos) e à distribuição dos seus "ganhos sociais". Seja qual for o nível geral de preços, estes sempre são transferidos para uma minoria que tem meios de se proteger da inflação – o que não ocorre com a classe trabalhadora, esse vasto grupo de consumidores de baixa renda nos países subdesenvolvidos. Mesmo para a classe empreendedora, a qual, em tese, em um processo inflacionário, tem meios de se proteger contra perdas reais de receita e de produção, a capacidade de produção permanece aquém do pleno emprego da oferta de mão de obra. Campos enfatiza que a inflação reduz tanto a capacidade produtiva dos setores econômicos (desinvestimentos em inovação e tecnologias transformadoras da produção) quanto a produtividade marginal da mão de obra. Essa postulação mantém o hiato estrutural do desemprego da mão de obra.[16] Esse foi um dos argumentos de Campos contra a premissa de Gudin de que o Brasil tinha a condição de pleno emprego.

Para Campos, a inflação crônica era a causa fundamental do atraso tecnológico, econômico, institucional e social dos países latino-americanos. Esse fato, no Brasil, segundo o economista, em nada tinha a ver com a rigidez da oferta da produção agrícola – inelasticidade-renda da oferta –, mas era fruto de erros das políticas macroeconômicas originadas pelo desequilíbrio fiscal. Referia-se, com frequência, aos governos de Juscelino Kubitschek e Ernesto Geisel; ambos deram início ao processo inflacionário por meio da expansão fiscal e da elevação do endividamento público federal como forma de financiar programas de desenvolvimento, causando o deslocamento da oferta de mão de obra nos mercados de trabalho e de produtos de maior valor agregado na composição do produto nacional. Isso resultou na má distribuição da renda nacional e na baixa qualidade da força laboral, limitando as possibilidades do surgimento de uma economia industrial competitiva. Esse viés da política econômica desenvolvimentista acarretou o hiato entre o pleno emprego da mão de obra e a restrita competitividade dos setores produtores de manufaturados e de bens de capital. Essas características limitaram a possibilidade de se criar uma economia direcionada à absorção dos avanços científicos e tecnológicos em curso em diferentes partes do mundo.[17]

Repetidas vezes, alertou sobre o equívoco dessas políticas, as quais violavam as regras do pleno funcionamento dos mercados competitivos, pois as políticas econômicas que fossem protecionistas ou fornecessem subsídios fiscais e creditícios à produção acarretavam a imprevisibilidade do nível geral de preços.

Foi um contestador implacável em relação às políticas públicas de manutenção de tarifas irreais para aliviar o custo da produção ou para conter a inflação. Afirmou de forma incansável que elas desestimulam investimentos de longo prazo nos setores mais importantes (elétrico, petrolífero e de gás), assim como na logística (estradas e ferrovias, portos e aeroportos). A estratégia de promover a infraestrutura por meio de incentivos fiscais reduz a capacidade do Estado em realizar políticas públicas eficazes em educação, segurança, saúde e habitação. O setor público deve adotar estratégias de desenvolvimento socioeconômico, porém cônscio de riscos que o setor privado não pode assimilar: catástrofes ambientais e geológicas, modificação não prevista pela demanda dos serviços estimados, modificações regulatórias etc. A tomada de riscos financeiros deve ser do setor privado, em casos específicos, compartilhados com agentes financeiros públicos, caso seu mandato o permitir.

Era favorável ao projeto de concessões do setor público ao privado no desenvolvimento da infraestrutura e logística. Entendia que na fase de maior incerteza do projeto, a construção, o setor público deveria assumir a responsabilidade pelo financiamento, mas tão logo essa fase fosse se aproximando do final o financiamento seria compartilhado. Este deveria ser o papel do BNDES.[18] Foi um contumaz crítico das estatais por serem ineficientes e promotoras de benesses tarifárias, dando margem à corrupção e à sonegação de impostos. Esse era o entendimento dele quanto à ineficácia do Estado como vetor do desenvolvimento da nação subdesenvolvida.

Afirmava que a inflação, em qualquer nível, é um imposto sobre a sociedade, sendo mais devastadora nas classes pobres, que não dispõem de poupança financeira indexada a índice de preços. A inflação destrói a renda real das classes consideradas pobres ampliando essa condição de forma indiscriminada entre os que vivem no mercado de trabalho informal. A renda auferida dessa classe social é toda consumida em alimentação, pagamento de impostos, quando muito, em aluguel, vestuário, transportes, saúde e educação.

Entendia que a inflação nacional e dos demais países latino-americanos em nada tinha a ver com a inelasticidade da oferta dos produtos agrícolas, mas com as escolhas equivocadas da política macroeconômica. Esta deveria, segundo ele, promover o desenvolvimento por meio de orçamentos públicos equilibrados e estabilidade dos principais preços na economia (taxas reais de juros, de salário e de câmbio e nível geral de preços).[19] Entendia, também, que essa proposição de livro-texto de economia dependia da qualidade das instituições econômicas. Estas consistiam na razão crítica do desenvolvimento socioeconômico sustentável.[20]

Os estruturalistas latino-americanos deram pouca atenção a esses elementos da essência da teoria macroeconômica. Campos afirmou: "estavam criando uma teoria econômica de desenvolvimento própria sem qualquer vínculo com a realidade ou com as teorias keynesianas ou neokeynesianas da época".[21] Ele apontava para a inconsistência do conceito latino-americano sobre as razões da causa do subdesenvolvimento latino-americano, baseado nos pressupostos da inelasticidade da oferta agrícola, acarretando taxa de câmbio desfavorável; desequilíbrio na conta corrente do balanço de pagamentos; e a impossibilidade da industrialização das economias dos países da região. A política de substituição das importações de bens de capital seria o caminho para a redução dos desequilíbrios mencionados, lastreando os planos de industrialização.

Um dos temas para o qual Campos chamou a atenção era de como os economistas latino-americanos entendiam o mecanismo de financiamento do desenvolvimento, ou seja: expansão da moeda e do crédito, aumento do déficit público, da dívida pública e de impostos ou uma combinação de todos esses elementos, mas todos inflacionários, acarretando déficits na conta corrente do balanço de pagamentos. Trata-se, como já alertava, de uma política desestabilizadora do crescimento e do empobrecimento social. Ele foi implacável contra essa concepção de desenvolvimento inflacionária. Foi, equivocadamente, rotulado como sendo monetarista, terminologia que ele criou, mas não concordava sobre essa denominação.[22]

Cabe, neste momento, destacar o ineditismo do economista sobre duas formulações que se tornaram, mais tarde, parte da literatura econômica mundial: a conceituação sobre monetarismo e estruturalismo e a importância das instituições formais no processo de desenvolvimento socioeconômico das nações. As divergências entre Roberto Campos e os estruturalistas sobre as causas da inflação e seus reflexos na economia latino-americana serão apresentadas mais adiante.

O INEDITISMO CONCEITUAL

No âmbito dessa discussão teórica, Roberto Campos não era nem keynesiano nem monetarista. Foi se tornando um desenvolvimentista pragmático, avesso ao dogmatismo que cega a lucidez dos mais brilhantes pensadores. Ele era dotado de um ecletismo teórico e pragmatismo único, cuja origem já aparece na sua tese de mestrado de economia, quando discutiu as propostas de desenvolvimento dos principais economistas da época: Joseph Schumpeter, Friedrich Hayek e John Maynard Keynes. Identificou as limitações teóricas de cada uma delas, pois Campos tinha como referência a realidade das economias subdesenvolvidas, desprovidas de capital, de mão de obra qualificada e de tecnologia adequada para o desenvolvimento.[23] No entanto, indicou novos rumos teóricos que deveriam ser considerados. Nesse trabalho já preconizava o advento de um mundo econômico comercialmente e tecnologicamente interdependente: a globalização.

Durante o grande debate latino-americano sobre desenvolvimento econômico, entre os anos 1950 e início de 1960, surgiu a denominação monetaristas e estruturalistas, e mais tarde, monetarismo e estruturalismo, que deram clareza à diferença conceitual sobre a causa do desequilíbrio do balanço de pagamentos e a natureza da política fiscal.

Roberto Campos foi o responsável por essa denominação conceitual que se tornou parte da literatura econômica. Ela surgiu ao longo do debate latino-americano sobre temas relacionados ao desenvolvimento, organizado no livro de Albert Otto Hirschman, em 1961.[24] Anos mais tarde, Karl Brunner utilizou a denominação monetarista para identificar o pensamento de um grupo de economistas que se baseavam na teoria de Phillips sobre desemprego e inflação, apondo como o excesso de moeda a causa da inflação e do desemprego.[25] Roberto Campos já desenvolvera essa teoria da causa da inflação como sendo o excesso de moeda originada pelo excesso de gastos públicos no início da década de 1960. A identificação monetarista ou monetarismo tornou-se mais expressiva após os anos 1970 com o debate norte-americano sobre o que de fato importa no processo de desenvolvimento: política fiscal ou controle monetário. Desse período em diante, o economista Milton Friedman, prêmio Nobel de economia, tornou-se a referência no debate sobre o papel da política monetária e da demanda de moeda no processo de estabilidade de inflação.[26] O termo monetarismo só passa a ser usado na Universidade de Chicago e na literatura econômica, destacando uma escola de pensamento, a partir de fins dos anos 1960. "Aliás, o laureado economista Milton Friedman não gostava da palavra!"[27]

Campos, na época da reestruturação da economia brasileira, quando foi ministro do Planejamento, enfatizou enormemente o papel da estabilidade das instituições formais para o processo de desenvolvimento socioeconômico. Referia-se às instituições econômicas, políticas e judiciais como sendo o tripé para a sustentação do desenvolvimento socioeconômico brasileiro em direção a uma nação próspera e desenvolvida. Isso se deu na década de 1960. Na década de 1970, surgem os conceitos do economista Douglas North, prêmio Nobel de economia, sobre a importância das instituições no progresso das nações.

As causas da inflação debatidas na época

Na ótica dos monetaristas e dos estruturalistas, qual seria a causa da inflação? Para a corrente econômica principal da época, ainda vigente nas arguições dos representantes do Fundo Monetário Internacional, a causa da inflação é de origem monetária. Isso significa que na ausência de choques externos, tais como, o aumento do preço das *commodities* ou crises financeiras internacionais, a inflação de origem monetária consiste no aumento crescente dos gastos públicos acima da taxa de crescimento do produto nacional. A taxa de câmbio nominal, na ausência de choques externos como mencionado acima, é influenciada pela política monetária. Isso revela que a expansão ou contração monetária influencia a variação da taxa de câmbio. O descontrole nos gastos públicos induz expansão fiscal acima da demanda efetiva, portanto, inflacionária. O déficit público é financiado por dois mecanismos: emissões de moeda ou de títulos da dívida pública, e ambas causam efeitos distintos no mercado de crédito. A emissão de moeda aumenta a oferta, reduzindo juros do crédito; a emissão de dívida pública retira moeda do mercado financeiro, elevando juros do crédito. A emissão de moeda, com o custo do crédito mais baixo, influencia ou antecipa o consumo por meio do crédito: demanda mais elevada, causando aumento imediato de preços. A emissão de dívida induz que o emissor tenha de pagar um custo mais elevado, juros, para os adquirentes dos títulos do governo. Nesse caso, os integrantes do setor financeiro. Esse custo mais elevado é repassado para os tomadores de crédito, quer seja para financiar capital de giro das empresas ou o crédito final de consumidores. Ambas as emissões influenciam o aumento de preços. De sorte que esses mecanismos de financiamento elevam a inflação e a taxa de câmbio.

Se, de um lado, a desvalorização da taxa de câmbio favorece as exportações, por outro, reduz a capacidade de importação de bens de capital e de manufaturados, de consumo e serviços. O aumento do preço das importações de bens de capital e de manufaturados, assim como, o de consumo e serviços acarretam no seu repasse ao consumo interno, portanto, aumento de preços (inflação). O efeito inflacionário descrito causaria desequilíbrios no balanço de pagamentos. Esse era o foco do debate monetarista sobre os desequilíbrios externos. Em resumo, de acordo com a principal corrente teórica de que a inflação é de origem monetária, o descontrole monetário do orçamento público induz ao aumento da inflação, à desvalorização cambial e a desequilíbrios no balanço de pagamentos e na relação de trocas entre países importadores de bens de capital, e exportadores de *commodities*.[28] Essa conceituação resume o que se percebe como sendo a abordagem monetarista sobre os desequilíbrios do balanço de pagamentos. De sorte que a recomendação monetarista era e continua sendo de que gastos públicos devem crescer em sintonia com a taxa de crescimento do produto. Trata-se de uma métrica monetarista sobre a estabilidade da inflação e do equilíbrio do balanço de pagamentos. Do ponto de vista da política macroeconômica, essa regra está vinculada à importância da estabilidade dos quatro principais indicadores: inflação, taxa de câmbio, taxa de salários e taxas reais de juros. A relevância da normalidade desses preços vem a ser a pedra fundamental no tocante à previsibilidade da taxa de retono dos investimentos públicos e privados no médio e longo prazos. Isso significa assegurar a sustentabilidade do crescimento econômico e do emprego no médio e longo prazos.

Os estruturalistas interpretavam que a causa da inflação não tem origem monetária e discordavam que essa fosse a origem dos desequilíbrios no balanço de pagamentos. O entendimento dos estruturalistas era de que a principal causa da inflação dos países da América Latina era a disparidade entre a taxa de crescimento da renda e a capacidade de importar. Essa última estaria vinculada à composição da oferta agregada da economia. Juntava-se a esse entendimento que a inflação é fruto do crescimento econômico. A redução do crescimento e o aumento da inflação no início da década de 1960, Celso Furtado atribuiu à taxa real de câmbio desfavorável às *commodities* brasileiras e à política econômica ao manter a crescente demanda agregada por meio de gastos públicos inflacionários.[29]

A tese estruturalista sobre a inflação foi se enfraquecendo após 1964, quando a economia brasileira iniciou um processo de crescimento sustentável com redução contínua da inflação. Esse período se estendeu de 1964 até meados da década seguinte. Foram mais de dez anos, no entanto foi interrompido por conta dos choques de preços externos e do retorno do financiamento do crescimento por meio da expansão dos gastos públicos (governo Geisel).

De sorte que a corrente de pensamento brasileira denominada monetarista, ou neoliberal, tornou-se vencedora.

Ok, Roberto. Você venceu!

O fato concreto foi que a manutenção da demanda agregada por meio de política fiscal expansionista resultou em efeitos negativos no balanço de pagamentos e não ao contrário. Como esses gastos correntes do governo federal cresciam uma taxa acima da do produto nacional, o resultado seria inequívoco: aceleração da taxa de inflação, refletindo na perda real do poder aquisitivo da renda daqueles que não dispunham de mecanismos de proteção inflacionária. Na época, quase ninguém tinha tais mecanismos, pois o mercado financeiro nacional era subdesenvolvido.

Campos não se opunha ao financiamento público para o desenvolvimento econômico e social, desde que não fosse inflacionário. Como seria? Argumentava da mesma forma que a corrente econômica principal de que a quantidade de emissão de moeda deve acompanhar o crescimento do produto nacional, o PIB. Qualquer desvio acima desse indicador causaria inflação. Dessa maneira, a expansão orçamentária do governo federal, mediante emissão de moeda e endividamento público, deveria acompanhar a estimativa do crescimento do produto nacional. De certa forma, Campos sugeria que o financiamento público devesse ser moderado, constante, e não inflacionário. Qualquer tentativa de acelerar o crescimento por meio de aumento dos instrumentos indicados gera inflação, penalizando as classes pobres, e não sustenta o crescimento econômico e o emprego de longo prazo. Em resumo, o que pode ser um bom presságio acaba sendo um pesadelo econômico: inflação crescente, renda social real cadente e incerteza dos investimentos e do crescimento futuro. Todo esse cenário ocorreu durante a execução do Plano de Metas do governo de Juscelino Kubitschek (1956-1961). Campos se opôs à velocidade com que esse plano foi executado, pois as fontes de financiamento dos investimentos públicos eram inflacionárias.[30] O Plano de Metas foi financiado com expressiva emissão de moeda, causando a elevação dos preços e desequilibrando o orçamento público federal.[31]

Na época em que Campos redigiu, em conjunto com Lucas Lopes, o "Programa de estabilização monetária", o qual visava reduzir e estabilizar a inflação causada pelo excesso dos gastos públicos realizados por meio da emissão de moeda, os economistas adeptos ao estruturalismo eram contra as medidas de estabilização da inflação.[32] Eles entendiam a inflação como o custo econômico e social do crescimento.[33] Contrariamente a esse pensamento, Roberto Campos afirmava que a inflação reduz o poder de compra dos assalariados, aumenta a taxa real de juros e gera incertezas em relação ao crescimento da atividade econômica, do emprego e dos investimentos produtivos de longo prazo.

Resumo

De acordo com o pensamento dos desenvolvimentistas estruturalistas, a inflação tem como causa a estrutura da produção nacional – produtos agrícolas e minérios –, cujo fator elasticidade-renda é baixo em relação à elasticidade-renda dos produtos manufaturados. Intuitivamente, pode-se concluir que é mais rentável exportar máquinas e equipamentos industriais do que produtos naturais. Na realidade, os recursos naturais têm vantagens não expressivas se comparados com os manufaturados. O setor de manufaturas e de bens de capital guarda uma forte relação comercial e industrial com os produtores de produtos naturais, como os agrícolas. A indústria de manufaturas depende da oferta de produtos naturais. A produtividade do setor agrícola também depende da qualidade da produção dos manufaturados direcionados ao setor.[34] A produção do setor de manufaturados necessita da demanda do setor agrícola. O setor de mineração extrativa igualmente requer muito investimento em capital humano e em pesquisa e desenvolvimento. Não se trata de mera atividade extrativa, mas de elevados investimentos para descobrir reservas minerais, assim como avaliar viabilidade técnica e econômica de sua exploração e no desenvolvimento de projetos tecnológicos do setor de manufaturas para viabilizar ganhos de produtividade na atividade extrativa. Desse modo, essa interdependência setorial põe por terra as bases do argumento cepalino sobre a hipótese da tendência secular decrescente dos preços dos produtos agrícolas e das *commodities* extrativas minerais. A dinâmica desses setores é tão ativa quanto a dos setores de manufaturas, portanto, a tendência dos preços oscila como a dos produtos industriais.

Essa visão sobre a interdependência entre os setores agrícola, minerador, extrativo e industrial sempre esteve presente nos pensamentos de

Roberto Campos, Delfim Netto e Mário Henrique Simonsen. O sucesso da política agrícola de Delfim Netto, quando ministro, deve-se ao seu empenho em tornar a agricultura brasileira produtiva e competitiva por meio da industrialização, fortalecendo os elos da interdependência setorial. Os resultados desse entendimento podem ser notados nos Gráficos 2.1 e 2.2.

Roberto Campos, desde quando era ministro do Planejamento, debatia as características do desenvolvimento econômico brasileiro e, segundo sua visão, a industrialização não seria um fim em si, mas um passo para a modernização e a produtividade da produção agrícola e extrativa de minérios à medida que essa inter-relação promovesse a diversificação das pautas das importações e exportações. Para que esse intento fosse alcançado, seria necessário desenvolver bases institucionais críveis – e isso ele fez, como veremos nos Capítulos 5 e 6.

Como o Brasil não dispunha de conhecimento tecnológico suficiente e parque industrial robusto para esse desafio, Campos ressaltava, insistentemente, a importância dos investimentos internacionais como uma necessidade para acelerar o processo de industrialização. O processo de industrialização deveria alterar a composição da carteira de exportações brasileira, elevar substancialmente a de produtos de maior valor agregado, sem excluir a relevância da produção agrícola e das *commodities* minerais. A industrialização é fundamental tanto para a competitividade econômica nacional como para a implantação de processos inovadores, a produtividade do setor agrícola e a obtenção de máquinas e equipamentos – tecnologias industriais de que o Brasil necessitava. Portanto, a industrialização aumenta a importância da interatividade entre os setores agrícola, de agronegócio e de *commodities* extrativas e o setor industrial de manufaturas. É preciso que sejam complementares. Esse entendimento existia por parte de Campos, Delfim Netto e Mário Henrique Simonsen.

Campos era favorável ao processo de substituição das importações como uma etapa do desenvolvimento, abrindo a economia tanto para as exportações como importações, para o capital privado internacional para acelerar o processo de absorção de novas tecnologias e elevar o nível dos salários nos setores industriais. Segundo os estruturalistas, o processo de industrialização ocorreria por meio da substituição das importações, fechando a economia tanto comercial como financeiramente; isso significa criar uma indústria nacional voltada ao mercado interno. Já os neoliberais entendiam que a industrialização seria para exportar produtos manufaturados globalmente, maximizando as vantagens comparativas e competitivas nacionais. Por quê? A política industrial direcionada à competitividade global transforma o processo de absorção ou de desenvolvimento tecnológico e de inovações e o acesso ao conhecimento e sua proliferação de forma horizontal na economia. Esse enfoque difere do dos estruturalistas, que propunham a criação de um parque industrial para a substituição das importações, e não para a produção de manufaturados com vista à concorrência internacional. A criação de um parque industrial direcionado à economia nacional requer política de rendas que possibilite o crescimento industrial constante. Caso contrário, as mesmas restrições no tocante à inelasticidade-renda da demanda externa dos produtos agrícolas estarão presentes na economia industrial fechada. Uma política de rendas que permitisse a ampliação do consumo interno e a formação de ampla classe média seria mais um grande obstáculo para um país que mal conseguia ou consegue assegurar os princípios básicos da responsabilidade fiscal. A proposta dos cepalinos de política de substituição das importações como um caminho para a prosperidade regional a fim de superar o atraso socioeconômico era mera utopia com evidências precárias.

Embora os economistas neoliberais tivessem entendimentos similares quanto ao direcionamento da industrialização, os governos militares, exceto os de Castello Branco e Costa e Silva, concebiam a industrialização em molde similar ao dos desenvolvimentistas estruturalistas cepalinos. Os militares pós-Costa e Silva optaram pela estatização em detrimento da industrialização competitiva. Deu-se a expansão do capitalismo de Estado baseado tanto nas empresas estatais como no papel crucial dos bancos públicos no apoio a essas organizações. O governo do general Figueiredo, embora não compartilhasse com o modelo de capitalismo de Estado dos seus antecessores, evitou o colapso macroeconômico, mas pouco pôde fazer em matéria de crescimento, em face da desastrosa herança socioeconômica, fiscal e financeira recebida.

Ok, Roberto. Você venceu!

    Apesar do desastre da política econômica dos militares, de Médici a Geisel, na tentativa de alicerçar o capitalismo de Estado, a economia brasileira foi sendo reestruturada a ponto de se dar os primeiros passos na direção do capitalismo democrático de mercado no governo de Fernando Henrique Cardoso (1995-2002), porém foram interrompidos nos governos de Luiz Inácio Lula da Silva e de Dilma Rousseff (ambos do Partido dos Trabalhadores) entre 2003 e maio de 2016.

    Um olhar no histórico sobre as reflexões e proposições no tocante aos resultados obtidos em torno do tema como tornar a economia e a sociedade brasileiras prósperas, não reflete o potencial nacional, mas um conjunto de políticas equivocadas e desconectadas do rumo do progresso mundial. O Brasil permanece um país social e economicamente atrasado não por vocação, mas pelas opções equivocadas de desenvolvimento. Essa constatação excetua os governos de Castello Branco e de Fernando Henrique Cardoso. Os equívocos das opções desenvolvimentistas dos governos brasileiros provocam instabilidade de preços, quase sempre beirando a superinflação, a baixa produtividade dos fatores de produção, má qualidade da formação educacional dos brasileiros, as políticas protecionistas e os desvios de função dos mecanismos de financiamento do desenvolvimento nacional. Foram erros que persistem, favorecendo a insegurança institucional. O desenvolvimento caleidoscópico não permitiu a formação da educação básica de qualidade, assim, favoreceu a concentração da renda social, inviabilizando a ascensão social das pessoas de menor nível de renda. Roberto Campos desejou que o Brasil ficasse mais parecido com o seu pensamento: desenvolvido e com pleno funcionamento do capitalismo democrático de mercado. Sempre refutou as políticas populistas e desarticuladoras da prosperidade nacional.

4

PLANEJAR OU IMPROVISAR O PROGRESSO SOCIOECONÔMICO

"O planejamento do desenvolvimento econômico deve ser utilizado para fortalecer a iniciativa privada, substituindo ações erráticas do governo por políticas definitivas, clarificando os campos de ação do governo e da iniciativa privada, apontando os objetivos gerais de crescimento e estabelecendo incentivos para a ação empresarial."
| ROBERTO CAMPOS

O desenvolvimento socioeconômico de uma nação pobre e com má distribuição da renda social requer estratégias que possibilitem sua emancipação com sustentabilidade. Crises econômico-financeiras e institucionais endógenas e exógenas ocorrem e podem retardar ou deslocar um país dos caminhos da prosperidade socioeconômica. A história econômica está repleta de fatos e proposições desenvolvimentistas errôneas que modificaram o curso do avanço socioeconômico e tecnológico das nações. As políticas de insucesso devem-se a formulações ambíguas dos fundamentos propulsores do desenvolvimento, as quais acabam desviando a nação do curso do progresso mundial. Os resultados são quase sempre os mesmos: aumento da pobreza, concentração da renda social, desindustrialização, endividamento público excessivo, redução da abertura econômica, desequilíbrios estruturais orçamentários e do balanço de pagamentos, crises cambiais e incertezas inflacionárias. Todos podem ocorrer a um só tempo ou ao longo do tempo, impedindo o país de ter acesso aos avanços tecnológicos internacionais. Os tropeços das políticas de desenvolvimento dos países emergentes têm efeitos diretos no processo de construção de instituições essenciais ao desenvolvimento sustentável de longo prazo.

Algumas nações conseguem alcançar a prosperidade socioeconômica com mais efetividade do que outras. Indubitavelmente, esse feito deve-se à qualidade e à objetividade dos fundamentos iniciais que podem proporcionar uma sociedade próspera sem impedimentos à afluência social de todos. Nesse aspecto, a organização institucional, que espelha os valores culturais da nação, consiste na coluna de sustentação dos fundamentos básicos do desenvolvimento.

Em uma nação cuja cultura guarda os traços do progresso por meio da qualidade da educação e da valorização das suas tradições, ou seja, do seu legado cultural, as instituições devem refletir esse conjunto de civilidade; a sociedade deve ser gerida por valores e instituições formais que respondam adequadamente às demandas sociais.

Em um Estado capitalista democrático, a organização socioeconômica deve espelhar os desejos e ambições da sociedade, ou seja, seus direitos e deveres devem ser conhecidos e compartilhados socialmente. Em uma sociedade ocidental, como é o caso da brasileira, importa que sua organização seja capitalista democrática de livre mercado. Nesse ambiente político institucional, o desejo humano é transformador. A partir desse estágio evolutivo da nação, o desembarque socioeconômico na prosperidade deve encontrar uma sociedade produtiva, cuja organização social possibilita a ascensão para todos, renda bem distribuída e elevada, refletindo segurança social e econômica. Esses aspectos devem caracterizar o ponto de chegada de uma sociedade próspera e democraticamente madura. No entanto, atingir esses objetivos depende das condições da partida desse processo de desenvolvimento. Em se tratando da economia brasileira, durante o período do grande debate, Roberto Campos sabia que na largada do desenvolvimento a estabilidade de preços e do câmbio era crucial. No entanto, esses indicadores não se tornam previsíveis ou estáveis por decreto, mas pela configuração da organização econômica e institucional, lastreada no equilíbrio das contas públicas. A estabilidade dos preços impacta nas decisões dos investidores privados ao alavancar o crescimento de forma sustentável. A previsibilidade do lucro e do crescimento real da renda por habitante é elemento determinante nas condições na decolagem dos programas de investimentos e da alocação dos fatores de produção no tempo desejado. Nesse sentido, o planejamento do desenvolvimento assume um papel de relevância destacado.

É conhecida a história de sucesso socioeconômico da Coreia do Sul que antigamente era um país pobre e subdesenvolvido. Há cinco décadas, sua renda por habitante em dólar era menor que a brasileira: US$ 1,900 por habitante. A do Brasil era de US$ 2,200 por habitante. No início do seu planejamento desenvolvimentista, nos anos 1970, seus formuladores reconheceram que a meta de chegada da prosperidade sul-coreana seria a constituição de uma sociedade capitalista democrática global. Deu-se, então, uma forte coalizão política entre governo e sociedade com vista ao intento desejado. No entanto, esse país ainda não se tornou uma economia democrática de mercado, mas caminha na direção desse intento. Este atenderia ao desejo social de poder produzir, consumir, investir e empreender em um ambiente político e socioeconômico estável e próspero. Os dirigentes sul-coreanos entenderam também que o tempo de chegada ao intento desejado seria essencial. A sociedade precisaria desfrutar dos benefícios dessa travessia da pobreza para a prosperidade. Na largada, os objetivos estavam definidos: aumento da renda real dos sul-coreanos, plena inclusão social, elevada produtividade dos fatores de produção e instituições que assegurassem os benefícios auferidos. Os formuladores da política de desenvolvimento acreditavam que o crescimento econômico sustentável era uma diretriz necessária, porém não suficiente. O fundamental para manter o crescimento seria manter ganhos contínuos de produtividade dos fatores de produção. Julgavam que isso seria factível se – e somente se – houvesse avanços permanentes do conhecimento científico e tecnológico úteis ao projeto de elevação da renda média da sociedade para os níveis dos países desenvolvidos, ou seja, acima de US$ 20 mil por habitante. Em 2015, a renda por habitante dos sul-coreanos atingiu US$ 28 mil por habitante; assim, a sociedade ascendeu à condição de país desenvolvido. Entretanto, a dos brasileiros esteve em US$ 8,000 por habitante, permanecendo o Brasil na condição de país emergente de renda média, ou seja, permanece sendo uma promessa para se tornar desenvolvido. Essa promessa se mantém por conta da abundância de recursos naturais, clima tropical e uma grande população. O crescimento econômico sustentável – e somente este – pôde transformar em realidade os ideários sul-coreanos: os objetivos socioeconômicos concebidos nos anos 1970. A preservação dos seus valores culturais fortaleceu a autoestima e a certeza de que a nação desfruta dos benefícios da globalização, tornan-

Ok, Roberto. Você venceu!

do sua produção parte importante da mundial; seus trabalhadores, após cinco décadas, estão integrados nas sociedades modernas, tendo pleno acesso aos bens e serviços globais.

O processo de abertura econômica esteve condicionado ao próprio ritmo de desenvolvimento, à apropriação de conhecimento científico e tecnológico internacional e ao fortalecimento das suas instituições. Esses aspectos formaram o nó górdio da prosperidade. Mas em quanto tempo se chegaria a tal desígnio? O entendimento essencial desse processo não foi a velocidade com a qual se alcançariam ou ultrapassariam os US$ 20 mil por habitante, mas a aceleração do processo do desenvolvimento engendrado. Essa referência baseia-se nos conceitos de cálculo matemático, ou seja, a primeira derivada representa a velocidade, e a segunda, a aceleração. Os sul-coreanos descobriram que o importante não é a velocidade, mas a aceleração do processo de desenvolvimento da nação. Esse aspecto foi crucial.

Compreendeu-se que a aceleração do desenvolvimento surgiria por meio das reformas estruturantes. Os líderes civis e militares sul-coreanos e os países vizinhos entenderam o seu tempo e seus desafios em face das transformações do mundo pós-Segunda Guerra Mundial: a internacionalização dos fatores de produção e a nova demanda social pelo acesso à prosperidade global. Essas transformações ocorreram na maioria das nações asiáticas por meio de coalizões políticas entre governo, trabalhadores e empresários em prol das reformas e dos ganhos sociais almejados.[1] O êxito dessas transformações dependeria da qualidade, do grau de realismo, do tempo no qual os intentos socioeconômicos se concretizariam e da aceleração do processo de integração econômica com o restante do mundo.

Conforme esse entendimento é indispensável planejar e articular o processo evolutivo das nações, construindo caminhos e atalhos desenvolvimentistas. No tocante a alguns países asiáticos, tendo como ano-base 1970, o progresso socioeconômico deles foi surpreendente. Eles efetuaram transformações institucionais, econômicas, fiscais e tributárias que propiciaram o desenvolvimento industrial direcionado à demanda internacional. Não menos importante, para exemplificar a ênfase do êxito do progresso desses países, os investimentos na educação e no processo de industrialização foram cruciais. A Coreia do Sul, país que sempre nos vem ao pensamento econômico pela política exitosa de desenvolvimentos e de superação de barreiras que o crescimento impõe, encontrou caminhos eficazes que se resumem em dois: primeiro, investimentos em educação, qualificando o capital humano, essenciais à segurança do processo de desenvolvimento; e segundo, a política de desenvolvimento industrial, com incentivos por prazos definidos e compromissos setoriais de eficiência de seus benefícios, cuja exigência maior foi de que a produção industrial estivesse voltada ao mercado externo, com foco claro no enfrentamento da concorrência global. Nesse sentido, para a superação do subdesenvolvimento, os investimentos na qualidade do capital humano fizeram toda a diferença na superação das barreiras que o subdesenvolvimento institucional e a concorrência global impõem. O investimento no capital humano veio antes do desenvolvimento tecnológico, pois estes deram origem aos gigantes globais como a Samsung, Hyundai, LG e Daewoo cuja existência se justifica pela qualificação do capital humano sul-coreano. Outros países seguiram, a seu modo, os mesmos caminhos da Coreia do Sul, como China, Malásia, Indonésia e outros asiáticos, com resultados notáveis no que se refere à evolução da renda por habitante.

Entre 1970 e 1979 (nove anos), a Coreia do Sul dobrou a renda *per capita* da sua população, tendo ocorrido um crescimento de 108%; a Malásia obteve o mesmo êxito em onze anos: a renda por habitante cresceu 103% entre 1970 e 1981; a Indonésia em dezesseis anos: 104% entre 1970 e 1986; a China em dezessete anos: 100% entre 1970 e 1987; o mesmo alcançou o Brasil: dobrou a renda por habitante em dezessete anos.[2] Isso comprova as prerrogativas das escolhas certas no tocante ao processo que possibilita a aceleração do crescimento com qualidade: reformas na estrutura educacional e na da produção científica; mudanças estruturais nas entidades vinculadas à produção, como a tributária e no sistema financeiro que permitam o equilíbrio tanto das contas fiscais como da conta corrente do balanço de pagamentos. As reformas estruturais, institucionais e tributárias desses países, com diferentes intensidades, favoreceram a sustentabilidade do crescimento no longo prazo.

No caso brasileiro, o grande salto da economia brasileira deu-se desde 1964 até o início da década de 1980; depois ela perdeu ritmo e até os dias atuais não recuperou seu dinamismo, tendo estacionado o crescimento da renda por habitante. O Brasil deu certo entre 1964 e 1974, período que corresponde ao início das reformas e do "milagre econômico", com reflexos positivos durante toda a década de 1970, mas depois o milagre se transformou em um pesadelo socioeconômico. Isso não ocorreu por conta das reformas, mas pela imprudência na política macroeconômica, notadamente entre 1975 e 1979. Esses últimos aspectos, referentes às razões pelas quais a economia brasileira se desviou da rota da prosperidade tanto do capital físico como do humano e de projetos de investimentos em pesquisas e desenvolvimento científico e tecnológicos, abordaremos mais adiante.

Desde o término da Segunda Guerra Mundial, mais precisamente de 1950 em diante, o ideário desenvolvimentista desses países asiáticos foi sendo construído de forma simétrica à evolução científica e tecnológica da humanidade no século passado. Eles organizaram esse conhecimento tecnológico e hoje desfrutam dos avanços socioeconômicos globais de sorte que imprimiram um estado de aceleração do crescimento com distribuição e elevação da renda por habitante sem precedentes na história daquela região. Uma política desenvolvimentista não consiste em ter um setor industrial grande em relação ao PIB, mas competitivo, que consiga incorporar no processo de produção os desenvolvimentos tecnológicos e inovadores do restante do mundo. Isso significa aumento da produtividade dos fatores de produção. Essa mudança no padrão do crescimento sustentável ocorreu em alguns países asiáticos, cujo reflexo se deu no aumento contínuo da renda por habitante, dobrando-a, em menos de uma década e assim continuou ao longo do século passado.

Nos Estados Unidos e na Europa, esse processo evolutivo da prosperidade deu-se em rede, compartilhado e evolutivo.[3] A Revolução Industrial foi um divisor de águas entre as nações movidas pelo desenvolvimento ou pela absorção do conhecimento científico e tecnológico, e as que simplesmente não souberam acompanhar os ganhos dessa vantagem competitiva foram ficando para trás. Os países que permaneceram tecnologicamente atrasados, como o Brasil, deliberadamente, perderam o bonde da história da Revolução Industrial e, mais adiante, do progresso científico e dos ganhos da globalização ocorridos no século passado.[4]

Isso não quer dizer que os países atrasados não possam realizar suas revoluções desenvolvimentistas. Essa possibilidade depende das condições no ponto de partida da trajetória desenvolvimentista: a qualidade das instituições econômicas, judiciais e políticas; a natureza das políticas fiscal e tributária direcionadas à competitividade e à redução do custo do capital e da produção; a abertura econômica como fator relevante à competitividade; a estabilidade dos principais preços macroeconômicos; as características das coalizões sociopolíticas como elemento relevante à aceleração do crescimento, necessária para que os ganhos do progresso sejam obtidos e adequadamente distribuídos em período não superior a um quarto de século. Ademais, na época, o papel do Estado era considerado como o norteador do crescimento e capaz de assegurar a competitividade dos setores produtivos e do mercado de trabalho. Essas formulações conceituais consistiram na pedra angular do pensamento desenvolvimentista socioeconômico de Roberto Campos. Essa apresentação conceitual se faz necessária para entender os porquês do afastamento de Roberto Campos acerca da importância do planejamento estratégico de desenvolvimento de um país pobre e tecnologicamente atrasado como o Brasil.

Todas as referências conceituais apresentadas não estiveram presentes no início da sua atividade de economista profissional. As bases do seu entendimento acerca das limitações das teorias do desenvolvimento encontram-se na sua dissertação de mestrado. Ao longo da sua vida de economista profissional, Campos foi aprimorando e adaptando conceitos relevantes ao desenvolvimento de um país pobre e sem uma base industrial expressiva. Buscou caminhos e entendimentos próprios, moldando seu pensamento: inicialmente neokeynesiano, avançando para o pensamento neoliberal e, no início da década de 1970, tornou-se um economista liberal. Daí em diante, passou a rejeitar a relevância do papel do planejamento estratégico e do Estado como estimulador do crescimento. Há razões para isso, as quais serão apresentadas. Estes serão os temas centrais deste capítulo, pautado nas reflexões e proposições de Roberto de Oliveira Campos, que, incansavelmente, buscou e apontou novos rumos para o progresso socioeconômico do Brasil, socialmente pobre, institucionalmente frágil e dotado de sistema político democrático infante.

Ok, Roberto. Você venceu!

Um breve histórico sobre as experiências de planejamento no Brasil, no período de 1956 a 1985

O período escolhido para uma reflexão sobre as experiências de planejamento do desenvolvimento no Brasil, entre 1956 e 1985, corresponde à fase em que Roberto Campos transita da sua ênfase no planejamento econômico público como propositor de prioridades para o desenvolvimento ao demérito dessa atividade no âmbito da atividade pública pelo excesso de intervenções políticas no campo da iniciativa privada.

Nos idos dos anos 1960, Campos entendia que o planejamento, em uma sociedade democrática, moldura as prioridades socioeconômicas em um determinado contexto econômico. Compreendia o planejamento como uma obra de *execução* no âmbito das ações do Estado e *indicativa* das decisões do setor privado. Ele não concebia o planejamento governamental como um método de intervenção política no funcionamento dos mercados, mas isso lamentavelmente acabou ocorrendo. Entendia que o planejamento não é episódico, mas um processo de ações de governança pública rumo às metas desejadas. Fica claro na sua concepção que o planejamento é um programa-guia do desenvolvimento socioeconômico; não é determinístico, mas probabilístico; não é um exercício matemático, mas uma aventura calculada.[5] Planejar as potencialidades socioeconômicas e do desenvolvimento humano consiste em um processo inequívoco de emancipação nacional. O êxito do planejamento depende das condições da partida, e não do ponto de chegada. Esse foi um dos cuidados que Campos sempre recomendou para que o planejamento não caísse no descrédito ao propor soluções utópicas.

Em 1970, Campos passa a ser um crítico contumaz do planejamento do desenvolvimento elaborado pelo governo central por conta do excesso de dirigismo, de intervenções econômicas e de controle de preços e da competitividade das atividades do mercado privado.[6] Na sua concepção, o dirigismo econômico do governo fez com que o planejamento deixasse de ser neutro, tornando-se o vetor do crescimento e enfraquecendo o papel do mercado competitivo na alocação de recursos das atividades privadas. Desse modo, substituiu-se o capitalismo competitivo pelo socialismo personalístico burocrático. No Brasil, segundo Campos, o governo não adotou esse socialismo, no qual ele seria o planejador central das atividades econômicas, mas se tornou o interventor desenvolvimentista seletivo "prismático".[7]

O planejamento do desenvolvimento sempre esteve condicionado às circunstâncias políticas nacionais atreladas às situações de esgotamento dos fundamentos do crescimento. Nesse caso, a recuperação da atividade e do emprego dos fatores de produção exige vigorosa intervenção do Estado tanto no processo de financiamento da produção quanto na coordenação macroeconômica. Isso se aplica também nos períodos posteriores a 1985. As crises políticas e de crescimento continuaram existindo, tornando o Brasil uma economia atrasada, deslocada do progresso científico e tecnológico mundial. Essa realidade reflete-se na estagnação do crescimento da renda por habitante. Como foi mencionado, entre 1970 e 1987, no período de dezessete anos, a renda por habitante no Brasil dobrou; no entanto, entre 1988 e 2013 (portanto, em 25 anos), ela cresceu apenas 8%.[8] Essa estagnação do crescimento da renda *per capita* deveu-se, unicamente, aos desvirtuamentos da política de desenvolvimento no tocante à qualidade do crescimento, ou seja, não houve aumento da produtividade dos fatores de produção com pleno emprego da mão de obra explorando as vantagens competitivas da economia brasileira. Isso não se obtém unicamente com a existência do planejamento econômico, mas ele é um tabuleiro essencial ao direcionamento das negociações socioeconômicas e das reformas factíveis ao crescimento sustentável. Esses aspectos serão objeto do próximo capítulo.

Em face da riqueza nacional, o Brasil tem condições de obter ganhos de produtividade, os quais se refletem no crescimento da renda por habitante, desde que haja um processo de planejamento de desenvolvimento contínuo e adaptativo com maior participação nos setores produtivos privados com o apoio da política de desenvolvimento. Esta deve estar comprometida com a manutenção do menor custo do capital e da produção e com a inclusão social e a melhor distribuição da renda nacional.

As primeiras tentativas mais efetivas de planejamento do desenvolvimento no Brasil datam da década de 1940: o Plano Salte (1946) –

saúde, alimentação, transporte e educação e, posteriormente, a Comissão Mista Brasil-Estados Unidos para o Desenvolvimento Econômico (apoiada pelo governo norte-americano), a qual foi em grande parte financiada com recursos de bancos privados (1951-53). Os representantes do Brasil estudaram as prioridades e elencaram setores como agricultura, energia e transporte. Ambos os projetos foram delineados durante o governo de Eurico Gaspar Dutra. Nenhum deles foi efetivamente levado a cabo.

Plano de Metas (1956-61)

O Plano de Metas, cujo lema era "50 em 5 anos", ou seja, visava acelerar o progresso nacional, também não resultou no sucesso esperado. Terminou acelerando a inflação durante o governo de Juscelino Kubitschek, e após 1961. Os investimentos previstos estavam delineados para cinco grandes setores: energia (43,4%), logística (29,6%), alimentos e fertilizantes (3,2%), indústria de base (20,4%) e educação (3,4%). Tratou-se de um projeto protecionista por meio das tarifas aduaneiras e controle da taxa de câmbio. Teve efeitos positivos por intermédio dos multiplicadores do investimento. Foi um plano de desenvolvimento direcionado para eliminar os gargalos do crescimento, mas sem qualquer referência à relevância da abertura do comércio internacional. O governo atuou intensamente no financiamento da substituição das importações. Os gastos do governo na formação bruta de capital passaram de 34%, em 1950, para 58,5%, em 1960.[9] Esse dinamismo fez com que a economia crescesse em média 6,8% ao ano, entre 1951 e 1961.

Foi um período de intenso processo de substituição das importações, acompanhado de elevação da inflação corroendo o ganho real das classes trabalhistas, ou seja, minando sua capacidade de consumo, pois o poder de compra da moeda nacional perdia valor com rapidez. O Plano de Metas propiciou demanda acima da oferta de bens e serviços, provocando aumento da inflação, a qual em 1960 estava em 34% ao ano. Essa inflação alta se originou da política fiscal expansionista e do endividamento público. Ela continuou se refletindo nos próximos governos. Mas, de qualquer forma, foi nesse período que se formou a indústria de base e de bens de consumo duráveis, de bens de capital e de manufaturados, assim como a indústria de substituição das importações de máquinas e equipamentos, eletrodomésticos e automóveis. Esse resultado foi obtido com um crescimento vertiginoso do setor público na economia, porém ceifando o aumento da produtividade com a expansão dos gastos e da dívida pública, os quais teriam de ser equacionados em algum tempo no futuro.

Em 1963, publica-se o Plano Trienal de Desenvolvimento Econômico e Social do governo de João Goulart. A inflação, em 1962, cresceu em média 50% ao ano. O plano objetivava reduzir a inflação, elevar investimentos na educação, assegurar crescimento de 7% ao ano, aumentar a carga tributária, diminuir os gastos públicos, realizar a reforma agrária, reduzir o capital internacional na economia e adotar ampla política protecionista às importações. O plano foi um fracasso. A inflação continuou subindo, chegando a 78,4% ao ano no final daquele ano.

PAEG (1964-66)

Em 1964, inaugura-se o Programa de Ação Econômica do Governo (PAEG) cujos objetivos eram acelerar o ritmo do crescimento; combater a escalada inflacionária; atenuar os desníveis econômicos setoriais e regionais; reduzir a tensão social por meio da melhoria das condições de vida e de programas adequados de habitação, educação e saúde; assegurar política de investimentos e de empregos produtivos e corrigir déficit no balanço de pagamentos que estrangulavam a capacidade de importações e inibiam as exportações brasileiras. Além de realizar inúmeras reformas, tais como: fiscal, tributária, bancária e mercado de capitais, salarial e financeira. Cabia, também, manter a política de investimentos, criar empregos, eliminar déficits no balanço de pagamentos, reduzir os déficits públicos do governo federal e ajustar os aumentos salariais em linha com o crescimento do produto nacional. Nesse período, foram realizadas reformas institucionais relevantes: tributária, cambial, financeira, monetária, bancária e creditícia.

Todas essas transformações propiciaram as condições para que o controle da inflação fosse alcançado e a economia apresentasse taxas de crescimento e de emprego mais favoráveis. A implementação do PAEG transformou-se em uma história de sucesso de desenvolvimento e de crescimento: as reformas prepararam o país para um novo ciclo de prosperidade na década que se seguiu, conhecido como "milagre econômico".[10]

PED (1968-70)

Em 1967, foi editado o Programa Estratégico de Desenvolvimento (PED) que teve como propósitos fortalecer as empresas nacionais, acelerar o crescimento com redução do nível de inflação, expandir a infraestrutura (como energia e logística) e fortalecer o mercado interno de consumo e de investimentos. As condições de retomada desse programa eram favoráveis, pois havia grande capacidade ociosa nas empresas e nas indústrias, elevado desemprego e ampla possibilidade de expansão dos investimentos públicos e privados. As medidas que permitiram a decolagem da economia foram as reformas institucionais, monetárias e bancárias, fiscais e tributárias realizadas no governo de Castello Branco, pois criaram as condições básicas para o crescimento. O crescimento acelerado foi motivado pelo atendimento da demanda por crédito das empresas. O governo ampliou gradualmente o prazo do pagamento dos tributos federais, possibilitando a geração de capital de giro próprio das empresas sem que houvesse expansão da oferta monetária. Essa medida foi eficiente, estimulou o crescimento, o pleno emprego dos fatores de produção e a regressão da inflação. Pode-se concluir que tanto o PAEG quanto o PED dos governos de Castello Branco e Costa e Silva, respectivamente, foram exitosos.

I PND (1972-74)

Em 1971, o governo do general Garrastazu Médici inaugurou o I Plano Nacional de Desenvolvimento Econômico (I PND).[11] As proposições eram manter o crescimento econômico e combater a inflação, equilibrar o balanço de pagamentos e ampliar a distribuição da renda nacional. Essas iniciativas foram tomadas com o intuito de modernizar a empresa nacional, o sistema financeiro e o mercado de capitais e promover a integração econômica nacional.

Essa medida, adotada no governo de Castello Branco, praticamente inverteu os porcentuais dos haveres monetários e não monetários no total dos ativos financeiros. Os monetários correspondem à moeda e os não monetários aos ativos financeiros cujo valor de face passou a ser corrigido pela correção monetária. Em 1964, os ativos monetários representavam 90% e os ativos não monetários 10% do total dos ativos financeiros. Em 1974, dez anos após a criação da correção monetária, esses ativos se inverteram: os monetários representavam 10% e os não monetários 90% do total dos ativos financeiros. O Brasil passou a ter um volume expressivo de poupança nacional que nunca havia tido na sua história. Isso faz toda a diferença em se tratando de oferta de recursos financeiros para atender à demanda privada de investimentos.

Foram introduzidos subsídios nos investimentos de infraestrutura do BNDE (atualmente BNDES). A correção monetária não era plena: ficava abaixo da inflação anual. Nesse período, o Brasil contou com uma economia equilibrada e pronta para navegar no ciclo de crescimento econômico mundial. Entre 1971 e 1973, a economia cresceu em média 13% ao ano. Esse resultado exuberante foi interrompido com a crise do petróleo em 1973. Mesmo assim, a economia continuou crescendo até o final dessa década.

II PND (1975-79)

Os seguidos aumentos do preço do petróleo fizeram com que, em 1975, o governo do general Ernesto Geisel lançasse o II PND, um programa de investimentos que visava obter crescimento de 10% ao ano, centrando-se na substituição das importações como estratégia de desenvolvimento. Para que os objetivos pudessem ser alcançados, e em face da crescente dívida interna, recorreu-se ao endividamento externo. Havia abundância de recursos internacionais por conta da redução do crescimento das economias mais desenvolvidas. Os juros internacionais eram elevados, embora houvesse liquidez. Os juros precificavam o risco de uma queda brusca no crescimento econômico mundial. Isso, de fato, ocorreu.

Os juros médios ponderados entre países desenvolvidos e o SDR do FMI oscilaram muito no período da crise do petróleo, encarecendo os empréstimos externos e aumentando o risco de crédito para as nações em desenvolvimento.[12] Em 1974, a taxa média de juros internacional foi de 9% ao ano, elevando-se para 14% e caindo para 8% ao ano em 1985.[13] A taxa de juros do Banco Central dos Estados Unidos, o Fed, alcançou 17,5% ao ano, em 1980. Essa alta de juros elevou todas as demais taxas dos principais países desenvolvidos. Isso explica o movimento ascendente da taxa média ponderada dos juros internacionais. Esse fato fez com que o custo da dívida externa crescesse muito, tornando a política de desenvolvimento do governo de Geisel ineficaz e com elevado risco de moratória internacional.

Os países desenvolvidos que cresceram em média 3,7% ao ano, entre 1967 e 1976, tiveram uma redução para 2,7% ao ano, entre 1978 e 1987. O mesmo ocorreu com as nações em desenvolvimento, que apresentaram uma taxa de crescimento médio de 6% ao ano, entre 1967 e 1977, e 3,5% ao ano, entre 1978 e 1987. Nesse segundo período, os sete países mais desenvolvidos tiveram desemprego em torno de 8% e inflação média de 7% ao ano.

Diante desses resultados, o crescimento desejado, em torno de 10% ao ano, do II PND não foi alcançado e o Brasil começou a declinar seu ritmo de atividade. O nível médio anual de inflação saltou de 26,2% ao ano, entre 1967 e 1977, para 157% ao ano, entre 1978 e 1987, e chegou a 1.000% ao ano em 1988.[14] A crise do crescimento e das contas públicas foi semeada na década anterior e seus frutos colhidos após a "década perdida".

III PND (1980-85)

O governo do general João Figueiredo teve a árdua tarefa de reverter as bases do crescimento em relação às anteriores. As bases anteriores foram construídas desde 1964 até 1973. Em 1964, a taxa real de juros era negativa e elevada, porém ela foi reduzida gradualmente ao longo do tempo sem criar expectativas de aumento da inflação (a taxa de juros real se mede pela taxa nominal de juros menos a taxa de inflação para o mesmo período da aferição). Isso se deveu ao rigor da política fiscal implementada no governo de Castello Branco e mantida nos governos de Costa e Silva e Médici. Em 1964, a taxa média de juros real negativa foi de 45% ao ano. Em face da nova política de rigor fiscal, diminuindo o déficit público e a dívida pública federal, a redução da negatividade da taxa real de juros foi contínua, sendo 6,4% negativa em 1967 e chegando a 4,7% ao ano, positiva, em 1973. Mesmo com taxa real de juros positiva, a economia continuava crescendo e a inflação permanecia estável.

Entre 1980 e 1985, o preço do petróleo e os juros internacionais recuaram, abrindo espaço para a retomada do crescimento econômico da economia brasileira e mundial. Mesmo assim, devido aos desequilíbrios fiscais e do balanço de pagamentos registrados no período dos choques externos, o II PND e o III PND representaram instrumentos de intervenção governamental no funcionamento do mercado local e na redução da rentabilidade das empresas privadas, provocando desemprego dos fatores de produção e incertezas inflacionária, cambial e da taxa real de juros em um período de pouco mais de uma década (1980-1993). Como destacou Roberto Campos, os PNDs tornaram-se instrumentos de intervenção desenvolvimentista seletiva "prismática", desorientando os agentes econômicos da iniciativa privada e deslocando os mercados financeiros da sua função básica: captar poupança privada para financiar as demandas das iniciativas privadas por capital de longo prazo. Os agentes privados tornaram-se financiadores das demandas fiscais dos governos, esgotando as potencialidades de desenvolvimento competitivo do país. Os governos civis que sucederam aos militares não fizeram nada de modo diferente. Eles herdaram uma economia desarranjada e a desarrumaram muito mais por terem adotado políticas populistas de desenvolvimento. A única exceção ocorreu no governo democrático de FHC.

As causas do fracasso do II PND e do III PND

A reversão do desenvolvimento com crescimento acelerado deu-se no governo do general Ernesto Geisel, com o II PND. Este promoveu estímulos fiscais para acelerar o crescimento por meio da expansão fiscal, que, por sua vez, ocasionou a inflação e a taxa real negativa dos juros. No início do mandato de Geisel, em 1974, a taxa real de juros foi 7,4% negativa, contrapondo-se à taxa real de juros positiva de 4,7% no ano anterior. Em 1980, início do governo do general João Figueiredo, este herdou taxa de juros real negativa de 30,79% ao ano. A inflação alcançou 99% ao ano.[15] Um desastre econômico nacional engendrado pelo governo anterior.

A contenção da demanda interna deu-se por meio da drástica alta da taxa de juros que elevou, por conseguinte, os custos financeiros da dívida pública. A cada vencimento, ela era rolada com a emissão de novas dívidas. A cada emissão de dívida, os juros nominais subiam, pois o risco de *default* aumentava. Foi um período no qual a expansão da dívida pública foi estimulada pelo crescimento dela própria. A dívida pública federal representou 9% do PIB, em 1980, e saltou para 20% do PIB, em 1984, ou seja, o estoque da dívida mais do que dobrou em quatro anos. O mesmo cenário ocorreu em relação à dívida externa. Esta representou 15% do PIB, em 1980, elevando-se para 33% do PIB, em 1984. Entre 1980 e 1985, o déficit público federal também expandiu de 12% para 28,6% do PIB. O déficit nas transações correntes do balanço de pagamentos alcançou US$ 16 bilhões, em 1982, caindo para US$ 240 milhões, em 1985. Esse resultado nas transações correntes deve-se à abrupta queda da demanda interna.

Na década de 1980, o crescimento médio da economia brasileira foi em torno de 1,6% ao ano, contrastando com a média de 8,7% ao ano da década anterior. Desde 1980, a economia brasileira não mais recuperou seu dinamismo de crescimento elevado. A causa foi o mecanismo de financiamento do crescimento: o governo central sendo o único protagonista e propulsor do crescimento por meio de gastos públicos que se elevaram a taxas muito acima do aumento efetivo da atividade econômica. Indubitavelmente, esse processo estimula a inflação de demanda sem a contrapartida dos bens e serviços ofertados pelos agentes econômicos. A instabilidade inflacionária gera incertezas no crescimento, nos investimentos e na renda das famílias. Esses princípios básicos sempre estiveram no referencial das políticas econômicas propostas por Roberto Campos. Eram pressupostos simples e básicos da boa política econômica: taxa de crescimento dos gastos fiscais em linha com a taxa de crescimento esperada do produto. Estimular o crescimento por meio da expansão fiscal acima desse limite gera aumento do estoque da dívida pública e esta, por sua vez, ocasiona a inflação. A causa direta dessa dinâmica é a recessão ou estagnação do crescimento, inibindo o "espírito animal" dos investidores, como previa Keynes. Ademais, no momento em que a inflação toma seu curso, a política monetária eleva a taxa de juros como forma de combater a expansão do crédito para o consumo, ou seja, há crescimento da demanda e pressão sobre os estoques de bens e serviços e, por conseguinte, elevação das expectativas futuras de alta dos preços na economia. Em resumo, a prerrogativa do financiamento do crescimento pela expansão fiscal realimenta o crescimento da dívida pública, e esta a taxa real de juros. Os juros aumentam porque o Banco Central tem que financiar a dívida pública emitindo mais dívida a um custo maior para tentar assegurar o poder aquisitivo da moeda, ou seja, conter os preços. Inflação reduz o poder aquisitivo da moeda. Os efeitos diretos são a queda do consumo e do crédito e o aumento do risco de inadimplência, que resultam na elevação da taxa de juros do crédito e do capital de giro. Essa dinâmica entre a política fiscal expansionista e a política monetária (esta atuando de forma contrária para tentar manter o poder aquisitivo da moeda, subindo os juros) termina elevando o custo da rolagem da dívida pública. Esse impacto final significa aumento do custo do capital, o qual é repassado para o preço do produto final, resultando em inflação. Essa dinâmica entre a política fiscal expansionista e a dívida pública tem efeitos contrários ao crescimento econômico, à estabilidade de preços e à dívida pública. Ela provoca a retração do crescimento, estimula a elevação da inflação, e os juros sobem na mesma direção para conter a escalada inflacionária, que, no final, acaba aumentando os custos da rolagem da dívida pública e do capital de giro. Todos esses fatores terminam no mesmo lugar: majoração de preços. Gastos acima do crescimento do produto resultam em elevação dos preços e dos juros, tornando a política monetária pouco eficiente no controle da dinâmica ascendente da inflação e dos juros. Todo esse entrelaçar perverso entre a política fiscal expansionista e a monetária, que, no final, causa o aumento da inflação e da dívida pública, é conhecido como "dominância fiscal".

Durante o governo de Castello Branco, os ministros Campos e Bulhões colocaram em prática uma política econômica fundamentada na estabilidade do crescimento e no equilíbrio fiscal como premissas para a redução da inflação e dos juros, evitando o que hoje se conceitua como "dominância fiscal". Na época, por ser coerente com os pressupostos da boa política de desenvolvimento, mantendo rigor fiscal, orçamento equilibrado e política monetária acomodativa no processo de "reversão das expectativas inflacionárias", Campos foi, jocosamente, rotulado de monetarista. Ele sabia do realismo das suas proposições. Foi um economista pragmático, criativo e conhecedor dos fundamentos do crescimento econômico sustentável.

Prosperidade socioeconômica não se improvisa

Na era da globalização das atividades econômicas e financeiras, planejamento e estratégias para o direcionamento das atividades econômicas tornaram-se indispensáveis. O atraso da economia brasileira tanto na qualidade educacional como na competitividade da indústria nacional deve-se à ausência de estratégias adaptativas consensuais entre governo e sociedade para que se possa traçar um futuro promissor e progressista.

Falta ao Brasil um modelo de desenvolvimento estratégico que possibilite o crescimento sustentável, como ocorre em países tanto ocidentais, como Estados Unidos, França, Alemanha e Inglaterra, quanto asiáticos, como Vietnã, Indonésia, Japão, Índia, Coreia do Sul e muitos outros. Nenhuma dessas nações improvisou seu desenvolvimento; pelo contrário, todas planejaram seu futuro competitivo, fortalecendo suas instituições formais e, cada vez mais, inserindo suas economias na cadeia global de produção, inovação e tecnologia.

A falta de direcionamento estratégico da economia brasileira – seja no âmbito regional ou global, seja na estruturação de setores agregadores de valores e da melhor qualificação da mão de obra – há décadas tem causado seu distanciamento do progresso internacional. Essa ausência tem impedido tanto a absorção de produtos de maior valor agregado para o mercado interno como o desenvolvimento de produtos manufaturados mais competitivos internacionalmente e voltados à pauta das exportações brasileiras. A economia brasileira, desde 1980, vem perdendo competitividade e produtividade dos fatores de produção. Essa é a principal razão pela qual ela perdeu o ritmo do seu crescimento. Para se ter ideia, entre 1981 e 2007 (em 26 anos), o crescimento médio foi de 2,7% ao ano – um resultado abaixo da média mundial de 3,1% ao ano, no mesmo período. Esse porcentual de crescimento contrasta muito com o obtido nos quarenta anos anteriores, quando a economia brasileira cresceu em média 7% ao ano. Nesse período, a economia cresceu quinze vezes, ao passo que, entre 1981 e 2007, somente duas vezes.

Os motivos principais de a economia brasileira, após 1981, ter perdido seu forte ritmo de crescimento têm a ver, principalmente, com o fato de a política de desenvolvimento ter sido fundamentada na expansão fiscal com taxa de crescimento muito acima do crescimento do produto, acarretando o aumento contínuo da dívida pública e do custo do capital e da produção. Diante disso, não foram poucas as vezes em que o governo teve de realizar intervenções nos preços administrados ou no controle da taxa de câmbio para evitar uma espiral inflacionária. Foram anos em que a política econômica se pautou na opção de *stop and go*, limitando o crescimento, criando incertezas quanto à política tributária e aumentando os impostos ou os juros básicos para conter a escalada de preços e o desabastecimento. Como se isso não bastasse, prevaleceu a política de subsídios setoriais discricionários como forma de se evitar recessão ou desemprego estrutural da força de trabalho. Esse procedimento errático tem criado distorções nos preços relativos da economia que somente podem ser compensados ou equalizados por meio de créditos subsidiados a determinados setores industriais. Soma-se a isso o distorcido sistema tributário para os setores de bens e serviços no âmbito dos setores produtivos, assim como entre diferentes entes da federação, promovendo a conhecida "guerra fiscal" entre os estados brasileiros. A economia não pode funcionar de forma competitiva por conta de sua deformada estrutura tributária e fiscal, que vem agravando o custo da produção desde o governo do general Geisel. Essa situação se intensificou com o novo choque do preço do petróleo e o aumento dos juros do Banco Central norte-americano, o Fed, em 1979. Desde essa época até 1993 (antes do sucesso do Plano Real, em 1994, no combate à inflação), o país perdeu ritmo de crescimento, ganhando terreno na sua imprevisibilidade por conta das deformações criadas nos mercados do custo do capital (juros) e da produção (desordem tributária). Obviamente, esse ambiente de incertezas fiscais inviabiliza a possibilidade de a economia crescer de forma sustentável. Portanto, há quase quatro décadas a economia brasileira tem sido palco de experimentações de políticas econômicas que, excetuando-se a do Plano Real no combate à inflação, não surtiram efeitos distributivos na renda nacional e enfraqueceram a eficiência do mercado. Diferentes governos estruturam características distintas sobre o papel do Estado no processo de desenvolvimento socioeconômico.

O reflexo principal da inconsistência da política de desenvolvimento socioeconômico brasileiro está na baixa taxa de produtividade dos fatores de produção. A produtividade dos fatores de produção deve ser analisada em um longo período de tempo, pois as transformações tecnológicas ocorrem no longo prazo, embora, hoje em dia, com o advento da tecnologia da informatização e da robotização da produção, esse período tenha ficado menor. Mesmo assim, entre 1965 e 2011, tendo como ano-base 1965 (portanto, 46 anos), a taxa média anual de crescimento da produtividade da economia brasileira foi negativa, ao passo que a da Coreia do Sul foi de 2,3% ao ano e a dos Estados Unidos de 1,5% ao ano. Entre 1965 e 1980, a produtividade da economia brasileira cresceu em média 2,9% ao ano. As décadas de 1960 e 1970 foram períodos de grandes transformações socioeconômicas e institucionais, embora registrem os equívocos do II PND e III PND na política de financiamento do crescimento. De toda sorte, cabe destacar que, em 1965, a produtividade total dos fatores de produção do Brasil em relação à dos Estados Unidos (país de referência mundial), BR/EUA, representou 17%. Em 1980, essa relação alcançou 24% da norte-americana; em 2011, regrediu para 17%. Importa também comparar a Coreia do Sul com os Estados Unidos, COR/EUA. Em 1965, essa relação era de 11%; em 1981, passou para 17%; em 2011, alcançou 50% da produtividade norte-americana. De 1981 em diante, a produtividade da economia brasileira decresceu continuamente. Várias foram as causas desse decréscimo, mas alguns aspectos merecem ser considerados. Importa relembrar que o país asiático em pauta perseguiu um planejamento estratégico de longo prazo como um guia para ampliar sua produtividade e eliminar todos os fatores que poderiam dificultar o aumento da produtividade e da competitividade da produção coreana. A Coreia do Sul adotou um planejamento de desenvolvimento direcionado à concorrência global.

No Brasil, sempre se compara a conjuntura nacional com a da Coreia do Sul por uma simples razão: no início do seu planejamento, os coreanos basearam suas transformações institucionais e o direcionamento da política de desenvolvimento no PAEG e no Plano Decenal de Desenvolvimento Econômico e Social brasileiros.[16]

Os programas de crescimento após o governo de Castello Branco foram instrumentos de intervenção arbitrária nos mercados real e financeiro com vista ao combate à inflação decorrente, primeiramente, dos choques externos – preço do petróleo e dos juros. O arbitrarismo da política de desenvolvimento planificado dos governos militares mencionados deu origem ao favoritismo a grupos econômico e sociais críticos no desenvolvimento. O planejamento foi entendido como um tabuleiro de negociações, privilegiando setores ou grupos de interesse nacional, enfraquecendo, dessa forma, a eficiência e a competitividade econômica, assim como enfraquecendo avanços na produtividade dos fatores de produção. Esse é o âmago da razão da "década perdida" e da ineficácia das políticas econômicas de desenvolvimento que precederam ao Plano Real.

No período pós-choque do petróleo, de 1973 em diante, enquanto as economias dos países dependentes do petróleo árabe se ajustavam, a brasileira procurava manter o ritmo do crescimento acelerado. Em vez de se adotar medidas corretivas macroeconômicas, manteve-se a aceleração do crescimento por meio da expansão fiscal e do aumento da dívida pública interna e externa. O imprescindível aumento da receita tributária para atender à expansão fiscal não ocorreu. Acumularam-se dívidas e déficits enormes que levaram o Brasil a declarar a moratória da dívida externa e, em meio ao clamor interno, alguns estados se movimentaram politicamente almejando conseguir moratória ou um perdão do aumento da dívida pública interna. Todos esses fatos indicavam sinais claros de uma sociedade desorientada e encurralada pelas decepções das políticas econômicas pós-crescimento acelerado correspondente ao período 1967-1973.

Os governos militares de Ernesto Geisel e João Figueiredo se sustentaram por conta do entendimento social de que o país voltaria à normalidade da política institucional por meio de eleições diretas para todos os níveis de governança. Os anos 1980 são considerados como a "década perdida". Na passagem do governo do general João Figueiredo (1979-1985) para os civis de José Sarney (1985-1990) e Fernando Collor de Mello (1990-1992), deu-se uma grande transformação nas características do capitalismo brasileiro, a qual perdura até os dias atuais. Em ambos os casos, essa governança do desenvolvimento foi feita por meio do financiamento público com subsídios creditícios ou tarifários para diferentes setores produtivos nacionais. Esse modelo de governança, em nome do interesse público, acarretou alterações profundas nos preços relativos, estimulando a elevação de custos fiscais estruturais à produção nacional com reflexos nos preços da economia. No entanto, a válvula de escape de contenção da inflação não tem sido a produtividade dos fatores de produção, mas o controle dos preços administrados pelo governo federal: os derivados de petróleo e gás e tarifas de energia. A taxa de crescimento da produtividade econômica cresce 0,5% ao ano há décadas.

A governança econômica pública do desenvolvimento no Brasil viciou-se nos favoritismos fiscais e nos subsídios diretos e indiretos (fiscais ou de crédito). Esse modelo de governança, iniciado pelos militares da "linha-dura", gerou ineficiência, corrupção, baixo nível de abertura comercial e, consequentemente, perda contínua da produtividade.[17] Esses governos militares realizaram acordos de governança com a sociedade e agentes econômicos, os quais foram alternando as características do capitalismo, sendo este ora de Estado, ora de compadrio. Nesse aspecto, Roberto Campos era um pensador que incomodava os idealizadores dessa modalidade de capitalismo travestido de mercantilismo político institucional. Ele propunha o capitalismo democrático de mercado. O planejamento do desenvolvimento (PAEG e PDDES) elaborado pelo IPEA representava um guia para o Brasil escapar da pobreza e rumar para um status de prosperidade com ganhos contínuos de produtividade.[18] Nele não se encontram políticas de favorecimento, mas de desenvolvimento pleno da economia competitiva em relação às economias internacionais mais desenvolvidas. O ponto de chegada nesses planos estava bem direcionado: uma economia brasileira desenvolvida, competitiva e aberta internacionalmente. Campos entendia processo de planejamento como um instrumento útil para corrigir ineficiências setoriais, dinâmico e adaptativo.

O PLANEJAMENTO ECONÔMICO PARA DESOBSTRUIR OS ENTRAVES ECONÔMICOS

Roberto Campos e Celso Furtado, do ponto de vista conceitual, guardavam uma diferença contrastante quanto ao propósito e à dimensão do planejamento econômico. Furtado era adepto do planejamento total da economia. Na época, havia os que acreditavam na eficácia do planejamento total – até mesmo Paul Samuelson, professor do Instituto de Tecnologia de Massachusetts (MIT), ressaltou em seu famoso livro *Introdução à economia*, edição de 1948, o papel da economia planificada, como a da URSS. Ele conjecturava que, em poucas décadas, a economia soviética ultrapassaria a dos Estados Unidos. Na época, a crença na eficácia da economia de Estado vigorava a pleno vapor. Governos e acadêmicos dos países menos desenvolvidos abraçaram essa alternativa de governança: o Estado como o provedor das demandas sociais e produtivas. Estado planificado e norteador das regras de mercado era a hipótese mais plausível para o desenvolvimento econômico. Celso Furtado foi adepto convicto do planejamento total da economia e do Estado como regulador dos mercados e vetor do crescimento econômico. Essas postulações estão na maioria dos seus escritos.[19] Depura-se dessa proposição intelectual de Furtado que, para que esse intento fosse pos-

Ok, Roberto. Você venceu!

sível, seria necessária a existência de um Estado grande, interventor no processo de desenvolvimento, importante demandador de bens e serviços, assistencialista e provedor de recursos financeiros para viabilizar o desenvolvimento conforme o planejamento delineado. As forças do mercado nunca foram apresentadas como alternativa eficaz no processo de alocação de recursos físicos e financeiros na economia. Igualmente, os agentes privados não dispunham de conhecimento do funcionamento da economia melhor do que os burocratas do Estado brasileiro. Nesse entendimento, concebia-se que o burocrata planificador era dotado de dons e talentos incomuns aos agentes de mercado. No entanto, nenhuma economia planificada prosperou mais que as de mercado; pelo contrário, sucumbiram entre as nações que eram consideradas subdesenvolvidas ou em desenvolvimento.

Nas décadas de 1950 a 1980, as rendas *per capita* de países que experimentaram a planificação total ou parcial como modelo de desenvolvimento, como Rússia, Polônia, Bósnia, Hungria e outros, decaíram em porcentagem quando comparadas com a renda por habitante dos Estados Unidos. Em contraste, países que, no mesmo período, eram considerados subdesenvolvidos adotaram planejamento estratégico no contexto da economia de mercado internacional e prosperaram rapidamente no tocante à renda por habitante em proporção à dos Estados Unidos. Esses países foram: Coreia do Sul, China, Maurício, Taiwan e outros. As nações da América do Sul, notadamente Brasil e Argentina, em diferentes períodos no século passado, tiveram seus anos dourados de crescimento. No entanto, foram acometidas por miopia ao adotarem um modelo de crescimento de economia de Estado que direcionava suas atividades para o mercado interno, fechando a economia para o mercado internacional e enfraquecendo as bases da economia de mercado.

Os governos militares que sucederam Castello Branco adotaram um modelo de planejamento e de governança do desenvolvimento equivalente ao proposto pelo pensamento cepalino: capitalismo de Estado, no qual as empresas estatais passaram a desenvolver importante papel na alocação de investimentos em projetos de infraestrutura, com o BNDE financiando projetos de bens de capital, porém com recursos oriundos do Tesouro Nacional, e deslocando o mercado financeiro nacional do processo de financiamento do desenvolvimento. Roberto Campos, um dos mentores da criação do BNDE, deixava claro seu entendimento sobre os mecanismos de financiamento do desenvolvimento: de um lado, o mercado de ações para financiar o desenvolvimento e a necessidade de investimentos de longo prazo das empresas privadas e, de outro, o BNDE como financiador dos projetos de infraestrutura nacional cujos recursos financeiros deveriam ter duas origens: o Tesouro Nacional e captações internacionais cujos riscos do financiamento seriam do BNDE. Passaram décadas e não foi concretizada no processo de financiamento do desenvolvimento nenhuma dessas proposições que atribuem ao Estado o papel de fomentador do desenvolvimento e consideram o planejamento um instrumento norteador dos recursos públicos e privados necessários para o desenvolvimento.[20]

Na economia de países emergentes que apresentam grandes discrepâncias de renda por habitante em proporção à renda por habitante dos Estados Unidos (país de referência mundial), a presença do planejamento estratégico adaptativo ganha relevância como forma de inserir prioridades socioeconômicas que as forças de mercado não contemplam, mas isso não significa ter um Estado com planejamento pleno das atividades econômicas do país. O planejamento econômico em países subdesenvolvidos, carentes de capital e de recursos humanos capacitados para o progresso material da nação, ganha relevância como um norteador, um guia de ações e decisões públicas e privadas na ordem das prioridades e da potencialidade de recursos existentes e condições de mercados local e internacional. O planejamento estratégico pode, no limite, corrigir distorções da dinâmica de mercado, para que não haja segmentos sociais e econômicos excluídos do progresso material da nação.

Na concepção de Roberto Campos, um planejamento estratégico adaptativo eficiente deve contar com instituições sólidas que possam assegurar o desenvolvimento com crescimento sustentável, distribuindo socialmente os resultados econômicos alcançados ao longo do tempo. Campos entendia que, em um país em desenvolvimento, o planejamento estratégico de desenvolvimento exige três condições básicas: equilíbrio orçamentário; instituições formais sólidas; coalizão de lideranças sociais no apoio ao processo de implementação do intento estabelecido.

Quanto aos países subdesenvolvidos ou emergentes, Campos aceitava o papel do planejamento desde que o governo central não interferisse na dinâmica própria de mercado, exceto quando houvesse falhas de mercado (inexistência de financiamento de longo prazo), na missão do Banco Central, que consiste na sustentabilidade do poder de compra da moeda nacional.[21]

O planejamento, nesse caso, é útil na medida em que a economia ainda não dispõe de instituições econômicas formais sólidas e de parque industrial diversificado e competitivo. Em relação a este último, Campos entendia que a existência das estatais na oferta de bens e serviços somente faria sentido na medida em que o setor privado não consiga atender à demanda de investimentos necessários, quer seja por conta de falta de capital e de empreendedores locais, ou ambos. Nesse caso, justifica-se a existência das estatais como Eletrobrás, Siderbrás e Petrobras, enquanto não se forma um ambiente econômico seguro tanto para os investidores locais como estrangeiros que possam assumir o papel do Estado. Este como provedor de serviços e produtos energéticos, siderúrgicos, petróleo e gás. É errôneo alegar que Roberto Campos foi responsável pela "construção do monstro estatal" quando esteve como ministro do Planejamento. À época, o país não dispunha nem de capital tampouco de empresários locais ou internacionais propensos a realizarem investimentos de longo prazo. O país era politicamente instável, com frágeis marcos regulatórios e instituições formais que pudessem assegurar o retorno do capital investido. Nesse caso, a criação das estatais equivaleu a medidas de correção de mercado para ofertar produtos necessários ao crescimento econômico. Sem energia, infraestrutura, mercado competitivo e mão de obra competente não há crescimento sustentável, mas errático. Sem essas condições básicas não existiam investimentos de longo prazo: somente o Poder Executivo pode assumir os riscos do empreendimento com recursos públicos do Tesouro Nacional. Entendia Roberto Campos que a função do poder público como Executivo, à frente das estatais, deveria ser temporária, até o momento em que houvesse condições de mercado para privatizá-las. Mesmo nos dias atuais, ainda não existem estruturas e condições institucionais no mercado financeiro que possibilitem investimentos privados para vinte ou trinta anos. Privatizaram-se estatais federais e estaduais, não porque estivessem maduras para mudar de controle, com retorno positivo do capital investido pelo setor público, mas devido a crises fiscais que aumentavam a dívida pública, o custo do capital, da inflação de custos e do desemprego. De maneira que privatizá-las seria o melhor remédio para estancar a sangria dos gastos públicos sobre a arrecadação fiscal dos setores públicos federal e estaduais. Hoje, existem condições mais favoráveis à privatização das estatais, embora o risco país ainda permaneça elevado, refletindo no custo da privatização. Diante dessas realidades, alegar que Roberto Campos criou os "monstros estatais" ou que, quando esteve no governo, foi "estatizante e fora um liberal", trata-se de uma reflexão equivocada. Na época o sistema bancário era precário. O Banco Central estava sendo criado com funções não bem definidas.[22]

Campos foi economista pragmático e racional. Nunca se afastou das concepções do capitalismo democrático de mercado. Constata-se essa afirmação quando, ainda como embaixador do Brasil em Londres, o presidente Ernesto Geisel solicitou seu apoio para que elaborasse um plano de captação de recursos no mercado europeu para investimentos e capitalização das estatais federais. Campos não apoiou essa solicitação. Percebia que o governo militar pretendia perpetuar as estatais em vez de privatizá-las.

O planejamento, como entendeu Campos, deve ser o norteador de rumos das estratégias e de prioridades de ações que possam incrementar o que há de mais valioso na concorrência: o aumento da produtividade dos fatores de produção. Nesse aspecto, ele propunha o planejamento seccional, não o pleno, como preferia Celso Furtado. Esse conceito implica investimentos em áreas de demanda insatisfeitas que estrangulam a economia, como energia, infraestrutura, logística e alimentação. Essa ideia foi mais tarde refinada por Campos, tendo sido transformada em ações pontuais em setores nos quais as atividades pudessem desobstruir os entraves da demanda insatisfeita e germinar crescimento econômico. Seria o planejamento de investimentos cujo feito repercute na cadeia produtiva. Esse pensamento foi mais tarde aprimorado pelo economista Albert O. Hirschman.[23]

Roberto Campos teve entusiasmo pelo planejamento parcial do desenvolvimento da economia como organizador do desenvolvimento em

Ok, Roberto. Você venceu!

um país atrasado com era o Brasil, notadamente, no que diz respeito à industrialização. Na falta de direcionamento no tocante às bases para a industrialização competitiva internacionalmente, e da baixa racionalidade dos parlamentares no tocante a esse tema, pragmaticamente, considerou útil traçar os objetivos de como o Brasil poderia alcançar um nível mais expressivo da renda por habitante e crescimento constante da produtividade dos fatores de produção.

Ademais, procurou imprimir seu raciocínio de que seria possível crescer com baixo nível de inflação e pleno emprego dos fatores de produção. Nesse sentido, planejamento algum sustenta seus propósitos, por mais meritórios que possam ser. Campos despendeu muitos anos da sua vida pública denunciando que os maiores impedimentos à elevação do Brasil da condição de subdesenvolvido à de desenvolvido são: a inflação, a perda contínua da renda dos trabalhadores e da sua capacidade produtiva e da produtividade econômica. Nesse aspecto, seus argumentos ainda permanecem válidos, pois o Brasil continua sendo um país tecnologicamente atrasado, com renda média baixa e baixa produtividade do capital humano. Planejamento de longo prazo requer investimentos estruturantes e modificadores da produtividade dos fatores de produção, produção e/ou absorção de novas tecnologias e inovações, formação da mão de obra de forma consistente e previsível tanto no que se refere à ocupação laboral presente como no que diz respeito às perspectivas ocupacionais futuras.

Campos discordou da forma pela qual o planejamento foi realizado em governos posteriores ao de Castello Branco, e isso, a meu ver, ocorreu por várias razões. Algumas delas são as seguintes: 1) os governos brasileiros mantiveram políticas macroeconômicas inconsistentes com a estabilidade do poder de compra da moeda, inflação ascendente; 2) sem as reformas estruturantes para eliminar o atraso, tornando a economia competitiva internacionalmente e diversificar sua produção, o planejamento serviu como um instrumento de intervenção no sistema de preços e da concorrência, transformando o capitalismo de mercado em capitalismo de Estado, evoluindo, na fase dos governos civis, para o de compadrios; 3) houve taxas de câmbio irreais e não neutras em relação às importações e exportações; 4) as exportações eram consideradas como o excedente da produção nacional, e não como resultante da produtividade competitiva dos setores de bens e serviços; e 5) os governos militares posteriores ao de Castello Branco desconsideraram a importância do Plano Decenal de Desenvolvimento Econômico e Social, elaborado pelo IPEA, sob a coordenação do ministro Roberto Campos.[24]

O Plano Decenal apontava os aspectos-chaves socioeconômicos para a eliminação dos estrangulamentos econômicos setoriais e sociais que atravancam o desenvolvimento e o fortalecimento institucional (fiscal, bancário, administrativo, do mercado de capitais, judicial e educacional), os quais consistiram nos fundamentos do ponto de partida para o desenvolvimento socioeconômico estruturante e progressista do Brasil.[25] Campos se afastou de qualquer outro pensamento econômico que não fosse o liberal, opondo-se, de forma radical, à cultura intervencionista que prevaleceu na economia brasileira, exceto no período do governo FHC, e mais recentemente no governo de Michel Temer, em um país carente de recursos tecnológicos e de oportunidades tanto para a qualificação do capital quanto dos recursos humanos para promoverem o crescimento da produtividade dos fatores de produção.

Assertividade versus Ceticismo

Neste tópico, cabe fazer um interregno para refletir sobre duas fases do pensamento de Roberto Campos acerca do planejamento econômico: a da afirmação sobre a importância do planejamento estratégico de desenvolvimento socioeconômico; e a segunda, a de rejeitá-lo. Assim temos a fase da sua assertividade e depois o seu ceticismo em relação ao planejamento como instrumento norteador do desenvolvimento. Nos anos 1960, o aspecto afirmativo da sua convicção no planejamento setorial e institucional como instrumento para eliminar os estrangulamentos macroeconômicos à prosperidade teve relação com o propósito do general Castello Branco em retornar o regime militar de exceção à normalidade democrática, convocando eleições diretas em 1967. Portanto, uma nova organização econômica teria de ser apresentada no governo de Castello Branco. Campos contava com a construção do capitalismo democrático e não o capitalismo de Estado. O objetivo era entregar aos civis uma economia organizada, com inflação controlada, rigor nos gastos públicos, todas as reformas fundamentais em curso e uma clara rota de desenvolvimento socioeconômico. Seu entusiasmo sobre a existência e a coordenação do planejamento estratégico era dar à sociedade um rumo, um direcionamento dos investimentos que tornariam a economia brasileira mais produtiva a caminho de se tornar um país desenvolvido. Era uma aposta, mas teria de ser apresentada à nação. Assim se deve entender o ponto de partida dessa estratégia, o PAEG, e em seguida o caminho alocativo dos investimentos públicos e privados para o qual o planejamento desenvolvimentista estaria contido na obra mais refinada e clássica: o Plano Decenal.

Foi objetivo do ministro do Planejamento deixar para a sociedade um planejamento norteador do progresso socioeconômico, evitando os debates inconclusos que ocorreram durante o "grande debate" dos países da América Latina na busca da industrialização por meio da substituição das importações.

Com relação à importância do planejamento como guia das políticas de desenvolvimento, Campos teve duas posições distintas e em tempos diferentes. A primeira foi favorável ao planejamento econômico setorial e institucional. Tinha conhecimento de quanto essa atividade fora importante no período da reconstrução da Europa pós-Segunda Guerra Mundial. Essa reconstrução se deu em parte com o que ficou conhecido como sendo fruto do Plano Marshall. Em 1947, a Europa ocidental recebeu um apoio financeiro fiscal dos Estados Unidos, de US$ 13 bilhões, relativos a US$ 143 bilhões, em valores de 2017. Foram valores inexpressivos para a reconstrução da Europa ocidental, embora os norte-americanos tenham dado muita importância a isso. A Europa ocidental se reconstruiu com suas próprias forças e recursos. O gesto norte-americano foi político e pacifista, importante para o futuro da Europa. Em um segundo momento, com a permanência dos militares no poder, vem sua descrença, seu ceticismo, no planejamento como um instrumento norteador das ações da política econômica. Os governos militares da linha-dura, de Costa e Silva em diante, utilizaram o instrumento fomentador do desenvolvimento como objeto de intervenção econômica e, politicamente, como meio de permanecerem muito tempo no poder, consolidando o capitalismo de Estado. Nesse sentido, Roberto Campos era um economista e intelectual temido pelo poder militar intervencionista. Daí a razão de ele não ter mais a chance de retornar ao Poder Executivo. Essa é a explicação mais cabível. Nesse sentido, ao final deste livro, a entrevista do presidente Fernando Henrique Cardoso é esclarecedora.

O retorno às eleições diretas foi um cálculo político: Castello Branco assumiu o poder com inflação beirando 91% a.a. e o setor público financeiramente quebrado. Ao sair, a inflação estava em torno de 38% a.a., o setor público arrumado, o crescimento médio no período (1964-1966) foi de 4,7% a.a., houve redução drástica no déficit público e taxa de câmbio estável e competitiva, e sólida política de correção de mercados – habitacional, financeiro, poupança nacional, proteção ao trabalhador desempregado, infraestrutura e outros tantos. No entanto, no governo do general Figueiredo a inflação alcançou 220% a.a., elevado desemprego, juros reais elevadíssimos, preços desalinhados e imprevisíveis, a moratória externa rondava as possibilidades do ajuste fiscal, concentração da renda social, renda real por habitante cadente, setor púbico fiscalmente quebrado e dívida pública ascendente. Uma tragédia nacional encomendada pelo seu antecessor, o general Ernesto Geisel. Assim sendo, os militares não tiveram outra alternativa a não ser devolver o Poder Executivo para os civis e elegerem um novo presidente da República. Este caminho seria o de menor custo político para os militares, mas uma devolução de um país sem rumo para se tornar desenvolvido, como pretendia Roberto Campos. Essa lacuna ainda não foi recuperada na economia. O produto nacional pode ter crescido em um ou outro período, a inflação oscilando entre o impensável e as finanças públicas beirando o abismo fiscal. Isso se deve à não construção de uma economia capitalista democrática sólida e de mercado competitivo em relação aos mercados globais. O crescimento do produto, da renda e do emprego tem sido espasmódico, não sustentável, imprevisível e limitador na expansão da capacidade produtiva do país.[26]

Esta apresentação objetivou dar ao leitor o entendimento dos temas que serão apresentados e que podem parecer controversos no pensamento de Roberto Campos, mas não os são. Sua coerência de política econômica deve ser pautada pela sua crença no desenvolvimento do sistema capitalista democrático de mercado. Fora disso, o ônus recai sobre os mais pobres e os menos protegidos financeiramente, e o país não consegue construir uma ampla classe média de renda alta e um parque industrial produtivo equivalente ao dos países desenvolvidos. Ele repetiu esse mantra desde o período do "grande debate" latino-americano.

Roberto Campos participou da Comissão Mista Brasil-Estados Unidos, que consistiu inicialmente em apoio do governo norte-americano para investimentos na infraestrutura, mas acabou sendo um recurso privado e muito menor do que havia sido prometido. De qualquer forma, era necessário haver um planejamento com prioridades e retornos financeiros e sociais determinados e um banco público para receber tais recursos. Criou-se o BNDE. Mesmo que Campos não fosse um entusiasta dogmático do planejamento, a realidade impunha a existência desse instrumento para facilitar a alocação de recursos e prioridades definidas.

O PAEG e o Plano Decenal surgiram do trabalho de reflexão e de contribuições de pessoas ilustres durante o governo do general Castello Branco. Com parcos dados estatísticos, planejar as ações do governo era quase uma obra de ficção. De toda sorte, as proposições estavam corretas, consistentes, articuladas, embora apresentassem pouco efeito quanto à análise de custos e benefícios auferidos dos diagnósticos em relação às proposições endereçadas. O PAEG expressava um pensamento moderno e consistente sobre políticas de desenvolvimento vinculadas às potencialidades econômicas brasileiras. Em matéria de estratégia de desenvolvimento econômico e social, o Plano Decenal foi uma obra-prima. Dele se depreendem as reais possibilidades de o país aumentar a poupança e os investimentos físicos e sociais de médio e longo prazos. Nele também ficaram claras as opções pela abertura econômica e o papel dos investimentos estrangeiros na economia com recursos direcionados à produção e à infraestrutura. Os investimentos estrangeiros alavancariam o surgimento de fontes domésticas de recursos privados de longo prazo. Nesse sentido, Campos tinha em mente a dinâmica e a expansão do mercado de capitais nacional. Destacava a importância da abertura econômica, da estabilidade macroeconômica, das taxas de juros

Planejar ou improvisar o progresso socioeconômico

equivalentes às internacionais e do câmbio realista (neutro) em relação às importações e exportações.

Para o general Castello Branco, o planejamento econômico era algo aceitável e desejado, pois ele conhecia a importância do planejamento estratégico militar. Campos sabia que o planejamento das ações do governo requer precondições, as quais ele concretizou com surpreendente efetividade: reformas institucionais, diminuição da inflação, controle e redução drástica dos gastos correntes públicos federais e minoração da dívida interna.[27] A economia cresceu com a queda da inflação, fato notório, embora a oposição cepalina tenha sempre apregoado o contrário: a inflação é parte inerente ao crescimento econômico. Em realidade, os dois planos de ações do governo de Castello Branco trazem-nos uma nítida moldura de como o Brasil poderia ser, caso as ações dos governos militares que sucederam a Castello Branco tivessem caminhado na direção prescrita: estabilidade inflacionária, aumento da poupança e dos investimentos públicos e privados em infraestrutura, abertura econômica e intensos investimentos no capital humano por meio do ensino de qualidade nos níveis fundamental, médio e superior. Erradicar o analfabetismo e a pobreza era uma premissa do desenvolvimento capitalista democrático que Roberto Campos idealizou. Em suma, ele preconizava o aumento progressivo da produtividade dos fatores de produção na economia brasileira. Desenvolvimento não se improvisa, mas se planeja e se articula com os agentes produtivos e financeiros.

Campos sabia que o Brasil carecia de planejamento das ações governamentais para ter um mínimo de condições de exequibilidade com política econômica ortodoxa, pois, no passado, desde o Plano de Metas até o Plano Trienal, ocorreram sucessivos equívocos políticos e fiscais que causaram inquietações político-militares, as quais se encerraram com as intervenções militares feitas pelo governo de Castello Branco.

Era importante recuperar a credibilidade da política econômica e tornar crível e duradouro o retorno do crescimento. Era igualmente relevante, segundo Campos, a ordenação das ações dos governos militares no tocante ao crescimento e desenvolvimento socioeconômico. Isso não passou de uma grande decepção do ex-ministro Roberto Campos. O general Costa e Silva desconsiderou o Plano Decenal de Desenvolvimento

Ok, Roberto. Você venceu!

Econômico e Social. Ele entendia que o estrategista do desenvolvimento resumia-se no seu entendimento e nas suas decisões. Essa atitude divergia muito da do general Castello Branco. Este havia sido oficial de Estado-Maior, familiarizado com as atividades de planejamento, o que não aconteceu com seus sucessores movidos pelo espírito nacionalista. Castello Branco conhecia a importância do planejamento nas operações estratégicas e dos gastos militares.

A partir do general Costa e Silva, o Brasil entra na fase do capitalismo de Estado intervencionalista. Coincidência ou não, após esse fato, Campos iniciou seu gradual processo de conversão definitiva ao liberalismo, mudando sua visão sobre o papel do planejamento econômico nas mãos de governos prismáticos, usando-o como instrumento de poder e de concessões de acordo com seus interesses desenvolvimentistas no tocante ao controle de preços, salários e investimentos, distorcendo a essência do funcionamento do capitalismo de mercado.

Essa característica repete-se, novamente, no período democrático, no governo de Dilma Rousseff: pautado por políticas populistas desalinhando a dinâmica de mercado, mas privilegiando empresas, as campeãs nacionais; dando pouca ou nenhuma ênfase à qualidade do ensino na formação do capital humano, como o fez a Coreia do Sul, citada anteriormente; desequilibrando orçamentos públicos e fazendo dos bancos públicos instituições orientadas politicamente à redução dos juros de mercado; e das empresas de energia um canal de investimentos privilegiados e ineficientes. O general Geisel iniciou o processo de desarrumação do equilíbrio macroeconômico e inversão do processo da aceleração do crescimento. Os militares não foram governos populistas, no sentido de reduzir a pobreza e abrir condições para as camadas mais pobres e as inserir no mercado formal de trabalho. Os resultados macroeconômicos do general Garrastazu Médici em diante foram tão desastrosos quanto os governos petistas de Lula, no segundo mandato, e de Dilma Rousseff. A gestão pública dos governos populistas levou a economia fiscal do país – União, estados e municípios – próxima ao abismo fiscal e nessa condição permanece até os dias atuais.

A descrença de Campos no tocante à relevância do planejamento da economia atrelou-se à existência de políticas econômicas populistas

Planejar ou improvisar o progresso socioeconômico

que propiciaram desequilíbrios nas contas públicas, no balanço de pagamentos e na imprevisibilidade da inflação. O desequilíbrio das contas públicas é a origem da inflação, não o contrário. A imprevisibilidade da inflação acaba alimentando o desequilíbrio das contas públicas. Cria-se assim um ciclo virtual de causa e consequências da expansão fiscal como realimentador dos preços e das incertezas econômicas. Nesse ambiente, a desarticulação econômica se dá pela retração dos investimentos privados no aumento da produtividade dos fatores de produção-capital, trabalho e tecnologia. Os cepalistas da época do grande debate nunca entenderam as relações de causa e efeito da inflação como sendo um processo realimentador dos déficits fiscais, obrigando os governos a aumentarem impostos ou dívida pública e, ambos, alimentando a inflação de custos, retrocedendo o crescimento. Campos considerava inflação como o elemento desarticulador do crescimento, enfraquecendo qualquer tentativa de planejamento que objetivasse o aumento da poupança, dos investimentos de longo prazo e da produtividade dos fatores de produção.[28]

Nas décadas de 1950 e 1960, o planejamento estratégico teve certa relevância como instrumento indicador de caminhos. No Brasil, o Estado passou a ser intervencionista e assistencial, acelerando o processo de industrialização por meio de investimentos estruturais e políticas de promoção das exportações. O aumento da renda por habitante era o fim, a industrialização, um meio. Acelerar o progresso industrial era um fim, as estatais, um meio. O planejamento energético e da infraestrutura da logística nacional era um meio para assegurar o desenvolvimento industrial, e o crescimento da renda e da produtividade, um fim. Portanto, um país emergente necessita do planejamento estratégico como instrumento coordenador e organizador do desenvolvimento industrial setorial. Essas políticas foram executadas pelas estatais e bancos públicos, sendo um meio articulador do desenvolvimento.

Com o passar do tempo, a industrialização, que representou uma solução para o país exportador de matérias-primas e *commodities*, deparou-se com a formação de um parque industrial dependente das políticas de desenvolvimento elaboradas pelo Estado. A proposta de Campos era a de que o Estado alavancasse o desenvolvimento e assim se tornasse eficiente. Ele abrigaria o conhecimento e o financiamento do desenvolvimento. Enquanto a economia não se modernizasse, o Estado sustentaria a ineficiência e a baixa competitividade das empresas por meio de crédito e financiamento subsidiados, e a ineficiência produtiva seria repassada para o preço final dos bens e serviços produzidos. Os consumidores estariam pagando pela ineficiência. Essa ineficiência não se originava no mercado ou na má regulamentação dos mercados, mas no planejamento, na ação intervencionista do Estado. Essa inadequação não foi um caso teórico, mas real da economia brasileira, por conta do ônus do capitalismo de Estado.

Esse aspecto explica a mudança no pensamento de Roberto Campos que abandonou sua crença no planejamento e na ação do Estado como fator de correção de imperfeições do mercado (visão neoliberal) e passou a atribuir à eficiência dos mecanismos de mercado e de Estado mínimo uma relevância maior do que à ação planejadora e desenvolvimentista do Estado. De qualquer forma, Campos nunca deixou de ser um desenvolvimentista e o centro das suas preocupações sempre foi o progresso do Brasil. Portanto, é um erro analítico considerar que Roberto Campos tenha sido um intervencionista quando esteve no governo e um liberal quando permaneceu fora dessa atividade. O fato de ele não ter retornado ao governo deve-se à sua crença em um modelo de desenvolvimento liberal, com maior participação do capital estrangeiro no processo de desenvolvimento e menos atuação do Estado. O pensamento econômico liberal de Roberto Campos trata-se de uma visão idealista do desenvolvimento para um país com enormes carências sociais como o Brasil. A visão liberal pode ser adequada em países de elevado nível de renda social: países capitalistas desenvolvidos. Percebe-se que a visão de Roberto Campos, na fase liberal, considera temas relacionados ao ponto de chegada do desenvolvimento, afastando-se dos fundamentos da largada, das correções das imperfeições institucionais e regulatórias do Brasil. Numa visão contrastante com a de Roberto Campos liberal pode-se afirmar que o Brasil precisa de eficiência na governança e menos do papel do Estado como o indutor do crescimento e de estímulos fiscais em momento de desalinhamento de preços.

Campos entendeu que, em face das limitações da poupança nacional, que permanecem até os dias atuais, o capital estrangeiro complementaria esse hiato e aceleraria o progresso e a internacionalização da economia brasileira. Isso traria ganhos de eficiência e de produtividade por meio de capital e de empresas internacionais produzindo no país, transferindo tecnologia e melhorando o conhecimento e a renda dos trabalhadores nacionais. Era uma visão pragmática que nunca encontrou eco nas políticas de desenvolvimento intervencionistas nacionais. No entanto, suas contribuições efetivas se deram durante a fase de pensamento neoliberal. Durante todo o período que compreende a história do desenvolvimento brasileiro, entre 1950 e 1970, "Campos apostou na industrialização pela via da internacionalização de capitais e do apoio do Estado e venceu".[29] Foi um período de transformações estruturais que asseguraram o crescimento acelerado, notabilizado como "milagre econômico", entre 1967 e 1973. Esse crescimento continuou ao longo da década de 1970, tendo sido decorrente de mudanças estruturais e da composição das exportações brasileiras, da redução da participação do café na pauta e do incentivo aos produtos de maior valor agregado. Nada desse feito teria sido factível se não fossem as estratégias de desenvolvimento concebidas por Roberto Campos (quando ministro do Planejamento) e operacionalizadas por Otávio Gouveia de Bulhões (na condição de ministro da Fazenda).

Roberto Campos, quando ministro do Planejamento, foi protagonista do processo de rápida industrialização por meio dos planejamentos dos planos de ações do governo, estando certo de que, na falta de poupança nacional para financiar a demanda pela industrialização, o capital internacional complementaria essa lacuna e, ao mesmo tempo, o país daria maior abertura econômica aos investidores e às empresas internacionais. Entendia que a entrada do capital e das empresas internacionais na economia brasileira preencheria a lacuna tecnológica existente, reduziria as ineficiências produtivas, e o controle das importações se daria por meio de tarifas, e não de políticas protecionistas à indústria nacional. Desse modo, realizar-se-ia o rápido processo da industrialização competitiva sem benesses do Estado, internacionalizando o parque industrial e aprimorando a liberdade de mercado e a renda dos brasileiros. Esse era o ideário de Roberto Campos, o qual foi interrompido pelos governos militares (1967-1985) e não foi mais retomado.

O lacônico desfecho do modelo neoliberal fez com que Roberto Campos passasse a rejeitar o planejamento econômico como instrumento organizador e racional das políticas públicas do Estado para o desenvolvimento. Começou a enfatizar a agenda organizadora da atividade econômica concorrencial baseada na liberdade de mercado e na menor atuação das políticas públicas com vista ao progresso industrial. Em 1979, Campos passou a enaltecer Eugênio Gudin, um liberal sem concessões, por ter denunciado ao longo da sua vida o "pseudonacionalismo", o "pseudoigualitarismo" e o "pseudoliberalismo".[30]

Campos não limitou ou sucumbiu seu ideário a um determinado pensamento econômico, keynesiano ou liberal *stricto sensu*, pois entendia que essas teorias foram desenvolvidas em países cuja organização econômica, estrutura de mercado e avanços tecnológicos diferiam e ainda diferem da realidade brasileira. Ele procurou encontrar meios de ajustar as proposições econômicas estrangeiras às características brasileiras, sem que, com isso, estivesse refutando os valores nacionais, mas procurando adaptá-los a um mundo em contínua transformação. Destacava esse ponto de vista apoiando-se no sucesso dos Tigres Asiáticos e assinalava: "como fizeram os asiáticos". Cabe reafirmar que os planos iniciais de desenvolvimento da Coreia do Sul, na década de 1970, foram inspirados no PAEG do governo de Castello Branco, concebido por Roberto Campos quando ministro do Planejamento (1964-1966).

O PLANEJAMENTO COMO UM MEIO DE PROMOVER O ESPAÇO PRIVADO

A pergunta que nos resta responder é qual teria sido o entendimento de Roberto Campos sobre o papel do planejamento: em que condições, políticas e circunstâncias econômicas? Em uma sociedade pouco desenvolvida e marcada pelo subdesenvolvimento cultural, tecnológico e social, Campos era realista na sua proposição sobre o papel do Estado no processo de planejar as ações do desenvolvimento. Ele era contrário ao intervencionismo do Estado no funcionamento do mercado, mas favorável ao planejamento do governo como instrumento de fomento à atividade econômica, fortalecendo as atividades da iniciativa privada, tornando-a mais competitiva e aceleradora do processo de desenvolvimento socioeconômico nacional. Para um país subdesenvolvido, ele era contrário ao crescimento espontâneo das atividades econômicas, particularmente a industrial. Segundo sua visão, o planejamento estratégico de qualquer nação, desenvolvida ou não, requer a existência de instituições econômicas, políticas e judiciais sólidas. Nas nações desenvolvidas, o planejamento é mais direcional e seccional; em nações emergentes ou menos desenvolvidas, o planejamento deve primar pelos avanços da produtividade dos fatores de produção, priorizando a qualidade do desenvolvimento e do crescimento sustentável. A sustentabilidade do crescimento depende da produtividade dos fatores. Nesse sentido, os planos de investimentos em países emergentes devem estar direcionados ao aumento da oferta de bens e serviços e da produtividade. Nos países desenvolvidos, os programas de investimentos atendem às correções próprias das modificações de mercados ocasionadas pelos avanços da inovação tecnológica que, em resumo, refletem na demanda da segurança social. Trata-se de outro ambiente de negócio, mais próprio do desenvolvimento humano e social da nação.

De maneira que o equilíbrio dos gastos públicos e reformas estruturais são críticos para o surgimento do "espírito animal" que Keynes enfatizou, capitaneado pelos empresários privados ao assumirem riscos de mercado e pelos governos, por meio de políticas públicas para corrigirem distorções de mercado próprias do desenvolvimento do país e manterem o equilíbrio das contas públicas. São correções de mercado, contrárias às demandas do crescimento sustentável das nações menos desenvolvidas que demandam reformas institucionais que assegurem o crescimento sustentável. Assim, o pano de fundo da estrutura intelectual do economista era de que, sem essas possibilidades, o crescimento ficaria dependente de políticas fiscais, o nascedouro da inflação. Como frisava Roberto Campos: "quando não há regras e nem critérios socioeconômicos na avaliação das políticas públicas, e gastos que não se condicionem ao limite do crescimento do produto, o orçamento público torna-se uma peça de ficção da política macroeconômica." Isso quer dizer: nesse caso, a economia vive continuamente em estado inflacionário exigindo política macroeconômica de *stop and go*, sem previsibilidade de crescimento, aniquilando qualquer tentativa de elevar a produtividade. O atalho para se obter algum espaçamento nesse processo tem sido por meio de políticas de estímulos – subsídios fiscal ou creditício. Isso significa custos sociais maiores pela necessidade de aumento da carga tributária ou da dívida pública federal. Ambos aumentam o custo do capital e da produção. Uma forma de compensar essa situação anômala, para reduzir esses custos, tem sido haver uma política de desenvolvimento direcionado de subsídios sem critérios de avaliação da qualidade dos gastos públicos. Essa deformação da política fiscal mantém em estado crônico a inflação acima dos ganhos da produtividade, dando ao crescimento um caráter errático e insustentável. Nisso se explica, em grande parte, as causas do atraso social e econômico brasileiro. Essa formulação encontra-se no cerne do pensamento de Roberto Campos. Como pensador econômico ele se intitulou um liberal, mas mais do que uma escola de pensamento, Campos esteve acima dessa denominação, pois sua racionalidade, cultura humanística e histórica e sentido de responsabilidade social pelo desenvolvimento são de se encontrar nos economistas da atualidade. Campos foi um homem do seu tempo, de quem muitos sentem a falta pela lucidez ao entender as realidades sociais e humanas do povo brasileiro.

No Estado de um país tecnológico, cultural e educacionalmente atrasado como o Brasil, a qualidade educacional é crítica para qualificar e profissionalizar os atores dos setores público e privado. Campos entendia que o planejamento das ações econômicas coordenadas pelo Estado, no estágio do desenvolvimento do país, se bem formulado, promoveria aceleração do progresso e da competitividade da economia em relação aos mercados internacionais. O "milagre econômico" foi como se o Brasil desse um suspiro de prosperidade com base no legado das reformas do governo anterior. Mas, em 1973, passou a perder forças institucionais e econômicas, agonizando em 1980, e daí em diante foi um processo árduo de desesperanças sociais, de incertezas econômicas e perda da produtividade, que é o oxigênio que alimenta a dinâmica econômica.

Campos considerava a estratégia do crescimento um meio necessário, porém não suficiente para o desenvolvimento da industrialização, especificamente a brasileira. Todo seu entendimento favorável ao planejamento como fomentador do desenvolvimento está alicerçado na hipótese do processo evolutivo do capitalismo democrático de mercado, não no intervencionismo prismático. Este prioriza setores, empresas e entidades econômicas, em detrimento dos que ficam para trás fora do escopo dessa preferência. Nesse caso, em um país com instituições econômicas, políticas e judiciais infantes, o atraso econômico, social e tecnológico se perpetua, pois o único fator fomentador do crescimento errático são os gastos públicos acima das receitas que o crescimento econômico é capaz de gerar. De modo que o planejamento estratégico faz sentido e é útil quando há um processo de reformas estruturantes, corrigindo desequilíbrios de preços e de mercado, possibilitando que o progresso seja distributivista, não concentrador de renda e que haja um limitador de gastos cujo teto seja a taxa de crescimento do produto nacional. Assim entendia Roberto Campos que, sem reformas institucionais que promovam a solidez das relações sociais, econômicas e políticas, consolidando o processo do capitalismo democrático de mercado, o planejamento estratégico se torna um instrumento concentrador da renda nacional, distribuidor de benesses, estimulador da corrupção pública e privada nas entidades de Estado, aniquilador da produtividade e da abertura da economia nacional. O Estado, ao planejar o desenvolvimento de um país subdesenvolvido, "deve intervir para compensar a debilidade da iniciativa privada, aplicando estímulos simultâneos a vários campos de investimentos".[31] Assim encerra-se este capítulo que almejou elucidar os porquês das mudanças ou do amadurecimento do pensamento econômico desse ilustre economista profissional da nossa história.

5
AS BASES DO CRESCIMENTO SUSTENTÁVEL

"Se não merece acolhida a tese do 'determinismo' cultural, pode-se falar numa 'doença cultural' que, nas últimas décadas, afetou negativamente o desenvolvimento latino-americano."
| ROBERTO CAMPOS

Instituições formais, que constituem as bases do crescimento sustentável das nações, tornaram-se o tema mais importante após o final da Segunda Guerra Mundial na Europa e nos Estados Unidos. Elas viriam a dar contorno estrutural a um progresso econômico e sociopolítico sem precedentes. O avanço econômico perdurou até 1972. Consistiu nos anos dourados do crescimento econômico mundial. A reindustrialização da Europa e o progresso científico e econômico dos Estados Unidos forçaram os países da América Latina a buscar um novo modelo de desenvolvimento. Era preciso romper com a dependência da região em relação à influência política e econômica das nações desenvolvidas ocidentais. Em princípio, não há o que discordar, mas os nós políticos, econômicos e culturais para serem desatados eram imensos. Se hoje esse grau de dependência político-econômica se reduziu, o objetivo de tornar a região próspera e socialmente mais justa não se realizou. Os países latino-americanos incorporaram valores culturais, organizacionais e políticos compatíveis com os das nações ocidentais desenvolvidas, mas ainda existe neles um elevado grau de atraso econômico, tecnológico e cultural em relação aos avanços que outros países que eram igualmente pobres e atrasados, como alguns da Ásia, conseguiram: a prosperidade socioeconômica, organizacional e institucional. Os Tigres Asiáticos – Hong Kong, Coreia do Sul, Taiwan e Cingapura – têm uma renda média nominal por habitante acima de US$ 22 mil, enquanto a do Brasil é de US$ 8,000. Em 1970, esses países asiáticos tinham renda por habitante inferior à do

Brasil, a qual era de US$ 2,300 por habitante. Se em quase meio século os Tigres Asiáticos aumentaram suas rendas por habitante em mais de dez vezes, o Brasil, no limite, triplicou a renda dos brasileiros.

A questão a ser respondida pelos economistas e sociólogos da América Latina durante as décadas de 1950 e 1960 era: como desenvolver os países da região, elevando a taxa de produtividade dos fatores de produção acima de 2% e sustentando-a?

O debate para esclarecer essas dúvidas foi um dos mais promissores e instigantes realizados na América Latina no período do pós-Segunda Guerra Mundial. Os intelectuais da época discutiram o futuro da região. Entreolharam-se e debateram o tema do crescimento na busca de alternativas para superar os diferentes matizes do atraso socioeconômico e obter unidade política regional. Esse debate não ocorreu de forma orgânica e ordenada. Havia visões distintas sobre as estratégias para melhorar as condições socioeconômicas da América Latina. As proposições foram mais direcionadas, primeiramente, a uma organização da produção interna que pudesse, no futuro, promover avanços na inserção econômica internacional. Na época, não estava claro para todos os integrantes do debate sobre o desenvolvimento regional se as nações econômicas subdesenvolvidas, como algumas da Ásia, acompanhariam a retomada da globalização dos fatores de produção e do capital. Nesse aspecto, estavam sendo criadas as instituições internacionais ocidentais, como GATT, ONU, FMI e Banco Mundial, que viriam a dar um novo arcabouço à ordem global e à produção internacional de diversas regiões por meio da expansão do comércio. Os asiáticos entenderam que o comércio internacional era importante (*trade matters*) para a modernidade das cadeias de produção. Vale lembrar que, no início da década de 1960, as organizações econômicas de alguns países asiáticos se estruturaram, objetivando uma arquitetura socioeconômica que lhes desse maior segurança política, inicialmente, no abastecimento alimentar; depois, com o desenvolvimento industrial, viria a integração econômica regional e global.[1]

Importa lembrar que, entre 1922 e 1942, ocorreu um retrocesso político autoritário no mundo. Esse fato teve impactos na orientação dos debates e na própria organização político-institucional das nações. As duas grandes guerras mundiais acarretaram um enorme retrocedimento na integração e na expansão do comércio internacional. Em 1945, as economias desenvolvidas retomaram o rumo do crescimento (com intenso fluxo de capital entre as nações), o qual perdurou até o primeiro choque do petróleo, em 1973.

Entre 1943 e 1962, surgiu uma nova e efetiva onda política institucional: a da democratização das nações. No âmbito das organizações internacionais, havia um intenso debate sobre o futuro das economias quanto ao aspecto do capitalismo nas regiões consideradas desenvolvidas: Europa, Japão e Estados Unidos.

A polêmica sobre como organizar as economias menos desenvolvidas ocupou um lugar de destaque, pois havia a preocupação no âmbito das instituições internacionais sobre qual modelo de desenvolvimento possibilitaria a redução dos desníveis socioeconômicos entre as nações desenvolvidas e as menos desenvolvidas. Embora essas divisões entre países desenvolvidos e menos desenvolvidos não sejam precisas, são relevantes para se ter uma ideia acerca do ambiente político mundial em que o debate sobre uma nova organização econômica latino-americana ocorreu.

Pode-se sugerir que, entre 1958 e 1975, a onda autoritária novamente ganhou força no mundo menos desenvolvido e, obviamente, influenciou as perspectivas de reformas e de desenvolvimento econômico, social e institucional democrático e de abertura econômica na região latino-americana.[2]

Nos países latino-americanos, as reflexões e proposições desenvolvimentistas advindas da Cepal consistiam em reduzir a relevância da produção agrícola no produto nacional, aumentando a industrial. Esse foi o curso do debate por onde a nova organização socioeconômica deveria passar. As restrições eram significativas: faltavam uma classe industrial, recursos financeiros e organização institucional para ao menos estimular o financiamento da industrialização.

Na década de 1950, os economistas e cientistas sociais da América Latina debatiam qual seria o modelo de desenvolvimento mais adequado para os países da região. Predominava, em grande parte no Brasil, a ideologia cepalina, adepta das proposições da Cepal, sobre o papel do governo no processo de industrialização.³ São escassos os textos cepalinos que apresentam precondições de financiamento não inflacionário para o desenvolvimento industrial. Esse tema foi um dos que ocuparam o pensamento e as proposições de reformas e de direcionamento desenvolvimentista de Roberto Campos.

Não obstante a discussão sobre o papel do Estado e do planejamento no processo de industrialização, Roberto Campos explorava a estabilidade monetária, cambial e fiscal e a necessidade de haver instituições formais sólidas voltadas ao financiamento da produção e do crescimento de longo prazo. Para Campos, esses elementos representavam a coluna dorsal do desenvolvimento industrial, que deveria preservar a estabilidade da inflação, dos ganhos reais da massa salarial e da taxa real de juros de longo prazo. Enfaticamente expressava: "Num ambiente de estabilidade monetária, o processo de desenvolvimento econômico se conduz com mais segurança e continuidade e não está sujeito às interrupções provocadas pela distorção de investimentos, pelas tensões sociais e pelas crises cambiais que usualmente acompanham o processo de inflação."⁴ Entendia que, dentro desse limite da política de estabilização, "o governo deve procurar frear o dispêndio global, a fim de que a expansão monetária admissível se possa encaminhar para a indústria, a agricultura e o comércio". Campos alertava para o populismo das políticas públicas no tocante à reposição salarial acima da produtividade. Dessa forma, os salários estimulavam a demanda acima da capacidade de oferta de bens e serviços da economia. O resultado seria a inflação. Ressaltava que "cumpre ao governo conter rigorosamente seus dispêndios e preservar o poder real de compra dos salários. A reposição do poder de compra dos salários deve estar baseada no incremento da produtividade, assegurando a melhoria estável e duradoura do padrão de vida da sociedade".

Essas afirmações eram próprias de um economista que dominava tanto as proposições keynesianas e monetaristas como as teorias de crescimento vigentes na época. Ele também incluía elementos novos no *mainstream* da teoria econômica corrente: a importância da qualidade das instituições na organização do desenvolvimento socioeconômico com estabilidade inflacionária. Campos enfatizava que nenhuma economia está isenta dos choques econômicos internos ou externos, os quais geram inflação. No entanto, a política de desenvolvimento local deve promover o crescimento sem estimular a inflação, pois esta é a causa de todos os males para a geração de políticas públicas orçamentárias desequilibradas. Ela estimula a desordem fiscal, o aumento da dívida pública e incertezas quanto às taxas reais dos custos do capital e da produção, à renda do trabalhador e à renda dos ativos e passivos financeiros.[5]

Campos alertava que o Plano de Metas do presidente Juscelino Kubitschek poderia continuar desempenhando seu papel, desde que respeitasse a estabilidade monetária e controlasse rigorosamente os gastos públicos. O governo deveria encontrar fontes de financiamento do desenvolvimento não inflacionárias. Ao se analisar o passado com as lentes teóricas do presente, fica mais evidente que as recomendações de Roberto Campos eram consistentes com a promoção do desenvolvimento econômico por meio da produtividade dos fatores de produção sem o viés inflacionário. A inflação corrói os ganhos de produtividade e arrefece as possibilidades de investimentos estruturais de médio e longo prazos – pedra angular do crescimento sustentável. Diante disso, afirmava que, para se alcançar a prosperidade, não se deve estimular a inflação, mas sim a demanda de investimentos públicos não inflacionários, cuja fonte de recursos, no caso de países subdesenvolvidos, deveria ser a poupança forçada, e investimentos privados de longo prazo, cuja fonte de recursos seria o mercado de capitais, impulsionando a produtividade dos fatores que compõem a produção nacional.[6]

AS PROPOSIÇÕES QUE ANTECEDEM AS REFORMAS E O CRESCIMENTO SUSTENTÁVEL

O acordo de Bretton Woods, em julho de 1944, o qual estabelecia regras fiscais, monetárias e cambiais para a estabilidade do crescimento das economias ocidentais, impunha um fardo difícil aos países subdesenvolvidos da América Latina. Estes exportavam produtos primários e importavam manufaturados, cujo valor tecnológico é maior.[7] Seria pouco provável que uma nação nessas condições se tornasse desenvolvida. O caminho para o intento almejado seria a construção de um parque industrial amplo e competitivo. Para tal, os países menos desenvolvidos teriam de adotar políticas fiscais, monetárias e cambiais que favorecessem essa possibilidade. As condições do acordo de Bretton Woods limitavam essa prospectiva.

O acordo visava reformular as relações de comércio internacional e, por meio delas, estimular o crescimento econômico das nações. Propunha câmbio fixo e políticas monetária e fiscal expansionistas. Nessas condições, o comércio internacional seria o vetor do crescimento. Esse receituário nem sempre foi seguido nos Estados Unidos e na Europa. A recuperação da economia europeia deu-se, principalmente, por meio das reformas econômicas, notadamente medidas de integração econômica regional, desregulamentações econômicas, independência dos bancos centrais e capitalização dos bancos privados europeus, possibilitando maior financiamento do comércio entre os países da Europa e ampliando a integração comercial da região. Assim sendo, o parque industrial europeu se refez. Nesse sentido, houve pouca influência do pensamento keynesiano, segundo o qual o governo deve ser a alavanca do investimento, do crescimento e do emprego da mão de obra. Esses países já contavam com uma base industrial e institucional, a qual inexistia na América Latina. Mesmo com a vigência do acordo de Bretton Woods, os europeus nem sempre seguiram seus pressupostos normativos.

Para ajudar a entender os equívocos no pensamento do desenvolvimento econômico latino-americano, centrado nas proposições keynesianas, importa destacar que, segundo Keynes, o Estado deve promover expansão fiscal em momentos de crise de liquidez. Nesses momentos, por menor que seja a taxa de juros no mercado financeiro, os agentes econômicos não estão propensos a tomar crédito para investimentos, tampouco os consumidores. Em momentos de crise econômica, como foi a de 1929, a proposta de Keynes é a ação pública do governo por meio da expansão fiscal e/ou endividamento público para realizar investimentos estruturantes, estimulando, assim, o emprego da mão de obra e o surgimento de atividade econômica. A essa situação, Keynes intitulou de a "armadilha da liquidez": expansão da oferta de moeda e demanda quase inexistente. Ademais, na época da referida crise, havia uma elevada capacidade ociosa do setor produtivo. Assim, o estímulo de gastos públicos não elevaria a inflação. Nesse sentido, tanto Keynes como Roberto Campos tiveram em mente o referencial do equilíbrio macroeconômico e a estabilidade de preços. A política de expansão do gasto público recomendado termina no momento em que a capacidade produtiva alcance o limite da estabilidade do emprego não inflacionário. Nesse caso, o papel da expansão dos gastos fiscais e/ou do endividamento público pára promover gastos em projetos estruturantes faz sentido.

De modo que, as recomendações de Keynes foram pertinentes em uma fase crítica da história do capitalismo financeiro global. Assim sendo, a proposição de expansão fiscal e controle monetário importou como medida para salvar do colapso as instituições capitalistas dos países desenvolvidos, bem como se tornou uma nova alternativa dentro das escolas de pensamento econômico. Nos dias atuais, com a expansão do capitalismo global, as proposições keynesianas ou neokeynesianas perderam muito da sua relevância original. Ocupa, já há algum tempo na literatura econômica, lugar de maior destaque, a importância da qualidade das instituições econômicas, judiciais e políticas como fonte da estabilidade e do crescimento sustentável. Cabe destacar que, embora este tema atual não fizesse parte das discussões ou mesmo parte do *mainstream economics* da época das reformas institucionais brasileiras (1964-1966), foi um dos aspectos mais relevantes que Roberto Campos implementou na estruturação do capitalismo brasileiro. A importância das reformas institucionais brasileiras consistiu no ponto central da sua discórdia em relação às proposições de industrialização cepalinas da época. Este será o tema central dos próximos dois capítulos.

DESDOBRAMENTOS NO BRASIL

Em setembro de 1955, durante o governo de Café Filho, cujo ministro da Fazenda fora José Maria Whitaker, o economista Roberto Campos representou o governo brasileiro em reunião com o Executive Board do FMI. Na ocasião, expôs as limitações do acordo de Bretton Woods para o crescimento dos países menos desenvolvidos. Propunha, em lugar dos pressupostos do acordo – cujo vetor do crescimento mundial seria

As bases do crescimento sustentável

as exportações – taxa de câmbio flexível para a América Latina. Segundo Campos, para uma região desprovida de parque industrial capaz de concorrer internacionalmente e sem as instituições existentes nos países desenvolvidos, as proposições de Bretton Woods causariam um retrocesso nas economias da região, especialmente no Brasil.

No caso brasileiro, defendia a criação de um novo sistema cambial que terminasse com a existência da multiplicidade de taxas de câmbio, promovesse maior rigor fiscal e monetário e estimulasse as exportações de bens manufaturados como o vetor do crescimento, pois estes estimulariam maior valor agregado às exportações brasileiras. De todo modo, Campos entendia que o vetor-chave do desenvolvimento industrial teria orientação exportadora. Esta seria a âncora do desenvolvimento não inflacionário e competitivo internacionalmente. A flexibilidade cambial reduziria impactos inflacionários no comércio (exportações e importações) por fatores internos ou externos. Assim sendo, poder-se-iam atrair investimentos internacionais para projetos de longa maturação, como energia, indústria de base e logística nacional. Ademais, apregoava que o rigor fiscal promoveria as condições necessárias para manter a inflação sob controle (estável ou declinante). Essa alternativa, em grande medida, frearia a pressão inflacionária ocasionada pela expansão fiscal. Esta era entendida tanto pelos formuladores da política econômica quanto pelos setores produtivos como instrumento essencial no financiamento do crescimento, nunca como estímulo à inflação.

Cabe, neste ponto, fazer uma sucinta explicação quanto às condições nas quais o aumento dos gastos públicos acelera o nível geral de preços ou quando essa possibilidade não ocorre. Primeiro, importa esclarecer que o governo federal não cria moeda, quem o faz é o Banco Central – isso em qualquer país. No entanto, o aumento dos gastos públicos pelo governo federal, mediante a contratação de novos projetos de investimentos geradores de emprego e renda para estimular o crescimento e o emprego de mão de obra, exige a expansão da moeda: a demanda por bens e serviços também se eleva. Nesse caso, o Banco Central emite moeda para atender à demanda de moeda originada pelas contratações de novos serviços e produção, ocasionadas pela expansão fiscal, que objetiva estimular a atividade econômica. Para que a expansão fiscal possa ser um instrumento que promova o crescimento não inflacionário, é preciso saber em que condição se encontra a capacidade de produção da economia. Se a economia estiver em recessão, há elevada capacidade ociosa no setor produtivo. Essa situação permite que a produção continue crescendo sem exigir alta de preços. Somente quando a produção chega ao limite de sua capacidade, os produtores sobem os preços de seus produtos tanto para limitar o excesso de demanda sobre a capacidade de produção do setor como para elevar sua taxa de lucro. Essa majoração de preços influi na perda de poder aquisitivo do consumidor. Agora, o Banco Central entra em cena. Para evitar essa perda do poder aquisitivo da moeda, ele aumenta a taxa nominal de juros para frear tanto a demanda de crédito pelo consumidor como a demanda de mais moeda pelas empresas para financiar o capital de giro.

Essa modalidade de expansão fiscal política não inflacionária consistiu em uma das principais recomendações do economista John Keynes para retirar as economias ocidentais da Grande Depressão, na década de 1930. Em um ambiente fora da depressão econômica, a dosagem da expansão fiscal deve ser mensurada quanto ao custo e ao benefício a ser obtido. Há situações nas quais, mesmo com a expansão fiscal, não se produz o retorno do emprego e da atividade desejada. Por exemplo, se os governos federal, estaduais e municipais se encontrarem muito endividados, os gastos públicos poderão induzir ao aumento da dívida pública, exigindo, mais adiante, elevação de impostos para pagar o seu custo. Isso reduzirá tanto a renda dos empresários como a dos trabalhadores.

Há um alento sobre a potência das políticas fiscal e monetária no crescimento: elas não devem ser entendidas como alternativas que possam reverter um processo de recessão econômica. Importa, antes, saber as causas da recessão, que podem ser de origem externa (choque de preços ou crise financeira) ou interna (de natureza fiscal ou tributária). A inconsistência da política macroeconômica pode ter reflexo de natureza estrutural próprio da economia.[8] Nesse sentido, não há muito que as políticas macroeconômicas possam fazer. É praticamente impossível instalar e sustentar um novo telhado em uma casa cujas estruturas sejam frágeis. De igual modo, a regra de ouro é manter o rigor fiscal, ou seja, o aumento dos gastos públicos não deve exceder a taxa de crescimento do produto estimado. E mais: é preciso que haja um processo contínuo de avaliação da qualidade dos gastos públicos no intuito de averiguar o seu custo e benefício. Trata-se de um dos mais importantes procedimentos prudenciais da política macroeconômica para a manutenção da estabilidade do poder de compra da moeda nacional, ou seja, para a previsibilidade inflacionária.

Esses aspectos foram os temas centrais do debate, das reflexões e das proposições de Roberto Campos, sendo a bússola do seu pensamento o processo de financiamento do crescimento não inflacionário. A flexibilidade cambial, como ele propôs, seria o colchão amortecedor da inflação internacional: nesse sentido, a taxa flutuante do câmbio reduz o impacto negativo da inflação internacional dentro da economia. Dessa forma, rigor fiscal, flexibilidade cambial, política de aumento de salários não inflacionária e sólidas instituições econômicas, judiciais e políticas seriam as precondições necessárias para que países subdesenvolvidos possam se desenvolver, adotando política de industrialização competitiva.

Campos defendia o controle dos gastos públicos, pois considerava como sendo a segunda fonte primária da inflação. A primeira é a emissão de moeda acima da taxa de crescimento do produto. De qualquer forma, ambas convergem para o aumento do nível geral de preços. A estabilidade inflacionária, apregoava, possibilita a previsibilidade cambial, o ingresso de recursos externos para investimentos e o financiamento do crescimento. Essas seriam, segundo Campos, condições que antecedem as reformas e o crescimento sustentável. Assim sendo, o crescimento surgiria por meio dos investimentos públicos estruturantes, dos privados na modernização e da competitividade dos setores produtivos. Os retornos dessas atividades viriam tanto pelos canais do consumo interno quanto pelos setores de comércio internacional.[9]

Como será pontuado mais adiante, o Plano de Metas foi financiado por expressiva emissão de moeda. Modalidade de financiamento preferida do presidente Juscelino Kubitscheck. Campos se opôs a essa opção. Entendia, corretamente, que se tratava de recursos estimuladores da espiral inflacionária, desarticulando a estrutura produtiva e causadores do desemprego. Isso de fato ocorreu nos governos que o sucederam, agra-

Ok, Roberto. Você venceu!

vando o cenário político-institucional e arrastando o país para o golpe militar em 1964.

Campos compreendia a importância da nova ordem institucional internacional, mas divergia quanto às medidas de crescimento mundial – viés exportador com expansão fiscal e monetária, câmbio fixo – em países que sequer tinham Banco Central e rigor nos gastos públicos.

A proposta causou um impacto favorável no Executive Board do FMI. Foi elogiada por sua eficiência e qualidade persuasiva. De certo modo, o representante brasileiro recebeu uma nota de aprovação pela reforma cambial proposta. Ela modificaria a estrutura produtiva nacional, assemelhando-se à que fez surgir os Tigres Asiáticos na década de 1980.

O então ministro da Fazenda, José Maria Whitaker, consultou outros ministros e candidatos à presidência da República sobre a reforma cambial proposta por Roberto Campos. A lista dos consultados incluiu os ministros da Aviação, da Agricultura e da Justiça e os candidatos à presidência: Juscelino Kubitscheck e Ademar de Barros. Todos se opuseram à reforma. Whitaker, sentindo-se desprestigiado e desencorajado em encaminhá-la, demitiu-se. A reforma cambial e o desenvolvimento industrial tendo como intento as exportações de manufaturados estavam descartados. Vencia a proposta da substituição das importações e o papel do Estado como o vetor do crescimento por meio da expansão fiscal em um país desprovido de instituições formais sólidas.

Os debates sobre como desenvolver uma região cujos países não dispunham de um parque industrial competitivo continuaram ao longo de duas décadas e as discórdias prosseguiram entre o pensamento econômico de Roberto Campos e o dos economistas representantes da visão cepalina. Surgiu, então, o cunho dicotômico conhecido como "os desenvolvimentistas monetaristas versus os estruturalistas", sendo estes adeptos das propostas da Cepal cujo conteúdo dos debates foi apresentado no capítulo anterior. Seus desdobramentos não resultaram em um progresso regional que se possa comparar com o dos Tigres Asiáticos.

A DOENÇA CULTURAL DO ATRASO

A política de industrialização, conhecida como a de substituição das importações, era de grande complexidade e alimentava a imprevisibilidade do crescimento ou uma possível escalada inflacionária. O modelo baseava-se na permissividade à inflação e à sobrevalorização cambial, como forma de facilitar aquisições de bens de capital para compor as necessidades do setor industrial.

O crescimento econômico foi a principal meta do governo de Kubitschek. Em um encontro com Lucas Lopes, Roberto Campos (então presidente do BNDE) solicitou-lhe que fizesse parte da equipe do banco na elaboração de um programa econômico para o governo. Campos sugeriu o nome "Plano de Metas", muito utilizado na literatura econômica da época. Juscelino também o aprovou.

Campos valeu-se da experiência do programa de investimentos da Comissão Brasil-Estados Unidos, o qual foi figura central desse processo e deu origem ao BNDE. O Plano de Metas teve um forte conteúdo de política industrial, abrangendo aumento da oferta de energia, criação de novos portos, maior exploração de petróleo, ampliação das redes ferroviária e rodoviária, produção de aço e cimento e estímulos à indústria automobilística. Entre 1957 e 1961, o produto nacional cresceu à taxa média de 8,3% ao ano, com a indústria liderando esse crescimento em torno de 10,7% e a agricultura 8% ao ano no mesmo período. A execução do Plano de Metas esteve a cargo dos estruturalistas. Celso Furtado foi o economista de maior destaque na época.

A fonte de financiamento do Plano de Metas foi a emissão de moeda. Kubitschek contava com a Casa da Moeda como a instituição que promoveria a fonte de recursos para o crescimento. O governo dava pouca ou nenhuma importância ao excesso de moeda, desde que estivesse financiando obras para o crescimento. O resultado dessa imprudência era óbvio: tão logo se esgotasse a política de substituição das importações, a inflação permaneceria crescendo e a produção nacional e o nível de empregos declinariam.

Os estruturalistas eram adeptos do desenvolvimento por meio da substituição das importações e de políticas fiscal e monetária ativas –

portanto, leniência inflacionária, sem muita preocupação com o equilíbrio das contas públicas e com o impacto nos investimentos privados e internacionais. Nesse governo, havia um risco cambial considerável, pois o Plano de Metas, que incorporava a construção de Brasília, era financiado por meio de emissão de moeda; o risco de uma escalada inflacionária era iminente, mas desconsiderado pela equipe econômica influenciada pelas proposições cepalinas.

Ademais, com o preço do café em queda, a reforma cambial, ou seja, a transição da política de câmbio fixo para a de câmbio flutuante, proposta por Lucas Lopes e Roberto Campos, não encontrava apoio técnico no governo de Kubitschek. Lucas Lopes e Campos apontavam que, tecnicamente, sem a reforma cambial, que eliminaria a multiplicidade de taxas de câmbio, o país enfrentaria uma grave crise no balanço de pagamentos. Eles não eram contra a natureza do Plano de Metas, pois ambos colaboraram para sua formulação, mas discordavam da forma exacerbada do financiamento: emissão de moeda.

Um dos trabalhos mais importantes realizados por Roberto Campos, cuja coordenação foi de Lucas Lopes, foi o "Programa de Estabilização Monetária para o Período de setembro de 1958 a dezembro de 1959".[10] Nesse intervalo de tempo, a economia brasileira caminhou rapidamente para a superinflação.

Campos entendia que financiar o crescimento ou um programa de desenvolvimento que causasse inflação era uma heresia. Ele via a inflação como um imposto que penaliza as classes de menor poder aquisitivo. O economista tinha forte convicção sobre os aspectos perversos da inflação para a sociedade pobre e sobre os investimentos necessários para o crescimento. Afirmava que "qualquer inflação distorce a alocação de recursos, pois exige taxas de juros nominais maiores para a remuneração dos ativos financeiros, deslocando renda do setor produtivo para o especulativo, como o setor imobiliário". Entendia, de forma keynesiana, que o crescimento se dá pelo investimento produtivo em projetos rentáveis, pois estes estimulam o aumento do emprego e da renda nacional – por conseguinte, a renda social. O poder de compra da sociedade deve ser preservado para assegurar o crescimento e os investimentos rentáveis. Ele se referia aos investimentos porque, na época, década de 1950, o

As bases do crescimento sustentável

mercado de capitais e de ativos financeiros era muito pouco desenvolvido para financiar o desenvolvimento econômico.[11]

Campos alegava que, se no governo de JK não houvesse uma reversão tanto da crescente emissão de moeda como dos gastos correntes do governo, a economia brasileira caminharia, rapidamente, para um período de superinflação. Para se ter ideia, entre 1949 e 1957, a economia crescia em média 5,1% ao ano; a emissão de moeda para financiar os projetos do Plano de Metas expandia-se em média 20% ao ano. A inflação, medida pelo Índice Geral de Preços, cresceu a uma taxa média de 14,4% por ano. Os gastos correntes discricionários do governo central saltaram de 8% do PIB em 1947 para 11,3% do PIB em 1957.[12] Esse aumento dos gastos públicos era destinado às obras de infraestrutura do Plano de Metas. Campos alertava que o excesso de emissão de moeda direcionada ao financiamento dessas obras causaria elevação maior da inflação e perda no poder de compra da moeda nacional. No ano de apresentação do Programa de Estabilização Monetária, em 1958, a taxa de crescimento do PIB foi de 10,8% e a inflação de 24,4%; em 1959, a taxa de crescimento foi de 9,8%, porém a inflação anual atingiu 39,4%.

O Programa de Estabilização visava reduzir e estabilizar a crescente emissão de moeda em condições de equilíbrio econômico e estabilidade social. "É justo registrar que, através do Programa de Metas, logrou-se promover um substancial impulso de desenvolvimento. Acumularam-se, entretanto, ao longo desse processo, pressões inflacionárias severas, ao mesmo tempo que, como decorrência não só da própria inflação, mas principalmente da adversa conjuntura de preços internacionais dos produtos primários, recrudesceram as dificuldades de ordem cambial. Torna-se, assim, necessário um esforço de estabilização que vise a corrigir tanto os desequilíbrios financeiros de ordem interna como os de ordem externa, para que o nosso desenvolvimento possa prosseguir de forma ordeira, segundo uma evolução segura."[13]

O crescente ritmo inflacionário diluía o poder real da arrecadação de impostos. O custo da construção de Brasília, conjugado com o financiamento da infraestrutura do Plano de Metas, ampliava o desequilíbrio fiscal e impunha aumento de impostos. Mas o presidente JK estava mais interessado em realizar seus feitos políticos na construção de Brasília

Ok, Roberto. Você venceu!

em cinco anos do que em combater os impactos nefastos da inflação, os quais inviabilizariam qualquer objetivo de crescimento sustentável. O Plano de Metas precisava contar com crescimento acelerado e sustentável, porém Campos alertava para a armadilha fiscal sendo estruturada pela expansão monetária com efeitos negativos sobre o esforço de desenvolvimento. "A inflação crescente desloca os objetivos do crescimento, assim capitulados: dispersão de investimentos; impossibilidade de planejamento empresarial sobre seus ganhos futuros; enfraquecimento da balança comercial e déficit na conta corrente; desestímulos à poupança privada; e tensões sociais pela perda do poder aquisitivo dos salários."[14] Na essência, o Programa de Estabilização Monetária visava manter o desenrolar do Plano de Metas, porém assegurando sustentabilidade de financiamento não inflacionário e sem aumento de impostos. A relação de causa e efeito entre a expansão da quantidade de moeda e o aumento da taxa de inflação era uma preocupação constante. Esse aumento de preços se devia à inflação de demanda, "caracterizada pela tentativa do governo e dos particulares de efetuarem investimentos acima da propensão de poupar da comunidade, do ingresso líquido de recursos provindos do exterior, ou mesmo da disponibilidade real de fatores necessários. Essa inflação de demanda está convertendo-se em inflação de custos, caracterizada pela espiral salários-preços".[15] É notável essa abordagem, pois a inflação era entendida, na época, como um fenômeno estrutural. As escolas de economia não tinham treinamento necessário para compreender que a inflação, se não tiver como causa choques externos ou internos, apresenta um forte componente monetário, o qual pode até ser acionado por um fenômeno externo ou interno, mas certamente os gastos governamentais, estimulando o crescimento da oferta de moeda acima da taxa de crescimento do produto nacional, elevam os preços. Estes poderiam aumentar de forma não controlada pelas autoridades monetárias da época (Superintendência da Moeda e do Crédito – SUMOC e Tesouro Nacional). Essa abordagem monetarista de Campos estava correta, porém foi pouco entendida pelos economistas adeptos da escola estruturalista.

A proposta do Programa de Estabilização era manter a carga tributária próxima do porcentual médio do período, em 17% do PIB. No entanto, a pressão inflacionária era evidente e destruiria esse tênue equilíbrio fiscal por conta da crescente taxa de inflação. Para continuar financiando o Plano de Metas, esse ritmo inflacionário exigiria aumento de impostos. A grande preocupação de Campos era a expansão do déficit do Tesouro Nacional, que saltou de 1% do PIB em 1955 para 4% em 1957.

Outra fonte de expansão inflacionária, apontada por Campos, era o crédito ao consumo, promovido pelo redesconto bancário, o qual, desde 1947, aumentava a uma taxa muito acima do crescimento do produto nacional. Campos tinha claro o conceito sobre a causa monetária da inflação, pois afirmava que a expansão do crédito e dos gastos com investimentos não podia ser superior à propensão marginal da poupança da sociedade. Na época, os gastos do governo federal, por meio de emissão de moeda, circulavam pelas contas do sistema bancário e cresciam a taxas equivalentes a quatro vezes as do produto nacional. Campos entendia que a expansão monetária não deveria exceder a estimativa do crescimento do produto; caso contrário, ocorreria inflação. Também ressaltava que, "se assim fosse, a espiral salários-preços estimularia essa dinâmica, reduzindo a produtividade da economia".[16]

Com base nesse diagnóstico, Campos elaborou um detalhado programa de controle de crédito bancário e de gastos do governo federal para preservar a estabilidade dos preços e da taxa de câmbio. Ele alertou, no início dessa programação monetária, sobre a continuação da expansão dos gastos do governo e sobre os riscos de desvalorização da moeda nacional em relação ao dólar, aumento do déficit em conta corrente e aceleração dos preços, causando inquietação social indesejável.

Na essência, o Programa de Estabilização Monetária (PEM) visava assegurar sustentabilidade de financiamento não inflacionário e sem aumento de impostos na execução do Plano de Metas.

Na falta de estudos que provassem que o PEM de Lucas Lopes e Campos não estava equivocado, prevaleceu o slogan de Augusto Frederico Schmidt: "Reforma cambial derruba governo."[17] Esse poeta e assessor exercia muita influência no pensamento do presidente Juscelino. Como parte da cultura do atraso, um poeta derrotou a proposta racional de reforma cambial de Lucas Lopes e Campos.

Pouca atenção foi dada à possibilidade de o país apresentar forte tendência de insolvência pública e desequilíbrio na conta corrente do balanço de pagamentos, o qual resultaria em fuga de capital, descontrole da inflação e recessão econômica. Os estruturalistas da Cepal acusavam os "monetaristas" de dar excessiva prioridade à estabilização de preços, em detrimento de medidas para a retomada do crescimento e o combate à pobreza. A imprudência fiscal e monetária sempre foi o mal incorrigível dos governos populistas da América Latina.

No final do governo de Kubitschek, por conta da escalada inflacionária, do aumento incontrolável do déficit na conta corrente e da crise no balanço de pagamentos, opondo-se às recomendações e exigências do FMI, deu-se a ruptura com essa organização. A raiz desse desentendimento estava na política de sobrevalorização cambial e no descontrole inflacionário, ambos previstos por Lucas Lopes e Roberto Campos.

Como já mencionado, os cepalistas tinham na política de substituição das importações um fim em si mesmo para a industrialização. O caminho para a construção da indústria nacional era por meio das medidas de sobrevalorização cambial, tendo como política industrial a proteção tarifária e a não tarifária, que, de certa forma, encareciam o custo dos insumos importados incorporados à produção de bens industriais e agrícolas comercializados. Esse mecanismo tornou-se "um fator anticomércio exterior" e contribuiu para a estagnação econômica à medida que o processo de substituição das importações foi se esgotando.[18]

Em 1963, no regime político presidencialista, surgiu o Plano Trienal, sob a direção de Celso Furtado. Diferentemente do Plano de Metas de JK, ele tinha objetivos ambiciosos: crescimento à taxa de 7% ao ano e redução da taxa anual de inflação pela metade. A inflação elevada decorria da política de reajuste do salário-mínimo, da desvalorização cambial e da correção de vários preços reprimidos. Isso tudo gerou um surto na inflação que, em 1964, atingiu 80% ao ano.

A essência do Plano Trienal foi a austeridade fiscal e monetária e a manutenção da política de substituição das importações e das tarifas elevadas para as importações de bens de consumo. Essas medidas causaram estranheza aos cepalistas da época, pois se esperava uma política heterodoxa pura e não um mix de ortodoxia com heterodoxia. Percebe-se, portanto, o início do abandono das políticas heterodoxas para evitar um fracasso rápido do modelo de crescimento cepalino.

O programa de substituição das importações havia chegado ao seu declínio e a fonte de financiamento, emissão de moeda, tornou-se mais restrita. A economia estava com mais liquidez do que a necessária. O déficit de caixa do Tesouro Nacional saltou de 2,8% do PIB, em 1960, para 4,3% do PIB, em 1962.

Nessa época, praticava-se a política de câmbio múltiplo, com uma taxa fixa de câmbio, mas ocorriam leilões de dólares para financiar tanto as contas públicas como a demanda de importações. Esses leilões apresentavam um ágio em relação à taxa fixa de câmbio, o qual era tributado, resultando em receita para o Tesouro Nacional, necessária para financiar sua necessidade de caixa.

No governo de João Goulart, a política de desenvolvimento industrial permissiva à inflação e à sobrevalorização cambial chegou ao fim. Deixou elevados custos sociais e políticos para a nação brasileira. A reversão desse fracasso ocorreria somente no governo de Castello Branco, quando Roberto Campos, então ministro do Planejamento, conseguiria realizar uma verdadeira revolução de reformas pró-desenvolvimento socioeconômico com crescimento sustentável. Este será objeto de análise no próximo capítulo.

INFLAÇÃO E CRESCIMENTO EQUILIBRADO

A síntese do pensamento econômico de Roberto Campos sobre crescimento econômico e estabilidade inflacionária encontra-se no seu texto "Inflação e crescimento equilibrado".[19] Nele, Campos exprime o equívoco sobre a condição de se ter oferta infinitamente elástica a cada produto e perfeitamente ajustável às mudanças da demanda. Trata-se de uma hipótese irreal, afirma Campos, porém devem-se evitar distorções econômicas e fiscais cumulativas, pois elas impedem o crescimento sustentável. Isso ocorre porque os agentes econômicos avaliam as condições de sustentabilidade do crescimento, observando os esforços para eliminar sinais de déficits orçamentários por meio da elevação da dívida pública bruta, causando instabilidade cambial e incertezas sobre a elevação da carga tributária.

Campos entendia que a política econômica em países subdesenvolvidos deveria ser centrada no crescimento econômico com baixo nível de inflação, a fim de evitar desequilíbrios cumulativos e estruturais. É a inflação que dá origem ao aumento do déficit na conta corrente do balanço de pagamentos e no orçamento, imprevisibilidade cambial e elevação dos custos do capital e da produção, os quais são repassados aos consumidores, diminuindo a renda real da sociedade. Esse somatório de fatores negativos reduz a capacidade de crescimento da economia. Inversamente, caso se adote política de desenvolvimento focada na estabilidade da expansão monetária e fiscal, cria-se confiabilidade acerca dos custos reais da economia. Desse modo, o curso da inflação e do câmbio torna-se previsível, o que é crucial para os estímulos dos investimentos e empregos privados, com efeitos diretos no crescimento, necessário para o desenvolvimento nacional.[20]

Campos não se ateve unicamente aos problemas de equilíbrio geral de uma economia, pois sabia que o desenvolvimento com crescimento sustentável depende, essencialmente, da existência e da qualidade de instituições formais que assegurem o bom desempenho geral das variáveis-chave do crescimento, sem as quais não se pode ter política duradoura de distribuição de renda que reduza as desigualdades sociais por meio da oferta crescente de empregos e previsibilidade do crescimento da renda real por habitante. Diante disso, ele realizou o mais amplo e eficaz conjunto de reformas institucionais no Brasil, o qual resultou em uma fase áurea de crescimento e de desenvolvimento nacional. Esse será o tema do próximo capítulo.

6

A CONCEPÇÃO DO DESENVOLVIMENTO SOCIOECONÔMICO

"Como homem público, minha principal luta foi a redução da pobreza por meio da educação básica de qualidade dos pobres para que possam ser incluídos no mercado formal de trabalho e nele prosperarem. O assistencialismo estatal é um sacrilégio à ascensão social dessas pessoas."

| ROBERTO CAMPOS

A principal contribuição de Roberto Campos na área econômica está na sua concepção sobre o desenvolvimento de uma nação pobre, com limitada poupança nacional, institucionalmente frágil, e uma classe empresarial competitiva em formação, como foi a brasileira. Tal concepção estava alicerçada em três pilares básicos: econômico, social e institucional (sendo o último de grande relevância). Será apresentado como a nação brasileira reverteu a ótica cepalina e se tornou uma das economias que mais se desenvolveu e cresceu no período entre 1967 e 1972, desacelerou a partir desse período, mas, mesmo assim, a economia foi capaz de crescer de forma mais modesta até o final da década. A partir de então, foram sequências de anos de incertezas e desesperanças sociais. O crescimento acelerado, conhecido como sendo o "milagre brasileiro", ocorreu por conta das transformações institucionais implementadas no governo de Castello Branco, período em que Roberto Campos foi ministro do Planejamento. As mudanças institucionais na economia brasileira serão abordadas no próximo capítulo.

O pilar econômico refere-se às premissas do desenvolvimento de uma economia capitalista democrática baseada nos fundamentos da política macroeconômica sustentável. Campos compreendia a relevância da industrialização internacionalmente competitiva como o caminho para a prosperidade socioeconômica. No entanto, esse intento não seria alcançado pela substituição das importações, mas por meio de políticas de desenvolvimento que modificassem tanto a pauta das importações quanto a das exportações. Para que houvesse desenvolvimento pleno, deveria existir abertura econômica mediante a qual o país absorveria gradualmente as vantagens da competitividade internacional. Nesse sentido, Campos entendia as limitações da sustentabilidade do crescimento econômico por conta das limitações da poupança nacional. Sem que houvesse aceitabilidade da entrada do capital internacional na formação do capital nacional, a economia brasileira teria dificuldades de manter sustentabilidade sem o acesso às tecnologias internacionais no processo do desenvolvimento industrial brasileiro. A entrada do capital estrangeiro traria tanto aportes financeiros como a introdução de novas tecnologias ao processo de produção nacional de bens e serviços, que importavam ao desenvolvimento da atividade agrícola.

Sua crítica ao modelo de substituição das importações consistia no fato de que ele estava sendo concebido para atender às demandas internas dos países latino-americanos: um mercado restrito de consumo pelo baixo poder aquisitivo. Contrariamente, apontava para uma política de crescimento voltada à expansão do comércio de bens e serviços e agrícola da região para os mercados internacionais. Assim, promover-se-iam maior acesso às tecnologias, aumento dos salários locais, renda nacional e, paulatinamente, se construiria um mercado interno mais robusto e com melhor distribuição da renda e da empregabilidade da mão de obra.

Nesse aspecto, se assim não fosse, entendia que o modelo não seria competitivo, e pior, criaria uma economia concentradora de renda e de benefícios classista. Visto que o modelo era de utilização de capital intensivo, caberia ao Brasil estimular o crescimento balanceado dos produtos industriais e agrícolas, ambos direcionados ao mercado externo. Julgava que o crescimento seria sustentável e dinâmico se a pauta exportadora se constituísse mais de produtos manufaturados que de extrativos minerais e agrícolas, pois estes são produtos de mão de obra intensiva e de menor valor agregado (tecnologia). Campos discordava tanto da visão cepalina como do pensamento de Eugênio Gudin. Este era contrário à industrialização brasileira, pois entendia que ela provocaria um incontrolável êxodo rural para as cidades e estados vocacionalmente industriais. O aspecto a ser destacado é que Campos sugeria o balanceamento nas pautas de exportações (produtos agrícolas e manufaturados tecnologicamente competitivos) e importações (bens e serviços que pudessem agregar valores na cadeia produtiva nacional) como forma de estimular todos os setores econômicos potencialmente competitivos. Campos elencava como prioridade investimentos públicos, na fase da arrancada do crescimento, em energia, em infraestrutura e na indústria de base – aço, transportes e extração mineral. Ele era favorável à dependência do setor de recursos públicos nessa etapa inicial. Tinha em mente o alcance rápido da competitividade industrial internacional. Entendia que esse apoio seria transitório, como os recursos externos que vieram por meio da Comissão Mista Brasil-Estados Unidos, mas não compactuava com a ideia nem da política de substituição das importações nem da política industrial vertical. Na ausência de um parque industrial robusto e promissor para o desenvolvimento nacional, era favorável à política industrial horizontal, gradualmente livre de apoio de recursos públicos, a qual permitiria que a diversificação da pauta de exportações tornasse o setor produtivo (agrícola e industrial) exportador de valores agregados.

 O equilíbrio tecnológico do comércio externo, no longo prazo, promoveria uma economia mais dinâmica e competitiva, cujos efeitos internos seriam os da demanda por mão de obra mais qualificada, melhores salários, educação mais direcionada à cadeia produtiva e, no seu conjunto, melhor distribuição da renda nacional. Hoje em dia, essa política é intitulada de "crescimento inclusivo". Campos, pela sua formação humanista, entendia que o desenvolvimento deve atingir todas as classes sociais. No capitalismo de mercado, todos os setores e segmentos sociais devem fazer parte; para tanto, há de se ter um parque industrial amplo e competitivo e abertura econômica como sendo o canal para a absorção dos avanços tecnológicos globais. Isso requer instituições econômicas formais e eficazes; caso contrário, a dependência da política industrial para com o orçamento público torna-se um vício nacional com efeitos colaterais devastadores sobre o alargamento da pobreza, a promoção social das classes de menor poder aquisitivo e a estreiteza da classe média. Essa vinculação frustra qualquer tentativa de gerar aumento da renda por habitante e reprime o desenvolvimento socioeconômico. São esses os verdadeiros enraizamentos das causas que historicamente têm impedido o Brasil de se tornar um país mais desenvolvido.

O mercado de capitais faz parte do modelo institucional que deve ser considerado no processo de desenvolvimento, mas que, no Brasil, quase nunca conseguiu desempenhar seu papel. Nesse ponto, a qualidade das instituições é de fundamental importância, e isso será abordado ao longo deste capítulo e no próximo.

O GRANDE DEBATE E O INEDITISMO DE ROBERTO CAMPOS

Ao longo de duas décadas, entre 1950 e 1970, deu-se na América Latina um dos mais acalorados debates sobre como a região poderia superar as barreiras do atraso tecnológico, tornar-se próspera e industrializada, aprimorar o ensino, capacitar a mão de obra e reduzir a pobreza. Foram inúmeros os economistas e sociólogos que se dedicaram à construção de um modelo de desenvolvimento latino-americano. As características desse debate foram apresentadas nos capítulos anteriores.

Nesse período de debates sobre a América Latina, em que predominava a visão cepalina, buscou-se alinhar um pensamento desenvolvimentista pelo qual a região poderia escapar do atraso socioeconômico e se tornar próspera. Ficou explícito que o progresso material e social ocorreria por meio da construção de um parque industrial voltado às necessidades do consumo regional, ou seja, mediante um setor industrial para atender à demanda interna da região. Esse foco se deve ao fato de que havia uma taxa elevada do crescimento populacional e seria necessário programar a absorção dessa mão de obra. A expansão demográfica apresentava um risco social: a pobreza e o aprofundamento da desigualdade da renda na região. Era preciso evitar essa possibilidade. O caminho encontrado foi uma nova arquitetura de desenvolvimento baseada na indústria que atendesse à demanda local (emprego, salários e bens de consumo). O grito de independência da economia latino-americana ocorreria, portanto, por meio da indústria, substituindo a demanda de bens de consumo externos por produtos fabricados na região.

A concepção do desenvolvimento socioeconômico

De acordo com esse entendimento, com a industrialização direcionada para o mercado interno, os riscos de haver crescente déficit na conta corrente do balanço de pagamentos seriam minimizados. Os riscos de desvalorização também seriam mitigados.

Um novo parque industrial não se constrói pela vontade dos consumidores, mas pela viabilidade de que tanto os custos internos do empreendimento como os preços macroeconômicos permaneçam estáveis ou previsíveis ao longo da edificação desse novo projeto empresarial.

Os adeptos da industrialização direcionada ao mercado da América Latina tiveram como referência três fatores: a população crescente, uma região rica em minérios e produtos do agronegócio competitivos e a formação de uma nova classe empresarial capaz de levar o projeto adiante. A política industrial selecionaria setores cujos produtos eram os mais demandados pela população brasileira.

No meio da unidade de pensamento desenvolvimentista monocrítico cepalino prevalente nos debates, aparece o jovem economista e embaixador Roberto Campos que contrariou, se não todos, muitos dos preceitos de políticas de desenvolvimento propostos que almejavam realizar o milagre da transformação da pobreza em riqueza nacional na América Latina. Nessa efervescência ideológica de preceitos keynesianos e marxistas, surge o desenvolvimentismo fechado, e cresce o papel do Estado como o vetor do crescimento e do desenvolvimento e como o regulador do mercado e dos rendimentos dos investidores, modelo esse conhecido como "capitalismo de Estado". Esse modelo pseudodesenvolvimentista se dá pelo "capitalismo de compadrio", ou seja, a política de desenvolvimento é realizada por meio de vetores do crescimento, conhecidos como os "campeões nacionais", os favorecidos, os invencíveis no acesso aos recursos dos bancos públicos e na formulação de medidas públicas que os favoreçam com benesses fiscais. Campos sempre denunciou essa característica do capitalismo latino-americano.

Ao se compararem os debates daquela época com o conhecimento econômico e o entendimento atuais das precondições institucionais e estruturais, conclui-se que são inequívocas a lógica, a antecipação de pressupostos básicos da teoria do crescimento e a praticidade do pensamento econômico de Roberto Campos. Muitos podem rejeitar sua eloquência liberal e democrata, mas é inegável seu conhecimento profundo e crítico das teorias do crescimento vigentes na sua época.[1]

Organização institucional antecede a industrialização

Entre os latino-americanos, Campos dominava esse tema como ninguém, mas o que o diferenciava entre os autores da teoria do crescimento era sua profunda capacidade de discernimento entre o que a teoria apregoava e a fragilidade institucional, a falta de qualidade dos fatores de produção existentes e a ausência de capital físico, financeiro e humano qualificado para o crescimento e desenvolvimento sustentável na região.

O ponto de partida do pensamento econômico desenvolvimentista de Roberto Campos encontra-se na qualidade das instituições econômicas, sem a qual há plena liberdade às políticas populistas de desenvolvimento econômico, que resultam em inflação descontrolada por conta dos déficits públicos, redução do salário real das camadas mais vulneráveis – sem capacidade de poupança financeira – e desequilíbrios na conta corrente.[2] Essa desordem econômica torna os investimentos e a poupança limitados para as necessidades de financiamento do crescimento econômico.

O pensamento de Campos sobre o desenvolvimento parte da qualidade das instituições judiciais, econômicas e políticas, necessária ao funcionamento da economia de mercado, e não do Estado interventor.

Segundo Campos, a "instituição representa um sistema de regras, crenças, valores sociais, normas e organizações que juntas produzem um comportamento social regulatório". Cada um desses componentes motiva, possibilita e norteia o comportamento das pessoas manifestado nas organizações. Estas precisam existir de forma eficiente e eficaz para que o desenvolvimento socioeconômico permita o bem-estar da sociedade. A eficiência da organização econômica é a chave do crescimento. Campos conhecia bem esses pressupostos, pois foi com essas premissas que elaborou vários programas de reformas e políticas de desenvolvimento para o Brasil, mas poucos compreendiam a natureza do capitalismo que concebia para um país subdesenvolvido influenciado pelo pensamento cepalino: a política industrial e o protecionismo comercial. Supunha-se que essas receitas representariam a salvação do atraso econômico latino-americano. Ledo engano.[3]

Campos implementou suas concepções no seu programa de desenvolvimento socioeconômico do governo de Castello Branco. O ponto de partida foi a construção de instituições econômicas sólidas e críveis para a sustentação do progresso e da elevação da produtividade dos fatores de produção. Suas medidas foram embasadas em seu conhecimento acerca do desenvolvimento das nações mais prósperas do Ocidente, em particular dos Estados Unidos e da Alemanha. Na falta de referência conceitual para o desenvolvimento progressista na região latino-americana, os pensadores contrários à proposta de Campos o rotularam de Bob Fields. Mais um gesto da ignorância nacional direcionado a um dos mais ilustres brasileiros.

O desenvolvimento de eficientes instituições econômicas foi responsável pelo progresso das economias mais desenvolvidas do Ocidente. Esse postulado esteve no pensamento de Campos desde quando começou a debater com os economistas e sociólogos vinculados ao pensamento cepalino da época. É importante destacar que essa postulação de Roberto Campos se tornou parte da literatura econômica a partir da década de 1990, com destaque às contribuições do economista Douglass North, o qual ganhou o Prêmio Nobel pelas suas extensivas pesquisas sobre a importância das instituições no processo de desenvolvimento das nações.[4] Por que as nações falham? Creio que Douglass North nos trouxe a resposta. Campos teve como núcleo da sua política desenvolvimentista a criação de instituições econômicas sólidas para assegurar o crescimento de longo prazo e a possibilidade de desenvolvimento moderno e sustentável. No entanto, como se mencionou nos capítulos anteriores, governos militares da "linha-dura" que sucederam ao general Humberto de Alencar Castello Branco interromperam esse caminho. Optaram pelo desenvolvimento baseado no potencial do mercado interno, na seleção de setores econômicos e na expansão das atividades das estatais, inaugurando o capitalismo de Estado. Fortalecer as instituições – o sistema de representatividade, o judiciário e as instituições econômicas e financeiras – era um postulado que se encontrava no pensamento de Campos desde os anos 1950 e, ao longo do tempo, foi tornando-se mais sólido e claro a ponto de ele criticar o papel do planejamento intervencionista do mercado na alocação de recursos financeiros e econômicos. Nisso consiste uma das faces do pensamento econômico de Roberto Campos.

O desenvolvimento econômico sustentável requer a existência de instituições sólidas e estáveis. Campos tinha clareza conceitual dessa inter-relação institucional com a *performance* do desenvolvimento econômico da nação.[5] Em seu entender, os países latino-americanos estavam dando um passo no escuro, pois não dispunham nem de instituições nem de políticas desenvolvimentistas que reduzissem ao menos as desigualdades sociais.[6] A industrialização por meio da substituição das importações era um modelo concentrador de renda e capital intensivo, jamais um processo desenvolvimentista produtivo mediante a abertura econômica de capital físico e financeiro, a fim de compensar a falta de poupança e de recursos privados para investimentos. A entrada de investimentos estrangeiros na economia era vista como uma estratégia imperialista norte-americana e europeia, e não como um fator de complementaridade à escassez de recursos-chave para o desenvolvimento regional e, em particular, para o Brasil.

Criadas as instituições que facilitem o processo de desenvolvimento, o crescimento passa a ser decorrente da eficiência delas. As características institucionais variam de nação a nação por conta dos seus valores culturais, crenças, sistema de regras comportamentais da sociedade e organizações sociais e judiciais. Por isso, não há um modelo único de desenvolvimento.

No âmbito das instituições econômicas, Campos tratou de criá-las para dar sustentação ao programa de desenvolvimento apresentado no primeiro dia de reunião ministerial do governo de Castello Branco, conjuntamente com um austero programa de ajuste fiscal e ordem monetária para combater a escalada inflacionária deixada pelos governos anteriores.

CRESCIMENTO SUSTENTÁVEL CONDICIONADO À RESPONSABILIDADE FISCAL

Importava criar as condições para o aumento da poupança interna a fim de atender à demanda de investimentos públicos e privados. Nota-se que, na primeira reunião do gabinete, a industrialização não foi considerada como prioridade. O programa apresentou medidas de reformas econômicas e institucionais que possibilitariam o desenvolvimento futuro da economia brasileira. Campos entendia que essas medidas não eram uma mera opção do Estado; era preciso criar condições para que a indústria nacional se desenvolvesse em um ambiente de economia de mercado competitivo em relação ao mercado internacional, minimizando o papel dos estímulos fiscais ou creditícios governamentais.

Superada a fase da construção das instituições econômicas fundamentais para o desenvolvimento, Campos enfatizou a importância do Estado nas escolhas, no financiamento não inflacionário da infraestrutura nacional e no apoio ao desenvolvimento de pesquisas e tecnologias adequadas ao desenvolvimento da indústria, da agricultura e da ciência e tecnologias transformadoras da produtividade dos fatores de produção. A contraparte dos recursos do Estado seria o desenvolvimento do mercado de capitais (quase nunca mencionado pelos economistas estruturalistas da Cepal) como uma importante fonte de recursos de longo prazo para a demanda de capital da indústria e da agricultura. Campos destacava a relevância do Estado em promover a abertura econômica como um meio para equilibrar a demanda interna e a oferta internacional de bens e serviços com maior grau de eficiência e menor custo para o consumidor.[7] Mesmo assim, para que a abertura econômica pudesse assegurar uma situação de estabilidade macroeconômica, seria necessário haver equilíbrio das contas públicas e da conta corrente do balanço de pagamentos. Isso é vital para evitar processos inflacionários ou desvalorizações cambiais indesejadas que retardam o processo de abertura econômica, causando imprevisibilidade inflacionária, desemprego, queda da renda dos trabalhadores e retração do crescimento do produto.

Campos produziu em 1958, junto a Lucas Lopes, um sofisticado trabalho de financiamento do desenvolvimento, considerando a estabilidade de preços. Esse documento foi o Programa de Estabilização

Monetária (PEM), que buscava compatibilizar os gastos do Plano de Metas de Juscelino Kubitschek e a estabilidade da inflação. O PEM visava racionalizar a expansão monetária durante a construção de Brasília, dividindo-se em duas etapas: a primeira, até 1959, permitiria uma determinada expansão monetária sem elevar os preços para manter o nível de emprego e o salário real; a segunda, de 1960 em diante, seria a fase de estabilização de preços, adequando a expansão dos meios de pagamento ao ritmo do incremento do produto real. Essas medidas assegurariam tanto a estabilidade e previsibilidade dos preços como o equilíbrio no balanço de pagamentos. O PEM fora estruturado para possibilitar o desenvolvimento do Plano de Metas com baixo nível de inflação, tornando a taxa de câmbio estável e facilitando a captação de recursos externos. Juscelino Kubitschek buscou a opinião de outros economistas sobre o PEM; um deles foi Celso Furtado, que emitiu opinião contrária, pois, se implementado, retardaria o Plano de Metas. Juscelino Kubitschek optou por financiar o Plano de Metas com emissão de moeda.[8]

A INFLAÇÃO É UM FENÔMENO MONETÁRIO

Nesse debate da época, Campos mostrou seu conhecimento sobre o impacto inflacionário causado pela expansão da moeda acima da taxa do produto real. Essa concepção ainda não havia sido formalmente concebida na literatura econômica. Ela surgiu somente em 1958, no artigo do professor Milton Friedman (que ganhou o Prêmio Nobel de economia), no qual ele afirma que "inflação é um fenômeno monetário" e que o "estoque de moeda não pode crescer acima da taxa de crescimento do produto e da população".[9] Acima disso, a inflação se torna instável e imprevisível. Campos repetiu incansavelmente que crescimento econômico com inflação fere os que mais se pretende proteger: os trabalhadores. Se as famílias dos trabalhadores contam somente com os salários recebidos como renda, é com esse pecúlio que elas mantêm seu nível de gastos com alimentação, educação, transporte, vestuário, assistência médica, aluguel etc. Proteger a renda dos trabalhadores significa manter estável o poder de compra dos salários. Em resumo,

A concepção do desenvolvimento socioeconômico

Campos sempre defendeu a política macroeconômica que mantivesse a inflação estável e previsível.

Campos contrapunha-se à prerrogativa cepalina de que a inflação é inerente ao crescimento. Afirmava que o crescimento ocorre por meio da produtividade, freando, portanto, o aumento dos preços. Ele focava políticas de crescimento direcionadas à melhora da infraestrutura, à inovação, ciência e tecnologia e ao ensino de qualidade (fundamental, médio, profissionalizante e superior) como elemento crítico no aumento da produtividade da mão de obra ao longo do processo de desenvolvimento. Esse padrão de crescimento promove o desenvolvimento socioeconômico sem rupturas; assegura estabilidade e previsibilidade da inflação em qualquer tempo. Embora não esteja sendo discutida a possibilidade de choques econômicos internos ou externos, mesmo que isso ocorra, a qualidade do crescimento, como propõe Campos, permite que esses impactos de preços sejam absorvidos na estrutura de produção sem incorrer em rupturas no padrão de crescimento ou no nível de preços desejado. Isso pôde ser observado em economias emergentes cujo padrão de qualidade do crescimento se assemelhou ao das proposições mencionadas. Trata-se de alguns países asiáticos: Coreia do Sul, Tailândia, Malásia e Taiwan. Eles sofreram choques internos e externos ao longo da segunda metade do século passado. No entanto, resistiram a todos eles. Recuperaram as taxas de crescimento e do emprego de forma rápida e sustentável. Os preços retornaram aos níveis anteriores aos das crises. Isso se deu por conta da qualidade da política de crescimento e de desenvolvimento socioeconômico: produtividade, inovação, tecnologia, infraestrutura e qualidade do padrão educacional em todos os níveis dessas sociedades.

A oposição mais recente às proposições de política econômica de crescimento e de desenvolvimento de Roberto Campos ocorreu logo após sua morte, durante os governos petistas (2003-2016). Os petistas formularam políticas econômicas contrastantes às do governo neoliberal de Fernando Henrique Cardoso, optando por um desenvolvimentismo baseado na expansão dos gastos públicos e de crédito subsidiado sem atenção à qualidade desses gastos, ao equilíbrio das contas públicas, a uma adequada avaliação de custos e benefícios e ao aumento do endividamento público federal. De certa forma, a política econômica petista ressuscitou da tumba cepalina os prescritos econômicos da década de 1950. Não se dando por vencidos, mesmo depois de terem presenciado a fase do milagre econômico brasileiro no início dos anos 1970 (Capítulo 7), os petistas reafirmaram o modelo de desenvolvimento cepalino, inspirado nas premissas equivocadas do economista e engenheiro romeno Mihail Manoilescu: restrições ao mercado e ao capital internacional, protecionismo comercial e grande apelo ao planejamento total da economia. Tais premissas também foram defendidas por Celso Furtado.[10]

Nada foi mais dúbio do que a política externa da gestão de Lula, e nada mais prepotente do que o pensamento de Manoilescu durante o governo de Dilma Rousseff. Os bancos públicos (BNDES, principalmente) tornaram-se redutos da fracassada ideologia de políticas de crescimento de meio século, quando a globalização ainda não tinha se expandido.

O entendimento da política macroeconômica petista foi o de que a inflação estimula o crescimento, sendo essa a principal premissa por terem desmontado o tripé macroeconômico baseado na estabilidade de preços (meta inflacionária), taxa de câmbio flexível e superávit primário. O tripé impõe disciplina fiscal, previsibilidade inflacionária e política de crescimento voltada à produtividade e inovação. O abandono desse referencial de política macroeconômica proporcionou a alternativa de efeitos previsíveis, qual seja: financiar o crescimento mediante a elevação da dívida pública (captação de recursos no mercado financeiro interno) para custear programas de aquisição de bens de capital ou de consumo e de infraestrutura com recursos subsidiados do governo federal por meio dos bancos públicos federais (Caixa Econômica Federal, Banco do Brasil e BNDES). O abandono do tripé macroeconômico e a opção pelo endividamento público federal e estadual como forma de financiar projetos de desenvolvimento causaram enormes desequilíbrios nas contas públicas desses entes federados. Essa política de desenvolvimento elevou a dívida pública federal de 54% do PIB para 74% entre 2012 e 2016 e provocou uma das mais dramáticas recessões da economia brasileira nos anos de 2014 a 2017. Ademais, causou, no período de 2003 a

A concepção do desenvolvimento socioeconômico

2017, pleno deslocamento do mercado financeiro nacional no processo de financiamento do desenvolvimento de longo prazo.

O mercado financeiro optou por alocar grande parte do seu recurso de capital e dos fundos de investimentos em títulos públicos federais em vez de debêntures corporativas ou de infraestrutura, mesmo em ações de empresas de capital aberto. As instituições financeiras investiram parte dos recursos nesses instrumentos, mas a preferência foi por títulos públicos federais que são líquidos, de elevada rentabilidade e livres de riscos. Os erros do passado das políticas de desenvolvimento dos governos de Juscelino e João Goulart de financiar o desenvolvimento por meio da expansão fiscal, da dívida, da emissão de moeda ou qualquer uma dessas combinações não lhes serviram para nada. Prevaleceu a ideologia do casuísmo em vez do racional econômico. Desestimularam-se a poupança e os investimentos. Entre 2010 e 2016, a poupança nacional regrediu de 18% do PIB para menos de 13%. Os investimentos que consistem na formação bruta de capital da economia regrediram de 20,9% do PIB para 13% no mesmo período. O custo dessa marcha insensata da política de desenvolvimento por meio da expansão fiscal e da dívida pública sempre recaiu sobre o elo mais frágil da sociedade: os que ganham de um a cinco salários-mínimos.

Em geral, a classe trabalhadora ganha o suficiente para sua sobrevivência, portanto não tem uma renda disponível que possa ser alocada em poupança cuja rentabilidade esteja plenamente indexada a um índice de preço nacional, assegurando uma rentabilidade real positiva, igual à dos títulos públicos federais de prazo equivalente.

O ato de uma pessoa poupar consiste em adiar o consumo presente para o futuro. Para que isso seja plausível, a pessoa deve ter, além do salário, outras fontes de renda que possam estar disponíveis e poupadas para a aquisição de ativos reais (um imóvel) ou para investimentos em ativos financeiros, títulos públicos e debêntures corporativas ou em ações de companhias de capital aberto. Dessa forma, em um processo inflacionário, mesmo que houvesse perda real dos salários dos trabalhadores, pois os reajustes salariais são realizados em relação à inflação passada, a renda disponível investida protegeria de certo modo a renda disponível do trabalhador, tornando possível a decisão de adiar o consumo presente. Mesmo assim, um processo acelerado de inflação não assegura a alternativa de adiar o consumo, pois pode haver perda expressiva real dos salários, impedindo o trabalhador de manter um determinado padrão de vida. Assim sendo, precisa-se despoupar. O trabalhador passa a utilizar sua poupança para o consumo de bens e serviços a fim de manter um determinado padrão de vida. Em se tratando de uma sociedade em que as classes baixa e média em geral têm poucos mecanismos para protegerem suas rendas contra a inflação, este é um dos principais fatores de empobrecimento da nação. A alegação de que a inflação é fruto do crescimento é falsa, visto que não contribui para qualquer alternativa de crescimento sustentável ou para um mecanismo distributivo da renda nacional. Quanto ao último aspecto, Celso Furtado desenvolveu teses relativas à tributação sobre as classes ricas como forma de ampliar a poupança do Estado. Qual a razão de se aumentar a poupança do Estado? Os estruturalistas sempre atribuíram ao Estado o papel de conduzir o crescimento econômico, como se o Estado conhecesse a dinâmica da economia de mercado melhor que os empresários, embora nem estes a conheçam bem. A dinâmica do crescimento continua sendo um mistério, mas certamente não passa pelas mãos visíveis do Estado.

Ampla classe média depende da racionalidade da natalidade

O pensamento econômico latino-americano pró-Estado intervencionista confrontou o de Roberto Campos concernente a sua inquietude no tocante à inexistência de políticas públicas no controle da natalidade. Os cepalinos, como Fernando Henrique Cardoso, Celso Furtado, José Serra, Ignácio Rangel e tantos outros, eram contra o controle da natalidade, pois entendiam que uma nação populacionalmente grande representaria uma nação potencialmente desenvolvida, ou seja, um amplo mercado de consumo assegurando a produção. Atribuíam, também, a importância da educação como sendo o elemento-chave para o controle natural da natalidade. Essas premissas consistem em uma visão romântica sobre a dinâmica do desenvolvimento. Campos entendia a dinâmica

A concepção do desenvolvimento socioeconômico

do desenvolvimento como um fenômeno vinculado tanto aos valores culturais, institucionais como termodinâmico. O controle da natalidade por meio do esclarecimento do planejamento familiar. Seu propósito era econômico e de bem-estar social, tão legítimo como fora a Carta Encíclica do papa Paulo VI, *Populorum Progressio* cuja mensagem era de que *o volume da população aumenta muito mais rapidamente que os recursos disponíveis*. Esse alerta forçou a Igreja Católica a reexaminar sua posição em relação aos programas de controle da natalidade.

O crescimento populacional do Brasil era explosivo. No período entre 1950 e 1960, os dados do IBGE não condiziam com a realidade do crescimento populacional. Estimava-se que a população crescia à taxa de 2,5% ao ano. O que era um percentual muito elevado em comparação ao dos países mais desenvolvidos. No entanto, o censo de 1960 apresentou uma taxa maior. A população brasileira crescia 3,0% ao ano. Esse resultado elevou o número intercensitário de brasileiros em 19 milhões. Em 1950, a população brasileira era estimada em 52 milhões e saltou para 71 milhões de pessoas. Essa taxa de crescimento populacional requeria enormes investimentos em infraestrutura urbana e agrícola de que o país não dispunha. A demanda social seria crescente – hospitais, escolas, instituições públicas de atendimento à saúde, comunicação e saneamento – que o país não iria encontrar, limitando, assim, os investimentos necessários para a formação do capital físico nacional. Este consiste na base do crescimento de longo prazo. A taxa de natalidade era duas vezes maior que a dos países desenvolvidos, enquanto que a renda *per capita* e de poupar oscilava entre um sexto e um décimo da renda dos europeus e dos norte-americanos. Mas nada disso era importante para os desenvolvimentistas cepalinos ou nacionalistas (militares) da época.

Os desenvolvimentistas cepalinos apoiavam o crescimento populacional elevado, argumentando que isso favorecia o surgimento de um amplo mercado de consumo interno de bens e serviços. No entanto, a estrutura populacional brasileira consistia de 45% de jovens. Essa massa de jovens estava na fase do consumo e não da produção. O risco era de que a demanda seria maior que a oferta e, nesse caso, a inflação eliminaria ganhos de produtividade e anularia a formação dos investimentos de longo prazo. Isso de fato aconteceu.

Ok, Roberto. Você venceu!

Campos apregoava a importância do surgimento de uma ampla classe média com sendo o principal esteio do crescimento de longo prazo. "Os programas de planejamento familiar em geral orientam-se para fazer face ao problema de impedir nascimentos indesejados. Baseiam-se na suposição de que os pais têm o direito de decidir o número de filhos e o intervalo entre eles, e na evidência de que a fertilidade alta e irrestrita é um problema social da maior importância. Má alimentação e retardamento mental, alta mortalidade infantil e analfabetismo são um problema muito maior se o recém-nascido tem que competir, para sobreviver, com crianças maiores, em condições de extrema pobreza."[11] Para tanto, dever-se-ia controlar o crescimento demográfico, por meio do planejamento familiar, métodos contraceptivos, aos quais a Igreja Católica se opunha.

Se tivesse sido implementada uma política de planejamento familiar por meio de contraceptivos, educação sexual dos casais de baixa renda de modo a possiblitar que o crescimento populacional fosse de 2,5% na década de 1960/70, 2,0% entre 1971/80, 1,5% entre 1981/90, 1,0% entre 1991/00 e na década seguinte 0,8%, em 2010 a população brasileira estaria em torno de 150 milhões de habitantes. Em 2018, o Brasil tem uma população em torno de 210 milhões de pessoas. Trata-se de um incremento populacional, duas vezes a população da Argentina. Esse excesso populacional, somado ao rápido envelhecimento da população brasileira, é a causa principal da crise fiscal de origem previdenciária da União, estados e municípios brasileiros.

Há vários fatores que explicam a baixa renda média por habitante dos brasileiros, explorados neste livro, mas um deles foi a explosão demográfica ocorrida nos anos 1950/70, quando o crescimento médio foi de 2,75% ao ano no período. A renda por habitante no Brasil está em torno de US$ 11 mil por habitante. O país deixou de criar uma sociedade de classe média equiparável à da Espanha, ou seja, de renda média de US$ 23 mil por habitante e com um sistema social compatível ao espanhol. Estão se pagando as irresponsabilidades fiscais e tributárias por conta dos modelos de desenvolvimento adotados desde o período dos militares da "linha-dura", com um breve interregno no governo de FHC, mas daí em diante a economia brasileira retomou o caminho das intervenções do governo na produtividade e na rentabilidade do setor privado. Assim, torna mais difícil de o país encontrar um caminho compatível com o dos países mais desenvolvidos membros da OCDE.

Exceto o general Castello Branco, os demais das décadas de 1950/80 apoiavam o crescimento elevado da população para que o Brasil pudesse ter grande exército. O avanço tecnológico, mencionava Campos, dispensa exércitos de gente, mas deve pautar-se por armas tecnologicamente eficientes.

Roberto Campos tinha em mente a criação de uma nação socioeconômica próspera baseada em uma classe média equivalente à dos países desenvolvidos: o descontrole do crescimento populacional não levaria o Brasil a essa condição de desenvolvimento. Na literatura econômica recente, é crescente essa abordagem sobre a importância do crescimento populacional que assegure o aumento da qualidade de vida e da produtividade da classe média. Esses aspectos fazem parte dos modelos de crescimento que valorizam aspectos culturais, controle da natalidade como precondição para se construir uma sociedade de classe média produtiva e com menor impacto no custo social das políticas públicas, assim como criar a real possibilidade de se obter crianças com elevada qualidade de vida. Esses elementos impactam positivamente na qualidade do crescimento econômico das nações desenvolvidas, como conhecemos atualmente. No entanto, Campos já apregoava esses requisitos na qualidade do crescimento econômico. No entanto, os militares latino-americanos eram contrários ao controle do crescimento populacional, pois, para eles, uma nação populosa significava uma nação militarmente forte. Essa conceituação militar de nação é história do passado. Hoje, nos modelos de desenvolvimento, incorpora a estabilidade do crescimento populacional como sendo um dos fatores-chaves na eficiência do crescimento da taxa de formação do capital da nação.[12] Campos tratava o tema de descontrole do crescimento populacional como sendo "displicência demográfica" por parte dos responsáveis pela política pública de desenvolvimento socioeconômico dos governos latino-americanos. Ele tinha clara visão de que uma nação desenvolvida precisa assegurar elevada qualidade de vida das crianças de todas as classes sociais e favorecer o surgimento de uma ampla classe média na América Latina. Nesse aspecto, entendia que as classes de menor poder aquisitivo minavam a possibilidade de crescimento sustentável da economia brasileira.[13]

O FINANCIAMENTO DO CRESCIMENTO

Como já mencionado no Capítulo 1, no início da década de 1950, Campos se opunha ao pressuposto de financiar o crescimento econômico por meio da emissão de moeda sem obedecer à regra de que a expansão da moeda deve ser, no limite, a mesma taxa de crescimento do produto real. Milton Friedman abordou esse mesmo princípio da política monetária em 1958.

Um dos brilhantes trabalhos sobre teoria econômica de Campos foi sua dissertação de mestrado em economia na George Washington University, em 1947. Trata-se de um marco importante em sua carreira.

Esse trabalho teve o propósito de analisar os ciclos econômicos internacionais e sua influência nas economias menos desenvolvidas. Teve como base de estudo as concepções sobre a dinâmica do desenvolvimento econômico de Joseph Schumpeter, Friedrich Hayek e John Maynard Keynes. Fez uma análise crítica sobre cada uma das teorias e indicou novos caminhos. Nesse trabalho, embora Campos não tenha utilizado a palavra "globalização", o conceito da internacionalização econômica das nações já estava presente. Campos anteviu o advento da globalização que ocorreu no início da década de 1980.[14]

Diante desse referencial de condições teóricas para o desenvolvimento em um país pobre, contrariamente ao entendimento da época, Roberto Campos, ao ser convidado para ser ministro do Planejamento no governo de Castello Branco, tratou de incorporar, em marcha acelerada, todas as suas prerrogativas pertinentes para o crescimento sustentável e o desenvolvimento econômico de longo prazo no Brasil.

O ASPECTO SOCIAL

No período em que Roberto Campos foi ministro do Planejamento, planejar o desenvolvimento socioeconômico foi uma característica comum observada na maioria dos países desenvolvidos e subdesenvolvidos. Havia de se ter um instrumento que subsidiasse a política de desenvolvimento socioeconômico das nações. No Brasil, não foi diferente.

A concepção do desenvolvimento socioeconômico

O Plano Decenal de Desenvolvimento Econômico e Social (1967-76) consiste em uma das obras mais completas e realistas no esforço de traçar os rumos do progresso nacional nos mais diversos setores e demandas que poderiam elevar a economia brasileira ao status de país desenvolvido tanto pelo crescimento da renda real por habitante como pelo desenvolvimento industrial, científico-tecnológico e social.

No tocante ao aspecto social, foram dois os projetos de relevância: 1) educação direcional, focada na redução do analfabetismo, e profissionalizante com vista à formação de mão de obra para atender à demanda da industrialização e 2) política habitacional, possibilitando que a classe trabalhadora, por meio de poupança forçada, tivesse acesso à casa própria. Esses dois programas sociais foram fundamentais para a abertura das possibilidades de emancipação da sociedade pobre e desinformada no acesso à educação pública de qualidade no ensino fundamental, médio e superior.

Em 1960, a população brasileira era estimada em 75 milhões, com estoque de mão de obra ativa em torno de 26 milhões. Desse total de mão de obra, havia: 16 milhões com educação fundamental incompleta; 5 milhões com fundamental completo; 500 mil com curso médio completo; 200 mil com superior completo. O número de analfabetos absolutos com 15 anos ou mais de idade representava 40 milhões. Claramente, o Brasil era uma nação de analfabetos: despreparada para os desafios da industrialização, a qual exige mão de obra qualificada.

Em 1963, havia 8 milhões de matrículas no ensino fundamental, cuja deserção escolar média era de 63%, sendo 65% da população rural e 60% da população urbana. Concluíam o curso fundamental 2,9 milhões de pessoas. A meta do Plano Decenal era obter 19 milhões de matrículas e reduzir pela metade o número de evasão escolar. Esse plano não se restringiu ao ensino fundamental, médio ou superior, mas abrangeu todas as categorias de mão de obra do ensino médio profissionalizante e superior que seriam demandadas até 1976. Como isso seria possível?

O modelo educacional do Plano Decenal visava ajustar o currículo escolar às necessidades do mercado de mão de obra e eliminar o analfabetismo, partindo de exigências e de pressões que se faziam intensas. Para tanto, elaborou-se uma nova organização de ensino e de currículos adaptados às novas exigências do mercado de mão de obra. Qualificar e empregar a mão de obra educada era o principal elemento desse plano, como forma de reduzir a evasão escolar e estimular o trabalhador instruído a permanecer no mercado formal de trabalho.

O papel do governo federal na equação da qualidade educacional era entendido como o caminho para o Brasil se tornar desenvolvido. O Plano Decenal contou com vários especialistas – nacionais e estrangeiros – na área educacional.[15]

Essas modificações se dariam no ensino fundamental, médio e superior. A gratuidade seria somente para o ensino fundamental e médio. O Plano Decenal contém dois volumes unicamente direcionados à educação e à mão de obra. Trata-se de um trabalho primoroso elaborado pelo IPEA.[16] No entanto, essa visão pragmática e efetiva do planejamento socioeconômico como um instrumento útil para subsidiar políticas de desenvolvimento foi abandonada no governo militar de Costa e Silva. O Plano Decenal foi parcialmente recuperado na gestão de Médici, sendo conhecido como I Plano Nacional de Desenvolvimento (1972-1974). Tratou-se de uma versão simplificada do que o IPEA produziu em 1966-1967, quando João Paulo dos Reis Veloso foi diretor superintendente do instituto e depois ministro do Planejamento no governo de Médici. Esse plano tinha metas ambiciosas de crescimento econômico e de exportações em meio a uma das maiores crises de custo internacional: a do petróleo. Foi um plano híbrido e desconectado da realidade e pouco refletiu no âmbito social, como Campos havia previsto.

O que diferenciou Roberto Campos e seus parceiros (como Mário Henrique Simonsen, Eugênio Gudin, Ernane Galvêas e Delfim Netto) dos economistas cepalinos, em particular Celso Furtado, foram suas inesgotáveis e incansáveis proposições sobre a condição fundamental do desenvolvimento: o capital humano. Campos analisava a natureza do progresso das nações que não tinham as mesmas condições naturais do Brasil, como o Japão e a Alemanha, mas que se tornaram desenvolvidas por conta da qualidade do capital humano. Esse patrimônio nacional possibilita a transformação do intangível (tecnologia e inovação) no tangível: o crescimento da renda real por habitante.

A política habitacional criada por Roberto Campos, durante o governo Castello Branco, teve como ponto central a criação do Banco Nacional da Habitação, cujo objetivo era possibilitar que a classe trabalhadora tivesse acesso à casa própria. Esse programa teve como base de financiamento o recolhimento compulsório de 8% sobre o salário da classe trabalhadora, compondo o FGTS para financiar a construção de residências populares. Foi um dos mais marcantes programas sociais para que a classe pobre tivesse patrimônio oriundo do emprego. A formulação desse banco foi concebida para manter estáveis as contas do passivo e do ativo, pois o programa de desenvolvimento não era inflacionário. Assim, a sociedade não seria surpreendida com dívidas, passivo maior do que seu ativo. A concepção desenvolvimentista de Campos era a de manter estabilidade de preços por conta da estabilidade e equilíbrio das contas púbicas. Não foi o que ocorreu com a política econômica dos demais governos militares que sucederam a Castello Branco. O país retornou à superinflação, lançando o Brasil em uma vala de destroços socioeconômicos sem igual. A recuperação foi lenta e aprofundou a desigualdade social. Importa conhecer a engenharia econômica e institucional que Campos realizou para dar lugar ao que se conhece por milagre econômico no início da década de 1970, um marco até hoje relembrado. O próprio protagonista da façanha, Delfim Netto, reconheceu a contribuição de Campos ao homageá-lo em um artigo: "OK, Roberto. Você estava certo".

7

A NOVA ECONOMIA: AS REFORMAS INSTITUCIONAIS (1964-1967)

> *"Estou cada vez mais convencido de que os fundamentos da teoria do crescimento econômico têm mais a ver com psicologia, valores éticos, organização econômico-social e institucional do que com a lei do comportamento econômico racional."*
> | ROBERTO CAMPOS

Roberto Campos deu início, em 1964, a um amplo conjunto de reformas econômicas institucionais. Os fundamentos foram apresentados em 23 de abril de 1964, na primeira reunião do gabinete, com o título "A crise brasileira e diretrizes de recuperação econômica".[1]

De forma sucinta, foram apresentadas as principais medidas de natureza macroeconômica: as reformas institucionais e sociais que deram ao Brasil um novo e promissor modelo de crescimento e de desenvolvimento. Esse modelo propiciou, no seu curso, o que ficou conhecido como o "milagre econômico" brasileiro, que de sobrenatural não teve nada, mas implicou efetivas ações institucionais e econômicas, que dissiparam as raízes das políticas populistas de financiamento do crescimento com a expansão da quantidade de moeda. Na época, não existia o mercado de títulos públicos; caso contrário, o país já teria experimentado a hiperinflação antes dos anos 1990.

No período do Plano de Metas, de Juscelino Kubitschek, por exemplo, a economia crescia em média 5,1% ao ano; a emissão de moeda para financiar os projetos do Plano de Metas expandia-se em média 20% ao ano. A taxa de expansão da moeda esteve quatro vezes acima do crescimento do produto. A aceleração da inflacionária seria uma questão de tempo. A inflação, medida pelo Índice Geral de Preços, cresceu a uma taxa média de 14,4% por ano. Houve, também, aumento real dos salários acima da taxa de crescimento econômico.[2] Esses desequilíbrios macroeconômicos estimulam a majoração de preços e a redução do poder de compra, nunca o crescimento sustentável. Esse descompasso tem sido uma das causas da inflação elevada no Brasil: financiamento do crescimento com moeda ou endividamento público, cuja taxa de expansão tem sido acima da do crescimento do produto. Desde a década de 1950, Campos manteve-se coerente nas suas prerrogativas básicas de crescimento não inflacionário. No seu discurso de despedida como senador da República, destacou: "Os promotores da inflação não são a ganância dos empresários ou a predação das multinacionais, e sim esse velho safado, que conosco vive desde o albor da República – o déficit público."[3] Foram mais de cinquenta anos denunciando os desvarios da lógica econômica de financiar o desenvolvimento por meio da elevação do déficit público, que exige emissão de moeda ou de títulos da dívida pública. Na inexistência de instituições econômicas e financeiras que possam auxiliar na avaliação das prerrogativas do governo na estratégia de crescimento, o ônus dessa insensatez recai no setor real, provocando desordem nos preços relativos na economia. Nesse caso, não se trata de riscos de mercado, mas de imprudências da política econômica pela falta de instituições maduras e legítimas no processo de fortalecimento do capitalismo democrático de mercado.

Reverter essa lógica prevalecente de financiamento do desenvolvimento econômico, apoiada unicamente nos gastos fiscais e na expansão da dívida pública, e transformar em outra baseada em instituições privadas (mercados de capitais e financeiro) e marcos regulatórios que possibilitassem o surgimento do mercado de investimentos de longo prazo, com instrumentos que neutralizassem os efeitos inflacionários monetários, eram os desafios para uma política de desenvolvimento industrial. Esse era, de fato, o único caminho plausível para a alocação eficiente de recursos financeiros e econômicos com vista ao desenvolvimento da nação.

Campos tinha clara concepção de que a eficiência da política econômica depende tanto da solidez das instituições como da racionalidade da política de financiamento do desenvolvimento.[4] Ambas têm de coexistir para que o desenvolvimento possa promover a prosperidade de todos e reduzir o distanciamento da renda social. Reverter as concepções ideológicas cepalinas sobre política de desenvolvimento em um país subdesenvolvido e eliminar a pobreza e o analfabetismo não foram uma tarefa fácil, pois o culto pelo capitalismo de Estado estava e continua impregnado nos valores sociais do Brasil.

Há na cultura brasileira o entendimento de que, se com os esforços pessoais não se conseguir o mínimo desejado na vida, o Estado, de alguma forma, terá um programa assistencial que garantirá a sobrevivência. É o entendimento sobre o Estado provedor, assistencialista, benévolo, pois a sociedade paga impostos. Esse entendimento, sem que o Estado possa adequar suas responsabilidades típicas, como segurança, defesa nacional, moradia para as classes pobres, educação básica e fundamental gratuita e saúde de qualidade para todos, assumiu, por meio de políticas públicas de governos populistas, o papel de provedor quase irrestrito das demandas sociais dos menos favorecidos, sem cuidar da contrapartida: promovê-la socialmente. Criou-se uma imensa massa humana que busca no Estado sua tábua de salvação. A demanda social existente não cabe no Estado brasileiro. Isso é típico de um país sem rumos claros para ser economicamente grande e socialmente desenvolvido.

Assim, são criadas falsas camadas de irrealidades quanto ao papel do Estado brasileiro que tornam a realidade social um falso dilema de que "no final, tudo dará certo", mesmo que essa crença seja remota. Essa esperança jeitosa do brasileiro reflete a discrepância entre os propósitos efetivos das nossas instituições e as necessidades sociais. O jeitinho é uma forma de contornar as deficiências, manter a baixa produtividade dos fatores de produção, a indolência competitiva, o pouco valor ao saber, que estimula caminhos oblíquos da vida, como a corrupção, o descaso com a qualidade educação moral e cívica, desmandos e desrespeito à ordem e à ética social.

Campos sempre apontou que a crença no jeitinho atrapalha a elevação da produtividade e da eficiência dos agentes econômicos no Brasil. O jeitinho não é a solução, tampouco uma rota de fuga das imperfeições humanas, mas a diplomação da ignorância administrativa e da organização social: uma atitude consciente para enfraquecer as instituições. Campos vai um pouco mais além e afirma que "temos uma grande capacidade de copiar formas de consumo, sem igual capacidade de copiar hábitos de produção". Essa é mais uma crítica direta às escolhas equivocadas no tocante ao crescimento econômico, que privilegiam o

A nova economia: as reformas institucionais (1964-1967)

distributivismo da produção sem dominar o modo eficaz da produção e da tecnologia e sem promover inovações mais eficientes ao progresso.[5]

No início do governo de Castello Branco, foram decodificadas as expectativas socioeconômicas no tocante ao futuro da nação, e com medidas de arrocho nos gastos públicos impôs-se o ponto de partida por meio do ajuste e do equilíbrio das contas fiscais, afastando a possibilidade de despesas de custeio acima da arrecadação fiscal. Isso acarretou, em um primeiro momento, forte recessão, mas depois surgiu a aproximação do hiato entre as expectativas de se ter um país com reais possibilidades de se tornar desenvolvido, no futuro, com a realidade de um país pobre e atrasado. O desafio da nação estava claro: realizar as reformas institucionais para que o país do jeitinho passasse a ser o da produtividade e o da segurança social democrática lastreada na força alocativa do mercado e não pela mão visível do Estado. É o que veremos.

No período que antecedeu 1964, o setor público federal angariou um elevado déficit, poupança federal negativa, investimentos públicos e privados declinantes e inflação próxima de 90% ao ano. Posteriormente, entre 1967 e 1972, por conta das reformas realizadas no governo de Castello Branco (1964-1966), o setor público alcançou taxa de poupança de 6%, a poupança nacional atingiu 24% e o total dos investimentos públicos e privados aproximou-se de 25% do PIB. Nessa fase, a economia brasileira estava funcionando com pleno emprego, e o PIB cresceu acima de 10% ao ano. Os agentes econômicos passaram a vivenciar um ciclo de elevada taxa de crescimento, com queda gradual de inflação. A economia brasileira, desde essa época, não obteve mais essa proeza.

As reformas econômicas "representavam a modernização do capitalismo, a operacionalização da economia de mercado, pois oscilávamos entre o capitalismo sem incentivo e um socialismo sem convicção".[6] Na época, as reformas deram ao Brasil um novo alento de prosperidade e de crescimento por meio do qual se daria a distribuição da renda e dos ganhos de produtividade. Sob esse aspecto, as reformas se realizaram com certo grau de intervencionismo similar ao que ocorrera na Coreia do Sul, em Cingapura e em Taiwan, conhecidos, por conta de seu êxito econômico, como os "Tigres Asiáticos". Tratou-se de intervencionismo prescritivo, e não proscritivo, pois este corresponde a um processo regulador e impeditivo à formação de mercados competitivos. No Brasil, o intervencionismo prescritivo incentivou o funcionamento do capitalismo de mercado, e não clientelista. Para que sejam compreendidos os feitos das reformas durante o período em que Roberto Campos foi ministro do Planejamento, apresenta-se o conjunto de reformas institucionais realizadas durante o governo do general Humberto de Alencar Castello Branco.

Instituições e crescimento econômico

Ao longo deste trabalho de pesquisa e ordenamento do pensamento econômico de Roberto Campos, evidenciou-se a diferença do seu pensamento em relação ao dos cepalinos. Estes consideravam a política de substituição das importações como o processo que transformaria a economia dos países subdesenvolvidos da América Latina. Campos tinha uma visão distinta. Sua premissa básica era que inflação não combina com crescimento sustentável. Afirmava que era preciso haver base institucional sólida e capaz de assegurar o crescimento sobre o qual o desenvolvimento socioeconômico estaria sendo sedimentado. Mesmo que as instituições econômicas por si não sejam os únicos pilares do crescimento (pois elas não substituem o papel intrínseco dos investimentos de longo prazo), a qualidade delas representa o lastro da sustentabilidade do crescimento. Elas promovem a eficiência do canal alocativo dos recursos produtivos, bem como a segurança jurídica e a estabilidade dos marcos regulatórios. Estes garantem a qualidade do processo produtivo na nação, ou seja, os investimentos transformadores e cruciais para o desenvolvimento de longo prazo.

Ao ser convidado por Castello Branco para ocupar o cargo de ministro do Planejamento, sem sequer ter a chance de consultar sua família para assumir tal desafio, Campos expôs o seu propósito: "Não podemos fazer obras, mas reformas. Nossas instituições precisam de reformas."[7] Dessa forma, Campos daria início aos programas de desenvolvimento e crescimento fundamentados nas reformas econômicas e institucionais e consubstanciados no PAEG e no PDDES.

A nova economia: as reformas institucionais (1964-1967)

Campos entendia que as reformas econômicas – nas áreas tributária, cambial, salarial, habitacional, industrial, educacional, da saúde e previdenciária – seriam o ponto de partida para a rota do crescimento sustentável não inflacionário. Nesse sentido, ele teve a clareza de entendimento de que a eficiência das instituições econômicas representa um dos principais pilares da sustentabilidade do crescimento de longo prazo.

Pode-se afirmar que, havendo organização institucional econômica, Campos sabia como e onde os avanços econômicos ocorreriam. No entanto, o porquê ele não responde, pois seria uma questão mais difícil, dependente tanto da qualidade da natureza da abertura econômica (capital, empresas e tecnologias) como da organização cultural e social do país. Uma nação cuja organização institucional socioeconômica promove a distribuição da renda e os estímulos à iniciativa privada e individual, à inovação e à ascensão social tem maior chance de obter o melhor aproveitamento dos investimentos direcionados ao desenvolvimento socioeconômico e à competitividade.[8]

Em inúmeras vezes, Campos referiu-se ao atraso econômico, científico e tecnológico nacional como o resultado da má organização institucional do país. Nesse sentido, era preciso quebrar a ordem do atraso cultural por meio de políticas de crescimento com novas instituições econômicas que assegurassem tanto os investimentos públicos e privados e a rentabilidade socioeconômica como o progresso do desenvolvimento científico, tecnológico e social. No tocante ao desenvolvimento social, entendia o então ministro do Planejamento que era premente reduzir as desigualdades por meio da educação e do acesso à saúde pública de qualidade. Uma vez realizadas as reformas institucionais e assegurado o equilíbrio orçamentário do governo federal, o retorno à democracia seria vital para garantir que o progresso material estivesse atrelado aos direitos dos brasileiros à liberdade de expressão e às escolhas políticas, assim como à distribuição da renda social compatível com os ganhos de prosperidade material, científica e tecnológica da nação.

Concebia que a liberdade individual e a qualidade institucional voltada ao crescimento possibilitariam avanços tanto no aumento sustentável da renda como no progresso científico e na inovação tecnológica. Campos tinha essa certeza conceitual e buscou implementar esse arcabouço de desenvolvimento por meio das reformas, ciente de que o retorno da democracia coroaria os esforços – isso baseado no fato de que o general Castello Branco havia assegurado que o regime militar era uma exceção e terminaria em 1967, com o retorno das eleições e da liberdade política. Esse ideário do general não ocorreu: deu-se o contragolpe militar, impedindo o retorno à democracia e anulando a possibilidade de o Brasil se tornar uma nação democrática desenvolvida. Esse episódio deu margem ao enraizamento do "complexo de inferioridade", ao qual Campos se referia como uma barreira ao progresso socioeconômico, científico e tecnológico. Nesse sentido, é notável o fato de Roberto Campos nunca ter cedido seu pensamento à realidade do atraso e tampouco ter feito concessões no seu propósito progressista às resistências político-culturais brasileiras que ainda perduram. Sempre buscou encontrar fórmulas políticas e institucionais para construir um Brasil capitalista, economicamente desenvolvido, socialmente próspero e institucionalmente democrático. Ele tentou mudar a cultura do atraso fundamentada na dependência dos hábitos de consumo de nações desenvolvidas, sem a contrapartida produtiva. Se o mundo ficou parecido com seu pensamento, a realidade brasileira pouco avançou em relação ao seu ideário de desenvolvimento reformista neoliberal.

As reformas institucionais BNDE/BNDES

A "Doutrina Truman", formulada em 1947 pelo então presidente norte-americano, Harry Truman, com o intuito de auxiliar países aliados destruídos pela Segunda Guerra Mundial, assegurou ajuda financeira e material aos países da Europa Ocidental por meio do Plano Marshall. No entanto, não havia qualquer sinalização de ajuda aos vizinhos do Sul. No seu discurso inaugural em 1949, Truman demonstrou sua preocupação com o desenvolvimento da região. O Banco Mundial poderia deslocar recursos para os países da região por meio do *Act for International Development*, acatado por oito países que subscreveram a proposta. O Brasil foi um deles.

A nova economia: as reformas institucionais (1964-1967)

Para o Brasil, em 1949, foi dada uma soma de US$ 500 milhões, equivalente a US$ 5 bilhões, em valores de 2017. Esse recurso precisava ter destino adequado ao desenvolvimento do país. Em um primeiro momento, o Banco Mundial seria o banco que destinaria recursos, para o desenvolvimento, condicionados a um programa de investimentos em infraestrutura. Era necessário haver projetos com cálculos de custos e benefícios. O Eximbank também participou desse interesse, mas dependia da decisão dos exportadores norte-americanos. Ao final de muita disputa judicial entre o Banco Mundial e o Eximbank, coube ao primeiro o financiamento de um projeto de energia e agricultura e ao segundo os investimentos em ferrovias e portos. Os projetos de mineração ficariam divididos entre eles. Era preciso também haver um plano de prioridades para que os recursos pudessem ser alocados em uma instituição financeira nacional que recebesse e avaliasse projetos de investimentos. O então ministro da Fazenda, Horácio Lafer, lançou um programa de reabilitação econômica e reaparelhamento industrial, conhecido como Plano Lafer, que deu consistência à demanda norte-americana. Esse plano, em verdade, foi mais um apelo imaginativo do que uma realidade. O acordo com o governo de Truman foi entendido como o início de uma intenção com vista à reconstrução econômica e industrial do Brasil.

Nesse período, criou-se a Comissão Mista Brasil-Estados Unidos (CMBEU) para assegurar critérios de avaliação e prioridade de projetos de investimentos no Brasil. Campos foi um dos conselheiros econômicos dessa comissão e sugeriu a criação de um banco de desenvolvimento econômico tanto para realizar o trabalho de análises econômicas como para captar e receber recursos para o desenvolvimento. Ele tinha a clareza de pensamento de que, para o Brasil crescer, necessitaria de investimentos, de cujos recursos não dispunha. A poupança nacional era ínfima diante dos projetos de infraestrutura que Campos havia arquitetado e proposto ao governo de Getúlio Vargas, os quais seriam ampliados no âmbito do Plano de Metas de Juscelino Kubitschek. Era preciso fundar uma instituição financeira para receber esses recursos, levantar a contrapartida dos recursos estrangeiros e, ao mesmo tempo, elencar prioridades e realizar análises dos projetos essenciais ao desenvolvimento, notadamente energia, transporte e infraestrutura. A proposta de se criar o

BNDE foi de Roberto Campos, que posteriormente contou com a participação de inúmeros profissionais, como Ary Frederico Torres, Glycon de Paiva e outros. A CMBEU não tinha recursos. Eles apresentavam os projetos brasileiros ao Eximbank para o financiamento. Desse modo, a instituição de um banco de desenvolvimento seria o próximo passo.

Campos entendia que esse seria o caminho para que o desenvolvimento pudesse ter uma lógica baseada em prioridades e avaliações dos seus custos e benefícios. Assim, surgiu o Banco Nacional de Desenvolvimento Econômico (BNDE), encarregado de prover a contrapartida em moeda nacional para os financiamentos do governo norte-americano liberados pelo Eximbank. Campos foi um dos principais articuladores na concepção do BNDE instituído pela Lei nº 1.628, de 20 de junho de 1952. "Entendia que o banco deveria ser independente de contribuições do erário público. Buscava seguir o exemplo da Nacional Financeira, do México – Nafimsa – que se financiava vendendo seus próprios títulos no mercado. Até hoje o BNDES não criou uma fonte própria de financiamento."[9]

Para constituir a diretoria do banco, o governo de Getúlio Vargas destacou três pessoas da CMBEU: o engenheiro Ary Frederico Torres para ser o primeiro presidente do banco; o economista Roberto Campos para diretor do Departamento Econômico; o geólogo Glycon de Paiva para diretor técnico. Em junho de 1958, Roberto Campos assumiu o cargo de presidente do BNDE, no governo de Juscelino Kubitschek, sendo o segundo presidente do banco. Ele deixou a presidência do banco em julho de 1959, sendo substituído pelo almirante Lúcio Meira. Toda a formulação do Plano de Metas de Juscelino Kubitschek foi realizada no BNDE, quando Campos era o presidente do banco.

O BNDE foi criado em meio ao grande debate na América Latina sobre o processo de substituição das importações como o caminho para a industrialização dos países da região. O BNDE iria atuar como um canal de grande relevância tanto no processo da industrialização como no da infraestrutura e logística, necessários à expansão industrial e agrícola do país até os dias de hoje. As políticas de desenvolvimento do BNDE confirmavam as proposições de Campos de que o desenvolvimento de países subdesenvolvidos, como o Brasil, requeria reformas estruturantes que permitissem o crescimento dos investimentos e da poupança nacional.

Ele entendia que o papel do banco seria captar recursos externos para investimentos na infraestrutura e na industrialização, assim como deveria ter instrumentos próprios de captação de recursos domésticos e internacionais, evitando, assim, aportes de recursos do Tesouro Nacional.[10]

O banco passou por várias mudanças. Entre 1952 e 1956, foi o banco da infraestrutura. A partir de 1956, tornou-se o banco do Plano de Metas, com importante função na expansão industrial. Em 1965, diversificou seu leque de atividades, passando a usar recursos intermediados com bancos privados para o repasse de fundos especiais, como o Finame e o Finepe. No período Geisel, tornou-se um banco de financiamento da substituição das importações em resposta à crise do petróleo. No governo Figueiredo, passou a atuar na administração do Finsocial, passando a chamar-se BNDES – daí a incorporação do "S" na sua sigla. Nesse mesmo momento, fundiram-se as subsidiárias Fibase, Embramec e Ibasa em uma única carteira de investimentos em participações: o BNDES-Participações (BNDESPAR). Essa carteira do banco consiste na compra ou no aumento de participações acionárias em empresas públicas, privadas e de economia mista. Em 1996, essa carteira do banco compunha-se de trinta empresas; em 2012, ela tinha em torno de cem empresas. Fica a pergunta: para que manter uma carteira com tantas empresas ocupando o lugar das instituições do mercado de capitais brasileiro mais competentes e com maior abundância de recursos de longo prazo? Subsequentemente, dedicou-se aos programas de modernização e reestruturação industrial. No governo Collor e de FHC tornar-se-ia o banco das privatizações. Nos governos Lula-Dilma foi o banco do crédito subsidiado para o financiamento de máquinas, equipamentos e caminhões, e da infraestrutura. Atuou fortemente em investimentos contracíclicos do crescimento em vista da crise financeira internacional (2009-2012). Nesse período o Tesouro Nacional aportou R$ 400 bilhões para empréstimos a taxas subsidiadas. Os vultosos empréstimos subsidiados afastaram os bancos privados no processo de financiamento da infraestrutura nacional. Como banco de fomento, o BNDES, entre 2002 e 2015, assumiu o papel a ele atribuído por Campos, porém, com grandes diferenças no custo operacional: tornou-se um banco voltado aos investimentos na infraestrutura, ao fomento da inovação e da tecnologia úteis ao progresso nacional, assim como à pequena e média empresa nacional. Na falta de se ter um instrumento próprio de captação de recursos financeiros, os aportes foram realizados pelo Tesouro Nacional.

A concepção de Campos sobre como o banco deveria obter recursos para investimentos, com independência dos recursos do Tesouro Nacional, e sobre o foco que deveria ter na industrialização e na infraestrutura foi totalmente distorcida ao longo dos governos do PT de 2003-2016. Nesse período, vigorou a prerrogativa de alocar recursos em indústrias maduras, que já eram ou que potencialmente poderiam vir a ser multinacionais, rotuladas de "empresas campeãs nacionais". Foi uma estratégia equivocada pelo excesso de recursos alocados. Essas empresas poderiam obter grande parte dos recursos no mercado de capitais interno ou externo, mas não na proporção que o BNDES aportou: valores acima de R$ 100 bilhões. Esses recursos eram subsidiados. Nesse período, os tomadores, na quase totalidade, eram grandes empresas, multinacionais brasileiras, que obtiveram empréstimos subsidiados com taxas reais de juros negativas. O custo do empréstimo foi em TJLP, uma taxa de empréstimo abaixo da Selic – a taxa de juros de menor risco no país, visto que provém do Banco Central do Brasil (Bacen). A diferença entre as taxas Selic e TJLP é paga pelo Tesouro Nacional ao BNDES, sendo conhecida como taxa de equivalência, um indutor do crescimento da dívida pública, a qual é paga com recursos do Tesouro Nacional, obtidos por meio da arrecadação de impostos.

A ideia de criar as campeãs nacionais originou-se de uma cópia desbotada do modelo de desenvolvimento sul-coreano, datada do início da década de 1980. Das oito empresas escolhidas e financiadas pelo BNDES (2006-2013) para serem as campeãs nacionais, sete entraram em processo de falência ou de concordata, tornando os recursos a juros subsidiados e negativos, reinvestiram no mercado financeiro em títulos da dívida pública federal, com rendimentos positivos, angariando rentabilidade acima da produtividade da própria organização, juros reais de acima de 6% ao ano. Essa política não resultou em prejuízo para o banco, uma vez que as garantias são elevadas e líquidas, porém tornaram os recursos públicos desnecessários e deslocados das reais prioridades da instituição.[11]

Foram missões distorcidas e nocivas ao país que tornaram o BNDES um banco público de crédito subsidiado pelo Tesouro Nacional, elevaram a dívida bruta nacional e favoreceram indústrias nacionais com resultados financeiros duvidosos para o banco e ineficientes para a produtividade nacional.[12] Nenhum banco de fomento do mundo mantém esse modelo perverso de financiamento do desenvolvimento socioeconômico.

No governo de Michel Temer, 2016-2018, estabeleceu-se uma política inversa: o BNDES passa a devolver, parcialmente, os aportes feitos pelo Tesouro Nacional, reduz-se a carteira de ações do BNDESPAR por meio da venda das ações lucrativas, liberando recursos para serem investidos em setores de infraestrutura, inovação e tecnologias críticas para o desenvolvimento ou em ações de novas empresas. Uma das funções da carteira do BNDESPAR, além de estimular o fortalecimento de empresas consideradas importantes para o desenvolvimento, também é o de prover dividendos para o Tesouro Nacional. Este último propósito, certamente, não é o papel de banco de fomento, mas financiar o desenvolvimento com taxa de juros reais positivas e competitivas de longo prazo. A vigência de práticas de juros reais negativos para empresas, que podem obter recursos financeiros em mercados mais competitivos que o brasileiro, estimula a distorção alocativa e privilegia o atendimento da demanda de poucos pelo apoio financeiro de custo generoso. Nesse sentido, o BNDES está estimulando o capitalismo de compadrios.

Há de se entender que esse conjunto de políticas destorcidas, no tocante ao papel do banco, ainda é fruto das discussões sobre o papel do governo no processo de desenvolvimento ocorridas em meados de século passado, no período do "grande debate" sobre desenvolvimento da América Latina: o Estado como sendo o protagonista do desenvolvimento por meio de expansão fiscal ou da dívida pública. Uma leitura equivocada sobre as prerrogativas do keynesianismo em momentos de crises de liquidez internacional (1929 e 2009).[13] Se não há crise de liquidez, ambas estimulam a espiral inflacionária, inibem a formação de um mercado de empréstimos e de poupança de longo prazo, pois no curto prazo, essa política pressiona o nível geral de preços – a inflação. A variável-chave dos desequilíbrios financeiros e alocativos de recursos para o desenvolvimento.

Em 2017, terminou-se com a taxa de juros de longo prazo-TJLP, cuja taxa de empréstimo era inferior à dos juros do Banco Central, a Selic. No lugar da TJLP, instituiu-se a taxa de longo prazo-TLP. A diferença é a taxa de empréstimo do banco, que se tornou equivalente à Selic, encerrando o processo de equivalência de taxa realizada pelo Tesouro Nacional, a qual refletia diretamente no aumento da dívida pública. A nova política objetiva abrir espaços para os bancos privados participarem do financiamento do desenvolvimento, reduzindo ou eliminando a dependência do BNDES de recursos subsidiados pelo Tesouro Nacional. O custo financeiro da política de subsídios adotada pelo BNDES foi enorme: grandes somas de recursos públicos alocados em empresas multinacionais brasileiras, com custo real negativo para o Tesouro Nacional.[14] A manutenção dessa nova sistemática dependerá da qualidade da reforma previdenciária e da reformulação dos programas assistenciais do governo federal, em curso, estacionando o déficit, sustentando o teto dos gastos, evitando o aumento da dívida pública para financiar gastos correntes do setor público federal. Todo esse esforço tem como objetivo manter a inflação de origem monetária estável, possibilitando que o custo da moeda – juros – também permaneça. Se essa possibilidade de fato ocorrer, o papel do financiamento não subsidiado do BNDES cumprirá seu papel. Mesmo assim, o banco deverá buscar caminhos alternativos para o financiamento do desenvolvimento isento do erário público, como pretendia Roberto Campos nos primórdios da instituição.

EPEA/IPEA

Ao assumir a função de ministro do Planejamento, Roberto Campos criou o Escritório de Pesquisa Econômica Aplicada (EPEA), com o propósito de formar um grupo de profissionais qualificados que pudesse formular a política de desenvolvimento, organizar e analisar dados que dessem suporte ao planejamento socioeconômico.[15] Campos fundou o EPEA, inspirado na Comissariat Général du Plan (CGP), na França.[16] Essa comissão de planejamento teve um papel relevante na programação da recuperação econômica francesa após a Segunda Guerra Mundial. Na França, grande parte do planejamento na alocação setorial de recursos advindos do Plano Marshall (recursos do Tesouro dos Estados Unidos) foi elaborada pela CGP. Essa ação da CGP em muito coincide com a criação do BNDE, que deu estrutura institucional aos recursos que adviriam do governo norte-americano, conforme sugerido pela Comissão Mista Brasil-Estados Unidos. Uma vez instituído o BNDE, o EPEA tornou-se necessário para elaborar os passos iniciais efetivos do planejamento do desenvolvimento estratégico no Brasil. O primeiro secretário-geral do EPEA foi Vítor da Silva Alves, que tinha sido funcionário do Banco Interamericano de Desenvolvimento (BID).

Uma das primeiras missões do EPEA foi elaborar e implementar o Programa de Ação Econômica do Governo (PAEG) (1964-1966). Este mobilizou vários profissionais das áreas pública e privada para a realização de trabalhos setoriais. Esse programa de ação é o registro do primeiro trabalho sistematizado de desenvolvimento com vista à organização de reformas básicas econômicas, institucional e social do Brasil.

Em 1965, o então ministro do Planejamento, Roberto Campos, iniciou o planejamento de modificações estruturais da economia brasileira: o Plano Decenal de Desenvolvimento Econômico e Social (PDDES), finalizado em 1967. Esse plano teve o propósito de implementar um ordenamento do progresso econômico, uma vez realizadas as reformas organizacionais e institucionais propostas no PAEG. Estaria, assim, dando os primeiros passos na direção do capitalismo democrático de mercado, objetivando maior abertura econômica, construir a infraestrutura e a logística competitiva nacional, fortalecer o capital das empresas nacionais, por meio do mercado de capitais, abrir a possibilidade de investimentos internacionais para complementar a poupança nacional, fator-chave no processo de desenvolvimento.

Esse primoroso trabalho também foi realizado pelo EPEA. Para coordenar a elaboração tanto PAEG quanto do PDDES, Campos convidou o economista João Paulo dos Reis Veloso, que, na época, tinha concluído seu mestrado em Economia na Yale University.

Em 1967, no governo do general Costa e Silva, o economista João Paulo dos Reis Veloso foi indicado para o cargo de ministro do Planejamento e alterou o nome do EPEA para Instituto de Pesquisa Econômica Aplicada (IPEA), como vigora até os dias de hoje.

Desde a sua origem, o IPEA mantém suas atribuições de avaliar e assessorar o governo federal no tocante à eficiência das políticas públicas e de indicar caminhos para o desenvolvimento socioeconômico sustentável do país.

Programa de Ação Econômica do Governo (PAEG)

O PAEG (1964-1966) foi um programa de ação coordenada do governo federal no campo econômico. Ele não teve a pretensão de ser um programa de ação total, mas um plano indicativo de reformas básicas, estruturais, norteadoras das ações do governo federal em conjunto com a iniciativa privada. Os principais autores foram: Roberto de Oliveira Campos, Mário Henrique Simonsen, Otávio Gouveia de Bulhões e Bulhões Pedreira. Procuram-se assim formular uma estratégia de desenvolvimento e um programa de ação para os dois anos seguintes, período em que se lançariam as bases para um planejamento mais orgânico e de longo prazo: o Plano Decenal de Desenvolvimento Econômico e Social.

No período de 1962 a 1964, que antecedeu o governo de Castello Branco, a população brasileira crescia, em média, 3,05% ao ano, o produto interno a preços correntes subia, em média, 3,23% ao ano e a taxa de formação de capital bruto era -1,32% ao ano. A taxa de inflação (deflator do PIB) disparou. O nível de preços foi de 14% entre 1948 e 1955, alcançando 22% entre 1957 e 1961 e saltando para 73% ao ano entre 1951 e 1964. Os preços, praticamente, triplicaram quando comparados com a evolução dos índices de preços no período anterior, entre 1957 e 1961.[17] A grande preocupação do governo militar era com a escalada inflacionária de origem monetária, ou seja, proveniente dos gastos públicos por meio da elevada emissão de moeda para financiá-los.

A nova economia: as reformas institucionais (1964-1967)

Foi nesse contexto que foram elaboradas estratégias para frear a aceleração do processo inflacionário e conter, concomitantemente, tanto os déficits públicos como os do balanço de pagamentos. Visavam-se recuperar a capacidade de investimentos e o crescimento da atividade produtiva e do emprego da mão de obra, assim como manter salários reais estáveis. As medidas foram arquitetadas com o intuito de aumentar impostos por meio de uma nova política tributária, corrigindo incidências e estimulando a poupança pública e privada. Atenuar as desigualdades sociais era e sempre foi uma das prerrogativas de Campos, assim como dos economistas ligados ao projeto de desenvolvimento do governo de Castello Branco, como Mário Henrique Simonsen, Otávio Gouveia de Bulhões e Ernane Galvêas.

No período de implantação do PAEG, a economia continuou subindo de forma extraordinária, com o programa de ajustes nas contas públicas e a redução dos déficits público e do balanço de pagamentos. Entre 1964 e 1967, a economia cresceu em média 3,6% ao ano; em 1967, o crescimento do PIB foi de 4,9%, o que desmente a hipótese de que, no período do ajuste fiscal, as reformas monetária e cambial levariam à estagnação econômica. Essa foi a justificativa de Celso Furtado ao aconselhar o então presidente, Juscelino Kubitschek, a recusar o Programa de Estabilização Monetária, de Lucas Lopes e Roberto Campos. Esse programa, anteriormente refutado, foi posteriormente realizado, durante o governo de Castello Branco. O mesmo ocorreu com o programa de reformulação da política cambial elaborado por Campos: ele foi rejeitado por Kubitschek (novamente por conta da afirmação de Celso Furtado de que os resultados da proposta levariam mais de três anos, e o então presidente tinha pressa, não poderia esperar tanto tempo), mas depois foi incorporado ao PAEG.[18] Foi um sucesso, embora os estruturalistas cepalinos o tivessem rotulado de ortodoxo. Campos rebateu essa afirmação, dizendo: "Ortodoxia é, no fundo, uma compilação de programas que deram certo."[19]

As reformas propostas no PAEG visavam à redução drástica e à estabilização da inflação, seguida de reformas estruturais, ou seja, a criação de estruturas econômicas como o Banco Central e o BNH, mecanismos de financiamento socioeconômico não inflacionário (como o FGTS) e robustez do mercado acionário, que possibilitariam a operacionalização do crescimento por meio de: mercados flexíveis e relativa liberalização dos preços domésticos e do câmbio; modificação da pauta de exportações; expansão do comércio internacional – importações e exportações.

Esse programa era muito semelhante ao adotado, na década de 1970, pelos Tigres Asiáticos. É conhecido o fato de que, durante as reformas ocorridas no Brasil, representantes do Fundo Monetário Internacional (FMI) sugeriram aos países subdesenvolvidos que observassem as reformas que ocorriam no Brasil, pois elas estavam sendo feitas de forma adequada e promissora. Nesse período, representantes de várias nações estiveram no país para conhecer o direcionamento, os fundamentos e o conteúdo das reformas econômicas, institucionais, estruturais e sociais brasileiras.

Uma dessas delegações foi a da Coreia do Sul, que permaneceu no Brasil de 1965 até 1967. O governo coreano, após 1972, elaborou seu planejamento de desenvolvimento, baseando-se em grande parte no PAEG e no Plano Decenal de Desenvolvimento Econômico e Social do Brasil. Para assessorar as políticas de desenvolvimento da Coreia do Sul, o governo criou o Korean Development Institute (KDI), inspirado no EPEA, hoje IPEA.[20]

PLANO DECENAL DE DESENVOLVIMENTO ECONÔMICO E SOCIAL (PDDES)

O Plano Decenal (1968-1977) foi apresentado em 1967, três anos após a apresentação do PAEG, em novembro de 1964. Ambos foram elaborados por profissionais do EPEA, com o apoio de notórios acadêmicos internacionais. O Plano Decenal foi, sem dúvida, o mais completo e refinado trabalho de planejamento do desenvolvimento de longo prazo realizado até aquela época. O objetivo era o desenvolvimento econômico setorial, a infraestrutura e logística necessária e investimentos estruturantes para que a economia brasileira pudesse desenvolver-se de forma sistêmica e inserida na economia internacional. O BNDE teria um lugar de destaque na execução desse plano decenal de desenvolvimento.

A nova economia: as reformas institucionais (1964-1967)

Fez-se um diagnóstico preciso da economia brasileira desde o fim da Segunda Guerra Mundial e, com base nesse estudo, projetou-se uma nova economia até 1976. A muitos pode causar estranheza o fato de o governo federal programar o comportamento de elementos visivelmente fora de seu controle e sujeitos a tantas incertezas, como a taxa de crescimento do produto ou da produção de bens e serviços a cargo da iniciativa privada. Essas projeções representaram mera referência sobre os efeitos das políticas de conteúdo pragmático do plano por meio de medidas normativas de competência do governo federal.

Entendia-se também que a eficiência dessas medidas normativas, corrigindo distorções no mercado de produção (monopólios ou oligopólios naturais ou não), limitava-se à competitividade econômica do país. Acreditava-se também que esses elementos normativos, uma vez subordinados a determinados objetivos globais, não deveriam subordinar-se a decisões arbitrárias dos órgãos governamentais.[21] Nesse sentido, o PDDES guarda um caráter normativo e indicativo do desenvolvimento econômico, no qual o planejamento não nortearia o comportamento competitivo da iniciativa privada, tampouco criaria um elo de dependência do setor público.

O PDDES foi desenvolvido como um ponto de partida pragmático para as ações do governo, visando manter a estabilidade dos preços e buscar alternativas para aumentar a poupança nacional como a fonte de recursos não inflacionária para o financiamento de diversos programas de infraestrutura e industrial.

O PDDES foi, sem dúvida, o mais completo e promissor plano de desenvolvimento socioeconômico do Brasil, um país pobre de recursos de capital, infraestrutura física e logística, com mão de obra desqualificada e desprovido de instituições capazes de enfrentar uma fase de crescimento acelerado. Esses aspectos foram considerados dentro do entendimento da nova fase da globalização, comandada pelas economias capitalistas desenvolvidas ocidentais.

Foram mais de quinze volumes de trabalho de pesquisa realizado pelo IPEA, com proposições ao desenvolvimento e ao crescimento acelerado não inflacionário. O PDDES continha cinco etapas: 1) diagnóstico do comportamento da economia brasileira no pós-guerra, examinando problemas de emprego, balanço de pagamentos e distorções associadas ao processo de crescimento; 2) elaboração de um modelo de crescimento para a economia brasileira, salientando o papel da formação de capital e do progresso tecnológico, bem como indicando os limites impostos pela baixa capacidade de poupança e pelo endividamento interno e as possibilidades de obtenção de recursos externos; 3) fixação de objetivos básicos de crescimento, como expansão da capacidade produtiva, absorção plena da mão de obra e elevação da produtividade setorial, respeitando as limitações reveladas pelo modelo de crescimento; 4) implantação de um plano de desenvolvimento setorial, essencialmente em infraestrutura – energia (eletricidade, petróleo e carvão), transportes e comunicação; 5) consolidação dos elementos normativos sob controle do governo federal, com base no plano de desenvolvimento setorial, projetando os orçamentos básicos não inflacionários, indicando as principais ações institucionais a serem implementadas e se propondo a assegurar coerência com os objetivos centrais do crescimento com estabilidade de preços.

Nisso se resumem as linhas mestras do PDDES com uma precisão de detalhes e de proposições pragmáticas para que o Brasil pudesse crescer de forma acelerada, sem estimular o nível de inflação que corroeria a renda familiar da classe pobre.

Correção monetária

O PAEG era o guia das reformas estruturantes e das metas mais imediatas do governo de Castello Branco. Um desses objetivos era a redução do ritmo inflacionário, de 90% ao ano, no biênio 1963-1964, para cerca de 25% ao ano, em 1967. Incluía-se também a reversão da preferência dos agentes econômicos e financeiros pela liquidez, tornando os ativos neutros aos efeitos da expansão monetária sobre a economia. Essa é a razão de se nomear de correção monetária (e não de indexação monetária) os ativos cujos valores seriam corrigidos de acordo com a variação da expansão monetária efetuada pelo Banco Central do Brasil.[22]

A correção monetária foi um instrumento de estímulo ao aumento da poupança de médio e longo prazos, pressupondo renunciar à liquidez

A nova economia: as reformas institucionais (1964-1967)

e neutralizar a maior parte das distorções inflacionárias no rendimento dos títulos públicos e privados, impostos, aluguéis, contratos de serviços de utilidade pública e privada, empréstimos bancários, rentabilidade das hipotecas, atualização de créditos fiscais etc. Dessa forma, os rendimentos e reajustes de contratos e os ativos imobiliários seriam neutros no tocante à expansão da moeda.

A correção monetária não se estendeu aos valores dos depósitos em conta corrente, mas foi mais tarde ampliada para as aplicações nos depósitos a prazo. Cabe destacar que os reajustes dos salários foram objeto de outra formulação, pois estão sujeitos às variações de preços do setor real, enquanto a correção monetária somente é efetuada em função da expansão da oferta de moeda. Importa destacar que, no entendimento dos formuladores, há um componente da inflação de origem monetária (expansão dos gastos públicos acima da taxa de crescimento do PIB) que foi tratado de forma distinta da inflação originária do setor real da economia. À medida que os gastos públicos fossem controlados, a inflação de origem monetária se tornaria estável e previsível. As Obrigações Reajustáveis do Tesouro Nacional (ORTNs) eram títulos públicos cuja variação do valor de face representava a correção monetária que passou a vigorar na neutralização da maior parte da inflação (monetária) nos diversos ativos econômicos.

Os reflexos da correção monetária foram expressivos na reversão da composição dos ativos financeiros. Estes englobam ativos monetários e não monetários. Os ativos não monetários representam os títulos públicos e privados, poupança, depósitos de longo prazo etc. Em 1965, os ativos monetários equivaliam a 90% do total dos ativos financeiros e os não monetários somente a 10%. Essa composição dos ativos financeiros identifica a quase inexistência de mercado de ativos financeiros e poupança privada, havendo preferência à liquidez e à moeda em caixa ou debaixo do colchão. Quase vinte anos depois, essa relação se inverteu: do total dos ativos financeiros, 90% eram constituídos de ativos não monetários e 10% de ativos monetários. Isso se deu por conta do sucesso da neutralização dos efeitos inflacionários da expansão monetária sobre o valor de face dos títulos financeiros públicos e privados atrelados à ORTN. A sociedade adquiriu confiança na neutralidade da inflação sobre os títulos públicos, que passaram a render taxas reais de juros. Houve o processo de substituição da liquidez por rentabilidade real nas relações econômicas e financeiras entre os diferentes agentes econômicos. Passou-se a ter mercado de títulos financeiros que propiciaram a elevação da poupança nacional.

Banco Central do Brasil (Bacen)

A importância dos Bancos Centrais tem crescido ao longo dos três séculos que registram sua existência. O primeiro Banco Central estruturado para coordenar a emissão de notas bancárias foi o Riksbank da Suécia, fundado em 1668, que foi primordial por inaugurar um novo sistema bancário no mundo. Até essa data, existiam na Europa sistemas bancários, mas sem a presença de Bancos Centrais. A partir da fundação do Banco Central da Suécia, surgiram na Europa Bancos Centrais não governamentais, de capital privado, com poder de cunhar e emitir moeda e notas bancárias, criando, assim, uma única moeda e um sistema monetário de bancos comerciais. Pelo fato de o capital dos Bancos Centrais ter sido privado, eles mantiveram vínculos com os governos como financiadores dos seus gastos. Portanto, sempre houve maior ou menor dependência em relação ao governo, mesmo porque eram os governos ou as monarquias que autorizavam sua fundação. A dependência em relação ao governo sempre marcou sua forma e seus limites operacionais como captador e emprestador de dinheiro.

A fundação do Banco Central do Brasil decorre do processo político e administrativo pelo qual passou o Banco do Brasil, inaugurado em 1808. Para dar maior solidez ao sistema financeiro, criou-se a Caixa de Conversão do Banco do Brasil, em 1906, inaugurando de forma definitiva, maior solidez ao sistema financeiro nacional.

Com o advento da Primeira Guerra Mundial, deu-se um colapso monetário no Brasil por conta da enorme demanda de ouro, esvaziando as reservas da Caixa de Conversão e ocasionando a suspensão da conversibilidade de suas notas. Com o objetivo de disciplinar e integrar a intermediação financeira do país, em 1920, criou-se, na estrutura do

A nova economia: as reformas institucionais (1964-1967)

Banco do Brasil, a Carteira de Emissão e Redesconto e, em 1932, a Caixa de Mobilização Bancária (Camob), a qual, em 1944, passou a se chamar Caixa de Mobilização e Fiscalização Bancária.

Em 1945, instituiu-se a Superintendência da Moeda e do Crédito (Sumoc) com a finalidade de exercer o controle monetário e preparar a organização de um Banco Central.[23] A Sumoc tinha a responsabilidade de estabelecer os porcentuais de reservas obrigatórias dos bancos comerciais, as taxas do redesconto e as linhas de fomento, bem como prover o sistema bancário de assistência financeira de liquidez.

De fato, a Sumoc supervisionava as atividades de crédito dos bancos comerciais e traçava as metas da política cambial. Fazia parte da estrutura do Ministério da Fazenda e tinha por objetivo exercer o controle sobre os meios de pagamentos e o funcionamento das instituições bancárias. Era o órgão normativo da política monetária e cambial, mas não possuía nenhuma autoridade sobre o sistema financeiro. Ainda assim, constituía-se no embrião do que viria a ser a autoridade monetária: controlava as reservas bancárias, as normas de funcionamento dos bancos comerciais, a fixação dos depósitos compulsórios dos bancos e os movimentos de contração e expansão dos agregados monetários, bem como estabelecia as regras para o contingenciamento do crédito ao consumidor e financiava as necessidades de crédito para cobrir os déficits orçamentários do governo federal por meio da emissão de moeda ou compra e venda de títulos públicos. A Sumoc tinha como objetivo organizar o sistema financeiro para a criação de um Banco Central.[24]

O atraso na criação de um sistema financeiro mais avançado deveu-se ao fato de que, durante o Império, a Coroa proibiu que o Brasil desenvolvesse seu sistema bancário. O Banco do Brasil deveria unicamente emitir moeda para atender às necessidades da Coroa, que se transferiu para o Brasil em 1808. O Banco Central de Portugal foi fundado em novembro de 1846, em Lisboa.

O Banco do Brasil foi uma instituição poderosa, representando interesses do governo central e do Tesouro Nacional. A não existência de um Banco Central estimulava a multifuncionalidade do Banco do Brasil. Este não necessariamente atendia às necessidades de financiamento do desenvolvimento, mas do governo central. Representava uma estranha combinação de banco comercial, autoridade monetária, banco rural, banco de investimento e aliado das necessidades do Tesouro Nacional.

Passado mais de um século da existência do Banco Central de Portugal, em substituição à Sumoc, inauguraram-se em 1964 o Banco Central do Brasil e todo um novo sistema financeiro voltado ao financiamento do desenvolvimento nacional. Esse era o objetivo da nova estrutura financeira do país.

O primeiro projeto sobre a criação de um Banco Central e a modernização do sistema financeiro nacional foi de autoria de Pedro Luís Correia e Castro, que foi ministro da Fazenda no governo de Eurico Gaspar Dutra (1946-1951). A dificuldade de inauguração de um Banco Central residia em como modificar o papel do Banco do Brasil e se vedar ou não o financiamento ao Tesouro Nacional. Desde a proposta de Correia e Castro, várias outras surgiram, bem como um novo sistema financeiro. Ao longo desse período, as de maior densidade foram apresentadas por Dênio Nogueira, Otávio Gouveia de Bulhões e Roberto Campos, todos oriundos da Fundação Getúlio Vargas. Assim que Bulhões assumiu o Ministério da Fazenda no governo militar de Castello Branco, junto a Dênio Nogueira e Roberto Campos no Ministério do Planejamento, o projeto de reformulação do sistema financeiro ganhou consistência, importância, aceitação e urgência.

Inaugurou-se o Banco Central do Brasil em dezembro de 1964. Foi um marco, pois ele surgiu para atender às funções clássicas da autoridade monetária: emissão de moeda, execução de serviços dos meios de pagamentos, concessão de redesconto e empréstimos às instituições financeiras, recolhimento de depósitos bancários voluntários e compulsórios, fiscalização de instituições financeiras e operação de mercado aberto. Era um Banco Central autônomo e típico de país desenvolvido. A política de austeridade fiscal com um Banco Central autônomo no controle do poder de compra da moeda e da liquidez traria à economia uma consistência na estabilidade dos preços e da taxa de câmbio. Tratava-se de algo sem precedentes na história monetária e fiscal do Brasil. Assim pensavam Dênio Nogueira, Otávio Gouveia de Bulhões e Roberto Campos. Mas a possibilidade exitosa dessa nova política macroeconômica deparou-se com o lado cultural da sociedade desenvol-

A nova economia: as reformas institucionais (1964-1967)

vimentista nacional: atender às necessidades de apoio fiscal e creditício para a realização das atividades empresariais industrial e agrícola. Assim os pressupostos desses ilustres brasileiros desmoronaram. O Bacen não teve a autonomia desejada. De qualquer forma, a política de austeridade fiscal foi preservada, permitindo que uma nova economia surgisse sem a irresponsabilidade fiscal dos governos anteriores. Isso ao menos possibilitou ao Bacen realizar sua atividade com meia dose de sucesso. Para um país acostumado com o patrimonialismo público, foi uma meia vitória – melhor do que uma derrota.

De acordo com o pensamento e as proposições de Roberto Campos, para que as funções típicas de um Banco Central pudessem ser realizadas, haveria de se assegurar ordem fiscal. Não se poderiam confundir políticas de estímulo à produtividade, papel típico dos bancos públicos e privados, com estímulos fiscais e creditícios ao consumo promovido pela expansão fiscal. Mesmo que o Bacen não tenha ganhado plena autonomia, a política fiscal foi rigorosa e eficiente no período de Campos e Bulhões: prevaleceu a política de equilíbrio fiscal das contas públicas na gestão de Castello Branco.

Historicamente, a principal missão do Bacen – a de assegurar o poder de compra da moeda – nunca foi respeitada pelo Poder Executivo. Temia-se que o Banco Central pudesse ser um quarto poder, por ter a faculdade de controlar a quantidade de moeda na economia. O fato de os diretores do Banco Central não terem mandatos fixos e a falta de autonomia na política monetária (controle da expansão monetária) constituem uma variável dependente do entendimento do presidente da República em exercício. Assim, o Bacen passou a ser um instrumento monetário dirigido pelas mãos visíveis imprudentes do Poder Executivo. Isso ocorreu em vários momentos da história do Banco Central do Brasil. Campos foi um crítico contumaz dessa janela externa de intromissão do Executivo na política monetária. Como não houve artificialismo em relação às principais variáveis macroeconômicas (salário real, câmbio, inflação e juros), a política monetária foi conduzida de forma eficaz com a queda gradual e rápida da inflação, e a taxa real de juros percorreu a mesma trajetória. A redução do custo do capital é um reflexo da diminuição da incerteza fiscal. O entendimento sobre a necessidade das reformas fiscais e tributárias ganhou força na sociedade. O governo brasileiro caminhou na mesma direção dos demais governos não populistas da América Latina. A opção política brasileira pelas reformas tornou-se um caminho sem volta à obtenção de maior reequilíbrio no processo de desenvolvimento socioeconômico e inclusivo. Mesmo assim, o eixo do desenvolvimento ainda caminha sobre os trilhos do papel do governo em ser o articulador e não vetor do desenvolvimento em um mundo global.

Política habitacional

Entendia-se que, sem a criação de mecanismos que neutralizassem o impacto inflacionário de origem monetária sobre os ativos econômicos e financeiros e sem reformas estruturais, o Brasil não conseguiria promover uma política eficaz de industrialização, melhoria da renda por habitante e maior abertura econômica. Assim, entre agosto de 1964 e julho de 1965 (menos de um ano), realizou-se no Brasil uma das mais inusitadas reformas que propiciaria o crescimento não inflacionário, um novo sistema bancário, o aumento da poupança nacional e a oferta de recursos financeiros privados de longo prazo. Nesse período, foram sancionadas três leis fundamentais, que criaram: o Sistema Financeiro de Habitação (SFH), o Banco Central do Brasil e a regulamentação do mercado de capitais. Estavam sendo dadas as condições institucionais para o crescimento econômico industrial com base em recursos privados e no aumento da poupança nacional.

O SFH foi criado pelo governo federal em 21 de agosto de 1964. O objetivo era facilitar a aquisição da casa própria pela classe de baixa renda. Segundo as regras, a casa obtida pelo mutuário seria de uso próprio, não podendo ser revendida, alugada ou usada com fim comercial e por outra pessoa que não o financiado.

O SFH compreendia também o Banco Nacional da Habitação (BNH), as sociedades de crédito imobiliário e o Serviço Federal de Habitação e Urbanismo. O BNH era um banco de segunda linha que teria a função de coordenar e orientar os programas habitacionais do governo. O mecanismo de financiamento era a correção monetária. Assim, os recursos investidos não perderiam valor real por conta da inflação. No entanto, com o tempo, como os reajustes salariais eram diferentes da correção monetária da dívida habitacional, os salários ficavam defasados, causando um descompasso entre o valor da dívida dos mutuários e os reajustes dos salários indexados à inflação. Criou-se uma assincronia entre o valor das prestações atualizadas monetariamente e a correção dos salários atualizados por uma metodologia baseada na inflação dos setores reais da economia. Isso começou na época em que Mário Andreazza foi ministro do Interior e candidato à sucessão presidencial do general Figueiredo.

Havia duas fontes de financiamento: os recursos da Caderneta de Poupança e o Fundo de Garantia do Tempo de Serviço (FGTS), o qual entrou em vigor em 1967. A Caderneta de Poupança, na época, era a principal fonte de financiamento. Representava 70% dos recursos destinados ao financiamento habitacional. Assim continua até os dias atuais.

A extinção do BNH, em 1988, que foi um equívoco do governo de Sarney, fez com que a Caixa Econômica Federal assumisse a gestão do SFH e herdasse um prejuízo de R$ 2,5 bilhões. O governo teve boa parte da culpa pela crise do SFH, uma vez que não soube administrar o sistema e ainda criou um Frankenstein: o Fundo de Compensação de Variações Salariais.

REFORMAS FISCAL E TRIBUTÁRIA

A primeira tentativa de uma nova edição do código tributário data de 1953, quando Osvaldo Aranha, ministro da Fazenda do governo de Getúlio Vargas (segundo período: 1951-1954), criou uma comissão técnica para redigi-lo. O texto foi enviado ao Congresso Nacional em 20 de agosto de 1954, poucos dias antes do suicídio do então presidente. O trabalho ficou inerte por doze anos, quando Otávio Gouveia de Bulhões, no governo de Castello Branco, decidiu recuperá-lo e inová-lo no que fosse necessário.

A agenda da grande reforma tributária surgiu logo no início do governo de Castello Branco, em 1964, como consta no PAEG. Foi aprimorada mediante um novo código tributário, que foi editado pela Emenda Constitucional nº 18 que instituiu a grande reforma fiscal e tributária por meio do Código Tributário Nacional – Lei nº 5.172, de 25 de outubro de 1966, depois consolidada na Constituição de 1967.

A reforma tributária, que vinha sendo discutida no âmbito da Comissão Técnica da Reforma Tributária, no governo de Getúlio Vargas, foi aprimorada com a participação e liderança de Otávio Gouveia de Bulhões, José Luiz Bulhões Pedreira, Mário Henrique Simonsen, Luiz Simões Lopes, o financista Gérson Augusto da Silva e Roberto Campos. Para essa importante tarefa, Roberto Campos convidou um dos mais destacados teóricos internacionais sobre o Imposto sobre Valor Agregado (IVA): o professor Carl Shoup, da Columbia University.[25] Shoup foi professor de Campos na Universidade de Columbia e havia atuado como consultor do governo da França na implementação do IVA sobre grandes empresas em 1954.[26] Campos o convidou para participar da formulação da reforma tributária, quando foi criado o primeiro IVA no mundo, o Imposto sobre Circulação de Mercadorias – ICM, em 1967.

O sistema fiscal e tributário, herdado por Castello Branco, estava destroçado. Isso se deu por conta da descaracterização das fontes tradicionais de receita (o IR e o IPI) e da fragmentação da arrecadação por meio da proliferação de contribuições fiscais (Funrural, Pis-Pasep e Finsocial). Essa atomização da arrecadação ampliou a burocracia e impetrou a característica da aleatoriedade e da regressividade arrecadadora.

A reforma tributária de 1967 teve como meta patrocinar o federalismo financeiro de integração fiscal e econômica. Não se limitou a aprimorar a coleta de impostos, tornando-a mais funcional e sistêmica, mas encampou maior racionalidade arrecadadora federativa, neutralidade, funcionalidade e integração econômica nacional. Ela visava, precipuamente, ao desenvolvimento socioeconômico dos entes federados e ao equilíbrio da capacidade arrecadatória de cada um por meio dos fundos de participação.

A reforma tributária de 1967 contemplava quatro objetivos: a) classificar os tributos por incidência e não pela instância arrecadadora em quatro grupos (impostos sobre comércio exterior; patrimônio e renda; produção e circulação; e impostos especiais); b) repartir as competências tributárias entre os entes federados; c) criar um sistema de transferência de renda entre os entes federados, dos mais ricos para os mais pobres, e assim promover maior homogeneização do desenvolvimento regional por meio dos Fundos de Participação dos estados e municípios e d) criar um regime de cooperação entre os entes federados para reduzir os desequilíbrios do desenvolvimento para realizar a modernização da infraestrutura energética e logística nacional.

Nota-se claramente que a reforma tributária se resumiu em duas vertentes de desenvolvimento: racionalizar e simplificar o regime tributário e, ao mesmo tempo, promover o desenvolvimento socioeconômico por meio da integração econômica regional do Brasil. As políticas de estímulos, como as direcionadas às exportações, tiveram o claro objetivo de ampliar a política industrial e modernizá-la.

No tocante à arrecadação econômica, havia duas preocupações centrais: a) estímulos ao aumento da poupança nacional, incorporando indivíduos e empresas e b) melhoria na orientação dos investimentos mediante a diferenciação das taxas de incidência dos impostos diretos e indiretos.[27]

Eliminou-se a incidência cumulativa do Imposto sobre Vendas e Consignações (IVC) e do Imposto de Consumo, instituindo-se: o Imposto sobre o valor adicionado; o Imposto sobre Circulação de Mercadorias (ICM); o Imposto sobre Produtos Industrializados (IPI), um imposto seletivo de acordo com a importância do bem produzido ou que lhe desse um caráter progressivo; o Imposto sobre Serviços (ISS); o Imposto sobre Operações Financeiras (IOF).

O ICM evitava o imposto em cascata que punia os produtos de maior ciclo de produção. Evitavam-se incentivos à verticalização da indústria nacional. Criava-se um sistema de autofiscalização, pois os compradores exigiam notas fiscais dos estágios anteriores, visto que tinham crédito tributário. A centralização dos impostos permitiu a repartição com estados e municípios pobres por meio da criação dos Fundos de Participação dos estados e municípios no Imposto de Renda (IR) e no Imposto sobre Produtos Industrializados (IPI).

Extinguiram-se o imposto do selo e vários tributos sobre diversões públicas, profissões, serviços prestados e vendas e consignações. Todos foram substituídos pelo IPI, ICM, ISS e IOF.

O Fundo de Participação foi crítico para estimular o desenvolvimento e a integração regional do país. Foi crucial para o equilíbrio do desenvolvimento econômico dos demais entes da federação, ou seja, a federação estava no centro das discussões da reforma fiscal e tributária.

Criaram-se dois impostos especiais, que não fariam parte dos tributos federais. Foram os de exportações e das operações financeiras que não tinham caráter arrecadador. O primeiro se referia ao controle do comércio externo e o segundo à política monetária com vista à formação da reserva monetária compulsória.

No governo de Castello Branco, o projeto de reforma tributária encontrou o ambiente, a determinação e as qualificações técnicas adequadas para a efetivação. O novo código tinha três objetivos: no âmbito financeiro, aumentar a arrecadação de recursos para o governo federal; na área social, reduzir as desigualdades individuais de renda e riqueza; na esfera econômica, orientar as atividades do país de forma que estas fizessem o livre jogo das forças do mercado. No setor financeiro, a principal motivação era elevar a arrecadação, mas antes seria preciso eliminar as distorções tributárias no tocante aos impostos de renda, do selo, do consumo e do território rural. Importava aumentar a arrecadação tributária do governo central, pois as despesas cresciam a uma taxa muito superior à arrecadação.

Os resultados foram incontestes. O déficit público do governo federal, receita menos despesas, correspondia a 5,5% do PIB, no período anterior a 1964. Em 1965 e 1966, esse déficit se reduziu para 1,8% e 1,2% do PIB, respectivamente, mesmo antes dos efeitos positivos das reformas tributárias e fiscais que seriam implementadas pela Emenda Constitucional nº 18.[28] Esses resultados de queda do nível do déficit público deveram-se ao ajuste drástico nas contas dos gastos públicos. De qualquer forma, a reforma tributária era imprescindível tanto para torná-la neutra em relação à inflação como para eliminar distorções. Estas ocorriam por conta de inadequações jurídico-institucionais: proliferação de conflitos de competência nos três níveis de governo; descoordenação tributária, também nos três níveis governamentais; multiplicidade de taxas antieconômicas, sobrecarregando alguns setores e quase eliminando outros, como o de serviços.[29]

O novo sistema tributário foi avançado para a época. Mudança semelhante, mas nem tão profunda, foi realizada na França, onde o IVA foi instituído sobre os grandes pagadores de impostos. No Brasil, foi sobre a circulação de mercadorias e, mais tarde, sobre serviços (ICMS). No Mercado Comum Europeu, implementou-se o IVA de forma gradual. No Brasil, a mudança ocorreu em três meses.

O importante a ser destacado dessa reforma é que ela tanto contemplou a maior racionalidade tributária como possibilitou a integração econômica regional dos diferentes entes da federação e deu o suporte necessário ao avanço da industrialização nacional. Esses princípios sempre estiveram claros no pensamento econômico de Roberto Campos. Ele combateu incansavelmente a proposta desenvolvimentista da substituição das importações como estratégia de desenvolvimento industrial e de eliminação do atraso socioeconômico dos países subdesenvolvidos. Campos relutou e venceu, pois entendia que, sem um arcabouço institucional e de reformas tributárias sinérgicas e integradoras do desenvolvimento com abertura econômica (fator modernizador da capacidade competitiva da produção nacional), o país jamais sairia do atraso socioeconômico. Os militares que sucederam a Castello Branco viam Roberto Campos como um personagem contrário aos interesses nacionais. Eles entendiam que o capitalismo de Estado, oposto ao capitalismo de mercado e democrático, promoveria o desenvolvimento com base no tamanho do mercado interno. A destruição do sistema tributário iniciou-se no governo do general Geisel e perdura até o presente (2017).[30] Esse entendimento é cristalino no depoimento do ex-presidente Fernando Henrique Cardoso, no último capítulo.

Ao concluir, não poderia deixar de citar o pensamento de Roberto Campos, destacando seu senso de responsabilidade social pelas reformas institucionais realizadas:

"Tenho a certeza, ao deixar o governo, de que deixamos um país diferente, que não é o país dos problemas impossíveis, dos impasses políticos, da instabilidade social e do imobilismo administrativo."[31]

8
A POLÍTICA DE ACELERAÇÃO DO CRESCIMENTO (1967-1973)

Os economistas e profissionais das áreas sociais que participaram, durante as décadas de 1950 e 1960, do "grande debate" sobre o progresso da América Latina desvirtuaram o conteúdo da equação econômica de crescimento, principalmente no que tange ao papel do Estado proposto pelo economista John Maynard Keynes. A equação keynesiana mudou o pensamento econômico no que se refere às políticas de estímulo ao crescimento, contrariando a formulação de que a oferta de bens e serviços cria sua própria demanda e invertendo-a: os estímulos à demanda causam o aumento da oferta de bens e serviços. Essa modificação de rumos teóricos tinha o propósito de retirar a economia internacional da depressão econômica ou até mesmo de uma grande recessão; os estímulos à demanda seriam mais adequados para o retorno do crescimento. Essa possibilidade ocorreria por meio da expansão fiscal direcionada a investimentos em projetos demandantes de mão de obra. O economista inglês tinha pleno conhecimento de que a depressão ou a recessão acarreta elevada capacidade ociosa dos fatores de produção (capital e trabalho). Dessa forma, estímulos ao crescimento por meio da expansão dos gastos fiscais não resultam na majoração dos preços, mas na recuperação da atividade sem inflação. Essa proposição tem mais um importante ingrediente: com a existência da capacidade ociosa dos fatores de produção, a recuperação da atividade econômica por meio da expansão fiscal ou do endividamento público não causa alta de preços. Os salários reais estáveis ou crescentes são mantidos, mas sem gerar aumento de preços. Assim, a recuperação econômica se dá sem perda do poder de compra da moeda dos trabalhadores. Segundo Keynes, a inflação não faz parte do crescimento. A essa postulação, os participantes do referido debate agregaram a ideia de que o governo deve exercer o papel de indutor ou vetor do crescimento em qualquer circunstância. Criou-se, assim, um entendimento equivocado na América Latina sobre os propósitos do economista inglês, como se ele tivesse proposto "o keynesianismo intervencionista ou estruturalista".[1]

Desde o governo de Juscelino Kubitschek, exceto em algumas fases da história dos últimos sessenta anos, a política de crescimento vem sendo, ainda, influenciada por proposições do pensamento econômico latino-americano estruturalista: uma política econômica intervencionista nos mercados, desvirtuando-os das suas funções alocativas de recursos, excesso de atribuições fiscais ao governo central, e descaracterização das instituições econômicas como pilares da estabilidade do crescimento. Nesse receituário de política econômica, atribui-se ao governo o papel de vetor ou indutor do crescimento. Tipicamente, as políticas de crescimento induzem estímulos ao crescimento econômico por meio da expansão fiscal acima da taxa de crescimento real do produto e aumentos reais de salários acima da produtividade. Isso gera unicamente inflação e crescimento espasmódico. Portanto, há, em um primeiro momento, inflação de demanda (aumento real de salários acima da produtividade), no segundo, inflação de custo (da mão de obra e aumento dos juros). No terceiro momento, dá-se queda do crescimento econômico, aumento do desemprego e da ociosidade da capacidade produtiva. Campos referiu-se, sempre, a esse ciclo da atividade econômica impulsionado pelos gastos públicos, quando a taxa de crescimento real é superior à do crescimento do Produto Interno Bruto, ou seja: inflação de demanda, inflação de custo e, ao final, desemprego dos fatores de produção.

O aumento da demanda de bens e serviços exige que haja infraestrutura compatível com o crescimento esperado no longo prazo. Entretanto, a construção da infraestrutura, até os dias de hoje, sempre foi objeto de prioridades políticas, atendendo ao desejo do governante em criar sua própria pirâmide, sem o entendimento necessário sobre a relevância econômica e organizacional e sobre o custo/benefício da integração produtiva do país. Pouca atenção é dada às fontes de financiamento para a construção da infraestrutura; a poupança nacional é baixa e são frágeis as instituições econômicas que deveriam assegurar eficiência na sua função alocativa de recursos no longo prazo. Esses dilemas e conceitos da política econômica perduram até os dias atuais.

No governo de Juscelino Kubitschek (anterior a 1964), o financiamento para a construção da nova capital e da infraestrutura nacional ocorreu por meio da expansão fiscal. Em manifestação pessoal a Kubitschek, Roberto Campos se opôs a esse procedimento, pois o considerava inflacionário. Propunha que o programa fosse financiado com recursos orçamentários, não devendo o aumento dos gastos ultrapassar a taxa de crescimento do produto nacional. Kubitschek respondeu: "Campos, fique tranquilo. Descobri uma forma mais fácil para financiar o projeto da construção de Brasília. Será por meio da emissão de moeda." É fato conhecido que o programa de gastos em infraestrutura do governo de Juscelino foi entregue à Casa da Moeda. Isso fez com que a inflação de demanda subisse muito acima do crescimento do produto. Campos alertou o então presidente de que ele estaria criando uma espiral inflacionária para os próximos governos. E não foi diferente. O grande impacto inflacionário da construção de Brasília e de alguns projetos de infraestrutura recaiu sobre o governo de João Goulart. Como já foi apresentado, o processo inflacionário foi interrompido no governo de Castello Branco, que adotou uma inovadora concepção de desenvolvimento sustentável. Ela estava alicerçada na importância de fundamentos distintos das proposições latino-americanas estruturalistas. Embasava-se não na substituição das importações, como sendo a âncora do desenvolvimento, mas em uma política industrial que diversificasse a pauta das exportações. Essa diversificação seria o resultado da política de desenvolvimento, que naturalmente requereria também a diversificação da pauta de importações. No entanto, essa formulação dependia da qualidade das instituições econômicas, necessária para financiar o desenvolvimento. Segundo a visão de Roberto Campos, a chave para o desenvolvimento era a competitividade da produção nacional no mercado internacional. Nesse aspecto, o processo gradual da abertura da economia seria fundamental. Como o Brasil não dispunha de poupança suficiente para financiar a demanda de capital para o desenvolvimento, Campos argumentava sobre

A política de aceleração do crescimento (1967-1973)

a importância dos investimentos internacionais na economia nacional para complementar a falta desses recursos.

A época de 1967 a 1973 vem a ser a da consolidação e dos resultados efetivos das reformas realizadas no mandato de Castello Branco. Notavelmente, Delfim Netto recupera essa memória e avalia as razões do sucesso da política econômica de Roberto Campos em um texto brilhante de sua autoria: "OK, Roberto Campos, você venceu!"[2] Afirma nesse artigo que, sem as reformas econômicas e institucionais implantadas por Campos e Bulhões, não teria sido possível alcançar nada. O período de aceleração do crescimento, 1967-1973, tem sido um dos mais emblemáticos da história do crescimento econômico brasileiro. Esse feito continua sendo objeto de estudo por economistas profissionais das mais diferentes correntes do pensamento econômico.

Os fundamentos da política de aceleração do crescimento

No governo de Costa e Silva, a nova equipe econômica liderada pelo economista Antonio Delfim Netto apresentou um diagnóstico da política econômica similar ao de Campos e Bulhões: era preciso combater a inflação e reforçar a retomada do crescimento. A nova equipe decidiu combater a inflação de maneira gradual. As razões de se fazer isso gradativamente (em vez de se aplicar um tratamento de choque) nem sempre estiveram claras. Uma possível interpretação é que o tratamento de choque poderia causar uma forte recessão com repercussões sociais e políticas indesejadas.

Na época, embora os diagnósticos sobre as causas da inflação entre a equipe de Roberto Campos e de Delfim fossem similares (aumento de gastos públicos acima da taxa de crescimento do produto e aumentos salariais acima da produtividade) havia diferenciações na forma de estimular o crescimento. Delfim Netto entendia que seria possível estimular o crescimento sem se desviar da meta de diminuir a inflação com o objetivo de redução gradual do nível de inflação.[3] Mas como poderia ser realizada essa política?

Ok, Roberto. Você venceu!

O caminho seria aumentar a oferta de crédito direcionado ao capital de giro sem elevar a inflação. Esse foi um dos principais diferenciais de análise dos economistas da Universidade de São Paulo que seriam incorporados ao plano do crescimento acelerado da nova economia.

Neste capítulo, são apresentadas as bases econômicas institucionais do sucesso da expansão econômica com o intuito de elucidar que, com vista ao desenvolvimento, buscou-se construir um novo modelo em parceria com a iniciativa privada. O governo promoveu estratégias baseadas na potencialidade dos recursos financeiros nacionais e estrangeiros, evitando a aceleração da inflação.

No entanto, sempre que a política econômica enveredou pelos modelos populistas desenvolvimentistas, tentando recriar o Estado empresário ou o capitalismo de Estado (contrário ao capitalismo de mercado), os resultados foram nefastos. Essa panaceia ideológica sobre o desenvolvimento em um país tecnologicamente e culturalmente atrasado limita a qualidade do capital humano e físico, necessária à evolução social nos padrões da sociedade democrática ocidental.

Vale a pena lembrar o pensamento do economista e embaixador Roberto Campos para que os formuladores de política socioeconômica não levem o país à beira do abismo, como fizeram no passado: "Nosso atraso também se deve ao fato de que, por muito tempo, os empresários enxergaram na rápida expansão demográfica uma garantia da oferta da mão de obra barata e ampliação de mercado. Hoje, na era da automação e da robotização, convenceram-se e deram-se conta de que o mercado depende menos da quantidade de bocas do que da produtividade das mãos de obra e cérebros e de que o mundo depende menos da relação capital e trabalho do que capital físico e capital humano."

A HERANÇA BENDITA

O governo do general Costa e Silva recebeu uma economia que estava crescendo, com forte decréscimo na inflação (IGP-DI), de 91,9% ao ano para 38,8% no final de 1966. A queda da inflação se deu por conta de várias medidas adotadas para a redução da demanda por mo-

A política de aceleração do crescimento (1967-1973)

eda, como a contenção dos gastos públicos, a restrição ao crédito e o redirecionamento do financiamento de recursos públicos. Não houve redução dos salários, mas diminuição da demanda por crédito inicialmente, racionalização dos gastos públicos e financiamento da infraestrutura mediante a emissão de moeda.[4]

A nova equipe econômica propunha um cenário estável com controle dos preços, recuperação do crescimento e redução do desemprego. O crescimento viria pelo aumento dos investimentos por meio dos bancos comerciais e financeiras privadas. Esses dois setores representaram, no total dos empréstimos, 43,7% e 12,4% respectivamente. O BNDE manteve uma participação discreta e estável em torno de 3,3% em média ao longo do período de 1964 a 1968. O novo caminho para o desenvolvimento seria a redução do papel do governo e maiores estímulos à participação do setor privado. Havia um claro direcionamento de maior abertura da economia por meio da amplitude da pauta de exportações, maior oferta de empregos e medidas de proteção social. A esse elenco de proposições somam-se as do governo anterior, sem abandonar a eliminação das causas básicas da inflação. De todo modo, a taxa de crescimento, que havia sido 3,4% em 1964, alcançou 6,7% em 1966. Portanto, a nova equipe não encontrou uma economia em recessão.

O fato mais importante identificado pelo IPEA foi a recuperação da atividade econômica do setor privado e a pressão excessiva feita pelo setor público no ajuste de gastos com vista ao desenvolvimento de uma nova economia de mercado. Era vital recuperar a estabilidade do funcionamento das regras do mercado. Essas recomendações foram apresentadas no Plano Estratégico de Desenvolvimento (PED), em 1967. Esse estudo complementa o diagnóstico da inflação elaborado pelos economistas da USP, e o caminho encontrado para a ativação da economia produtiva seria a expansão do crédito via capital de giro próprio das empresas. Esse foi o grande salto rumo à retomada do crescimento acelerado por meio da oferta de bens e serviços, e não pelos estímulos ao consumo.

Essa expansão de capital de giro próprio das empresas privadas foi decorrente do aumento gradual no prazo para pagamento dos impostos devidos pelas empresas. Em razão da elevada inflação da época, os efeitos negativos reais recaíram sobre a formação da receita pública. A equipe anterior, de Campos e Bulhões, para evitar esse efeito sobre as receitas públicas, reduziu o prazo para pagamento de impostos a trinta dias. A nova equipe, então, encontrou a inflação em queda, estabilidade na expansão dos meios de pagamento, gastos fiscais sob controle e capacidade ociosa no setor industrial. Esses elementos ofereciam liberdade e segurança para se criar um novo e gradativo espaçamento do prazo para recolhimento de impostos e tributos das empresas privadas. Inicialmente, fora de trinta e, gradualmente, expandiu-se para noventa dias. Assim, as empresas privadas passaram a ter capital de giro próprio por um período mais longo, compatível com o prazo para pagamento a seus fornecedores. Essa medida causou forte impacto na aceleração do crescimento, sem qualquer efeito inflacionário de demanda no período entre 1967 e 1973. Foi surpreendente, pois, à medida que o governo dava os primeiros passos nos investimentos de infraestrutura (energia e logística) por meio do sistema financeiro nacional privado, cresciam a atividade industrial e os serviços, expandia-se a oferta e aumentava o nível de emprego. A demanda acompanhou o consumo sem impactos inflacionários, pois havia uma elevada capacidade ociosa na indústria nacional. Nesse caso, a receita keynesiana funcionou como sugeria o mestre Keynes, só que em parceria com o sistema financeiro nacional público e privado; as principais fontes de empréstimos internos advieram dos bancos de investimentos e financeiras, do BNH e em parte do BNDES. As instituições privadas, em 1973, representaram 55,2% do total de empréstimos no financiamento do crescimento, enquanto em 1968 constituíram 48,7%.[5] O impulso do financiamento na aceleração do crescimento originada pela indústria local partiu, essencialmente, do setor financeiro nacional. Nos projetos de longa maturação, como os de energia (hidroelétricas) e logística, a captação de recursos internacionais complementou a necessidade interna de financiamento, pois o nível de poupança nacional era baixo e a oferta de recursos internacionais era maior e de baixo custo antes do choque do petróleo, em 1973.

A política de aceleração do crescimento (1967-1973)

Formação da poupança nacional de médio e longo prazos

Um dos aspectos que se sobressai nas reformas foi a preocupação com a formação da poupança nacional – isso visto pela ótica do financiamento do crescimento. Um dos pontos mais considerados pelos especialistas nas questões pertinentes à composição dos ativos financeiros nacionais é a insignificância dos ativos não monetários como percentagem do total dos haveres financeiros nacionais em 1964 e como eles progrediram ao longo do tempo. Os ativos financeiros são compostos de dois segmentos: monetários (moeda) e não monetários (ativos financeiros das empresas e famílias direcionados a alguma forma de poupança: títulos públicos ou privados de médio e longo prazos). São, de fato, aplicações financeiras em fundos de investimentos ou na compra direta de títulos financeiros para possível utilização desses recursos no futuro.

O baixo nível de poupança da economia brasileira sempre foi um dos calcanhares de Aquiles do desenvolvimento. No entanto, no governo de Castello Branco, medidas prudenciais foram adotadas: o combate de forma gradual à inflação e a criação gradativa de um sistema de aplicações das reservas monetárias das famílias e das empresas em títulos ou em ações de companhias abertas com o intuito de dispor à economia recursos de baixo custo e de longo prazo. Para a estratégia de desenvolvimento expressa no PAEG, sem essas medidas o financiamento do desenvolvimento não ocorreria. Elas foram o ponto crucial do processo de aceleração do crescimento, a partir de 1967.

Em 1964, o Brasil deu seus primeiros passos no sentido de criar um mercado de haveres não monetários, ou seja, títulos como letras de câmbio, letras imobiliárias, títulos federais como as Obrigações Reajustáveis do Tesouro Nacional (ORTNs), letras do Tesouro Nacional e títulos da dívida pública dos estados e municípios – todos imunes à perda de rendimento por conta da inflação. Esses títulos passaram a ter rendimentos reais, ou seja, estavam protegidos da inflação. Os resultados foram surpreendentes não somente pela novidade, mas pela segurança de que o governo federal honraria a rentabilidade desses títulos, cujo pagamento dos juros era anual inicialmente e depois passou a ser semestral. O fato

Ok, Roberto. Você venceu!

relevante foi que a economia passou a ter ativos financeiros de poupança de longo prazo.

A Tabela 8.1 apresenta a reversão da preferência das pessoas no que se refere a ter ativos monetários e não monetários no período de 1964 a 1973. Com a criação da correção monetária, os rendimentos dos ativos não monetários (títulos públicos e privados) mantiveram o retorno positivo. Estavam protegidos contra os efeitos negativos da inflação. Com isso, mudaram a estrutura e a qualidade do financiamento do desenvolvimento nacional.

Tabela 8.1 – Evolução dos haveres financeiros (em %) no Brasil, entre 1964 e 1973.

Ano	Haveres monetários	Haveres não monetários
1964	92,18	7,82
1965	87,14	12,86
1966	79,65	20,35
1967	73,26	26,74
1968	66,09	33,91
1969	62,92	37,08
1970	56,15	43,85
1971	49,23	50,77
1972	44,81	55,19
1973	43,30	56,70

Fonte: Banco Central do Brasil.

Importa destacar que, em 1964, antes da criação da correção monetária sobre os ativos financeiros não monetários, os haveres monetários (moeda em poder do público mais depósitos à vista nos bancos) representavam 92,18% do total dos haveres financeiros. Em outras palavras, 92,18% do total dos haveres financeiros no país consistiam em liquidez, moeda, e somente 7,82% representavam poupança nacional. O país não tinha poupança.

Após a criação da correção monetária em 1973, os haveres monetários passaram para 43,30%. Ao final da década de 1970, eles repre-

A política de aceleração do crescimento (1967-1973)

sentaram 10% do total dos haveres financeiros no sistema financeiro nacional e, por seu turno, os haveres não monetários, 90%. No início da década de 1970, no auge do crescimento acelerado, a poupança nacional atingiu 22% do PIB. Tinha-se criado um mercado de investimentos e de poupança de longo prazo. A institucionalização da correção monetária sobre os ativos financeiros foi peça fundamental para o financiamento do desenvolvimento. Ações de empresas não fazem parte desse mercado, pois são instrumentos de renda variável com características de riscos distintas para o portador de ações de empresas de capital aberto.

No período anterior à criação da correção monetária, quase toda a disponibilidade monetária tinha liquidez imediata. A inflação monetária residia no bolso das pessoas. A qualquer sinal de descontrole fiscal ou cambial, a população corria para o consumo, prevenindo-se contra a inflação. A demanda saltava acima da disponibilidade de bens e serviços em questão de horas. Combater a inflação sempre foi o principal objetivo de todos os planos de desenvolvimento. Também era impossível pensar em desenvolvimento sem poupança de longo prazo em volumes que excedessem 20% do PIB. Em 1964, a poupança nacional ultrapassava 7% do PIB. A poupança pública, no início da década de 1960, era praticamente inexistente. Na década seguinte, ela alcançou 6% do PIB. Tais feitos nunca mais se repetiram na economia nacional, mas continuam sendo uma referência para o crescimento acelerado e sustentável.

A estratégia de desenvolvimento foi concebida no PAEG e estruturada no Plano Decenal de Desenvolvimento Econômico. Neste, os trabalhos produzidos consistiram numa obra única e de grande valia à modernidade, a qual apontou os caminhos para se obter a prosperidade social e material, típica de economias desenvolvidas. Foi, sem dúvida, a obra-prima do planejamento nacional. É oportuno ressaltar que tanto o PAEG quanto o Plano Decenal constituíram a base inspiradora do processo de desenvolvimento socioeconômico da Coreia do Sul durante a década de 1970.[6] Serviram também como fonte conceitual dos PNDs brasileiros que surgiram ainda nos governos militares, mas sem a consistência da política de desenvolvimento presente no Plano Decenal. Em síntese, pode-se afirmar: entre 1964 e 1973, o desenvolvimento socioeconômico esteve lastreado na edificação de sólidas instituições econômicas que asseguraram o êxito da política industrial, cuja produção foi direcionada para atender tanto ao mercado local quanto ao internacional, diversificando a pauta das exportações. Para tanto, a qualidade do crescimento foi crucial, focada na infraestrutura necessária, no sistema financeiro competitivo, no fortalecimento das empresas nacionais e potências multinacionais e no apoio estratégico do governo à pesquisa de tecnologia industrial e científica, entendendo que "o mundo depende menos da relação capital e trabalho do que capital físico e capital humano", como afirmava Campos. Muito do que Campos e Bulhões propuseram no planejamento estratégico foi incorporado aos planos decenais do governo sul-coreano.

TRAJETÓRIA DO NÍVEL DA INFLAÇÃO, DA DÍVIDA E DOS MEIOS DE PAGAMENTO

A equipe econômica de Castello Branco tinha como meta derrubar a inflação de demanda. Esse era o diagnóstico sobre as características do aumento do nível de preços. O combate a essa modalidade de inflação faz-se por meio de austera política monetária e fiscal. A imprevisibilidade inflacionária inibia toda e qualquer tentativa de sucesso de reformas econômicas institucionais e monetárias pretendidas, como investimentos estruturais de longo prazo, a criação da ORTN e tantos outros fatores importantes para o crescimento sustentável. As medidas adotadas foram exitosas, pois a inflação mensurada pelo IGP-DI, entre 1964 e 1966, caiu 53,1 pontos percentuais. O ICV declinou em 45,4 e o IPA-DI em 42,4 pontos percentuais no mesmo período. Foi uma expressiva redução, mesmo considerando que tenha sido um combate gradual – e assim tinha de ser realizado, pois, à medida que se apertava a inflação de demanda por meio da elevação dos custos do capital e se retirava o excesso de liquidez monetária na economia, aumentava o desemprego. A capacidade de utilização das empresas era elevada em fins de 1966, em torno de 70%, com base na estimativa do produto potencial da indústria. No entanto, o PIB cresceu, em média, 4,7% ao ano, entre 1964 e 1966.

A equipe econômica que sucedeu às de Campos e Bulhões, de Delfim Netto e dos professores da USP deparou-se com um processo de es-

A política de aceleração do crescimento (1967-1973)

tabilidade do crescimento e dos salários e baixa capacidade de utilização do setor industrial. Dessa forma, não havia sinais de recessão e espaço para aumentar o crédito ao setor produtivo e ao consumo sem incorrer em pressão inflacionária. A média anual dos salários reais estava ligeiramente superior à do período anterior. Havia espaço para o aumento da produção não inflacionária e do nível de emprego.

Na visão do novo regime militar, precisavam-se reverter as expectativas de inflação, reorganizar as contas públicas e promover a retomada do crescimento, do emprego e da atividade econômica. Entendia-se que o processo de ajuste macroeconômico já teria chegado ao final e dever-se-ia inaugurar uma nova fase: a do crescimento econômico acelerado. A nova equipe manteve-se comprometida com a retomada do crescimento com estabilidade de preços. Teoricamente, apesar da capacidade ociosa, as metas poderiam ser inconciliáveis, mas encontrou-se o caminho.

A Tabela 8.2 apresenta a variação da taxa de inflação entre 1964 e 1974. O forte ajuste da reversão da inflação deu-se nos primeiros anos. Não se pode afirmar que essa queda tenha sido unicamente ocasionada por uma política econômica ortodoxa, a qual inclui: redução do excesso dos gastos públicos; aumento do custo do capital de giro, dos investimentos e do crédito bancário para o consumo; arrocho salarial.

A reversão das expectativas, como promulgava Roberto Campos (quando ministro) em seus discursos, referia-se a uma nova política econômica que contemplava o ordenamento das prioridades no processo de financiamento dos gastos públicos e a criação de instituições econômicas que dessem credibilidade à nova política econômica de crescimento sustentável com queda da inflação. As equipes de Campos e Bulhões e de Delfim Netto, com a trajetória do crescimento acelerado e redução da inflação, colocaram um ponto final no debate híbrido, entre monetaristas e estruturalistas, de que a inflação é parte do processo de crescimento (décadas de 1950 e 1960).

Nota-se que a queda da inflação continuou de forma menos acentuada no período de Delfim Netto do que no de Campos e Bulhões, mas o compromisso foi mantido. A recuperação surgiu e se tornou um referencial histórico na potencialidade de crescimento da economia brasileira.

Ok, Roberto. Você venceu!

Tabela 8.2 – Taxa de inflação anual (em %) no Brasil, entre 1964 e 1974.

Taxa de inflação anual			
Ano	ICV	IPA-DI	IGP-DI
1964	86,6	84,5	91,9
1965	45,5	31,4	34,5
1966	41,2	42,1	38,8
1967	24,1	21,2	24,3
1968	24,5	24,8	25,4
1969	24,3	18,7	20,2
1970	20,9	18,7	19,2
1971	18,1	21,3	19,8
1972	14,0	16,1	15,5
1973	13,7	15,6	15,7
1974	33,7	35,4	34,5

ICV: Índice do Custo de Vida na cidade do Rio de Janeiro; IPA-DI: Índice de Preços por Atacado – Disponibilidade Interna; IGP-DI: Índice Geral de Preços – Disponibilidade Interna.
Fonte: *Revista Conjuntura Econômica*. FGV, v. 29, nº 1, jan. 1975.

Deve-se considerar que a equipe de Campos e Bulhões assumiu o comando da área econômica com inflação próxima de 100% em 1964. Eles reduziram-na para a taxa média em torno de 55% entre 1964 e 1966. O mesmo se observa no período da equipe de Delfim Netto, de crescimento acelerado, no qual o nível de inflação regrediu e se estabilizou em 17,5% como média anual. Tal decréscimo não recaiu sobre os salários, como o professor Albert Fishlow e alguns economistas brasileiros seguidores da corrente estruturalista alegaram uma década mais tarde. A reorganização econômica institucional foi enorme. Os agentes econômicos tiveram de refazer suas avaliações de produção, reposicionamentos de mercado e de investimentos em relação ao novo contexto de crescimento baseado em investimentos com taxas reais de juros e de rentabilidade de ativos positivos e aumento constante da poupança nacional. Os ganhos passariam a ser obtidos pela produtividade dos fatores de produção. Isso de fato ocorreu durante toda a década de 1970. Tratava-se de uma genuína e promissora realidade.

A política de aceleração do crescimento (1967-1973)

Os professores Fishlow, Samuel Morley e Joel Bergsman fizeram parte do primeiro grupo de economistas que formaram a equipe do Plano Decenal na modelagem do desenvolvimento. Essa equipe foi chefiada pelo professor Howard S. Ellis, da Universidade da Califórnia, em Berkeley. Décadas mais tarde, o professor Fishlow aliou-se aos estruturalistas e provocou uma discussão na qual afirmava, erroneamente, que o ajuste macroeconômico do plano de reformas do governo de Castello Branco tinha gerado o achatamento de salários, prejudicando a classe trabalhadora. Economistas da época e posteriores confirmam que a análise do professor estava equivocada. A modificação no critério de indexação de salários "restringiu-se aos salários da esfera do governo". Na época das reformas, havia uma expressiva discrepância entre a remuneração do setor público e a do privado: a remuneração dos funcionários públicos federais e das estatais brasileiras era muito superior à dos trabalhadores do setor privado. De sorte que a diminuição das despesas públicas resultou em economia de gastos com salários e possibilitou o ordenamento dos gastos fiscais.

Brasilianistas adeptos do estruturalismo sempre tiveram dificuldade de emitir opinião ou produzir textos que fossem compatíveis com a realidade nacional. Campos entendia, corretamente, que promover o crescimento pelo aumento real dos salários acima da taxa de crescimento do produto seria uma medida econômica inócua no estímulo ao crescimento e à distribuição da renda nacional. Qualquer economista profissional compreende o seguinte aspecto: ajustes de salário acima da produtividade geram inflação e reduzem a margem de lucro do setor produtivo, freiam os investimentos de longo prazo, resultando na queda do crescimento da economia, ou seja, desemprego dos fatores de produção.

Entre 1964 e 1966, o governo de Castello Branco instituiu uma política de salário-mínimo não inflacionário e criou um conjunto de políticas socioeconômicas que possibilitou à classe trabalhadora acessar bens e serviços para constituir patrimônio físico, educação e saúde pública. Isso se deu por meio do programa de acesso à casa própria (BNH), programas educacionais profissionalizantes e assistência à saúde. Esses serviços representavam a garantia real para o futuro da classe trabalhadora.

Ok, Roberto. Você venceu!

O sucesso do período de aceleração do crescimento com aumento da renda por habitante e inflação estável foi um momento único na história econômica nacional. Vale como legado e referência. Durante o crescimento acelerado, ocorreu um verdadeiro êxodo rural para as áreas urbanas mais industrializadas. A mão de obra de baixo valor agregado buscou melhores oportunidades de trabalho e de renda. Acrescente-se a isso a entrada da mão de obra feminina e de jovens no mercado nas áreas urbanas. Isso fez com que a empregabilidade crescesse e a produtividade seguisse a mesma trajetória. A expansão da oferta de mão de obra somente foi possível por conta das reformas econômicas institucionais. No todo, esse conjunto de mudanças provocou o aumento da produtividade durante toda a década.

Nesse processo, deve-se somar o efeito positivo do contexto de crescimento do comércio e da economia internacional. Essa entrada de recursos foi fundamental para complementar a poupança nacional que geraria déficit em conta corrente, deixando a moeda local sujeita a ataques especulativos ou desvalorizações indesejáveis. Nesse panorama, a economia brasileira era, indiscutivelmente, a bola da vez do crescimento, tendo o Brasil a possibilidade de se tornar uma nação desenvolvida em menos de uma geração.

O fato relevante que deve ser observado foi o elevado crescimento do emprego em todas as regiões do país. O destaque maior ocorreu no Nordeste. Entre 1968 e 1973, a taxa média de crescimento do emprego foi de 4,3% ao ano. Há de se considerar que a região era tipicamente agrícola. Como em muitas partes do país, verificou-se um forte processo de urbanização e o emprego aumentou expressivamente. Isso ocorreu por conta de várias oportunidades novas e diferenciadas de trabalho nas cidades e em razão da entrada da mulher no mercado de trabalho. A segunda maior taxa de crescimento de emprego deu-se em São Paulo: no período referido, ela subiu 4,53% em média ao ano. A taxa média de aumento do emprego no Brasil foi da ordem de 2,85% ao ano.

No tocante à distribuição de renda, não há uma conclusão precisa, pois o emprego cresceu e o rendimento dos trabalhadores nem tanto, embora essa constatação varie de região para região no Brasil. Houve uma forte redução da informalidade na economia e a entrada de menores de idade e da mão de obra feminina no mercado de trabalho. Pessoas que não tinham rendimentos passaram a tê-los. Essa situação contraria a noção clássica de que o aumento dos rendimentos deve seguir a curva da procura, ou seja, a oferta acompanhando a curva da demanda. Isso não se verifica com clareza nas informações existentes. Nesse sentido, afirmar que o processo de crescimento acelerado concentrou a renda nacional é pouco provável, pois os dados da PNAD não nos levam a essa ilação. O fato concreto foi que esse período de crescimento gerou inúmeras oportunidades de novos trabalhos, especialmente nos setores da indústria e da construção civil.

Desigualdade da Renda no Brasil

Segundo a obra de Adam Smith intitulada *An inquiry into the nature and causes of the wealth of nations*, publicada em 9 de março de 1776, o tema "crescimento econômico" sempre ocupou o centro das atenções da teoria econômica. O rápido crescimento do Brasil no período em análise suscitou questionamentos sobre os retornos sociais, especificamente a redução das desigualdades por meio de políticas de distribuição da renda nacional. Esse tema não é trivial, pois nele residiu uma das principais preocupações do pai da economia política: David Ricardo. Ele atribuiu às ciências econômicas ou à economia, no começo do século XIX, o estudo da distribuição do produto nacional entre proprietários de terra, donos do capital e trabalhadores, sendo essa distribuição feita na forma de renda, lucro e salários. Na época, a classe dominante possuía terra, utilizando mão de obra na exploração comercial desse patrimônio e desenvolvendo produtos agrícolas. A revolução industrial estava prestes a ocorrer.

De toda sorte, dando um salto no tempo para chegarmos às realidades do século XX, especificamente do período que este estudo contempla (1967-1973), intuitivamente, a aceleração do crescimento deveria ter promovido redução das desigualdades sociais e, teoricamente, todos os trabalhadores deveriam ter habilidades e nível educacional compatíveis com o processo de desenvolvimento em curso. É óbvio que se trata de uma premissa irreal, mas, do ponto de vista da abstração teórica, a hipótese faz sentido, pois considera que, no processo de desenvolvimento, todas as pessoas em diferentes partes da nação podem usufruir da prosperidade; caso contrário, o projeto de crescimento é falacioso ou limitante, elitista e concentrador de renda. Nesse caso, tratar-se-ia de um erro intrínseco da política de crescimento. Antes de adentrar no âmago da questão – crescimento com redução das desigualdades –, vale a pena deixar registrada uma analogia: a aceleração do crescimento é possível, mas não se pode esperar que o motor restaurado se mantenha em funcionamento pleno em alta velocidade sem que ocorra aquecimento anormal: inflação. Essa possibilidade põe em risco o funcionamento da máquina restaurada: ela poderá colapsar. Pois bem, essa ilustração endereça a seguinte proposição: o que importa não é tanto a fase da aceleração do crescimento, mas sua sustentabilidade e o pleno emprego dos fatores de produção no longo prazo. Esse propósito somente será alcançado com políticas de longo prazo direcionadas à remuneração eficaz dos fatores como capital e trabalho na organização econômica. Nesse aspecto, a política econômica de Campos e Bulhões não somente criou as instituições econômicas relevantes como restaurou o que deveria ser preservado, eliminou o que tinha de sê-lo, e pavimentou as condições do crescimento sustentável. A aceleração do crescimento, nominada de "milagre econômico", foi fruto de um conjunto de mudanças institucionais internas e da aceleração do crescimento econômico internacional que favoreceram o sucesso da política de crédito de Delfim Netto. A fase da aceleração do crescimento foi uma circunstância que poderia não ter ocorrido se as reformas do período anterior não tivessem sido exitosas; no entanto, uma vez realizadas, o dilema passou a ser como sustentar uma determinada taxa de crescimento de pleno emprego e a justa remuneração do fator de produção (trabalho) no longo prazo. A eficácia da política econômica na distribuição da renda nacional implica a redução das desigualdades sociais brasileiras e a aceitabilidade social de reformas que visem à diminuição de desperdícios dos gastos públicos e ao reordenamento de prioridades. Esse último tema, de grande relevância analítica na política econômica, não é objeto deste estudo.

A política de aceleração do crescimento (1967-1973)

Em vista da complexidade do tópico – desigualdade da renda no Brasil –, cabe ainda fazer mais uma ilustração referente à queda da produtividade da mão de obra na economia norte-americana entre 1970 e 1980. Nessa década, houve grandes avanços na Tecnologia da Informação (TI), como, por exemplo, a criação de computadores de menor porte, com maior capacidade de armazenamento de dados e de velocidade operacional.

A evolução da TI promoveu a reorganização das empresas públicas e privadas norte-americanas e a adaptação da mão de obra ao uso dessa nova e importante tecnologia de trabalho. No entanto, essa inovação não aumentou a produtividade do capital e do trabalho; pelo contrário, houve decréscimo. Esse conceito é conhecido como o paradoxo de Robert Sollow (1987), que ganhou o prêmio Nobel de economia. O advento dessa nova tecnologia deveria ter, rapidamente, refletido na produtividade da economia dos Estados Unidos, mas isso não ocorreu, conforme observou Robert Sollow: "Vejo computadores em todos os lugares, menos nas estatísticas da produtividade." Essa observação apontava para o fato de que, havia uma década, a expansão do uso de TI, com utilização cada vez mais disseminada e intensa de computadores, não influía nas estatísticas da produtividade dos fatores de produção. Pesquisas empíricas comprovaram o retardamento do efeito positivo da nova tecnologia de inovação nos processos produtivos das organizações públicas e privadas. Não deve ser desprezível o tempo de aprendizado das pessoas, de adaptação e modificações organizacionais e da comunicação intra e entre corporações com a nova tecnologia. A Tecnologia da Informação causou uma enorme modificação cultural e estrutural na organização da produção empresarial mundo afora. Assim, a ausência de efeitos imediatos da nova tecnologia na produtividade não deve ser considerada um paradoxo, mas uma discrepância entre a aferição do investimento em inovação e a avaliação do seu efeito no produto nacional. Há de se considerar o hiato de tempo do aprendizado no tocante à disseminação dos efeitos da mudança tecnológica em uma nova organização econômica. Isso se deu no caso dos novos computadores pessoais, *notebooks*, e dos computadores de mesa no trabalho das pessoas e na reorganização das empresas. Além do mais, muito do que se realiza nos computadores não é, de fato, considerado nas estatísticas do PIB. Por exemplo, o trabalho de cálculo de finanças, de seguros e de estatísticas realizado nas empresas por meio da TI não é levado em conta na aferição do PIB. O uso do computador como forma de economizar tempo e dinheiro no desempenho da mesma função não aparece na contabilidade do produto nacional.

As similaridades do efeito tempo do crescimento econômico sobre a distribuição da renda social e o do impacto da inovação na produtividade dos fatores na aferição do PIB devem ser consideradas no tocante ao processo de resultados de uma determinada política de desenvolvimento econômico. A aceleração do crescimento no período em estudo não refletiu de imediato na redução das desigualdades da renda social. Esse efeito apareceu mais tarde, ao longo da década de 1970 e início de 1980, na redução discreta do Índice de Gini brasileiro. Mesmo assim, a importância da Tecnologia da Informação surge na produtividade de forma indireta em diversas formas, influindo na eficiência da produção e refletindo na economia de tempo e de mão de obra para a realização da mesma atividade. Essa tecnologia não desemprega mão de obra. Ela a requalifica para a mesma atividade econômica ou para outras.

O advento de novas modificações nem sempre gera ganho de eficiência ou melhor distribuição da renda social. A abolição do trabalho escravo no Brasil não resultou em nenhuma modificação real na organização da produção ou mesmo na distribuição da renda social no Brasil Colônia. Foi inequívoca a crença dos anos 1960, de que bastava uma reforma de base, incluindo a reforma agrária, para que a economia nacional crescesse de forma sustentável. A mesma crença existiu com a proposição da política de substituição das importações (um fim em si mesmo) para realizar o milagre do crescimento sustentável, da superação do atraso econômico e da melhor distribuição da renda nacional. Nenhuma dessas hipóteses sustenta a premissa da distribuição permanente e possível da renda nacional; em verdade, elas distorcem a eficiência da remuneração e da produtividade dos fatores de produção e promovem a concentração da renda social.

A dificuldade de entendimento dos especialistas quanto ao tópico da distribuição da renda social centra-se em abordagens de cunho po-

A política de aceleração do crescimento (1967-1973)

lítico que se distanciam de fatores econômicos e estruturais essenciais para evitar a concentração da renda e permitir que a sociedade desfrute dos ganhos da produtividade do crescimento distributivo. Quais são os elementos fundamentais para que a distribuição da renda possa ser auferida pela sociedade?

O primeiro aspecto fundamental refere-se às características do financiamento do desenvolvimento socioeconômico. Este trabalho despendeu muitas análises de políticas inflacionárias de financiamento do desenvolvimento: políticas de subsídios fiscais intermináveis aos setores econômicos, crescimento de gastos públicos acima da taxa de crescimento do produto nacional e gastos orçamentários sem a devida avaliação de custos e benefícios. A prerrogativa predominante na cultura desenvolvimentista brasileira é a de que a redução das desigualdades se faz com aumento dos gastos sociais, mesmo que a população pobre se torne independente deles. Assim, a prioridade dos gastos públicos está mais direcionada ao atendimento dos apelos sociais da classe de baixa renda sem pavimentar caminhos para a ascensão e independência dos beneficiários em relação aos gastos públicos para sua sobrevivência. Financiar o desenvolvimento por meio de políticas assistencialistas sem a porta de saída à ascensão social leva-nos a uma única realidade, sem saída, à imprevisibilidade inflacionária, a qual reduz definitivamente o poder de compra dos menos favorecidos. Nesse aspecto, quanto às políticas assistencialistas públicas sem a prerrogativa de promoção social dos menos favorecidos, a resposta mais objetiva e socialmente injusta é inflação: um dos principais fatores concentradores da renda social. Trata-se de uma constatação empírica, a qual será abordada mais adiante.

O caminho para reverter a elevada concentração da renda e as desigualdades sociais nem sempre é compreendido, até mesmo pelos especialistas. Muitos abordam o tema com a equação invertida para o entendimento: "A elevada desigualdade da distribuição da renda no país condiciona um perfil da demanda global que inibe o crescimento econômico." Como se pode reverter essa situação? O autor da frase, Celso Furtado, propõe o fortalecimento da representatividade sindical, como se as organizações sindicais tivessem o mandato para propor e/ou resolver a inversão do perfil da demanda ou do consumo global da sociedade.

Ok, Roberto. Você venceu!

Em nenhum de seus escritos, Celso Furtado se refere à relevância da formação do capital humano, à educação de base e superior úteis ao ingresso das pessoas no mercado de trabalho. Esse é o caminho fundamental para a modificação do perfil de demanda do produto. O perfil da demanda do produto é determinado pelas políticas de desenvolvimento econômico que contempla tanto a inclusão social no processo produtivo como pelo arranjo institucional da competição dos mercados. A inclusão assim como a distribuição da renda social equaciona-se pela qualidade educacional na formação da potencialidade produtiva humana. O rigor da competitividade dos mercados deve ser uma das atribuições do poder do Estado, corrigindo falhas de mercado por meio de regulações, evitando monopólio ou oligopólios. Esses dois elementos podem aprimorar e fortalecer a produtividade dos fatores de produção.

Nesse último ponto, a qualidade da organização e a boa governança pública constituem peças fundamentais para que a nação escape do atraso socioeconômico. Esses aspectos são evidentes no pensamento econômico e institucional de Roberto Campos e inexistente no de Celso Furtado, bem como nos de economistas que seguem os pressupostos do desenvolvimento estruturalista. No que resultam as proposições de Celso Furtado? Em um beco sem saída para o progresso nacional.

O segundo aspecto está relacionado à formação do capital humano, ao tempo de resposta da educação no desenvolvimento socioeconômico e à redução das desigualdades sociais, visando à transformação de uma sociedade pobre em uma sociedade de maior afluência social e maior produtividade.

O processo de crescimento acelerado pode ter reflexo simultâneo na melhoria da distribuição social da renda se, e somente se, houver mão de obra qualificada correspondente à demanda exigida pelo setor produtivo. Caso contrário, a absorção imediata da mão de obra será a que estiver mais adequada à natureza do desenvolvimento (capital intensivo) promovendo aumento de renda e salário dessa oferta de mão de obra, em detrimento de mão de obra menos qualificada ou desqualificada. A não absorção futura da mão de obra hoje considerada desqualificada ou menos qualificada para o perfil do desenvolvimento em curso representará um custo fiscal crescente. Evitar essa possibilidade é uma tarefa dos programas educacionais voltados à formação de mão de obra úteis ao processo de desenvolvimento. O aspecto fundamental da sustentabilidade do emprego da mão de obra consiste em políticas educacionais que reduzam ou eliminem os despreparos profissionais da mão de obra necessária para o crescimento sustentável. A formação educacional útil à elevação da produtividade é fator fundamental para a mudança do perfil da demanda da oferta produzida e para o aumento da produtividade dos fatores de produção.

Um estudo pioneiro e esclarecedor sobre as razões da elevada desigualdade da renda no mercado de trabalho brasileiro foi elaborado pelo economista Carlos Geraldo Langoni. Esse estudo trouxe um novo e real entendimento de que a elevada desigualdade da renda se deve, essencialmente, aos desníveis educacionais no processo de formação dos trabalhadores brasileiros, os quais terminam refletindo tanto na produtividade da produção como nos acentuados desníveis salariais. Isso impacta de forma significativa na consolidação das desigualdades da renda no Brasil ou em qualquer outra sociedade. Esse trabalho esclareceu uma série de dúvidas e trouxe um novo e importante olhar sobre o processo de desenvolvimento e distribuição da renda social: a inserção das pessoas no progresso econômico depende da sua qualificação. Este foi o ponto de partida do pensamento de Langoni para a política de redução das desigualdades sociais. É mais fácil acelerar o crescimento econômico que a qualificação da mão de obra necessária ao desenvolvimento sustentável.

O processo de aprendizado e a capacidade de reflexão das pessoas dependem essencialmente da qualidade do ensino básico. Este consiste no pilar de sustentação do desenvolvimento e na melhoria da distribuição da renda social. Este argumento requer um fator-chave à segurança do desenvolvimento socioeconômico, da redução da pobreza e do aumento sustentável da produtividade almejada: a eficiência das políticas macroeconômicas com vista à promoção da estabilidade dos principais preços econômicos: taxa real de juros, inflação, taxa real de câmbio e taxa do salário real.

Esse processo pode levar o tempo de uma geração. Não importa. O fato relevante é que essa estrutura de desenvolvimento assegura três elementos críticos à prosperidade da nação: redução gradual da pobreza, melhora na distribuição da renda social e ganhos constantes de produtividade dos fatores de produção. Assim sendo, uma geração é tempo necessário para modificar o perfil da demanda de consumo. Nesse arcabouço de políticas socioeconômicas voltadas a mudar o perfil do desenvolvimento nacional, a propositura empírica de Langoni (1971) encaixa-se nos referenciais do pensamento econômico de Roberto Campos.

Cabe, agora, recuperar o pensamento de Robert Sollow, que observava computadores por todos os lados, menos nas estatísticas de produtividade, e, analogamente, com a constatação de Langoni: quatorze anos antes do conhecido paradoxo de Solow.

A essência do trabalho de Langoni transcorreu da seguinte maneira: calculou a rentabilidade do capital humano versus a do capital físico. O resultado mais importante foi de que, ao contrário das previsões dos modelos do tipo Harrod-Dommar, em que a totalidade do crescimento era atribuída ao capital físico, a contribuição deste fator para a taxa de crescimento do produto real no Brasil no período 1950-69 foi apenas de 30%. Apesar de todos os incentivos fiscais e creditícios direcionados ao capital físico, o estudo provou que a rentabilidade do capital humano era o dobro do capital físico. Assim, enquanto os militares incentivavam o crescimento por meio da industrialização, como fator-chave do crescimento, a capacitação do capital humano por meio da educação de qualidade, os resultados do crescimento e da distribuição da renda seriam iguais ou superiores aos dos Tigres Asiáticos. Esses países já foram mais pobres e com distribuição da renda pior que a brasileira, no entanto, comparando com aqueles países, que investiram corretamente na formação do capital humano para o mercado de trabalho, a produtividade e a distribuição da renda social brasileira permanecem muito aquém. A conclusão a que se chega é que investir de forma correta na educação é fator critico a prosperidade socioeconômica. Importa destacar que eliminar a pobreza e reduzir as desigualdades sociais consistem em políticas sociais cruciais à segurança da prosperidade dos fatores de produção. A abundância de capital humano qualificado representa o cinturão da sustentabilidade do crescimento econômico. O acesso social ao conhecimento faz parte da cultura dos povos mais avançados. Trata-se de um aspecto chave na prosperidade dos países desenvolvidos: a qualidade do

A política de aceleração do crescimento (1967-1973)

capital humano garante a segurança do desenvolvimento econômico e social.

O período da aceleração do crescimento não possibilitou a maior distribuição da renda social. Isso se deve a dois fatores: a má qualidade de gastos com a educação básica de qualidade e, mesmo que tivessem priorizado a formação do capital humano, o tempo de maturação deste para atender à demanda de mão de obra qualificada pode levar o período de até uma geração. Portanto, as recomendações de Langoni prevalecem até os dias atuais: gastos em educação de qualidade devem ser o objetivo-chave e constante nas políticas do crescimento acelerado, mas essa afirmação não cabe para os setores industriais, que devem ter um prazo determinado. Do trabalho de Langoni pode-se concluir que a insustentabilidade do crescimento econômico brasileiro deve-se ao fato de ter confundido, por influência da Cepal, desenvolvimento com industrialização para atender à demanda do mercado interno, priorizando gastos públicos para os setores industriais afins, sem a contrapartida em educação. Prevaleceram incentivos à indústria de longo prazo, ao passo que os da educação são limitados às restrições orçamentárias e de baixo retorno do capital humano.

Mais tarde, o trabalho de Langoni sobre a distribuição da renda traz elementos críticos, também não observados por Sollow. O autor em pauta sugere, corretamente, que o processo de absorção da mão de obra qualificada tem reflexos na distribuição da renda caso a taxa de crescimento do produto corresponda à taxa de crescimento de oferta de mão de obra qualificada aos setores demandantes no tempo previsto. Se a TI demorou quase duas décadas para surtir efeito nas estatísticas da produtividade, o efeito educacional na produtividade não deve ser diferente. Isso justifica o não aproveitamento imediato de toda a mão de obra no período de crescimento acelerado e a melhoria apenas parcial da renda social, favorecendo somente a mão de obra mais qualificada. Ademais, a distribuição da renda não se dá pela redução da dos mais ricos, mas pela promoção dos mais pobres por meio da educação formal útil ao progresso socioeconômico da nação.

Os resultados de trabalhos empíricos de Langoni sempre estiveram presentes nas proposições de Roberto Campos. A distribuição da renda depende da qualidade da educação básica adequada ao perfil da demanda de consumo e da renda por habitante que se pretende consolidar no país. Mesmo assim, o requisito prévio à absorção plena da mão de obra no longo prazo depende da sustentabilidade do crescimento: orçamento público equilibrado, baixo nível de inflação e políticas de investimentos públicos e privados direcionados ao crescimento da capacidade de produção e de distribuição da renda nacional em um estado capitalista democrático de mercado.

Política econômica: estabilidade de preços e crescimento

O sucesso da fase de aceleração do crescimento econômico brasileiro não pode ser considerado como um fato independente do período anterior: o das reformas econômicas institucionais. Deve-se levar em conta a política de ajuste pró-mercado e pró-crescimento econômico. A esse propósito, importa dispor de informações precisas. Na época da implementação das reformas, 1964-1967, os economistas estruturalistas, logo em 1967, opuseram-se às reformas realizadas e chegaram a formular uma tese que previa a estagnação do crescimento como fruto do estreitamento relativo dos mercados provocado pelas desigualdades de renda. O erro dessa proposição foi o esquecimento de que os mercados, por meio de inúmeras medidas (política monetária; política de crédito ao consumo, ao investimento e à infraestrutura; investimentos públicos; incentivos às exportações; formação de poupança forçada para investimentos no setor de construção civil etc.), promovem a expansão do trabalho e da renda social. O problema central dos países em desenvolvimento é conciliar o dinamismo dos mercados com a preservação de taxas satisfatórias de poupança, sem as quais não há crescimento viável no longo prazo. Nesse aspecto, a economia brasileira respondeu de forma satisfatória a ponto de superar as expectativas de crescimento no período.

O fato foi que a previsão dos estruturalistas se desfez rapidamente com o sucesso do crescimento e do aumento da renda real por habitante. No período da implementação das reformas (1964-1967) "plantou-se mais do que colheu", tendo em vista a amplitude das medidas de reformu-

A política de aceleração do crescimento (1967-1973)

lação da estrutura econômica e financeira nacional pró-mercado e pró-crescimento com abertura econômica. Se o crescimento foi, em média, de 4,7% ao ano entre 1964 e 1966 e saltou para a média anual de 10,2% entre 1967 e 1974 (Tabela 8.3), isso se deve ao fato de que o período foi curto: uma fase preparatória para o que poderia vir. Entre o período 1965 e 1974, a renda por habitante cresceu em média 7,2% ao ano. Isso significa que o produto nacional por habitante dobrou em dez anos (Tabela 8.4).

Tabela 8.3 – Taxa de variação da inflação e do PIB real (em %) no Brasil, entre 1964 e 1974.

Ano	IGP-DI	PIB	
1964	91,9	3,4	
1965	34,5	2,4	4,7%
1966	38,8	6,7	
1967	24,3	4,2	
1968	25,4	9,8	
1969	20,2	9,5	
1970	19,2	10,4	
1971	19,8	11,3	10,2%
1970	19,2	10,4	
1972	15,5	12,1	
1973	15,7	14,0	
1974	34,5	9,0	

Fontes: *Revista Conjuntura Econômica*, FGV e IBGE.

Nota-se também que o crescimento econômico foi disseminado entre o setor agropecuário e o industrial de transformação, embora este tenha tido uma *performance* mais efetiva no crescimento (Tabela 8.4).

Tabela 8.4 – Taxa de variação do Produto Interno Bruto, da renda por habitante e do produto real dos setores agropecuário e industrial de transformação (em %) no Brasil, entre 1964 e 1974.

Ano	Produto Interno Bruto	Produto Interno Bruto por habitante	Produto real do setor agropecuário	Produto real do setor industrial de transformação
1964	3,4	0,5	1,3	5,0
1965	2,4	-0,5	12,1	-4,7
1966	6,7	3,8	-1,7	11,7
1967	4,2	1,3	5,7	2,2
1968	9,8	6,7	1,4	14,2
1969	9,5	6,4	6,0	11,2
1970	10,4	7,2	5,6	11,9
1971	11,3	8,6	10,2	11,9
1972	12,1	9,3	4,0	14,0
1973	14,0	11,2	0,0	16,6
1974	9,0	6,4	1,0	7,8

Fonte: LAGO, Luiz Aranha Corrêa do, dez. 1987, p. 11.

POLÍTICA ECONÔMICA: SETOR EXTERNO

No período da aceleração do crescimento (1967-1973), importantes mudanças ocorreram no âmbito do comércio internacional, de investimentos estrangeiros e dívida externa. Importa destacar, antes de se adentrar em cada uma dessas áreas, que o contexto da economia nacional era muito favorável. A política cambial e de incentivos às exportações favoreceu o crescimento das exportações. Havia liquidez internacional e a economia global crescia sem oferecer riscos aparentes de reversão. O primeiro choque do petróleo em 1973 reverteria toda essa tendência em um momento em que a economia brasileira ainda não tinha completado seu ciclo de consolidação dos investimentos estruturais (energia e logística, indústria de manufaturados competitiva, maior participação

A política de aceleração do crescimento (1967-1973)

no comércio internacional, fim do ciclo da substituição das importações, maior diversificação das pautas de importação e exportação e redução da dependência das importações de petróleo, entre outros aspectos relevantes do crescimento).

Entre 1967 e 1973, ocorreu acelerada expansão das exportações e das importações. Nesse período, o valor das exportações cresceu 24,6% ao ano em média e o volume aumentou 13,1%; o valor médio anual das importações subiu 27,9%. Esses resultados devem-se a uma clara política de desenvolvimento, com vista a uma maior abertura comercial, por meio de medidas importantes, como:

- aumento da competitividade dos produtos do agronegócio e da indústria;
- diversificação das exportações, em especial produtos manufaturados e semiacabados;
- diversificação e expansão dos mercados externos;
- medidas fiscais e creditícias diretas, com isenção de créditos no pagamento de impostos de renda e impostos federais e estaduais sobre o valor adicionado (IPI e ICM);
- financiamento preferencial de projetos de exportação e crédito subsidiado às exportações;
- política de financiamentos preferenciais para a produção de bens destinados ao mercado externo;
- política cambial mais flexível. Passaram-se a adotar as minidesvalorizações cambiais, que perduraram até 1979. Entre 1969 e 1973, a desvalorização do cruzeiro tornou-se inferior a 2%. O período médio de ajustes ocorria entre um e dois meses;
- formação de empresas comerciais, como as *trading companies*;
- inauguração da Comissão para Concessão de Benefícios Fiscais a Programas Especiais de Exportação (Befiex) para administrar a política de incentivos às exportações, entre muitas outras medidas pragmáticas direcionadas à abertura comercial brasileira;
- redução das tarifas médias de importações efetivas de 13% em 1969 para 8% em 1974.[7]

No período considerado, os investimentos cresceram expressivamente. Em 1965, representavam US$ 70 milhões e passaram para US$ 940 milhões em 1973.

A elevação das exportações deveu-se, sobretudo, à participação da soja, que aumentou de 1,9% em 1967-68 para 14,8% em 1973. Os produtos manufaturados também cresceram substancialmente de 16,8% em 1966 para 31,3% em 1973. Grande parte dessa mudança no setor externo foi ocasionada pela nova política cambial e pela promoção das exportações com crédito subsidiado e incentivos fiscais.

Entre 1964 e 1967, o governo federal obteve empréstimos para reescalonar a dívida externa. A dívida bruta externa somava US$ 3,666 bilhões e a líquida, menos as reservas, representava US$ 3,245 bilhões. No final de 1973, a dívida externa era de US$ 12,572 bilhões. Ela não se formou necessariamente para financiar o crescimento; em grande medida, foi decorrente de empréstimos externos para pagamento dela própria, cuja maior parte era pública. Em 1967, o setor público detinha 27% do total da dívida; o restante era do setor privado. Em 1973, 64% eram do setor público – grande parte para financiar a compra de petróleo e pagamentos de juros da dívida externa. Esse aumento foi proveniente da crise do petróleo e obrigou o governo federal a se endividar interna e externamente.

O fator relevante foi o extraordinário aumento da formação bruta de capital (ou seja, dos investimentos necessários para o crescimento). Em 1967, ela representava 16% do PIB. Em 1973, alcançou 22%, percentual não mais atingido desde essa época na economia brasileira.

O GRANDE LEGADO

Sem a reversão das expectativas inflacionárias, tendo por base as reformas econômicas institucionais (monetária, fiscal, tributária, cambial, trabalhista e financeira), os resultados socioeconômicos da aceleração do crescimento, entre 1967 e 1973, não teriam ocorrido. A formulação desses propósitos constou do PAEG (1964). Esse documento favoreceu a sincronização do conteúdo das reformas, voltado para: o equilíbrio

A política de aceleração do crescimento (1967-1973)

do orçamento público federal; a unidade tributária e integração econômica regional do país; o aumento da produção, do emprego, da renda por habitante com baixo custo do capital e da produção; a remuneração trabalhista compatível com a produtividade; o crescimento sustentável da produtividade dos fatores; a neutralidade inflacionária e a internacionalização da economia brasileira. Esse contexto reformista econômico e institucional propiciou: o aumento da oferta do crédito privado nacional e internacional para a produção e os projetos de investimentos em infraestrutura; a redução expressiva tanto do déficit público em relação ao produto nacional como da relação entre a dívida externa e as exportações; a elevação do poder de compra da moeda nacional e da renda por habitante. É importante registrar que, na fase do crescimento acelerado, não houve apenas um único fator responsável pelo sucesso da fase da aceleração do crescimento, mas vários; porém, o núcleo consistiu nas reformas econômicas institucionais arquitetadas no período anterior. Elas favoreceram o surgimento de expectativas convergentes e críveis dos agentes econômicos sobre a qualidade, a credibilidade e a previsibilidade do novo modelo de crescimento implementado no período de 1964-1966.

REFLEXÕES DO ANOITECER

Por fim, este capítulo encerra o trabalho de pesquisa de ordenamento do pensamento econômico de Roberto Campos, assim como sobre o debate quanto aos fundamentos da natureza da política de desenvolvimento brasileiro entre 1964 e 1973. Esse feito foi objeto de estudo e de referência para muitos países subdesenvolvidos. No entanto, nada teria sido possível sem o seu grande artífice, Roberto de Oliveira Campos. Foi um intelectual de primeira grandeza, economista respeitado e admirado pela sua competência teórica, coerência propositiva e realismo pragmático. Foi um grande aglutinador de ideias e de pessoas dotadas de ideais nobres em relação ao Brasil, tais como: Mário Henrique Simonsen, Antonio Delfim Netto, Ernane Galvêas, Otávio Gouveia de Bulhões, Lucas Lopes, Eugênio Gudin, Julian Chacel, Carl

Shoop, Glycon de Paiva e tantos outros. Dedicou, intensamente, sua inteligência à busca de caminhos que pudessem transformar o Brasil, tecnologicamente atrasado, socialmente despreparado, em uma nação desenvolvida. Ao menos conseguiu quebrar a coluna dorsal das proposições intervencionistas no período em que foi ministro, embora essa atração fatal tenha retornado no período dos militares da "linha-dura" e, mais recentemente, no período dos presidentes Lula-Dilma. De toda sorte, Campos conseguiu arquitetar uma nova economia crível que deu origem à fase do crescimento acelerado.

No período que compreende 1964 a 1973, a sociedade brasileira experimentou o sabor do acesso ao mercado de consumo e renda real crescente. Campos idealizou a continuidade desse cenário para um período muito mais distante. Os fundamentos desse progresso longínquo estavam no PDDES, porém, tal progresso abortado pelos militares da "linha-dura" que não aceitavam a mudança de paradigma na nova economia proposta pelo governo de Castello Branco sob a liderança de Roberto Campos: o capitalismo democrático de mercado. Embora não tenha logrado êxito, Campos deixou um extenso lastro cultural e teórico sobre os princípios de desenvolvimento para uma economia subdesenvolvida. Esse legado é de grande valia para que ainda se possam sedimentar as bases do desenvolvimento socioeconômico do Brasil de forma sustentável.

Campos não se limitou a pensar no Brasil, mas também na ordem mundial. Foi um intelectual de sólido conhecimento em economia, filosofia, sociologia, história das nações, literatura, relações internacionais. Um visionário realista e respeitado. Hoje, constata-se que o mundo idealizado por ele ficou parecido com suas ideias. Concebeu para o Brasil, quando ministro do Planejamento, novos e firmes alicerces para uma nação economicamente promissora, numa arquitetura democrática e socialmente desenvolvida.

A descontinuidade desse futuro promissor foi uma decisão ideológica, visões distintas da dele, que fizeram o Brasil caminhar de forma errática, retornando ao passado indesejado: a exemplo dos militares argentinos (1966-1971 e 1976-1982), os brasileiros (1967-1985) optam pelo subdesenvolvimento socioeconômico e institucional. A política econômica de Delfim Netto poderia ter deslocado o Brasil do subdesenvolvimento para o desenvolvimento, caso a escolha ideológica desenvolvimentista tivesse mantido a rota do capitalismo democrático de mercado idealizado pelo governo de Castello Branco. No entanto, o contragolpe militar no governo de Castello Branco direcionou o desenvolvimento na ótica do capitalismo de Estado com medidas protecionistas nos mercados de importações e de exportações, intervenções nos mercados internos tanto nas tarifas públicas e preços privados como forma de manter a inflação sob controle.[8] A reversão no cenário do desenvolvimento político-econômico imposto pelos militares da "linha-dura" descaracterizou a visão desenvolvimentista do Brasil potência, idealizada por Roberto Campos, à qual ele se refere *"decepcionado pela esperança, cético pela razão, porém otimista pelo coração"*.[9]

Campos foi elegante até na maneira de expressar suas decepções em relação aos erros da política de desenvolvimento. Costumava dizer que um dos seus erros políticos capitais foi o de ter antecipado o futuro do Brasil muito antes do tempo. Essa foi uma das suas maneiras de encontrar uma saída para seu desencanto com a política desenvolvimentista brasileira em relação aos governos que sucederam Castello Branco, exceto o de FHC.

Ao terminar esta pesquisa sobre o pensamento econômico de Roberto Campos, não poderia deixar de registrar seu idealismo esperançoso de um Brasil promissor, de maneira que transcrevo um dos seus inúmeros pensamentos dotado de pragmatismo realista, comprometimento pátrio e responsabilidade social:

"O combate à inflação, a retomada do desenvolvimento, a reforma social não são nem podem ser obra apenas do governo. Exigem a participação de toda a comunidade, de todos aqueles, pelo menos que querem reformar sem subverter, progredir sem odiar, enriquecer a muitos sem empobrecer a todos. Unamo-nos nesta grande aventura patriótica de reconstrução e desenvolvimento, sem esperar milagres, mas sem aceitar fatalidades." [10]

MEMÓRIAS DOS AMIGOS DE ROBERTO CAMPOS
Entrevistas

Este trabalho procurou sistematizar o pensamento econômico de Roberto Campos, que se mostrou pragmático, útil e inovador e, ainda hoje, é importante para a reflexão sobre o futuro da nação. Ele antecipou muitos temas de natureza teórica que passaram a fazer parte da literatura econômica. Seus ensinamentos continuam ecoando na mente de muitos economistas profissionais e de pessoas que buscam nos seus escritos a lucidez de um brasileiro que almejava elevar o Brasil, uma nação pobre, tecnologicamente atrasada e socialmente injusta, à condição de país desenvolvido, com prosperidade material e igualdade socioeconômica. Assim, não poderia deixar de registrar os depoimentos de alguns dos amigos de Campos que o admiraram e que com ele conviveram. Eles também se sentiram honrados em prestar este tributo a um dos mais brilhantes, íntegros e influentes intelectuais e economistas brasileiros do século XX.

DR. FERNANDO HENRIQUE CARDOSO
Ex-Presidente da República do Brasil
São Paulo – 30/11/2017

Lozardo: Presidente Fernando Henrique, organizei esta entrevista com base nos diversos debates que V.S.ª teve com Roberto Campos no período em que foram senadores. Posso adiantar que fiquei extasiado com a qualidade dos debates. O chanceler brasileiro e senador Aloísio Nunes disse-me que, quando os senhores debatiam, o Congresso parava para ouvi-los. Irei explorar um pouco essa relação dos senhores naquela época (1983-1991). Li quase todos os debates. Mas antes gostaria de saber como V.S.ª conheceu Roberto Campos.

FHC: Eu conheci Roberto Campos antes de eu ser senador. Não sei por que razão fui almoçar com Roberto Campos no apartamento dele aqui na cidade de São Paulo, na avenida São Luís. No dia seguinte, fui preso pela Oban – isso no início do governo Geisel, 1975. Fiquei imaginando por que eu estava sendo preso. Eu não entendia por que eles queriam me perguntar coisas sobre trotskismo... sobre argentinos que eu não conhecia. Uma das raivas deles era o fato de eu ter ido almoçar com Roberto Campos. Esse era o motivo principal da minha prisão. Queriam saber o que eu havia conversado. Ele simbolizava, na época, para o pessoal da Oban, o interesse norte-americano. Até hoje, não sei te dizer por que fui almoçar lá, mas sei que fui preso por ter estado com ele. Eu nunca me esqueci disso.

Lozardo: Deixa-me adentrar um pouco no seu tempo de senador, quando reencontrou Roberto Campos. Foram debates primorosos. Uma obra de arte de oratória e de reflexões sobre o Brasil da época.

FHC: Eu sei... Modéstia à parte, naqueles anos, nossos debates foram o ponto alto do Senado. Foram outros tempos.

Lozardo: Eu li algo inusitado durante um dos seus debates com Roberto Campos. Na semana de véspera de Carnaval, vocês tiveram um intenso debate, e um dos senadores disse o seguinte: "Olha, eu vou levar seus discursos para ler neste final de semana, porque assim, na semana, após o Carnaval, poderei debater com os senhores." (risos) Veja só, um senador levar o discurso de outro senador para ler no final de semana e refletir para debatê-lo na semana seguinte. Isso é algo inusitado no Parlamento brasileiro. Só para se ter uma ideia da qualidade do debate dos senhores, quero relembrar um episódio no qual Roberto fez uma avaliação crítica contra a política econômica da época com muita lógica, uma lógica dedutivo-cartesiana, a qual V.S.ª rebateu dizendo: "O uso da lógica pura não é suficiente para convencer a todos." Enfatizo suas palavras: "Prefiro Pascal. Convém manter a dúvida, convém transformar o que se apresenta como verdade inebriante e incapaz de ser contestada, como a que realmente é no interesse do povo do Brasil." Pergunto-lhe: Nos debates no Senado Federal, o que os diferenciava que causava tanta atratividade das pessoas para assistirem a vocês debatendo?

FHC: Tivemos grandes debates. Roberto era como está dito por mim: era um lógico, uma pessoa cartesiana. Eu tive uma formação mais cartesiana de base – que era o Durkheim, com uma visão marxista, que então era mais complicada ainda, porque era Hegel. Fui mais eclético na minha visão. Nessa época aí, eu tinha lido um livro do Gérard Lebrun sobre Pascal, que manifesta que é melhor ter certa dúvida metódica do que ter certezas absolutas. Eu não tenho espírito religioso, embora tenha tido formação religiosa, assim, a mim não me custa duvidar. O Roberto tinha... Ele tinha uma base religiosa de formação, de fé. Era uma pessoa formidável.

No Senado, nós nos demos muito bem. Brigávamos intelectualmente, mas não pessoalmente. A certa altura, eu era líder do MDB e Roberto era líder... por acaso, foi escolhido como representante do PDS, alguma coisa assim. Tinha uma questão relativa à Lei de Informática. Eu era favorável a mudar a tal da Lei de Informática. Ele também. Eu nomeei para ser relator um senador do Sul, de Santa Catarina, que era tido como esquerdista. O Roberto ficou uma fúria! E eu disse: "Roberto, de política você não entende nada. Para fazer a reforma só através dele." Roberto ficou indignado. Para ele era algo inconcebível, porque uma coisa é uma coisa e outra coisa é outra coisa. Na minha cabeça, uma coisa é uma coisa e outra coisa pode ser outra ou a mesma coisa. E lutamos por esses objetivos.

Lozardo: Nesse aspecto, vocês eram muito diferentes. (risos)

FHC: De fato, fizemos a tal mudança na Lei de Informática, quando eu fui ministro das Relações Exteriores. Mas lutamos por essa mudança. Outra vez, estava havendo uma votação e Roberto estava votando tudo errado, como líder. Ele confundiu o regimento. Nessas coisas, ele nunca foi um homem prático. E tive de ajudá-lo. Ele era um intelectual, um homem de espírito. Na época, tivemos um debate sobre questões sobre o crescimento populacional e demografia. Ele tinha razão – eu diria isso hoje. Eu defendia um ponto de vista contrário, o dos militares. Ele é quem tinha razão.

Lozardo: V.S.[a] era contra o controle do crescimento populacional?

FHC: Sim, eu era contra.

Lozardo: Qual a razão? Por que não evitar o crescimento descontrolado da população com custos sociais futuros na conta do Estado?

FHC: Argumentava que bastava educação.

Lozardo: Mas que educação, se até hoje não a temos com a qualidade desejada?

FHC: Ele tinha razão. Nós atrasamos... Nós devíamos ter controlado, ter tentado controlar o crescimento da explosão demográfica. A visão geopolítica da época, dos militares, na verdade, era de que, quanto mais gente, melhor para ocupar o espaço vazio. Uma bobagem. Roberto estava certo.

Lozardo: Mas vocês também debateram fora do Senado. Havia disputa intelectual entre vocês?

FHC: Uma vez, fui a um debate com ele na televisão. Ele ficou furioso comigo, porque eu estava debatendo... Eu tinha que ganhar o debate. Ele disse: "Você só falou coisa para ganhar o debate!" E ele queria falar coisas para convencer, pela razão. Eu disse-lhe: "Não basta a razão. Na política, a emoção conta."

Lozardo: No dia seguinte desse debate, Roberto diz algo muito bonito sobre vocês: "Toda vez que debatemos, é visível o esforço, de parte a parte, para encontrar áreas de contradição, porque as áreas de concordância são bastante maiores do que as áreas de antagonismo. Somos dois duelistas que entram em duelo ao som do hino da concórdia ou da *Ode à Paz* de Beethoven." Um gesto respeitoso em relação às suas diferenças.

FHC: Lindo! Era outro nível de debate e de respeito humano.

Lozardo: É verdade. Essa área de concordância ou discordância dos senhores... Era uma concordância nos propósitos e discordância nas proposições?

FHC: Em geral, nos propósitos, sim. Eventualmente nas proposições. Mas isso tudo muito embebido pelo momento, pela época, pela ideologia da época. A apreensão geral da época era que o Roberto era um homem que não era favorável à industrialização, o que não é verdade! Ele foi presidente do BNDES. Foi quem mais propiciou a base do desenvolvimento industrial. Era um homem que tinha uma formação econômica boa. Tinha mestrado em economia nos Estados Unidos. Tinha uma cultura gigantesca. Então, eu fui percebendo isso pouco a pouco... A visão que eu tinha era a visão tradicional. Essa visão era que o Roberto Campos era um porta-voz do interesse estrangeiro.

Lozardo: Era o pensamento da época sobre ele, mas equivocado...

FHC: Sem dúvida. Muito do debate esteve envolto nessa visão, que era uma visão distorcida das coisas. Pouco a pouco, fui percebendo que ele estava certo. Não sei se ele mudou também de ponto de vista. Lembro-me de que ele fez uma luta tenaz contra a Petrobras, que ele chamava de Petrossauro. Eu era totalmente favorável à Petrobras. No entanto, o que eu fiz quando presidente? Botar competição para limitar a Petrobras, ou seja, a visão do Roberto. Ele estava certo. Lembro-me de que houve uma homenagem ao Roberto Campos no Copacabana Palace, à qual eu não pude assistir. Mandei uma carta a ele. Depois que eu não era mais senador, nem ele. Mas, pouco a pouco, prevaleceu o que ele diz: "Nossas convergências eram maiores do que as diferenças."

Lozardo: Uma coisa interessante: na época em que os senhores debateram, ele se tornou um liberal convicto. À época, ideologicamente, o senhor consegue traçar um paralelo entre os dois?

FHC: Na época, é o seguinte: eu vinha de uma visão nacionalista desenvolvimentista. A minha visão, a minha origem foi essa. A origem político-intelectual. Ele, não. Ele, àquela altura, quando foi senador, já era mais um liberal do que um desenvolvimentista nacionalista. Ele foi um desenvolvimentista nacionalista antes, nas décadas de 1950 e 1960. Diferentemente de muitos de nós, ele tinha uma visão mais eclética do desenvolvimento.

Lozardo: No conjunto das suas ideias, Campos teria sido mais neoliberal desenvolvimentista?

FHC: É isso. O processo evolutivo do pensamento de Campos é grande. Venho da academia e eu sentia que ele tinha qualidade. E tinha uma outra coisa que as pessoas talvez não percebessem na época: ele era uma pessoa desapegada. Ele era um gladiador de ideias. O resto é consequência.

Lozardo: Verdade. (risos)

FHC: No fundo, tanto ele quanto eu somos mais intelectuais que políticos, só que eu sou um pouco mais político do que ele era.

Lozardo: Sim, é verdade.

FHC: A disputa intelectual me apaixona até hoje; não é a política, é a intelectual. Ele também. É como ele diz: temos o hino do amor por trás, quer dizer, a cordialidade que vem desse sentimento. São pessoas que pertencem ao mesmo universo, que é o universo do intelecto, do espírito. Estamos situados pelas contingências da vida, em campos diferentes. Mas existe uma ponte que era a ponte intelectual. Pode haver diferença intelectual, mas a diferença intelectual não implica você querer matar o outro; implica que você queira ganhar intelectualmente do outro. Nós ficávamos o tempo todo querendo ganhar um do outro.

Lozardo: Uma preocupação construtivista.

FHC: Sim!

Lozardo: Em que aspectos vocês mais convergiram em relação ao Brasil?

FHC: Num Brasil democrático. Aí havia muita coincidência, quer dizer, quanto à substância democrática, não há dúvida, não havia dúvida nenhuma. E, pouco a pouco, eu fui me apercebendo, não havia ainda clareza sobre o que veio a se chamar depois de globalização. Eu, quando estava no Chile – antes de ser senador –, escrevi um livro chamado *Dependência e desenvolvimento na América Latina*. Esse livro é lido sob a ótica da dependência. Ele não foi escrito sob essa ótica; ele foi sob a do desenvolvimento. Não era uma briga, na verdade, contra os dependentistas que achavam que havia um mecanicismo, e eu achava que o próprio Prebisch – que era meu chefe, que foi o mentor de todos nós naquela época – fazia uma oposição muito simples entre centro e periferia. Eu digo: há muitas periferias; há muitas formas de se relacionar com o centro. O que me interessava naquele livro não era sublinhar que há dependência, era sublinhar que há várias formas de relacionamento e que é possível superar a dependência para haver desenvolvimento. Essa era a minha visão. No começo, o Roberto devia achar que eu não achava isso. Eu achava também que ele não tinha interesse pelo desenvolvimento. Não. Nós acabamos entendendo que não e que talvez ele tivesse visto mais claramente do que eu, na época, as condições da produção econômica, da globalização. Quando eu escrevi esse livro, *Dependência e desenvolvimento*, foi nos anos 1960... Nós estávamos descrevendo... tateando às cegas o que estava acontecendo.

Lozardo: É verdade, mas ele já estava intelectualmente conectado com a importância da internacionalização da produção.

FHC: É, porque, pra mim, a visão que predominava sobre a industrialização não era aceitável: ou se faz uma revolução ou não tem como crescer. Eu digo: "Não. Há formas de crescer mesmo sem revolução. Eu posso preferir a revolução socialista, mas cresce." E, na época, prevalecia a visão do Celso Furtado e do Hélio Jaguaribe e outros do gênero. Acreditavam que nós estávamos numa fase de estagnação. Dizia: "Não tem estagnação, o país está crescendo. A sociedade está se transformando." O Roberto sabia disso. Ele dizia a mesma coisa.

Lozardo: A reforma pró-crescimento que ele implementou no Brasil, 1964-1966, foi enorme e transformadora.

FHC: Sem dúvida. O governo do Castello é ele. Roberto tinha uma visão do mundo que era rara. Essa era a realidade. E isso é um problema do Brasil. As pessoas não têm estratégia, não têm visão, porque não conhecem o que está acontecendo. Não sabem propor nada daqui para a frente para nós. Ele tinha uma estratégia. Ele tinha conhecimento pleno dos acontecimentos e das mudanças internacionais.

Lozardo: Isso está correto. Ele relutou para ser ministro do Castello Branco. Ele disse ao general: "Já estou cansado dessa luta. Prefiro ir para a iniciativa privada cuidar do meu patrimônio do que ficar fazendo planos de desenvolvimento para o Brasil." O general disse-lhe: "Eu tenho de nomear uma única pessoa e vai ser você". O general não lhe deu escolhas. Nomeou Campos ministro do Planejamento e lhe deu carta branca.

FHC: Isso é verdade. Tambellini era cunhado dele. Ele foi diretor de cinema. Era irmão da mulher do Roberto. Tambellini era muito amigo do meu cunhado e meu amigo também. Então eu sabia muitas coisas; eu tinha mais informações do Roberto Campos pela via doméstica do que pela via pública.

Lozardo: Em 1988, os senhores tiveram um importante debate sobre governança pública. Os senhores mais convergiram do que divergiram em relação aos temas. Nesse debate, V.S.ª apresentou quatro aspectos sobre o tema: 1º) a integração da economia brasileira nas cadeias de produção global; 2º) delimitação clara entre as funções do Estado e as da iniciativa privada; 3º) o Tesouro Nacional deve se separar das empresas públicas de modo que elas sirvam à sociedade; 4º) a concretização da democracia social. Em retrospectiva, em que medida essas proposições aconteceram no Brasil?

FHC: Eu até hoje acredito nisso.

Lozardo: Depois de mais de trinta anos?

FHC: E eu tentei fazer isso... Com muita dificuldade, porque a consciência média do Brasil não vai nessa direção, e a ideológica, muito menos. Em geral, pensa-se de outra maneira. Eu sempre tentei situar

Ok, Roberto. Você venceu!

o Brasil nessas proposições que você citou. É importante que o fluxo de integração seja global. O país tem que ter a integração. Não pode pensar que vai ter uma autarquia, que era o pensamento ideológico do passado. Eu tentei. Naquela época, isso tudo foi mal compreendido. Por isso, era tachado de neoliberal, porque queria a integração do país na economia global.

Lozardo: É verdade.

FHC: Neo... Por quê? Porque eu queria a integração. E, para ter integração, você tem que ter essas questões. O que você não pode é usar a empresa pública como instrumento do Tesouro. Ela tem que ser... tem que servir para o público. Você tem que ter – que depois nós fizemos – responsabilidade fiscal. Eu sempre pensei dessa forma, mesmo quando virei líder do PSDB. Cá entre nós, eu nunca fui o queridinho do PSDB nem de nenhum partido; eu não sou de partido. O Mário Covas era muito mais partido do que eu. O que eu achava? Temos dois polos disputando: o PT e o PSDB. Disputando o quê? Estamos disputando quem é que vai controlar o atraso pra fazer o atraso andar. Não é?

Lozardo: (risos) Essa frase é ótima!

FHC: Não é? É isso aí. Administrar o atraso. A maior parte do Brasil é atrasada. Não é de direita ou de esquerda. É atrasada. Não tem noção. Eu digo... Tem que levar esse pessoal todo – por isso, as alianças – pra essa direção. Meus colegas de universidade ficavam horrorizados. "Tá lidando com essa gente." Essa gente é o Brasil. É o PMDB, é o PFL, não sei o que lá... É o Brasil, não é "essa gente". Nós temos é que imprimir uma marca que permita que essa gente ande.

Lozardo: E o curioso é que, embora V.S.ª e Roberto Campos tivessem alguma discordância, do ponto de vista global, de uma visão de mundo, vocês tinham muito mais concordância do que discordância. E noto o seguinte: os momentos em que o Brasil de fato cresceu foram durante o governo de Castello Branco, de Costa e Silva e na sua gestão.

FHC: Nós modernizamos o Brasil.

Lozardo: Quem atrapalhou a modernidade?

FHC: Foi Geisel, claro.

Lozardo: A era Geisel foi desastrosa: interrompeu um processo que começou com Castello Branco, avançou com Delfim no governo de Costa e Silva, mas Geisel semeou as crises que viriam.

FHC: A gestão Geisel foi um desastre, mas a de Dilma Rousseff foi pior. Foi a expressão burra do *geiselismo*.

Lozardo: Tanto Geisel como Dilma Rousseff não deram sequência à evolução socioeconômica que herdaram. Seu governo, pode-se dizer, representou um resgate, ou um engate, no progresso socioeconômico do período 1964-1973?

FHC: É isso aí. E, de alguma maneira, precisa ser feito ainda agora. Nós temos que engatar de novo. Eu acho até, mudando um pouquinho o tema, que o Temer, sem ter muita consciência disso, está fazendo, tentando fazer isso. Falta a base moral de liderança para fazer.[1]

Lozardo: O papel do Estado vem sendo questionado há décadas no processo de desenvolvimento no Brasil. No seu entender, qual o papel do Estado no tocante ao desenvolvimento nacional?

FHC: Deixa eu lhe dizer uma coisa. Há muitos anos, logo que começou a abertura, houve um debate na televisão, e eu fui debater com o Ruy Mesquita, que era o diretor d'*O Estado de S. Paulo*. O Ruy foi meu colega contemporâneo de faculdade. O Ruy me via como um esquerdista subdesenvolvido e tal. Houve a discussão sobre a empresa estatal, a era Geisel e tal; depois veio a de Figueiredo. Minha visão não era diferente da dele nessa matéria. Ele ficou surpreso. Eu acho que o Estado, num país como o Brasil, tem uma função, óbvio. Tem, em todos os países tem. Mas, no Brasil, tem que ter uma função, digamos, de arbitrar, e arbitrar o quanto possível em favor dos que menos têm. Mas ele não é a alavanca do crescimento. A alavanca é a sociedade. Nós não podemos esquecer que não há a oposição "mercado x Estado" e se esquece do terceiro termo, que é a sociedade. O Estado tem que servir à sociedade. Essa é a função do Estado. No Brasil, nos governos recentes, o papel do Estado é o de substituir o mercado. Não vai dar certo. Eu escrevi artigos sobre o que eu chamava sobre essa mudança no papel do Estado: uma nova burguesia, que eram os funcionalismos públicos no tempo do Geisel. Os anéis burocráticos.

Lozardo: Como deve o Estado arbitrar? Arbitrar em relação a quê?

FHC: O Ruy ficou surpreso. Nós sempre fomos amigos; tornamo-nos mais amigos com o passar do tempo. Então, essa minha visão continua prevalecendo. Quero dizer, acho que o Estado é indispensável, o governo também; tem que haver regras. O governo arbitrar esporadicamente para ajustar mercados faz sentido, mas somente o mercado pode e deve arbitrar continuamente. O Estado e os governos têm que se relacionar mais com a sociedade que com o mercado. Não pode subestimar o mercado, porque o mercado é que aloca recursos de maneira mais racional.

Lozardo: Deixa-me ressaltar um ponto nesse seu pensamento. No período em que foi presidente da República, em 1994, deu-se o Plano Real, que debelou a superinflação brasileira. Roberto Campos foi um grande defensor desse plano.

FHC: Foi.

Lozardo: Gustavo Franco me contou o seguinte: o debate que Roberto Campos havia mantido ao longo da sua vida sobre o lado nefasto da inflação no tocante ao desenvolvimento preparou o terreno para que o Plano Real fosse...

FHC: Vitorioso.

Lozardo: O senhor concorda com a afirmação de Gustavo Franco?

FHC: Concordo plenamente. O Campos preparou o terreno para o sucesso do Plano Real. Hoje o Gustavo é muito liberal. Curioso. Não era. Foi ficando.

Lozardo: O mesmo aconteceu com Roberto Campos.

FHC: Eu acho que, quando você vê friamente o que foi feito na época do Castello... O que eles fizeram? Eles, de alguma maneira, exerceram a responsabilidade fiscal. Criaram condições de higidez do Estado. Nesse sentido, a luta contra a inflação foi crucial. Na época, havia muita discórdia sobre a qualidade da política macroeconômica entre Delfim e Simonsen. O Severo, que era muito meu amigo, era totalmente contra o pensamento de Simonsen. O Simonsen tinha a linha certa, a meu ver. Mário Henrique Simonsen me ajudou muito depois. Quando estava no governo, Simonsen apoiou bastante o Plano Real – isso porque ele veio dessa mesma matriz, da qual Campos fazia parte. Essa é a questão que temos até os dias de hoje: temos que fazer as pazes dessa matriz com o pensamento social. Não são incompatíveis. Tem-se que torná-los compatíveis. Temos de compreender que o Estado não vai substituir o mercado para dar o bem-estar do povo. Não. Você pode obter o bem-estar do povo usando o mercado.

Lozardo: Mas, voltando ao assunto sobre a época das reformas de Castello Branco, o debate da época de Campos com a esquerda sobre o projeto de substituição das importações, ele não era favorável àquela política por razões práticas: o Brasil não dispunha de instituições econômicas sólidas para acomodar qualquer projeto de industrialização que não fosse inflacionário. Sequer tínhamos o Banco Central do Brasil. O que V.S.ª me diz sobre esse entendimento de Roberto Campos?

FHC: Não tínhamos nada que sustentasse o desenvolvimento socioeconômico.

Lozardo: Ele foi contrário à política de substituição das importações por razões lógicas: não havendo condições institucionais e organizacionais que pudessem viabilizar qualquer projeto de desenvolvimento, havia de se fazer, primeiro, as reformas e implementá-las, como ocorreu no governo Castello Branco, criando condições para o crescimento acelerado ocorrido no governo Costa e Silva. O senhor concorda?

FHC: Plenamente. Sem as reformas institucionais e fiscais realizadas, nada teria sido possível no desenvolvimento do país como ocorreu no período do Delfim.

Lozardo: Roberto Campos lançou as sementes da prosperidade brasileira. No entanto, ela foi interrompida pelos militares da "linha-dura". Qual era o receio dos militares com relação ao Roberto Campos?

FHC: Roberto era favorável ao capital estrangeiro. Os militares eram contra. Eles queriam o capital estatal. A formação militar é assim. Não são todos. Hoje, a percepção dos militares mudou muito. Eu venho de uma família de militares. Desconfiança total de tudo o que possa ser mercado. Negócio, eles têm um horror de negócio. Para os militares, Campos representava o mercado. Eles não gostavam disso. O mercado, lido pelos militares da época, era o predomínio do grande capital internacional, quer dizer, dos Estados Unidos. Os militares eram impulsivamente nacionalistas e consideravam Roberto Campos um internacionalista. O que ele de fato era! Os militares da época não viam a possibilidade de você jogar, ter o interesse nacional num mundo global. Tem que ter.

Essa é a questão. Você não vai perder o interesse nacional... Mas, num mundo global, sem a integração, você está perdido.

Lozardo: Hoje, tardiamente, as regras trabalhistas foram reformuladas, com o fim da CLT e da obrigatoriedade do imposto sindical. Inaugura-se um regime trabalhista moderno, muito em linha com o pensamento e debate dos senhores no âmbito do Congresso Nacional entre as décadas de 1983 e 1991. Os senhores estavam adiante do seu tempo ou a percepção da irracionalidade da antiga Lei Trabalhista não era objeto de importância política?

FHC: O que aconteceu agora foi o primeiro golpe mais direto sobre a concepção corporativista do Brasil. Eu acho que o nosso atraso se cristaliza no corporativismo.

Lozardo: O senhor está se referindo ao imposto sindical obrigatório?

FHC: Sim. O imposto sindical. E o imposto partidário é a mesma coisa. A nossa matriz cultural é antiliberal. Não é que ela ache que o liberalismo é insuficiente. Ela é contra o liberalismo. E é curioso que o Marx dizia que o socialismo era herdeiro do liberalismo político. Aqui, as pessoas são contra o liberalismo econômico e, *ipso facto*, o político também.

Lozardo: Essa contradição é um dos fatores do nosso atraso socioeconômico.

FHC: Do político também. Acho inclusive que um dos problemas que nós temos hoje, que nós já tínhamos naquela época, não é só institucional, não são as leis só. É cultural. O sentimento é desse lado. Está mudando. Mas o sentimento que nos formou foi o sentimento autoritário, antimercado, antiliberal.

Lozardo: Protecionista e intervencionista.

FHC: Protecionista. Qual era a visão ideal? Sobe a tarifa e dá juro subsidiado.

Lozardo: E o Estado provedor.

FHC: Pronto. Não é isso? Nessa concepção, o Estado provê os dois: aumenta as tarifas e baixa os juros. Isso é atraso. Isso não resulta em desenvolvimento. Não é! Quer dizer, tem que ter competitividade, aumentar a produtividade, o investimento, ciência e tecnologia.

Lozardo: Uma última pergunta: o que o senhor acha que foi, de fato, a principal contribuição de Campos para a história econômica brasileira?

FHC: A maior foi botar claro todas essas coisas: nossas contradições no desenvolvimento de forma clara. Ele foi um gladiador intelectual. Vivia com um florete na mão – mata um, mata outro, e assim ele caminhava. Foi um gladiador intelectual com o florete da racionalidade na mão.

Lozardo: O senhor conviveu muito tempo com o Roberto Campos?

FHC: Muito! Anos a fio. Foi uma convivência muito boa, construtiva. Ele faz muita falta. Um brasileiro lúcido que amava o Brasil. Sonhava em abrir caminhos para um Brasil desenvolvido. Um brasileiro notável!

DR. HENRY KISSINGER
THE USA FORMER SECRETARY OF STATE
NEW YORK CITY – JUNE 31, 2017

My interview with Dr. Kissinger was managed by the USA Embassy in Brasilia. It occurred at Dr. Henry Kissinger's office on Lexington Ave. in Manhattan, New York . Before the interview started, Dr. Kissinger came to receive me in the waiting room. This was an unusual situation as normally the secretary comes to escort someone to the meeting room. But, as soon as he saw me, he smiled and said: "Professor Lozardo, I am glad to receive you in my office." I immediately thought that was a common and gentle North American´s manner of receiving someone. It was indeed a special moment for Dr. Kissinger. He continued: "I always wanted to pay homage to this great friend of mine, Roberto Campos. However, I never could. I will do it today, during your interview. So, feel welcome in my office." Then, he took me to his inner office: Comfortable, well lit, with many pictures on the wall and all over his stacks of papers and on his working desks, recalling his glorious time as U.S. Secretary of State. On that occasion, I gave him a replica of Eliseu Viscontis jug ("moringa") made for the Rio de Janeiro Municipal Theater inauguration in 1909. He was enchanted by the history that encompasses the jug. He remarked: "Nancy will love it." I sat on a sofa and he next to me in an armchair on my right. From there, I could see pictures of former president Richard Nixon with him, both smiling. Immediately I started the interview.

This interview began with me explaining to Dr. Kissinger when I started to learn about and admire him when I arrived in New York in September, 1970. I was following his strategies and negotiations to end the Vietnam War during President Richard Nixon's mandate.

Kissinger: I was an opponent to Nixon on foreign policy.

Lozardo: On what issues did you oppose Nixon?

Kissinger: I had nothing against Nixon, but I was a great admirer of Rockefeller. In 1960, 1964, and 1968, Rockefeller was *de facto* opposing Nixon. And so, when Rockefeller lost the primaries and Nixon became the Republican candidate, I assumed that I would have no future with Nixon. And then he appointed me Security Adviser. It was absolutely surprising. At first, I didn't even accept. I said, "I have to think about it for a week". I'm embarrassed when I say that now. I then went to Nelson Rockefeller and asked what he thought. And he said, "Have you considered that hes taking a bigger chance on you than you on him?" which was true. So then, of course, I accepted. Whatever you can say about Nixon, he was absolutely loyal. There must have been many temptations for him to separate from me. But he never did.

Lozardo: Even during the period of your Vietnam negotiations?

Kissinger: If you look at the record, every proposal we made was of course approved by Nixon. But when the North Vietnamese accepted our proposal, Nixon was on a campaign trail, and I took the responsibility of accepting it on his behalf, and he backed it completely.

Lozardo: That sort of attitude makes for great leadership, a great statesman. Let me ask you a few things about your friend, Roberto Campos. How did you come to know him? What do you remember best about him?

Kissinger: I met him through Bill Rogers, the Washington lawyer, who was assistant secretary. It was either Bill Rogers or Israel Klabin who introduced me to Roberto. One or the other.

Lozardo: And, what do you best remember about him as your friend?

Kissinger: To him, my rank didn't matter, you know. I was Secretary of State through much of this period. He treated me as a fellow intellectual. Roberto was a brilliant man with amazing knowledge. We took a trip to Iran together once, he and I. We went to Isfahan and we visited the historic sites, and his knowledge of them was really amazing. He was hoping that the history of Iran would sort of merge with the history... it would be understood... he was a big influence on me.

Lozardo: Amazing, Campos continues to surprise me as much as I explore his living time.

Kissinger: Because he was a philosopher of history, he was an economist, but I'm no economist. So we usually talked about historical and economic evolution. In that, of course, he was brilliant. He was, in addition, very charming, very witty, so he could make summarizing remarks that were very good.

Lozardo: That was one of his talents.

Kissinger: He summarized the discussion. What was so interesting to me was that here in Isfahan, they were a certain number of historic sites. But he discovered a site that had not been labelled as a historic site, but that he knew about from reading, and it was not well preserved. But the Iranians who were with us were astonished by his detailed knowledge of this.

Lozardo: In that sense, he was unique. All his ideas about economics, in fact what he did was to make some propositions at that time, in the 1960s and 1970s, which became a part of the mainstream of economics almost 25 years later, when he debated about the importance of institutional strength to sustain economic progress. During the 1960s, no one was thinking about institutional strength to back up economic growth. That was what he was thinking, what he had in mind. Few economists understood the content of what he was proposing.

Kissinger: When did Roberto die?

Lozardo: He died in October, 2001. He had a diabetic's coma and then he died a year later of a heart attack. Let me ask you this: During the Vietnam War up to the Paris Accord for Peace, did you have a chance to talk to Campos about Vietnam issues, and did he contribute some ideas, some thoughts, and did he share them with you?

Kissinger: I shared with him the general issue of how you create a state, and how you can make peace between such groups. And he of course knew a lot about Indochina. Not in an official way, but philosophically, we talked a lot about it. Another country we talked a lot about was Angola. Because of Brazil's historic interests there.

Lozardo: We still have economic and cultural links with African countries. In what sense did you talk with him about Angola?

Kissenger: When Angola was liberated, when it became decolonized, there were various contending forces in Angola, and Brazil had an interest in it because of the Portuguese connection, so we discussed how one might do two things: How one might create independent states, and also the relations of that state to other African states. Because there was a year in which I conducted the negotiations about the future of Rhodesia. It was not a matter in which Brazil… it was not a huge issue between Brazil and the United States. But on the basis of friendship, and as you know, and as you indicated in some of your questions, I really wanted to create a situation in which the U.S. and North America and Brazil and South America would be sort of center points of foreign policy, and in which we would coordinate effort and knowledge in the western hemisphere and maybe in other parts of the world.

Lozardo: At that time, did you trust in Brazilian foreign policy? I think you may have bet that Brazil could be part of the U.S. western hemisphere policy.

Kissinger: Well, in the period in which I was most active, I wanted to build Brazil into the West, and I wanted people to consider Brazil as an anchor of our foreign policy. And I think I announced a special relationship, whatever the name was, for Brazil and the United States. And we carried it out. We had a foreign minister named Silveira at that time.

Lozardo: There is a phrase spoken by former President Nixon, which I think came from you, which says the following: "Wherever Brazil goes, Latin America will go too." I think it more or less reflects what you are saying.

Kissinger: Yes, that was my view.

Lozardo: When you debated with Campos about Latin America, did you focus on Brazil as a key country to organize the political and economic changes in Latin America?

Kissinger: Absolutely. You can probably find speeches I gave.

Lozardo: I read one of your speeches in which you considered Brazil to be a leading country. But now my question is: Why does the Brazilian government never assume this role in Latin America? What do you think is the impediment to the Brazilian government to never accept this important role for Latin America?

Kissinger: Partly, because Brazil was divided between a pro-Western orientation and a more leftist orientation. Don't you think?

Lozardo: Certainly.

Kissinger: I always thought it was a pity. Because, naturally, Brazil should have gone into it. Our interests are very parallel, and our history has many parallels. But then, after Nixon left office, there was no longer the intense interest in Latin America.

Lozardo: Since then?

Kissinger: Well, it always existed to some extent, in every administration, but never with any determination.

Lozardo: That is true. Never like the former President Nixon had.

Kissinger: Yes.

Lozardo: As we say in Brazil, Latin America is part of the U.S. backyard. But former President Nixon never considered Latin America as such, but as a part of U.S. foreign policy.

Kissinger: He wanted it as a partner.

Lozardo: I understand that there is a new global balance of power in the world. In your opinion, can we expect a more integrated global economy? More open and reduced poverty? Or is there in fact a change towards more protectionism, lower growth, expanded poverty?

Kissinger: Well, when we thought about it, we thought about it more in political terms. And the present globe is thinking of it mostly in economic terms. Can I imagine a more integrated economy? What I think is happening is that the structure of the world as we understood it is changing, and that the emphasis is moving from the Atlantic and in some respects to the Pacific, and in other respects to Central Asia. The Atlantic is still important, but it's no longer the pivot. Yes, I think an integrated world is possible, but the principles on which it is organized are in the process of changing and have not been determined, because you have a Chinese perception, you have an American perception, you have an Islamic perception.

Lozardo: You said in your last new book, *World Order*, which I started reading two days ago, I think you are addressing different questions now, not the balance of power, but world order, which means institutional order. Power is something that represents military power, economic power, social power, but world order means institutional order and strength. Can you comment on this issue?

Kissinger: You need, I think, a balance of power, but you also need institutions.

Lozardo: Yes, there's an order. I think I understand that by reading your book. Let me ask you about the institutions which I think are crucial for the balance of power, to function. When you say a global order, does that mean we need more powerful institutions in the world, more influential institutions, more legitimate institutions, or what sort of institutions do we need to balance this enormous world conflict in terms of political legitimacy, power, whatever? In the Islamic World, there's now a confrontation in all society...

Kissinger: I think we will end up with, two, three, four groups, that then have to create the balance of power between themselves.

Lozardo: How?

Kissinger: Hopefully, through negotiations.

Lozardo: In this century, the world of nations is going through new sorts of conflicts, mostly commercial and political power. Does the world need a new Westphalia Accord?

Kissinger: Westphalia was many states. And in the modern world, you cannot have that many different instances of power. When we have the states, but to imagine a balance of power between hundreds of countries is not going to prove possible.

Lozardo: Do you think we're moving towards world order?

Kissinger: When you look at the evolution of countries, you cannot say that the quality of leadership keeps step with the complexity of problems.

Lozardo: Let me push your thoughts further down, as I understand what you're saying. We're going towards a more disruptive global balance of power – is it possible to say that?

Kissinger: Yes. You can say it. But it's very difficult. It may not succeed. That is what we should do. Look at Korea today. Little country, solve it, creatively. You can solve it by keeping it going as it is, which means a permanent sort of complexity, or you can try to think of a solution for all of Korea, but then the problem will be how to do that.

Lozardo: Let's move forward. Let me ask you one thing, I don't want to keep you too long. In Mr. Campos's book, *The Lantern in the Stern - Memories,* you are the most cited name. He portrayed you as being his intellectual and cultural affinity counterpart, as you affirm. Both of you had a good sense of humor. In the same book, Campos describes some of your hilarious moments in Brazil. One was when you were trapped by students protesting in Brasilia. Do you recall this or any other unique situation in Brazil?

Kissinger: Not like this. My memories of Brazil are very positive, and on the whole very joyful. I was in Brazil when Brazil won the football championship, in 1962.

Lozardo: Those games happened in Chile.

Kissinger: I was in Rio at that time. Of course, everything stopped when the football games were going on. But after, that there was a three-day celebration. I was at somebody's house in the hills of Rio. I couldn't leave, because there were so many things going on. I was a prisoner too.

Lozardo: But for a good reason.

Kissinger: But for joy. I just couldn't get to my hotel. Because they had samba bands on the street. But that was a wonderful expression of the Brazilian people.

Lozardo: Brazil needs to pave its way towards stable and prosperous democratic capitalism. Let me ask you the following question: How do you now consider the role of Brazilian diplomacy in a changing global balance of power?

Kissinger: I think Brazil has probably the best professional diplomatic service in Latin America. The Itamaraty is a very professional organization. There was one meeting for the Americas, where there was a total deadlock between the American possession and the other possessions. But the Brazilians came up with a formula. I remember they were asking the foreign minister of Guyana, because he couldn't speak English, anyway, I forget exactly how they did it, but the Brazilians came up with a formula of rewriting instead of saying settling, they came up with the idea of writing a totally new *communique*. And that settled it. Brazil can play a major role in the course of the other Latin American countries, but they become very jealous if we make it a formal statement.

Lozardo: A formal statement... But the Brazilian government, the actual government wants to get closer to American policies. Michel Temer is the actual president. His endeavor is to get closer and closer to the United States economic and global policy, which is different from the leftist governments, they want to be distant from the United States.

Kissinger: Exactly.

Lozardo: The Brazilian President, Michel Temer, wishes to build constructive regional diplomatic relations with the USA. The institute in which I am President, IPEA, is advising Itamaraty in its aim to enter Brazil in the OCDE and to strengthen commercial and political relations with the USA. Do you think that President Trump will favor Brazil as a partner concerning its foreign policy with respect to Latin America?

Kissinger: The Trump administration is now going through the process of developing an overriding policy. I think they, from what I know, they're sympathetic to the idea of an overriding partnership. How far it will go, they're developing it. I can't judge yet.

Lozardo: Dr. Kissinger, I think I took too much of your time for this interview.

Kissinger: Well, you're so kind to come. And I think that you have such an original new idea. And it's such an honor for me because I was very fond of Roberto Campos, and so was my wife.

Lozardo: Nancy.

Kissinger: Nancy. And you knew him of course very well.

Lozardo: Certainly!

Kissinger: So, he was fun to be with. He was amusing, highly intelligent. Very learned. He had very interesting ways of formulating issues.

Lozardo: Yes, he has many friends who admired him in many parts of the world. I met, before you, two other people who had a great admiration for Roberto Campos. One was Robert Mundell, the Nobel Prize winner in economics. The other one was Dr. Robert McNamara.

Kissinger: Oh, yes!

Lozardo: McNamara used to say that Campos was one of the most brilliant men he ever met.

Kissinger: McNamara was the head of the World Bank for a while. We were in many meetings together, McNamara, Campos, and I. I like McNamara very much. Highly intelligent, tragic life, but in a sense, he had such a warm heart, outgoing, intelligent man. And he really was a military strategist. So he got his life destroyed by Vietnam, when he could have done so many constructive things. And he did many constructive things.

Lozardo: I attended some of his interviews in which he said the U.S. made so many mistakes in the Vietnam War. I think he tried to end that war to the best of his ability, but he didn't succeed. Dr. Kissinger, once again, thank you for spending this time with me.

Kissinger: You're so nice to come.

Lozardo: Thank you. Have a nice year, good health, and it was a pleasure to meet you.

Kissinger: And I hope to see you again some time.

ANTONIO DELFIM NETTO
Ex-Ministro
São Paulo– 29/9/2015

Lozardo: Quando o senhor conheceu o Roberto Campos? E como se deu essa relação?

Delfim: Na verdade, eu conheci o Roberto praticamente na mesma época em que eu conheci o Celso Furtado.

Lozardo: Que ano foi isso?

Delfim: Em 1952. Eu era aluno, estava estudando. Acho que os trouxemos para fazer uma palestra. Era um seminário em que falou o Celso Furtado e depois falou o Roberto. E, a partir daí, fiz uma relação com o Roberto muito mais profunda do que com o Celso, mas foi praticamente na mesma época.

Lozardo: Os senhores foram deputados federais. Há alguma lembrança dessa época que pode me contar?

Delfim: O Roberto era uma figura memorável. No final da vida, realmente ele foi ficando cada vez mais liberal. Um dia na Câmara dos Deputados Federais, nós sentávamos próximos, ele me disse: "Delfim, eu me arrependo demais. Eu só devia ter estudado Hayek. O resto foi bobagem." Roberto foi uma pessoa que buscou sua integridade intelectual. Isso também explica sua trajetória de vida.

Lozardo: O sr. ministro Delfim e o ministro Roberto Campos tiveram assim um papel importantíssimo na história do desenvolvimento econômico brasileiro, e isso fez com que os dois se tornassem os pilares do pensamento econômico recente brasileiro. No tocante à política de industrialização, reformas macroeconômicas e forma de financiar o desenvolvimento, quais foram as divergências entre vocês?

Delfim: Eu acho que divergir nós nunca divergimos. Por exemplo, sem o trabalho do Campos e do Bulhões, teria sido impossível fazer o que foi feito depois. Na verdade, as pessoas hoje já perderam o senso do que foi realizado. Quando terminou o governo do Castello, o Bulhões e o Campos deixaram legados econômicos importantes. Eles os fizeram com um grupo de pessoas muito competentes. Uma Constituição bastante razoável, que é a Constituição de 1967, que proibia todas as vinculações de gastos fiscais, implementou um sistema de rigor fiscal dos entes federados, eliminava todas as dificuldades e deixava o Decreto-Lei 200, que era uma reorganização da administração brasileira, que, de fato, é muito superior a tudo aquilo que foi feito depois. Eu sempre disse ao velho Bulhões: "Você não substitui; o máximo que você pode fazer é suceder." Porque o Bulhões estava atrás de todas as reformas. Bulhões era realmente um tecnocrata no sentido autêntico, quer dizer, ele não só tinha um conhecimento teórico muito bom como ele tinha muita habilidade burocrática. Ele tinha vindo do serviço público. Nós estávamos num momento em que tinha ficado uma recessão profundíssima de 1967 e a divergência era a seguinte: qual era a causa daquela recessão? A causa básica e a hipótese básica do Roberto eram que você tinha que insistir até que as expectativas inflacionárias se invertessem e convergissem para um mesmo nível de preços. Mas então teve uma divergência muito grande com o Dênio Nogueira, que era o presidente do Banco Central. A minha ideia era a seguinte: você está diante de uma inflação de custos. Você não está diante de inflação de demanda; então, nós mudamos a política.

Lozardo: Isso na sua gestão?

Delfim: Minha gestão começa mudando. No dia em que eu entro – é só ver isso no meu discurso de posse –, aconteceu uma coisa interessante: não só se acelerou o crescimento, se acelerou muito, mas caiu a inflação.

Lozardo: Isso se deve a quê, ministro?

Delfim: Não se reconhece o fato de que o meu diagnóstico era melhor. As pessoas não reconhecem.

Lozardo: O que se fez na época para que a inflação caísse ainda mais? Pois, no período Campos-Bulhões, a inflação caiu substancialmente. A causa da inflação era diferente em 1967?

Delfim: Muito. Era de custo e tínhamos uma folga fiscal importante. Legado de Campos-Bulhões.

Lozardo: Mas na época de Campos-Bulhões a inflação era de demanda: excessivos gastos públicos, dívida pública crescente como sendo recurso para financiar o crescimento econômico e aumento de salários acima da produtividade. No final do período, ela pode ter se tornado inflação de custos. Esse entendimento é fundamental. E aí vem sua gestão econômica.

Delfim: Correto, mas era inflação de custos. A política econômica tinha de ser outra. No Brasil, uma boa parte do que se diz hoje é tolice a respeito da dívida pública. Uma coisa espantosa! O que se fala de tolice, imaginando que dívida pública é novo recurso! Então, no caso, as primeiras medidas foram... baixou os juros, expandiu o crédito, mas fez uma coisa muito mais importante: ampliou o prazo de recolhimento dos impostos. Você deu caixa para o setor privado e retirou o poder do sistema bancário.

Lozardo: Ou seja, essa medida possibilitou que as empresas tivessem crédito próprio a custo zero...

Delfim: Sim, foi isso. Então, o que aconteceu? Você conseguiu baixar a taxa de juros, ampliar o crédito, porque o crédito, inclusive, vinha do capital de giro que o produtor estava acumulando.

Lozardo: Qual foi o prazo desse recolhimento?

Delfim: Chegamos a recolher IPI e ICM em 120 dias, uma coisa desse jeito aí, quer dizer, você disparou o crédito para financiamento a custo zero e tinha-se capacidade ociosa. O governo tinha também enorme credibilidade do setor privado. Isso faz muita diferença.

Lozardo: Qual foi o impacto dessa medida no longo prazo?

Delfim: Você teve doze anos de uma expansão muito grande, que não era novidade no Brasil. O Brasil cresceu 32 anos à taxa de 7,5%. Então, o que veio depois, tem muito pouca coisa, as pessoas não entendem nada. A primeira trava desse crescimento ocorreu em 1974, com a crise do petróleo.

Lozardo: Não se previu essa crise?

Delfim: Sabíamos. Giscard d'Estaing, que veio a ser presidente da França (1974-1981), que tinha se tornado muito amigo meu, antes de ser o presidente, em 1971, disse-me: "Delfim, os árabes vão fazer um cartel, e o preço do petróleo vai multiplicar por cinco ou por seis." Você imagina, nós pagávamos um barril de petróleo 1 dólar e vinte. O barril de petróleo iria passar para 5 ou 6 dólares, quando chegou a 42 dólares. Quando eu retornei da França, conversei com o Médici, e ele fez uma reunião. Expus o parecer do Giscard d'Estaing. O Geisel era o presidente da Petrobras, e eu com o ministro Dias Leite recomendamos que o Brasil fizesse um leilão e permitisse que as empresas estrangeiras participassem para explorar petróleo. Geisel era presidente da Petrobras. Ele se revoltou, disse que o Giscard não entendia nada de petróleo. Ele é quem entendia. Criou-se uma confusão dos diabos e depois teve que pagar o preço, porque o custo da inação estourou na mão dele, porque foi ele que endividou o Brasil.

Lozardo: Essa história não é tão bem conhecida.

Delfim: Ele endividou o Brasil por conta disso.

Lozardo: Foi um erro ou uma necessidade?

Delfim: Se ele não tivesse endividado, o Brasil teria virado Bangladesh. Quando chegou a segunda crise do petróleo, o Brasil já tinha quebrado, não tinha condição alguma... Em 1979, o Mário Simonsen, que era uma figura genial, inteligência privilegiada, soube da nomeação do Paul Volcker à presidência do Federal Reserve System (Fed), o Banco Central norte-americano... O Mário entendeu que nós tínhamos quebrado. O Volcker era companheiro dele no conselho do Citibank. Ele sabia o que o Volcker pensava. Então, foi aí que quebrou o Brasil de verdade; não só quebrou o Brasil, mas o mundo.

Lozardo: Isso foi no início de 1980.

Delfim: É, 1979, 1980, 1981, mas quebrou o mundo junto, não só o Brasil. Então, esse que é o problema. O que aconteceu depois, o Brasil em três anos resolveu o problema do balanço de pagamentos. Foi o primeiro país a resolver o problema do balanço de pagamentos, mas foi o último a negociar a dívida externa, que foi negociada graças ao Pedro Malan, com o suporte do presidente mais injustiçado neste país, que foi o Itamar Franco. Sem o Itamar, jamais teria acontecido o Plano Real. Não atribuir ao Itamar o mérito da preparação das condições do Plano Real é uma conversa mole.

Lozardo: Quais foram essas condições?

Delfim: O Itamar fez o superávit primário de 5,5% diante de uma dívida pública de 40% do PIB. Acumulou reservas e deixou fazer o acordo da dívida externa, sem o qual o Plano Real nunca teria dado certo. Aliás, a gente sabia que essas eram as condições necessárias e foram realizadas pelo Itamar. O Plano Real é uma pequena joia, quer dizer, talvez seja a construção mais sofisticada e inteligente que um grupo de economistas brasileiros já produziu.

Lozardo: Sem dúvida, mas já havia a experiência israelense. Houve alguma similaridade ou foi plena inspiração brasileira?

Delfim: Mas isso tudo está ligado a esse fato. Quando se fez o Plano Real, já havia uma experiência muito boa, que foi o plano israelense, que é o modelo, quer dizer, o nosso plano é uma cópia muito bem feita do original.

Lozardo: Nesse período, Pérsio Arida, André Lara Resende e outros tinham ido estudar o plano de combate à inflação em Israel. Lá estava Stanley Fischer, que muito ajudou a equipe brasileira.

Delfim: Porque o Stanley Fischer estava assessorando o plano de combate à inflação israelense. Ele era muito amigo de Dornbusch, o mestre dessa gente toda.

Lozardo: Verdade.

Delfim: São pessoas de altíssima competência: o Pérsio Arida, Edmar Bacha...

Lozardo: Lara Resende, Gustavo Franco, Pedro Malan...

Delfim: O Lara Resende, o Bacha, o Malan e o Gustavo Franco são gente de altíssima qualidade. O Gustavo Franco, Pedro Malan têm qualificações, são pessoas que fizeram uma coisa realmente muito bem-feita e ensinaram... Na verdade, eu acho que a grande lição do real, eu sempre digo, é que ele mostra uma coisa tão complexa, mas simples, sem aviltar mercados.

Lozardo: Uma métrica na mudança de preços que pode ser entendida por todos.

Delfim: Quando saiu a ideia da URV, todo mundo achou que aquilo era impossível... Quando eu vi minha avó comprando berinjela em URV, eu vi que não tinha nenhum segredo, ia dar certo e funcionou.

Então, eu acho que foi a grande lição, que não aprendemos agora. O programa da Dilma não está dando certo porque não tem o que é essencial: a credibilidade. Então, por que não tem credibilidade? Na verdade, ninguém acredita que o Joaquim Levy seja o ministro da Fazenda, pois todos sabem que ela é a ministra. Então o que eu diria é o seguinte: foram coisas importantes que aconteceram e não tem nenhuma razão para o Brasil continuar como está... O Brasil pode melhorar seguramente.

Lozardo: No governo Dilma, estamos repetindo os erros do passado, ou seja, das décadas das proposições cepalinas, nas quais o Estado é o indutor do desenvolvimento. Posso lhe trazer um pouco mais sobre a relevância de Roberto Campos, nas décadas de 1950 e 1960, que se opôs às proposições cepalinas? O que você pensa sobre as proposições cepalinas?

Delfim: Isso tanto Roberto como eu sempre rejeitamos nas proposições da Cepal. Nunca levei a sério realmente porque tinha um erro fundamental, que era o seguinte: você não mexia no câmbio. A Cepal esteve envolvida num sistema em que eu digo que a cobra mordeu o rabo. Afirmavam que não adianta mexer no câmbio porque o sistema de produção é inelástico, não cresce a exportação. Então eu não mexo no câmbio, não cresceu a exportação.

Lozardo: Quando ministro, em 1967-1973, apesar de ter modificado o prazo de recolhimento do ICM e IPI, qual foi sua política cambial?

Delfim: Em fevereiro de 1966, o governo fez uma desvalorização, mas foi insuficiente. O Roberto fez uma pequena desvalorização. Nós não tínhamos reservas. Em 1967, no primeiro dia, mexeu-se no câmbio de verdade. Quando tomei posse, nós tínhamos 200 milhões de dólares de contas para pagar da Shell, quer dizer, essa era a reserva internacional do Brasil. Uma coisinha mínima, tanto que inventamos a 163.

Lozardo: A 163 foi criada pelo Banco Central.

Delfim: Foi o Rui Leme que inventou a 163. Então, quando nós fizemos o *crowding pag* em que você fixou o câmbio num nível extremamente competitivo e o manteve durante dez, sete anos, fazendo uma correção quase semanal pela inflação interna e deflacionando...

Lozardo: Pela inflação externa...

Delfim: Pela inflação externa e deflacionando pela inflação interna, você ampliou as exportações industriais dramaticamente. Na verdade, naquele período, a nossa participação nas exportações do mundo crescia 15% ao ano. Então, no Brasil não houve nenhum truque, nada, não há nada, porque nunca existiu milagre; milagre é efeito sem causa. O que aconteceu teve causa mesmo, teve todo o trabalho dos brasileiros depois da desarrumação do Goulart e todo o trabalho posterior, quer dizer, e um sofrimento enorme. Não porque nós estávamos brincando. Houve uma recessão brutal em 1965 e 1966. Mas não tinha outro jeito, contudo a obra de reorganização econômica de Campos-Bulhões foi fundamental para o crescimento que se seguiu na minha gestão.

Lozardo: O que mais você pode acrescentar sobre Campos?

Delfim: E eu vou te dar uma coisa que poucas pessoas sabem: quem inventou a Zona Franca de Manaus foi o senhor Roberto Campos.

Lozardo: Com que objetivo foi isso?

Delfim: Era um mecanismo inclusivo de desenvolver um polo industrial.

Lozardo: Industrial em Manaus?

Delfim: Sim, porque assim você protegeria até a floresta.

Lozardo: Pode ser...

Delfim: Ele deixou isso na Constituição... Quem pôs em prática fui eu.

Lozardo: Esse fato é mais uma surpresa desta nossa conversa.

Delfim: Foi muito engraçado, porque nada entrou em vigor no dia 1º de janeiro. Tudo entrou em vigor no dia 15 de março, que era o dia da posse do ministro, da substituição; era a posse do Costa e Silva. Até o ICM, tudo entrou em vigor em 15 de março.

Lozardo: Roberto Campos acreditava que a industrialização não era um fim em si ou um meio para o desenvolvimento...

Delfim: É um instrumento.

Lozardo: Qual é o papel da industrialização num país subdesenvolvido como foi à época?

Delfim: A industrialização é o único caminho visível, porque o desenvolvimento econômico não é um fenômeno econômico, é um fenômeno termodinâmico. A sociedade se apropria da energia que está dispersa no seu território, concentra-se energia e dissipa na produção de bens e serviços. Existem três gargalos que, se você não eliminar, morre o crescimento.

Lozardo: Quais?

Delfim: Se não houver o suprimento de energia, acabou. Se você não tiver a capacidade de separar do produzido o montante adequado de investimento para recompor o capital que você está consumindo e acrescer, parou também. Se você não tiver exportação suficiente, porque a importação é um fator de produção tanto quanto a mão de obra, como o capital, você tem que ter exportação para poder pagar a importação. Então, o crescimento para quando uma dessas três coisas ou duas ou três param. Se não houver energia para o crescimento, se não houver investimento para o crescimento e se não houver exportação, o déficit em conta corrente paralisa o crescimento. Então, nunca houve divergência sobre isso. A grande divergência era em relação à Cepal. Era impossível você eliminar a restrição externa. A única forma de eliminar a restrição externa era pela exportação; a substituição de importação era simplesmente um instrumento.

Lozardo: Como se configurava a pauta de exportações no início da sua gestão como ministro no governo Costa e Silva?

Delfim: No Brasil, a coisa era complicada porque, quando estive como ministro, o café representava o câmbio; 70%, 60% das exportações eram o café.

Lozardo: Qual foi sua tarefa no tocante à mudança na pauta das exportações?

Delfim: Então, a minha tarefa, na verdade, era reduzir a importância do café, não para a economia brasileira, mas na pauta de exportações – tanto que representava 60% e acabou em 10% da pauta. Mas por quê? Porque você foi substituindo o café por outros produtos manufaturados ou semimanufaturados. O café até foi crescendo em volume de exportação, mas os outros cresciam mais, o que provocou a redução da sua importância na pauta, e aqui – eu acho – ocorreu algo importante: cobrava-se imposto sobre o café. Por quê? Porque ele era uma demanda inelástica e nós tínhamos um relativo controle da oferta. Então, aquela tal contribuição, a cota de contribuição sobre a qual os agricultores ficavam furiosos, os cafeicultores, achando que eles que estavam pagando, mas não, quem estava pagando era o consumidor externo. Isso eles nunca entenderam.

Lozardo: Uma coisa que eu quero perguntar aqui é o seguinte... Enquanto ministro, passaram tantos anos, você teve uma fase gloriosa de crescimento econômico e, olhando o passado com as lentes de hoje, parece que nós não aprendemos muito. Por que a ótica estruturalista sobre o desenvolvimento, que fracassou (pois não existe em outras economias emergentes), ainda está entre nós, latino-americanos?

Delfim: Eu não sei. Eu acho que isso tudo é um jogo de palavras. É o que eu disse: o desenvolvimento econômico é um fenômeno termodinâmico. Talvez seja melhor retirar essa tarefa dos economistas e substituí-los por engenheiros que entendem disso, porque, no fundo, essa discussão, como eu vejo hoje, é de um ridículo mortal. Essa corrente de pensamento estruturalista imagina que se pode desenvolver o país com dívida interna. A dívida interna é fundamental para uma boa administração.

Lozardo: Se há orçamentos públicos equilibrados – portanto, não inflacionários –, qual a função de se ter dívida pública? O que a dívida pública pode fazer que os instrumentos do mercado financeiro não conseguem?

Delfim: Ela é importante na administração da macroeconomia e sem ela você não tem instrumentos, digamos, para corrigir eventuais deficiências de demanda. E é só. E agora a ideia de que eu posso resolver meu problema da má gestão do orçamento público com dívida pública é a mesma do sujeito que está se afogando e pensa que vai se salvar puxando os cabelos para não se afogar e sairá andando. Então me parece que é uma ideia ridícula e mortal. Eu fico muito triste com o que está acontecendo. Nós... a tribo dos economistas está completamente dividida.

Lozardo: Quais são as tribos?

Delfim: Você tem tribos *mainstream*, é uma tribo que pensa que a teoria econômica é ciência de verdade.

Lozardo: E não é.

Delfim: Os marxistas são outra tribo; os keynesianos, os kaleckianos, os hobsonianos são outras tribos, quer dizer, cada um foi desenvolvendo uma tribo. Agora cada um alugou uma casa para fazer um clube secreto, no qual de noite a gente discute; em vez de discutir os problemas, fala contra o outro, quer dizer, são clubes de fofocas e que estão perdendo tempo. Não tem ninguém no mundo que seja mais vítima dos seus asseclas do que o Marx e o Keynes. Se os dois pudessem falar, iam pedir pra eles: pelo amor... fiquem quietos.

JOÃO CARLOS GANDRA DA SILVA MARTINS
Pianista e Maestro
São Paulo – 10/02/2017

Lozardo: Gostaria de saber como o senhor conheceu Roberto Campos.
Maestro: Eu conheci o Roberto de uma forma *sui generis*. Eu já havia feito minha estreia nos Estados Unidos e aí fui fazer um concerto em Washington. Quando eu cheguei ao aeroporto, eu falava mal o inglês, uma moça me ajudou. E essa moça falou: "O que você faz?" Eu falei: "Sou pianista." Ela falou: "Onde você vai ficar?" Eu ia ficar num hotel chamado President, duas estrelas, sei lá. Ela falou: "Não, vem para casa que eu tenho um piano de cauda e você pode estudar piano. Quando você vai tocar aqui em Washington?" Eu falei: "Vou tocar depois de amanhã." Ela falou: "Você pode estudar das oito da manhã até as dez horas da noite. O seu quarto vai ser o da esquerda, o meu quarto à direita e você pode estudar o dia inteiro." E eu fui para a casa dela; comecei a estudar piano como um louco, porque, dois dias depois, eu ia tocar no Constitution Hall. De noite, tocou a campainha. Era um senhor de smoking. Ela vestia um vestido longo e saiu com ele. No dia seguinte, lá pelas dez horas da manhã, eu estudando piano, ela acorda e fala: "Olha, o embaixador do Brasil vai lhe oferecer uma recepção amanhã." Eu falei: "Puxa, que maravilha! Mas como é isso?" Ela falou: "Ele acabou de chegar e ainda nem apresentou as credenciais para o presidente Kennedy." Eu falei: "Tudo bem." No dia seguinte, eu dei um concerto e foi uma maravilha, foi muito forte; as críticas no dia seguinte foram incríveis.
Lozardo: O que você tocou?
Maestro: Eu toquei o Concerto nº 1 de Tchaikovsky.

Eu já havia feito a estreia com um concerto de um compositor argentino chamado Ginastera. No dia seguinte, ela me levou para a recepção na casa do embaixador e, quando eu chego, vejo que todo o ministério americano estava lá. Aí eu falei: "Embaixador, muito obrigado pela recepção." Eu tinha 22 anos, ou 21 anos. O embaixador me falou: "O que aconteceu foi o seguinte: antes de ontem, eu fui convidado para uma recepção a Pablo Casals na Casa Branca. Kennedy e Jacqueline Kennedy ofereceram. Eu cheguei há três dias em Washington, fui convidado. Estando lá, chegou essa moça e falou para mim: '*What kind of fucking ambassador are you? A Brazilian pianist is playing here the day after tomorrow and you are not even giving him a reception.*'" Campos respondeu: "*Well, I've known for a long time that I am a fucking ambassador, but to suddenly discover that I am a fucking ambassador in two days is too much for me. Let's do this. I offer my fucking embassy, my fucking drinks, and my fucking foods, and you bring your fucking guests.*"

Lozardo: Uma apresentação pouco diplomática. E você era um dos convidados da senhora?!

Maestro: Conversa maluca. Aí ele perguntou para ela: "Quem é você?" Ela falou: "Meu nome é Annie Mansfield. Eu sou filha do líder da maioria democrática, senador Mike Mansfield." Que foi quem foi buscá-la no apartamento dela. E aí o senador Mike Mansfield convidou todos os que lá estavam para a recepção que o Roberto Campos ia oferecer para um jovem pianista brasileiro. Ele conta no livro *A lanterna na popa* e eu conto no meu livro *A saga das mãos* a mesma história. E ele fala: "Através de um jovem pianista, em 24 horas eu já me relacionei com todo o ministério americano."

Daí nasceu uma grande amizade entre mim e o Roberto. Eu fazia as minhas turnês pela Europa e Estados Unidos, telefonava e falava: "Olha, vou passar uns dez dias de férias aí em Washington." E ele falava: "Você estuda, fica aqui em casa porque a minha família vai para a casa de campo em Maryland e você fica aqui."

A cultura dele, eu nunca na minha vida vi uma pessoa com uma cultura tão ampla que abordasse todos os segmentos de uma história do planeta. A cultura dele era sobre economia, música, filosofia, teologia, tributação, relações internacionais; nunca vi uma cultura igual.

História e geografia, ele sabia tudo. Já pensava naquela época em sustentabilidade. Ficávamos conversando horas na residência dele em Washington, pois a família dele passava férias em Maryland. Ele fazia muitas recepções. Nessas recepções, vinham vários casais, mas vinham também muitas moças bonitas – secretárias de ministros – e as recepções eram muito animadas, mas totalmente civilizadas; nada de anormal acontecia. Mas havia um pouco de música, o pessoal dançava, eu por acaso não dançava. Mas o Robert Kennedy ia lá, John Kennedy, todo mundo – não à recepção, John Kennedy ia à casa dele, na embaixada. Aí ele foi assistir à minha estreia em Nova York que a Eleanor Roosevelt organizou.

Lozardo: Há algo que pode me contar sobre as recepções na embaixada?

Maestro: Numa das recepções, notei que estava o presidente da Bell Telephone. Naquela época, não era AT&T. Notei que havia muitos casais, algumas secretárias, tudo o mais, mas havia um número maior de mulheres do que de homens. E, quando eu estudava piano, nos intervalos, o cozinheiro da embaixada – chamava Chevalier – subia para bater papo comigo, lá na sala do piano, e conversávamos. Era um francês muito educado, muito bem-vestido, era o chefe de cozinha. Aí, eu falei: "Roberto [aí já não chamava mais de embaixador], acho que podemos pedir para o Chevalier subir para a festa, né?" Ele falou: "Claro, apresenta aí como conde Chevalier, qualquer coisa assim." Eu falei: "Tudo bem."

Aí, eu telefonei e falei: "Chevalier, depois que estiver tudo pronto aí na cozinha, você sabe, pois o embaixador falou pra você subir." Chevalier subiu logo depois, bem arrumado, era verão, com um *foulard*, tudo. E começou a dançar com uma senhora que era esposa do presidente da Bell. De repente, o Chevalier largou a mulher no meio do salão. Aí, eu falei: "Chevalier, é isso que dá, convido você, achei que você ia ficar feliz e você me faz uma grosseria dessa." Ele falou: "Essa putana está gostando da festa, mas não gostou da comida." E largou a mulher no meio do salão.

Lozardo: A partir desse encontro em Washington, vocês continuaram amigos e tiveram muitas outras atividades. Como era a pessoa Roberto Campos?

Maestro: Minha amizade com Roberto Campos continuou. Cada vez que eu ia para Washington, eu ia lá para a embaixada, até que, em 1966, 1967, mais ou menos, eu tive uma embolia pulmonar depois de um concerto em Berlim por causa de um apêndice supurado. Eu fiquei sessenta dias em coma. Ele já não estava como ministro do Planejamento. Mas imediatamente botou todo o Itamaraty à minha disposição.

Uma amizade assim incrível de um ser humano... Meia hora depois, estava todo o Itamaraty à minha disposição, e eu fiquei dois meses em coma.

Lozardo: Mas depois você teve outro acidente...

Maestro: Sim, tive um acidente jogando futebol.

Lozardo: Em Nova York?

Maestro: Em Nova York. Tive que parar de tocar piano. Depois de três anos, ele falou: "João, como você viajou o mundo inteiro, economista você não é, mas você deve entender de turismo, pelas suas viagens. Então vem trabalhar no InvestBanco no setor de turismo." Porque eu não podia tocar piano... e eu comecei a trabalhar no banco.

Lozardo: Quando foi esse convite?

Maestro: Foi em 1971.

Lozardo: Eu trabalhei no InvestBanco, mas, em 1970, Roberto Campos possibilitou minha saída do Brasil e fui para Washington.

Maestro: Em 1971, quando o InvestBanco foi comprado pelo Banco União Comercial. Aí, eu trabalhei no banco na área de turismo. Ele tinha um apartamento grande na avenida São Luís. Certo dia, ele falou: "O apartamento é grande e tem quatro quartos aqui; você pode morar nesse apartamento. Eu fico lá somente às terças e quintas-feiras." A amizade foi crescendo entre nós, eu tinha me separado, estava casando de novo e ele era uma pessoa que jamais dava um conselho na vida particular de uma pessoa. Ele respeitava a privacidade. Lembro-me de que estávamos sentados vendo na televisão a escolha do Médici para presidente da República. E o Roberto, antes de tudo, era um democrata. E ele considerava o Castello Branco um estadista. Castello Branco só queria ficar três anos e devolver a Presidência para um presidente eleito.

Lozardo: Mas não conseguiu.

Maestro: O general Castello Branco foi derrotado pelo *establishment* do Exército; ele queria devolver já em 1967 o governo para os civis.

Lozardo: Como Roberto Campos reagiu à continuidade militar?

Maestro: Ele já estava no InvestBanco, nós assistíamos à nomeação do Médici como presidente da República. Aí eu pergunto para o Roberto: "Ô Roberto, esse vai ser um bom presidente?" Ele falou: "É um Costa e Silva sem a dona Iolanda, o que já é uma vantagem."

Lozardo: Que sagacidade!

Maestro: Todas as respostas dele eram muito... agudas, iam direto ao ponto. Mais adiante, ele saiu do InvestBanco.

Lozardo: E você foi com ele?

Maestro: No InvestBanco, deram um golpe nele.

Lozardo: Como assim?

Maestro: A turma do Paulo Gaia deu um golpe nele para que ele saísse do banco. Resolveram tirá-lo da presidência. Com esse episódio, todos os amigos do Roberto entregaram a carta de demissão.

Lozardo: Em que ano foi isso?

Maestro: Isso foi por volta de 1973.

Lozardo: Eu estudava na New York University, mantendo meus estudos com o salário do InvestBanco. Naquele ano, fui despedido. Mas, até aquele ano, muitos amigos do InvestBanco, como Luiz Carlos Mendonça de Barros e Miguel Ethel, me apoiaram para eu terminar meus estudos.

Maestro: Você estava no banco?

Lozardo: Pertencia ao quadro de funcionários do banco. Entrei no banco em 1969. Em 1970, época do general Médici, tive de sair do Brasil. Professor Campos foi quem me ajudou a ir para os Estados Unidos fazer um estágio no Banco Mundial. Recebi meus salários até 1973. Fui despedido. Estava concluindo meus estudos de graduação na NYU. Essa história contarei neste livro.

Maestro: Nossa amizade continuou. Nós nos encontrávamos muitas vezes em Nova York. Ele era respeitadíssimo por todos os economistas importantes norte-americanos.

Lozardo: Fui aluno de Robert Mundell, Nobel de economia, na Universidade de Columbia. Ele tinha grande admiração por Roberto Campos. Na época, considerava-o o melhor economista latino-americano.

Maestro: Quando ele fazia uma palestra, era impressionante a presença de economistas norte-americanos. Ele ia assistir aos meus concertos em Nova York. O Roberto tinha uma admiração muito grande por mulheres loiras. A esposa dele chamava Estela. Ele brincava com ela quando íamos jantar. Eu estava novamente casado. Muitas vezes, fomos jantar. Fizemos uma viagem a Hong Kong, eu com a minha esposa, e ele com Estela; fomos para Hong Kong, Macau; fizemos uma viagem maravilhosa, nós quatro. Roberto falava umas coisas engraçadas. Quando a Estela se arrumava muito bem para um jantar, ele falava: "Estela, você está tão bonita que está parecendo mulher dos outros."

No Brasil, a pessoa que mais se aproxima de Roberto Campos é Delfim Netto. Ele é de uma inteligência incrível. Roberto teve um AVC. Octávio Frias pediu que eu escrevesse um artigo sobre Roberto Campos para a *Folha de S. Paulo*. Esse artigo, você pode encontrar no Google: "Meu amigo Roberto". Eu conto várias histórias...

Lozardo: Antes do AVC, como foi a vida de Roberto Campos?

Maestro: Roberto, ao final, viveu e morreu com dificuldades financeiras. Ele não era rico, nunca foi. O Roberto era o maior exemplo... O apelido dele era Bob Fields, mas um dos maiores exemplos anticorrupção que você possa imaginar em nosso país, entende? Um democrata, mesmo tendo servido ao regime militar... Ele contava uma história que o Castello Branco falava pra ele: "Ministro, eu estou com a cabeça chata de tanto o senhor bater na minha cabeça e falar 'assina este decreto'."

Lozardo: Ele conta isso em *A lanterna na popa*. Agora, vocês chegavam a conversar sobre economia, política?

Maestro: Conversávamos sobre política, tudo; ele falava sobre os destinos do Brasil. Ele tinha admiração por pessoas – por exemplo, pelo Fernando Henrique Cardoso. Uma admiração enorme pelo Otávio Gouveia de Bulhões, que foi ministro da Fazenda quando ele foi ministro do Planejamento.

O Roberto foi uma das poucas pessoas que fez um *speech* naquele púlpito em que só fica o presidente dos Estados Unidos – isso no ano de 1963. Ele me contava que passava pelos períodos mais difíceis da vida dele porque tinha que explicar todas as coisas, as besteiras do Jango Goulart, para o governo americano. Falava que era uma dificuldade enorme conseguir transformar limão em limonada, a forma como o Jango Goulart agia como presidente da República aqui no Brasil em relação aos Estados Unidos.

Lozardo: Eu fico imaginando, pela vida pública que ele teve, como encontrava tempo para estudar...

Maestro: No apartamento da avenida São Luís, em São Paulo, morávamos em quatro pessoas. Eu tinha quase 30 anos, um português chamado Amorim, que trabalhava no banco, e um outro chamado Edmar, que era diretor do Banco da Bahia, que acabou se suicidando. No apartamento, havia um piano, no qual ele e eu tocávamos. Ele ficava estudando até altas horas. Quantas madrugadas eu ouvia ele datilografando, preparando artigos e escrevendo crônicas, livros... Já pensando talvez num futuro, datilografava coisas que ele achava importantes ou artigos. Ele tinha uma secretária chamada Neide e só ela entendia as correções que ele fazia à mão do que ele datilografava. Muitas vezes, ele escrevia à mão; muitas vezes, ele datilografava. Foi talvez a pessoa mais humana que eu conheci.

Lozardo: Como assim?

Maestro: Humana... do lado do bem. Quem ele pudesse ajudar, ele ajudava. Podia ser de esquerda, de direita...

Lozardo: Você tem algum exemplo para contar de quem ele ajudou nessa época?

Maestro: Por exemplo, no campo artístico, dentro de artes plásticas, se havia um jovem com talento, ele mesmo fazia a gestão junto ao Itamaraty para que esse jovem pudesse fazer exposição no exterior. Ajudava músicos. Se ele podia conseguir para um arquiteto de talento recomendação para que esse arquiteto fosse apresentado para uma empresa, ele ajudava sem nunca ter nenhum tipo de interesse financeiro. Roberto vivia do salário dele e ponto final. Ele adorava a filha Sandra, tinha um respeito enorme pelo filho, que era o Roberto Campos Filho, e o outro filho dele morou durante alguns meses aqui, neste meu apartamento. Se eu puder comparar, Roberto Campos foi a pessoa mais culta, humana e honesta que eu conheci na minha vida.

Lozardo: Ele foi admirado e rejeitado por muitos. Ele guardava rancor ou mágoas dos seus opositores?

Maestro: Não.

Lozardo: Ele frequentemente iniciava um artigo com um pensamento ou um provérbio chinês. O que você me diz dessa característica?

Maestro: É verdade e, certa vez, eu lhe perguntei: "Roberto, onde você arrumou tanto provérbio chinês?" Ele falou: "Oh, tem mais de 1 bilhão de chineses, alguém já pensou nisso..." Todos os provérbios eram dele mesmo.

Lozardo: Assim como quando ele cita um pensamento e menciona "diário do economista", mas é dele.

Maestro: É isso. Roberto não tinha defeitos. Ele foi algumas vezes me visitar nos Estados Unidos quando eu morava lá; eu estava em turnês, e ele adorava, por exemplo, passeio de barco. Um dos meus filhos chama-se Patrick Roberto Martins por causa dele. Patrick mora nos Estados Unidos, é americano.

Lozardo: Que bela homenagem!

Maestro: Foi uma amizade muito grande. Ele torcia muito por mim e eu percebia que ele tinha uma mágoa do Brasil por não reconhecer que o melhor ministro de Relações Exteriores que o Brasil poderia ter seria ele mesmo.

Lozardo: É verdade. Segundo consta, uma história contada pelo jornalista e escritor Merval Pereira, em jantar na casa do Silveirinha, este foi dormir mais cedo, justificado aos convidados, que no dia seguinte tinha de estar descansado para desqualificar Roberto Campos para o cargo de chanceler ao general João Batista Figueiredo.[2]

Maestro: Essa mágoa, ele tinha.

Lozardo: Nessa sua convivência com ele, você pode notar o entendimento dele em relação à evolução das relações internacionais?

Maestro: A visão do mundo dele era tão importante que ministros, embaixadores, como Bob Kennedy, Bob McNamara, Kissinger, se aconselhavam com ele.

Bob McNamara, muito. O Bob McNamara o consultava lá em Washington. Me lembro quando fizemos essa viagem para Hong Kong com a Estela, minha mulher e ele. A primeira parada foi em Tóquio.

Ele foi recebido como se fosse um *big star*. Em Hong Kong, sempre economistas o procuravam. Lembro-me dele junto ao ministro da Economia no Japão; ele fez uma descrição sobre o PIB japonês, alguma coisa da economia japonesa que o ministro da Economia do Japão falou: "É impressionante que você, que é do Brasil, sabe mais de economia japonesa do que eu." Brincou com ele.

Lozardo: Embora tenha sido um economista não de formação matemática, ele tinha muito interesse pela lógica matemática. Daí a grande amizade dele com Eliezer Batista e Mário Henrique Simonsen.

Maestro: Ele sempre se cercou dessas pessoas. Ele dizia que a economia é uma ciência que foi feita para explicar a miséria. Dizia também que a diferença entre o comunismo e o capitalismo é que, no comunismo, as intenções são melhores do que os resultados e, no capitalismo, os resultados são melhores do que as intenções.

Lozardo: Fico muito feliz de ouvir sobre esse lado humano de Roberto Campos, que foi uma pessoa que admirei muito, desde a minha adolescência. Ele foi um grande apreciador de Beethoven. Ele tinha alguma habilidade musical?

Maestro: Sim, ele tocava piano. Aprendeu no tempo em que foi seminarista. Gostava de tocar. Quando chegava a Nova York, ele gostava de ficar num hotel chamado Barclay, se não me falha a memória, porque tinha três saídas para três ruas diferentes. E ele falava: "Para mim, é o melhor hotel, porque, quando chega um chato, eu consigo sair pela outra porta." Uma característica de Roberto é que ele ouvia e perguntava muito para depois falar.

Lozardo: Como ele se achava como economista?

Maestro: Uma vez, eu fiz uma pergunta pra ele: "Por que você é tão melhor que todos os economistas?" Eu me lembro muito bem dessa resposta. Ele falou: "Porque tudo que eu leio, eu não esqueço." O armazenamento na memória dele, de tudo que dizia, a administração de empresa, a economia e tudo... Ele armazenava como se fosse um computador.

Lozardo: Quem também fala da mesma forma é Henry Kissinger. Num livrinho que ele escreveu, *O século esquisito*, atrás havia uma frase do Kissinger: que nunca viu alguém ter tanta informação na mente como o Roberto Campos. E era isso mesmo!

Ok, Roberto. Você venceu!

Maestro: Se você perguntava sobre a economia da Guatemala, a economia do Panamá, de qualquer país, ele tinha a informação completa.
Lozardo: Então ele estava estudando sempre...
Maestro: Ele não parava de estudar. Ele chegava, ia para o quarto dele, no apartamento na avenida São Luís, isso por volta das dez horas da noite, e ficava lendo até meia-noite. Ele devorava um livro numa noite. Depois escrevia, datilografia ou à mão, e a Neide corrigia.

DR. ERNANE GALVÊAS
EX-PRESIDENTE DO BANCO CENTRAL DO BRASIL E MINISTRO DA FAZENDA
RIO DE JANEIRO, 22 DE OUTUBRO DE 2015.

Lozardo: Doutor Galvêas, agradeço-lhe por esta oportunidade de entrevistá-lo sobre uma pessoa que nós admiramos muito: Roberto de Oliveira Campos. Em que momento da sua vida conheceu Roberto Campos? Como se desenvolveu essa amizade?

Galvêas: Creio que a história econômico-profissional do Roberto Campos começou em 1944, quando ele era terceiro-secretário do Itamaraty, em Washington – USA, e estava estudando em Washington e em New York, tentando organizar sua carreira na área econômica. Nessa ocasião, em 1944, vários países se reuniram em Bretton Woods, nos Estados Unidos, pouco antes do término da Segunda Guerra Mundial, em 1945, preocupados em reorganizar a economia mundial, destroçada pela guerra, especialmente em termos de inflação e de desordem cambial. A reunião foi convocada para "botar ordem" na economia mundial e impedir os efeitos desastrosos de uma profunda depressão. O Brasil participou dessa reunião, com uma delegação chefiada pelo dr. Artur de Souza Costa, ministro da Fazenda do governo Getúlio Vargas. Participaram dessa delegação os drs. Eugênio Gudin e Otávio Gouveia de Bulhões. O chefe da delegação brasileira solicitou ao Itamaraty a designação de um diplomata para acompanhar as reuniões e Roberto Campos foi o indicado. Assim, Roberto começou sua carreira profissional com Eugênio Gudin e Otávio Gouveia de Bulhões, em Bretton Woods, onde teve uma participação destacada, contribuindo com opiniões atualizadas sobre os problemas internacionais, conquistando a admiração e o apreço de Gudin e Bulhões. Todos foram meus amigos. Nesse encontro de Bretton Woods, foram criados o Fundo Monetário Internacional – FMI e o Banco Mundial – BIRD. Era para ser criada também uma entidade sobre tarifas aduaneiras, mas o General Agreement on Tariffs and Trade – Acordo Geral de Tarifas e Comércio – GATT, somente aconteceria dois anos depois. O professor Eugênio Gudin era um liberal fanático. São muito conhecidos os embates entre ele e Roberto Simonsen, um líder empresarial da Confederação da Indústria que defendia a proteção da indústria, mediante mecanismos de intervenção do Estado. Eugênio Gudin era visceralmente contra. Era pela liberdade do mercado: "não tem planejamento, só tem que ter orientação e honestidade de propósito". Roberto, que também seguia uma orientação liberal, se aproxima dessas duas figuras notáveis ligadas à Fundação Getúlio Vargas – FGV. A partir daí, Roberto Campos, Gudin e Bulhões caminham juntos até o governo Juscelino Kubitschek. Com Juscelino, Roberto Campos e Lucas Lopes são chamados para equacionar financeiramente o Plano de Metas do Juscelino.

Lozardo: Isso foi quando?

Galvêas: Em 1958, mais ou menos. O Juscelino assumiu em 1956 e foi até 1961. Roberto Campos e Lucas Lopes aceitaram o desafio de viabilizar o Plano de Metas do Juscelino Kubitschek. Roberto com o prestígio de diretor do Banco Nacional de Desenvolvimento Econômico – BNDE,* e Lucas Lopes de presidente e, mais tarde, ministro da Fazenda – todos eles com o maior patriotismo, movidos pela melhor das intenções; só se pensava no interesse nacional, não havia política no meio. Nessa época, eu era economista da Superintendência da Moeda e do Crédito – Sumoc, junto com Herculano Borges da Fonseca, Casimiro Ribeiro, Eduardo da Silveira Gomes, Paulo Pereira Lira, Basílio Martins, Sidney Lattini, Guilherme Pegurier e outros, todos requisitados dos quadros do Banco do Brasil.

---

* (N. do E.) – Atualmente, Banco Nacional de Desenvolvimento Econômico e Social (BNDES).

Lozardo: Quem foi o primeiro presidente da Sumoc?

Galvêas: José Vieira Machado foi o primeiro diretor executivo da Sumoc. Mas o homem que organizava tudo lá era o Herculano Borges da Fonseca – um bom advogado do Banco do Brasil que foi lá, organizou a assessoria econômica e realizou um programa de mandar os economistas da Sumoc fazer cursos no exterior.

Lozardo: E o senhor fazia o que lá?

Galvêas: Eu era do departamento econômico, onde fui o adjunto do Herculano. Nesse período, fomos chamados a colaborar com Lucas Lopes e Roberto Campos. A preocupação maior, você mencionou isso *en passant*, era o problema do financiamento do Plano de Metas, da indústria automobilística, indústria naval, indústria siderúrgica. E os recursos? Aí é que entramos: o Lattini, na área do balanço de pagamentos, o Pegurier, na área dos investimentos estrangeiros e todos nós da Sumoc. O Roberto dizia: "Tem que configurar, tem que identificar as fontes de financiamento, senão vamos dar com os burros n'água". O presidente Juscelino vai viajar e fazer os contatos com a Volkswagen, a Mercedes-Benz e várias outras grandes empresas europeias e procurar trazer de lá essas empresas. A tarefa de Roberto e a nossa era organizar e ordenar a programação das metas do Juscelino; quer dizer, não era propriamente fazer um plano, porque Roberto não gostava muito de planejamento, mas era pôr ordem na casa. Lutávamos contra as insinuações de planejamento de Celso Furtado e outros, sob a influência da Cepal que, naquela época, promovia uma revolução no pensamento econômico na América Latina.

Lozardo: Um pensamento que ainda perdura na América Latina e que não deu certo.

Galvêas: O grupo da Cepal tinha uma concepção estruturalista, anti-Estados Unidos, anticolonialista. Os cepalinos afirmavam que essas empresas estrangeiras representavam pressão colonialista e imperialista. Essa influência negativa vinha da Cepal e aí, Celso Furtado bate de frente com Roberto Campos que em conjunto com Lucas Lopes e os técnicos da Sumoc estruturavam financeiramente o Plano de Metas. Nesse período, Roberto estava como diretor da área econômica do BNDE. Esse é o primeiro grande trabalho do Roberto na área prática. Ele e Lucas Lopes, ministro da Fazenda, com o apoio técnico da Sumoc, desenharam o programa de financiamento estrangeiro.

Lozardo: O que fazia Roberto Campos?

Galvêas: Roberto era quem orientava os trabalhos, quem dava as cartas e punha as coisas no papel. E, se alguma coisa o Juscelino fez de positivo na economia, foi com base nos trabalhos do Roberto Campos.

Lozardo: Como surge Roberto Campos nesse período de influências cepalinas e do grupo liberal da FGV?

Galvêas: Roberto surge por sua capacidade de trabalho, pela inteligência, pelo brilhantismo das ideias e das concepções. Ele enxergava mais adiante do que todos nós.

Lozardo: Houve algum episódio de que o senhor se lembra?

Galvêas: Conto-lhe um episódio ocorrido às vésperas de importante reunião em Quitandinha, liderada pela Cepal. Eugênio Gudin era o representante da delegação brasileira, e o Roberto foi chamado – veja como veio a influência dele desde a reunião de Bretton Woods – para redigir a posição brasileira nessa reunião de Petrópolis. Um grupo da Sumoc e do Banco do Brasil estava presente, a fim de preparar um documento a ser apresentado como a posição brasileira. Nos reunimos alguns dias no gabinete do Roberto, no Itamaraty. Discutimos todos os temas, mas não chegamos a redigir um documento com a posição brasileira. Cada um entregou um texto separado. O que fez Roberto? Pegou um litro de uísque, duas taquígrafas e levou para casa. E depois trouxe o trabalho pronto e distribuiu. Aqueles técnicos todos, Herculano, Pegurier, Lattini, Galvêas, lemos o documento e dissemos: "Pô, o cara produziu isso em dois dias e nós estivemos aqui reunidos e não conseguimos. Em dois dias, ele trouxe esse documento pronto." O documento tinha umas quarenta páginas. Roberto contava isso com certa graça: "Tinha duas secretárias e uma garrafa de Black Label. O resultado foi esse documento."

Lozardo: Como vocês compreendiam sua personalidade?

Galvêas: Meus primeiros encontros com o Roberto Campos foram assim entusiasmantes. Eu passei a ver naquele jovem uma figura extraordinária, carismática, que certamente iria ter a maior projeção no Brasil. O tempo foi passando e aí veio o governo Jânio Quadros e nomeou ministro da Fazenda o dr. Clemente Mariani, presidente do Banco da Bahia e que já havia sido presidente do Banco do Brasil.

Lozardo: Com a nomeação do ministro Mariani, sua atuação começa a mudar na vida pública. Como foi esse momento?

Galvêas: Clemente Mariani, no Ministério da Fazenda, nomeia o professor Bulhões para a Sumoc, e chama Ernane Galvêas para ser o assessor dele no Ministério da Fazenda. Coube ao ministro Mariani reprogramar o sistema cambial, que havia sido desfigurado e começou realizando uma desvalorização de 100% do cruzeiro, com a Resolução 204 da Sumoc. O governo Jânio Quadros durou pouco mais de seis meses. Sai o Jânio, entra o governo João Goulart, sai o ministro Mariani e entra o dr. Walther Moreira Salles. Eu continuei no gabinete do ministro da Fazenda.

Lozardo: Essas mudanças não param por aí. Como continua sua vida pública?

Galvêas: Sai o ministro Moreira Salles, entra o ministro San Tiago Dantas, que também não concordou que eu voltasse para a Sumoc. Sai o San Tiago Dantas, entra o Miguel Calmon, da Bahia, e eu continuei no gabinete. Sai o Miguel Calmon, entra o Carvalho Pinto, de São Paulo, que trouxe com ele mais de dez assessores. Eu disse: "Bom, agora eu vou embora." Mas não consegui sair.

Lozardo: Eu queria só que o senhor falasse um pouquinho, se o senhor souber, acerca da proposta do Roberto Campos sobre a reforma cambial proposta nessa época.

Galvêas: Nós podemos chegar lá... Até que assumiu o Carvalho Pinto. Foi uma confusão! Você vê: Clemente Mariani, Moreira Salles, San Tiago Dantas, Miguel Calmon; sai Miguel Calmon, entra o Carvalho Pinto; sai o Carvalho Pinto, entra o Nei Galvão. É uma rotação espantosa de ministros da Fazenda. O Roberto está fora disso. Moreira Salles, que era amigo dele, começa o trabalho de derrubar a elevada inflação resultante do governo Juscelino e a organizar a parte cambial. No primeiro momento, foi feita uma desvalorização cambial de 100% com o Clemente Mariani. Você conhece a história, e é por isso que eu

Ok, Roberto. Você venceu!

estou te dando esta entrevista rápida e resumida. É bom você conhecer a história da Revolução de 1964, para ver onde é que entra o Roberto com toda sua força intelectual. No primeiro governo da Revolução de 1964, assumiu o marechal Castello Branco e quem é que é chamado para reconstruir a economia brasileira? Roberto Campos, ministro do Planejamento, e Otávio Gouveia de Bulhões, ministro da Fazenda. Eles representavam a nova ordem econômica...

Lozardo: Esse chamado veio por meio de quem?

Galvêas: Veio dos setores liberais, da Igreja Católica, associados às Forças Armadas. Havia uma consciência de que o João era um esquerdista que pretendia implantar o socialismo no Brasil, assessorado por Luís Carlos Prestes e uma porção de gente de esquerda, em que desfilavam as centrais dos sindicatos trabalhistas, com Dante Pellacani, Oswaldo Pacheco e outros. Por trás desse movimento havia o objetivo de implantar um regime comunista no Brasil, sob influência soviética, como fizeram em Cuba e depois no Chile. Bom, então, o que aconteceu? Vem um grupo completamente contrário a tudo isso. Um grupo liberal, que apela para os militares e daí surge a Revolução de 1964.

Lozardo: Esse pensamento liberal também existia no grupo militar que interrompeu o governo de João Goulart?

Galvêas: Para tirar a esquerda que tomou o poder com o João Goulart, foi preciso "o golpe militar".

Lozardo: De fato, ao analisar as pessoas que compuseram o governo de Castello Branco, em grande parte civis, vê-se que eram todos liberais.

Galvêas: É verdade. Na formação do governo de Castello Branco, muitos vieram da Fundação Getúlio Vargas, como Roberto Campos, Mário Henrique Simonsen e o professor Bulhões. Vieram também os juristas José Luiz Bulhões Pedreira, depois Gerson Augusto da Silva e Ulhoa Canto, grandes advogados, que assessoravam Bulhões e Roberto Campos. E mais João Paulo dos Reis Velloso, encarregado de dar forma ao planejamento. Você pode notar que esse pessoal da FGV nada tem a ver com o governo militar. Castello Branco era um general diferenciado, aberto, democrata, que queria terminar com a escalada socialista do João Goulart, reformular a economia e as bases políticas e fazer eleições gerais em 1967. Mas isso não deu certo.

Lozardo: Com certeza.

Galvêas: A Revolução de 64 foi um período muito fértil de ideias construtivas, e no centro dessas ideias objetivas estavam Campos, Bulhões e os demais técnicos já mencionados. Todos nós trabalhamos os projetos de reformas de base para a economia brasileira. Nessa altura, eu tinha sido nomeado diretor da Carteira de Comércio Exterior do Banco do Brasil – Cacex – um dos órgãos mais importantes do governo. Fui indicado pelo dr. Roberto Campos e Bulhões, que me disseram: "O Aldo Franco está saindo, vai trabalhar em uma empresa da indústria automobilística e nós" – Roberto e Bulhões – "achamos que você deve assumir." Desse momento em diante, comecei a trabalhar com o dr. Nestor Jost, presidente do Banco do Brasil e com os ministros Roberto Campos e Bulhões, diretamente.

Lozardo: Campos tinha em mente modificar a pauta das exportações de forma que ela viesse a ser suficientemente grande para pagar as importações, reduzindo participações do café e aumentando a dos semimanufaturados e manufaturados. O senhor estava lá nessa fase? Surge a necessidade de se fazer a reforma cambial. Como se deram esses acontecimentos?

Galvêas: Era preciso administrar e dar continuidade à desvalorização cambial de 100%, feita pelo ministro Mariani. Como diretor da Cacex, meu relacionamento com Roberto Campos ficou mais intenso: se alguém procurasse o Roberto no Ministério do Planejamento e lhe dissesse: "Ministro, quero fazer uma fábrica de parafusos", ele dizia: "Procura o Galvêas." Se alguém o procurasse, "Ministro, quero fazer uma fábrica de automóveis", ele repetia: "Procura o Galvêas." Nós estávamos numa enorme dificuldade cambial advinda da desordem do governo João Goulart. Então, era preciso racionar tudo, e aí foi inventado o "conteúdo nacional". Todo projeto de investimento tinha que ter 60% de equipamentos de produção nacional. Se alguém quisesse importar, fazer uma fábrica, teria que comprar 60% do seu equipamento no Brasil.

Lozardo: Então, a ideia do conteúdo nacional data de 1960?

Galvêas: O índice de nacionalização era parte do trabalho da Cacex. Tínhamos de construir a economia praticamente do zero. Como presidente da República, Castello Branco foi uma pessoa extraordinária. Ele nunca interferiu no programa de reformulação da economia preparado por Roberto Campos, Bulhões, Mário Simonsen, João Paulo Velloso, Bulhões Pedreira, Ulhoa Canto, Gerson Augusto da Silva... E tudo que se elaborava – programação, propostas e sugestões – se levava ao Conselho Monetário Nacional. Tínhamos uma liberdade enorme para trabalhar. Os ícones desse período eram Roberto Campos e Otávio Bulhões. O presidente Castello Branco queria fazer a transição para um governo civil: o retorno à democracia. Aí, surgiram as dificuldades, por conta das manifestações nas ruas, os sequestros de embaixadores e de diplomatas. Um ambiente social muito conturbado. Diante disso, não foram retomadas as eleições e assumiu outro militar: o general Costa e Silva, que mudou tudo. Saem Bulhões e Roberto Campos e entra Antonio Delfim Netto. Eu permaneci no Banco do Brasil – Cacex.

Lozardo: Como se deu sua nomeação como presidente do Banco Central do Brasil?

Galvêas: O ministro Delfim trouxe para a presidência do Banco Central, seu chefe no escritório de projetos em São Paulo: o professor Rui de Aguiar da Silva Leme, saindo o Dênio Nogueira. Eu continuei na Cacex. O Delfim também trouxe dez economistas de São Paulo: Flavio Pecora, Celso Pastore, Eduardo Carvalho, Carlos Alberto Andrade Pinto, Carlos Viacava e vários outros. O Rui Leme era um engenheiro muito competente, mas não entendia muito de Banco Central; aí, o Delfim me pediu que, paralelamente, assessorasse o Rui Leme. Naquela época, todos os dias, às sete horas da manhã, nos reuníamos: Delfim, Nestor Jost (presidente do Banco do Brasil) e eu. Às sete horas da manhã, estávamos todos no Ministério da Fazenda.

Um dia, Delfim nos chama e diz: "Aconteceu um desastre. O Rui Leme caiu na antipatia do presidente Costa e Silva. Tenho que encontrar um substituto para o Rui Leme, ele que foi meu chefe!" Vejam a situação: eu já tinha sido designado, anteriormente, para assumir uma diretoria do Banco Interamericano de Desenvolvimento (BID) em Washington e já estava me preparando; tinha até arranjado apartamento. Aí Delfim me chama e diz: "Galvêas, acho que você vai ter que substituir o Rui Leme." Reagi, dizendo: "Ô, Delfim, você tem dez homens aqui. Tem o Carlos Rocca, Celso Pastore, Carlos Viacava, Eduardo Carvalho..." Disse-me Delfim: "Você é a pessoa do nosso grupo que tem mais condições de dialogar com os empresários, principalmente com os banqueiros. Então, peço que você adie esse seu programa nos Estados Unidos. Eu te prometo que, dentro de um ano, se você quiser ir para os Estados Unidos, eu acerto sua ida para o BID. Mas, neste momento, eu vou precisar que você substitua o Rui Leme." Assim, acabei indo parar no Banco Central.

Lozardo: Foi uma excelente gestão – tanto é que seu nome é mais conhecido como presidente do Banco Central do que como diretor da Cacex. E como surgiu o Delfim no Ministério da Fazenda?

Galvêas: Na passagem do governo Castello Branco para o de Costa e Silva, havia um Conselho de Desenvolvimento com grande influência. Delfim participou desse Conselho e, com sua inteligência brilhante, se destacou e chamou a atenção do Roberto Campos. Roberto ficara muito bem impressionado com a qualidade do debate que Delfim havia mantido com Dias Leite, um estruturalista devoto do planejamento econômico e, por conta desses fatos, Roberto Campos sugeriu o nome do Delfim para o Ministério da Fazenda no governo Costa e Silva.

Lozardo: Eu queria que o senhor comentasse um entendimento que há sobre Roberto Campos, de que o mundo que ele concebeu acabou ficando parecido com seu pensamento. O mundo globalizado, inter-relacionado, e o Estado tendo um papel mais específico, como ele dizia: um regulador, não um interventor do mercado. A que o senhor atribui o fato de o Brasil idealizado por Roberto Campos e seu grupo não haver se materializado?

Galvêas: Eu acho que foi feito um grande esforço no sentido de se ter um Brasil desenvolvido e democrático, mas o mundo atravessou algumas crises nesse período. Então nós tínhamos que lidar com a crise econômica e com a ideologia política existente no Brasil. Isso atrapalhou muito. Ocorreram importantes transformações tecnológicas e o mundo mudou muito, nós não tínhamos nos preparado para essa transformação de inserir fortemente o Brasil no contexto internacional. O Brasil precisava abrir suas fronteiras, reduzir tarifas, liberar para absorver capitais, absorver produtos e tecnologia. Essas transformações consistiam nas grandes preocupações do Roberto e suas concepções sobre abertura econômica e integração internacional do Brasil. As concepções ideológicas da época atrapalharam muito.

Lozardo: Algumas vezes o senhor se refere à intenção do Roberto Campos de querer organizar a economia para a abertura e há quem diga que ele, no governo, era intervencionista e não um liberal. O senhor concorda com esse entendimento?

Galvêas: Roberto era uma pessoa preocupada em organizar a economia para o desenvolvimento, e não em ter uma economia planejada. A tarefa de escrever o planejamento ele deixou para o João Paulo dos Reis Velloso, com os PNDs (Planos Nacionais de Desenvolvimento). Depois, veio Hélio Beltrão para desmontar a burocracia. Roberto conviveu com tudo isso, imprimindo uma orientação liberal, sempre a favor da abertura econômica.

Lozardo: Numa palavra, qual foi a principal contribuição do economista Roberto Campos para a economia brasileira? Como o senhor explica o que chamamos de "milagre econômico brasileiro"?

Galvêas: O milagre econômico aconteceu porque a estrada estava pronta. Ela foi preparada por Campos e Bulhões. Quando nós assumimos, depois do governo Castello Branco, na saída do Roberto/Bulhões, eu, Delfim Netto e Nestor Jost trabalhamos em cima daquilo que eles tinham feito. Sem a obra de Campos e Bulhões, o milagre não teria acontecido. Isso é um fato.

Lozardo: O senhor conviveu com muitos brasileiros brilhantes como Roberto. Que pessoas o senhor poderia nomear?

Galvêas: Eu digo sempre o seguinte: conheci quatro gênios no campo econômico, na administração econômica, no pensamento econômico do Brasil. O primeiro deles foi Eugênio Gudin. Depois vem o Roberto Campos, com essa capacidade de economista, diplomata, ministro e político. Roberto foi inegavelmente um gênio. Depois vem o Mário Simonsen – brilhante na área econômica, na matemática, como professor muito mais do que na parte administrativa, mas realmente também genial. Mário poderia ter se candidatado ao Prêmio Nobel em economia. Depois vem Delfim Netto, economista genial com um caráter de maior praticidade e objetividade e uma grande capacidade de convencimento. Em minha opinião, foi o mais destacado ministro da Fazenda na história do Brasil.

POSFÁCIO
Roberto Campos, uma referência de vida

Ernesto Lozardo

Na vida não existem coincidências, mas vivências que podem transformá-la. Assim entendo minha breve vivência com Roberto Campos, pois ela foi transformadora.

Minha admiração e empenho em entender os propósitos do idealismo realista de Roberto Campos datam da minha adolescência. Naquela época, fazia parte da Juventude Estudantil Católica (JEC) – um movimento socialista da Igreja, de origem francesa. Os integrantes acreditavam nas ideias expostas em *Princípios para a ação* e *O drama do século XX*, livros de autoria do Padre L. J. Lebret.

Debatíamos temas como a miséria, o movimento reivindicatório político dos camponeses nordestinos, os riscos do comunismo no Brasil, os conflitos e as esperanças do homem no século XX. Sabíamos que o Brasil era um país pobre e socialmente injusto. Conhecíamos a visão socioeconômica de Celso Furtado sobre as causas do subdesenvolvimento brasileiro e os ideais da revolução que foi arquitetada por Miguel Arraes e Francisco Julião, no Nordeste brasileiro, mas que nunca ocorreu. Éramos jovens, meninos e meninas, do interior paulista, como tantos outros espalhados pelo país, engajados em uma causa política sem saber, ao certo, as consequências do que estávamos realizando. De qualquer forma, tratava-se de um ideal nobre.

Esses turbilhões de ideias e de propósitos juvenis ocorreram na década de 1960. Na época, era difícil um estudante ficar apático à realidade política e econômica brasileira. Ter opinião político-partidária nacional, estar engajado nas agremiações estudantis e acompanhar pelos jornais as movimentações dos donos do poder eram procedimentos normais dentro do meio estudantil. A Igreja tinha uma orientação política. A intensidade doutrinária era constante. Não tínhamos a menor ideia sobre as consequências do que estávamos fazendo, mas acreditávamos que era possível construir um Brasil socialmente justo. Sabíamos que, como jovens estudantes, representávamos uma agulha no palheiro político nacional; não conseguiríamos mudar o Brasil, mas poderíamos, ao menos, transformar o mundo de algumas pessoas. Tínhamos plena consciência de que era preciso obter condições para um desenvolvimento socioeconômico justo, e elas seriam de natureza política. Éramos jovens politicamente inquietos. Vivíamos o ideal de uma sociedade cristã perfeita.

Desconhecíamos o grau da nossa ingenuidade. Isso não nos importava. Tínhamos o estímulo do ambiente estudantil para sonhar. Era quase proibitivo ser um jovem estudante alienado das realidades do Brasil. Líamos, debatíamos e divulgávamos as cartilhas doutrinárias do movimento estudantil. Acreditávamos nos sonhos da transformação socioeconômica pela prática da justiça, pela força da democracia na redução das desigualdades sociais e pela comunhão dos homens no altar de Deus. Era uma atitude, uma ação engajada de jovens esperançosos na mudança de si próprios e do meio em que viviam. Considerávamo-nos o fermento na massa. Essa era a minha realidade e a de meus amigos e amigas na época da adolescência. Era um envolvimento coletivo político-religioso ingênuo e romântico, mas de grande significado para cada um dos integrantes daquele movimento estudantil.

Nesse período, tive a oportunidade de conviver com religiosos brilhantes, como dom Romeu Alberti, frei Beto e padre Zecchin, que estavam comprometidos em transformar a sociedade brasileira atrasada e inculta em uma sociedade cristã justa e solidária. Ao mesmo tempo que buscava entender e colocar em prática a ideologia social cristã, seguia com atenção as proposições político-econômicas de Roberto de Oliveira Campos – um economista culto, dotado de coerência propositiva e capacidade de transmitir seu conhecimento de forma clara. Tinha sido seminarista e dominava a arte da eloquência como os religiosos que eu conhecia.

Nesse período, antes de 1964, a sociedade brasileira vivia em uma democracia caótica. Buscava-se uma solução para a desordem sociopolítica da nação. Para mim, o debate político era muito confuso. Procurava entender. Não foram poucas as vezes em que viajei de Bragança Paulista para assistir às palestras de Roberto Campos na Universidade Mackenzie, na Associação Comercial de São Paulo e na Fiesp. Suas críticas eram duras em relação à classe empresarial e ao populismo econômico dos governantes. Apontava a inflação como o pior dos males para o empobrecimento da classe trabalhadora. Acusava os governantes e as autoridades monetárias de serem os principais responsáveis pela inflação, pela pobreza e pela falta de competitividade da economia. Afirmava ser necessário reverter as "expectativas inflacionárias" da classe produtiva brasileira, criar uma nova classe empresarial voltada à concorrência internacional e investir nos setores de infraestrutura, como energia, portos, transportes e comunicação, para dar condições de crescimento à atividade produtiva e ao emprego no Brasil. Campos indicava soluções possíveis para tornar a sociedade brasileira desenvolvida. Eu o admirava, pois ele apresentava respostas que o movimento estudantil católico não tinha. Falava muito em capitalismo democrático e me parecia ter os remédios para os males sociais e organizacionais do Brasil. Com base em suas proposições, na época, complexas para o meu entendimento, tinha certeza de que ele era um democrata.

Em 1964, com o governo militar, o movimento da ação católica terminou. O economista democrata de origem religiosa cristã Roberto Campos tornou-se ministro do governo da ditadura militar. Ao apresentar seu plano de ação econômica, repetia continuamente a necessidade de os empresários terem uma "reversão das expectativas" sobre o papel do Estado e das políticas de crescimento em relação à dos governos anteriores. Campos, agora, pertencia ao governo militar. O movimento da ação católica havia terminado por conta do novo governo. Tive dificuldade em compreender esse passo do brilhante economista. No meu entender, ele havia passado a pertencer ao regime político de restrições às liberdades humanas. Nessa época, eu estava cursando o colegial.

No ano da Revolução militar, fui retirado da sala de aula por um policial para depor na delegacia sobre os propósitos da JEC, movimento estudantil que eu liderava. Meu silêncio foi absoluto. Aprendi, logo cedo, o valor do silêncio político.

Ok, Roberto. Você venceu!

Continuei atento às movimentações políticas do novo governo e ao desenrolar do Programa de Ação Econômica do Governo (PAEG) (1964-66). Roberto Campos continuava no radar das minhas atenções. Anos mais tarde, em 1970, fui trabalhar no InvestBanco, cujo presidente era Campos. Esse ano foi, politicamente, o mais obscuro do regime militar. Eu e outros colegas que estiveram envolvidos em movimentos políticos contrários à ditadura corríamos riscos, mas sem saber ao certo sua dimensão. Uma amiga da época, em 1969, que havia estado presa no Dops de São Paulo, orientou-me a sair do país. Isso ocorreu antes de eu ir trabalhar no InvestBanco. Uma vez no banco de investimento, fui aconselhado a tratar desse assunto com Gilberto Paim, jornalista econômico e assessor de Roberto Campos. Ele ouviu-me atentamente e disse-me que levaria esse assunto ao presidente do banco. Fiquei extremamente preocupado, pois Campos tinha sido ministro do governo da ditadura. Passaram-se três dias e então fui chamado para conversar com ele. Entrei na sua sala e, sem rodeios, Campos perguntou-me: "Você gostaria de participar de um programa de treinamento para jovens economistas no BIRD?" Disse-lhe que sim. "Pois bem", continuou, "arrume suas coisas. Amanhã você estará indo para os Estados Unidos." Tive uma sensação de alívio, de desafio e de incertezas, mas eu precisava seguir em frente. Esse gesto me calou fundo. Os detalhes dessa decisão, somente vim a conhecer quando retornei ao Brasil, sete anos depois. Gilberto Paim me contou que Campos tinha consultado o comandante do Segundo Exército Brasileiro, para saber se meu nome estava em alguma lista de busca. A resposta veio em três dias: "Sim." Daí a razão da palavra de ordem de Roberto Campos: "Amanhã você estará indo para os Estados Unidos." Essa é uma das mais importantes lembranças que tenho da minha vida.

Nesse mesmo dia, recebi de Roberto Campos uma carta na qual ele me apresentava como economista ao dr. William Diamond, membro do Board of Directors do Department of Development Finance Companies, no Banco Internacional para Reconstrução e Desenvolvimento, BIRD, membro do Banco Mundial, em Washington D.C. Isso me assustou e disse-lhe: "Professor Campos, eu não sou economista." Estava cursando administração de empresas. Ele respondeu: "Agora, você é."

No BIRD, participei de vários programas de trabalho relacionados à economia da América Latina. Após o expediente, com certa frequência, dirigia-me à biblioteca da George Washington University para pesquisar e estudar, pois os programas requeriam muito estudo, especialmente para mim, que não tinha concluído o curso de graduação.

Importa destacar que dr. Diamond foi um dos principais intelectuais que formulou o papel dos bancos de fomento no mundo. Ele me orientou nos trabalhos que fiz durante todo o tempo em que estive no BIRD. Dele recebi uma carta, com cópia para Roberto Campos, elogiando meus trabalhos realizados durante o período em que lá estive.

Em novembro de 1970, dois meses após chegar aos Estados Unidos, conheci o docente de economia Albert Hart, da Columbia University, que tinha sido professor de Roberto Campos. Este me disse que havia defendido uma dissertação de mestrado em economia na George Washington University. Foi uma surpresa, pois não sabia que Campos tinha estudado economia. Pesquisei nos arquivos da universidade e a encontrei em brochura. Fiz uma cópia. Tratava-se de "Some Inferences Concerning the International Aspects of Economic Fluctuations", de 1947, quando ele tinha apenas 30 anos.

Esse seu trabalho de mestrado foi elogiado por duas das mais conceituadas inteligências do meio acadêmico mundial: Gottfried von Haberler e Joseph Schumpeter, ambos da Harvard University. O primeiro enviou-lhe uma carta de admiração pela profundidade de seu conhecimento teórico em economia. O segundo elogiou o trabalho e o convidou para fazer doutorado na renomada universidade, visto que as bases da tese já estavam prontas. Essa história, Campos relatou em um evento organizado pela B3, na época BM&F, no qual estavam presentes vários economistas e quando lhe foi entregue uma cópia da dissertação reeditada em 1999. (Em 2004, foi reeditada pela Editora da FGV.) Isso ocorreu pelo fato de eu ter mantido a cópia dessa dissertação por vinte anos. Soube que ele havia perdido esse trabalho acadêmico. A BM&F se prontificou em editá-la. No evento da entrega do trabalho, Campos nos informou que havia perdido a única cópia de que dispunha. Ele a emprestou para sua ex-nora, que a perdeu. Ficou extremamente feliz ao recuperá-la e contou aos presentes os detalhes da produção dessa obra-prima. Ele lamenta a perda da dissertação de mestrado no seu livro de memórias *A lanterna na popa*.

Nesse trabalho acadêmico, Campos analisou todas as teorias sobre o ciclo econômico internacional. Avaliou, criticou e indicou novos caminhos para as teorias mais debatidas na época: marxistas, neomarxistas, schumpeterianas, keynesianas e muitas outras. O conteúdo analítico que orienta seu trabalho está alicerçado em três pilares do pensamento econômico: Hayek, Schumpeter e Keynes. Hayek lhe deu a base teórica do liberalismo econômico como forma de assegurar a competitividade e a eficiência no funcionamento dos mercados; Schumpeter lhe forneceu os princípios da dinâmica do capitalismo – o lucro e a motivação criadora dos capitalistas; Keynes lhe ofereceu a arquitetura econômica para retirar os países do pós-guerra, da depressão econômica. No período, vigorava no comércio internacional o padrão ouro atrelado ao dólar, engendrando certa rigidez ao câmbio. Campos sustentava a viabilidade do câmbio flexível ao câmbio fixo (padrão ouro) como forma de manter estáveis os preços relativos entre países. Afirmou: "Câmbio estável é uma prerrogativa da escola clássica de equilíbrio de longo prazo e o câmbio flexível de equilíbrio de curto prazo. A experiência da depressão econômica recente confirma que a desvalorização cambial é um processo inevitável para o ajuste de países que dependem de um leque pequeno de produtos exportáveis com oferta e demanda inelásticas."† O crescimento econômico mundial não é uma mera questão do regime cambial, mas "da eficiência do sistema monetário, da flexibilidade do movimento de capitais e das regras internacionais que possam sustentar o livre comércio entre nações". Campos termina sua dissertação dizendo que, "apesar dos danos que as duas grandes guerras mundiais causaram, limitando o crescimento do comércio das economias capitalistas e expandindo as economias controladas, dentro de alguns anos olharemos esse passado como um episódio decorrente do século XIX, o qual irá gradualmente desaparecer como os instintos econômicos que perdem terreno para as motivações políticas e sociais". Nessa dissertação, encontra-se todo o arcabouço teórico que vai orientar o processo evolutivo do seu pensamento econômico.

Depois do tempo no BIRD, em Washington, ingressei na New York University, onde fiz a graduação e o mestrado em administração, com

† Campos, Roberto. *Some Inference*, op. cit, p. 215.

bolsa de estudos da própria universidade. Em seguida, estudei na Columbia University, na qual concluí o programa de mestrado em economia como bolsista da Organização dos Estados Americanos (OEA). Nesse período, estive com Roberto Campos em momentos distintos em Londres e em Nova York. Esse inestimável amigo, em um momento crítico da minha vida, foi-me imprescindível.

Sinto uma enorme gratidão por Roberto Campos. São esses sentimentos e encontros que dão grandeza à vida e me conectam ao meu ideário juvenil de esperança na solidariedade entre os homens.

24 de junho de 2018

INVESTBANCO
Banco de Investimento Industrial S.A.

São Paulo, August   , 1970

Mr. William Diamond
Development Finance Companies
International Bank for Reconstruction
       and Development
1818 H. Street
N. W., Washington D.C. 20433

Dear Diamond:

We have the pleasure to inform you that our employee, economist Ernesto Lozardo Neto, will travel to Berckley, California, to the end of this month, to attend a course of Economical Financial Planning.

After this course, we would like for him to stay in Washington sometime to familiarize himself with the operation of your and other financial institutions, with a view to learn of organizational and operational procedures that may be relevant to the development of financial institutions in developing countries.

Thus, we would like to consult you about the possibility of admitting Mr. Lozardo Neto as a trainee for sufficient period for him to become able to utilize his experience for project analysis and organizational advice to firms that apply for financial or technical assistance in INVESTBANCO.

Hoping that this will meet with your approval, I remain

Cordially yours

Roberto de Oliveira Campos

NOTAS DE REFERÊNCIAS

Capítulo 1

[1] CAMPOS, Roberto de Oliveira. *Some inferences concerning the international aspects of economic fluctuations*. Rio de Janeiro: FGV, 2004.

[2] É surpreendente que Roberto Campos, em 1948, tenha feito previsões, em sua dissertação de mestrado, de como terminaria o comunismo e predominaria o regime capitalista. Embora seu trabalho de mestrado não aborde esse tema, ele está presente em suas críticas sobre as hipóteses teóricas referentes às flutuações econômicas. Tratou-se de um assunto da época. Neste trabalho, desenvolve críticas ao conteúdo teórico das postulações e propõe novas teses sobre flutuações econômicas. As críticas tiveram como base as proposições dos três maiores economistas da época: Joseph Schumpeter, Hayer e John Maynard Keynes. Esse trabalho de Roberto Campos recebeu notas de admiração de Joseph Schumpeter e de Gottfried von Haberler. Na época, ambos eram professores do Departamento de Economia da Harvard University.

[3] BIELSCHOWSKY, Ricardo. *Pensamento econômico brasileiro: o ciclo ideológico do desenvolvimentismo*. Rio de Janeiro: IPEA, 1988 e PEREZ, Reginaldo Teixeira. *Pensamento político de Roberto Campos: da razão do Estado à razão do mercado (1950-95)*. Rio de Janeiro: FGV, 1999.

[4] Neste livro, o significado de desenvolvimento não se limita à elevação da renda por habitante, embora ela seja um indicador relevante no tocante ao aumento da demanda e da produtividade dos fatores de produção (capital, trabalho e tecnologia). Ele compreende o desenvolvimento das inter-relações entre os fatores de produção. Estes precisam crescer de forma contínua, ampliando a produtividade. A produtividade resume a dimensão do desenvolvimento, sem a qual não se obtém o processo de desenvolvimento econômico equilibrado e sustentável. Essa possibilidade depende da qualidade da governança do Estado, assim como de políticas fiscais e tributárias eficientes. O último aspecto representa a base da pirâmide do mencionado desenvolvimento econômico equilibrado.

[5] De maneira simplificada, pode-se afirmar que a ideologia liberal concilia três aspectos fundamentais para a prosperidade das sociedades modernas: produtividade econômica, liberdade política e equidade social. Ela atribui ao papel do Estado funções sociais não empresariais, tais como educação e saúde pública de qualidade e segurança nacional, deixando as atividades empresariais, como empresas de telecomunica-

ções, petróleo e minerais, para o setor privado, a fim de que este gere empregos, lucro e pagamento justo de tributos e impostos ao Tesouro Nacional, estados e municípios. O que torna uma economia atrasada ou ineficiente, seja ela liberal ou não, é a ineficiência do modelo de política macroeconômica. Dessa maneira, as crises econômicas ou injustiças sociais devem-se à ineficiência do modelo macroeconômico que gera crescimento e desenvolvimento desequilibrados, sujeitos às crises sistêmicas. O Brasil sofre de tempos em tempos crises econômicas por conta dos modelos ineficientes de política macroeconômica que promovem crescimento desequilibrado e insustentável no médio e longo prazos. O modelo liberal de crescimento prescreve ampla abertura econômica, pois, em caso de crises internas ou externas, o mercado pode corrigir distorções de mercado; a recuperação do crescimento dá-se com maior rapidez do que uma economia fechada ao comércio internacional. Economias limitadas ao seu mercado interno (portanto, com pouca abertura econômica) impõem ao país um desafio sisifista ao processo de desenvolvimento socioeconômico, sem conseguir prosperidade econômica e adequada distribuição de renda nacional.

[6] CAMPOS, Roberto de Oliveira. A reforma cambial. *Digesto Econômico*. São Paulo: p. 10, nov. 1953b.

_____. *Ensaios de história econômica e sociologia*. Rio de Janeiro: Apec, 1976.

_____. Ensaios de programa de estabilização monetária. *Digesto Econômico*, p. 4-5, São Paulo, maio/jun. 1952b.

_____. O desenvolvimento econômico do Brasil. *Digesto Econômico*, p. 8, ago. 1952c.

[7] SKIDMORE, Thomas. *Brasil: de Castello a Tancredo*. São Paulo: Paz e Terra, 1988, p. 133-136.

O segundo Ato Institucional tornava inelegível um segundo mandato do presidente Castello Branco.

[8] CASTELLO BRANCO, Humberto de Alencar. *Discursos*, 1966, p. 61. SKIDMORE, op. cit., p. 135.

[9] CAMPOS, Roberto de Oliveira. *Ensaios de história econômica e sociologia*. 3ª ed. Rio de Janeiro: Apec, 1976a.

[10] _____. *A lanterna na popa: memórias*. Rio de Janeiro: Topbooks, 1994.

[11] _____. *Some inferences concerning the international aspects of economic fluctuations.* Rio de Janeiro: FGV, 2004.

[12] Robert Campos, nesse período, referia-se à "inflação corretiva", pois na sua gestão realizou a liberação dos preços que haviam sido artificialmente represados no governo anterior.

[13] _____. *O poder nacional: seus fundamentos econômicos* (partes I e II). In: Palestra na Escola Superior de Guerra, 1953.

_____. *O mundo que vejo e não desejo*. Rio de Janeiro: José Olympio, 1976, p. 35-81.

[14] Pensamento escolástico foi o método de análise crítica dominante no ensino nas universidades medievais europeias (séculos IX e XVI). A escolástica nasceu nas escolas monásticas cristãs com o intuito de conciliar a fé cristã com um sistema de pensamento racional, especialmente, o da filosofia grega. A ênfase era na dialética para ampliar o conhecimento inferindo e resolvendo contradições. A obra-prima de Tomás de Aquino, *Summa Theologica*, é entendida como o maior exemplo do pensamento

escolástico. Este consistia em harmonizar a fé e a razão, mas a razão subordinada à fé. Contrariamente ao entendimento geral, a Idade Média não foi um período de estagnação da produção intelectual da humanidade ocidental: a Igreja Católica incentivou o debate para que se aprofundasse o conhecimento da fé e da razão e, de modo geral, sobre os valores da humanidade. A Igreja entendia que é o conhecimento que leva ao entendimento da fé. Nesse período, a Igreja suscitou a liberdade de pensar, possibilitando que vários monges cristãos realizassem vários estudos e pesquisas exploratórios sobre o conhecimento e as realidades humanas, como, por exemplo, a importância do mercado e da moeda, assim como sobre vários outros temas científicos relevantes. Um livro bastante compreensivo sobre o tema é *How the catholic church built western civilization*, de Thomas E. Woods, Jr, Regnery Publishing, Washington D.C. Estados Unidos, 2005.

[15] O termo "keynesiano" refere-se ao economista adepto aos postulados de John Maynard Keynes, considerado o mais engenhoso economista do século XX. Keynes modificou a forma de tratar a política macroeconômica em período de recessão ou de depressão econômica, como ocorreu nas economias ocidentais após o colapso da Bolsa de Valores de Nova York, que se alastrou por todo o sistema financeiro em 1929. Essa crise atingiu tanto os Estados Unidos como os países europeus. Keynes, contrariamente à ideologia liberal, atribuiu ao Estado o papel de resgatar essas economias da depressão, estimulando o crescimento econômico por meio da expansão fiscal (endividamento público), emitindo títulos do governo e, com os recursos obtidos, realizando investimentos em setores em que a esfera privada, nas condições existentes, não investiria. O Estado, ao realizar esses investimentos, despertaria o "espírito animal" do setor empreendedor privado e, por conseguinte, os contratos públicos estimulariam a contratação de mão de obra e o aumento do emprego e da produção, de sorte que o crescimento econômico ganharia um novo impulso.

[16] PEREZ, Reginaldo Teixeira. *Pensamento político de Roberto Campos: da razão do Estado à razão do mercado (1950-95)*. Rio e Janeiro: FGV, 1999, p. 19.

[17] DELFIM NETTO, Antonio. OK, Roberto Campos, você venceu! *Folha de S. Paulo*. São Paulo: 10 out de 2001. Disponível em: <www1.folha.uol.com.br/fsp/brasil/fc1010200127.htm>

Capítulo 2

[1] Agradeço ao professor Roberto Castello Branco pelo alerta ao salientar, corretamente, que Roberto Campos ao apoiar o imposto único refletia sua enorme capacidade de antecipar mudanças futuras, como foi o caso da revolução digital que, na época, estava dando seus primeiros passos.

[2] Carta disponível em: http://digital.csic.es/bitstream/10261/28362/1/BolivarPen.pdf KAISER, Axel; ÁLVAREZ, Gloria. *El engaño populista: por qué se arruinan nuestros paises y cómo rescatarlos*. Bogotá: Planeta Colombiana S.A., 2016, p. 15.

[3] CAMPOS, Roberto de Oliveira e SIMONSEN, Mário Henrique. *A nova economia brasileira*. Rio de Janeiro: José Olympio, 1974, Cap. 1, 4 e 6.
[4] Vide entrevista com dr. Henry Kissinger no final deste livro.
[5] Em economia, "liberal" e "neoliberal" guardam uma distinção muito pequena, porém fundamental. São primos-irmãos, e não irmãos gêmeos. Os liberais defendem a livre concorrência de mercado, sem interferências do governo na dinâmica da oferta e demanda por bens e serviços; prescrevem o Estado mínimo, sem intervenção nos mercados de trabalho, e o livre comércio internacional; admitem a possibilidade de o Estado regular ativos financeiros de alto risco. Os neoliberais seguem essa mesma linha de pensamento, porém admitem que o Estado possa corrigir imperfeições na livre concorrência dos mercados de trabalho, de bens e serviços. Não veem o Estado como o vetor do crescimento ou do desenvolvimento, mas, no limite, como o articulador do desenvolvimento em conjunto com os agentes econômicos dos mercados de bens e serviços.
[6] BIELSCHOWSKY, Ricardo. *Pensamento econômico brasileiro: ciclo ideológico do desenvolvimentismo*. Rio de Janeiro: IPEA/Inpes, 1988, parte III, 3.2.
[7] LOZARDO, Ernesto. *Globalização: a certeza imprevisível das nações*. 2ª ed., São Paulo: Editora do Autor, 2008, Cap. 6.
[8] HIRSCHMAN, Albert Otto. *Monetarismo vs. estruturalismo: um estudo sobre a América Latina*. Rio de Janeiro: Lidador, 1967.
[9] O professor Eugênio Gudin classificou estruturalistas latino-americanos como sendo os "keynesianos bastardos".
[10] HIRSCHMAN, Albert Otto, op. cit.
[11] CAMPOS, Roberto de Oliveira. In: *Third Annual Meeting of Directors of Economic Training Institute*, organizado pela OCDE, Berlim, 1963.
[12] CAMPOS, Roberto de Oliveira. As quatro ilusões do desenvolvimento. In: *Ensaios de história econômica e sociologia*. Rio de Janeiro: Apec, 1963, p. 92.
[13] CAMPOS, Roberto de Oliveira. *Reflections on Latin American development*. Austin: University of Texas Press, 1967, p. 106.
[14] Acerca de detalhes sobre a influência do pensamento escolástico no desenvolvimento intelectual de Roberto Campos vide nota 15 do capítulo anterior. O procedimento lógico, incisivo e dialético consiste no método escolástico. De toda sorte, isso não reduz sua incrível capacidade de memorização e de síntese, como destacou Henry Kissinger na sua entrevista sobre Roberto Campos (último capítulo).
[15] SCHUMPETER, Joseph. *History of Economic Analysis*, Oxford University Press, Nova York, 1954, p. 97.
[16] ROTHBARD, Murray N. *An Austrian Perspective on the History of Economic Thought*, vol 1; e de Thomas Wood, *How the Catholic Church Built Western Civilization de Thomas E. Wood*, Capítulo 8, *Regnery*, Washington D.C., 2005; e *Economic Thought Before Adam Smith*. Hants, England: Edward Elgar, 1995, p. 99-133.
[17] Mihail Manoilescu nasceu na Romênia. Em Paris, publicou seu mais destacado livro: *The theory of protectionism and international exchanges* pela editora Giard, em 1929. Ele rejeitou a democracia e defendeu a ideia de minimizar os contratos econômicos com o mercado internacional e basear o desenvolvimento nas forças do mercado

interno e na indústria local. Manoilescu era favorável à industrialização e ao protecionismo, mas contrário à abertura comercial e ao capital internacional. Trabalhou como editor para a revista *Lumea Noua*, na qual expressava suas ideias nacionalistas e racistas. Apoiava a política antissemita do governador Alexandru Vaida-Voevod, que era adepto do fascismo e do nazismo. No final da Segunda Guerra Mundial, ambos foram presos e morreram na prisão.

[18] BIELSCHOWSKY, op. cit., p. 104. Roberto Simonsen publicou a obra de Manoilescu pelo Centro das Indústrias do Estado de São Paulo, em 1931.

[19] Relata o economista Antonio Delfim Netto que, certa vez, em uma sessão plenária do Senado Federal, Campos disse: "Delfim, deveria ter estudado mais Hayek." Uma afirmação de que, ao fim de décadas, os fundamentos liberais desse pensador lhe teriam sido mais úteis na formulação do seu pensamento econômico. Nota-se sua contínua busca de fundamentos teóricos que pudessem lhe proporcionar uma síntese sobre a melhor alternativa conceitual de desenvolvimento para o Brasil.

[20] Taxa de salário é o salário pago aos trabalhadores.

[21] ZIBLATT, Daniel e LEVITISKY, Steven. *How Democracies die*. Crown Publishing Group, division of Pinguin Randon. Nova York. Capítulo 6, 2018.

[22] Essa afirmação, sobre a inspiração do modelo da Coreia do Sul, será reapresentada no Capítulo 7.

[23] HICKS, J. R. Mr. Keynes and the "classics": a suggested interpretation. *Econometrica*, v. 5, p. 147-159, Apr. 1937.
HANSEN, Alvin H. *A guide to Keynes*. New York: McGraw-Hill Book Co., 1953.
SAMUELSON, Paul A. Economics: An Introductory Analysis, McGraw-Hill, New York, 1948; A brief survey of post-Keynesian development. In: LEKACHMAN, Robert (Ed.). *Keynes' general theory:* reports of three decades. New York: St. Martin's, 1964.

[24] KEYNES, John Maynard. *Teoria geral do emprego, do juro e da moeda*. Fundo de Cultura, Rio de Janeiro, 1ª edição, 1964.

[25] CAMPOS, Roberto de Oliveira. *Some inferences concerning the international aspects of economic fluctuations*. Rio de Janeiro: FGV, 2004.

Capítulo 3

[1] HIRSCHMAN, Albert Otto. Making the best of inflation. In: "Conferência sobre inflação e desenvolvimento na América Latina", Rio de Janeiro, 1963.

[2] CAMPOS, Roberto de Oliveira. *A lanterna na popa: memórias 2*, 2ª edição. Rio de Janeiro: Topbooks, 2004, p. 1.269. É igualmente importante a análise feita pelo professor Fernando de Holanda Barbosa no tocante à evolução analítica da dicotomia monetarismo versus estruturalismo, em seu texto *A inflação brasileira no pós-guerra: monetarismo e estruturalismo*, IPEA/Inpes, Rio de Janeiro, 1983.

[3] Como o tema "balanço de pagamentos" será abordado várias vezes neste livro, é importante conceituá-lo. Trata-se de um instrumento de contabilidade nacional, o qual registra os fluxos de valores monetários entre residentes e não residentes no país no

período de um ano. São fluxos de recursos monetários provenientes de importações e exportações de produtos, serviços e transferência de recursos; fluxo de capital; investimentos diretos nacionais e estrangeiros. São três as principais contas do balanço de pagamentos: a que registra as transações correntes, a conta de capital e a conta financeira. As transações correntes consistem no resultado da balança comercial (exportações e importações) e nas transferências unilaterais; a conta de capital engloba aquisições ou transferências de capital ou de ativos não financeiros; a conta financeira abrange investimentos diretos estrangeiros em ativos reais. O desequilíbrio no balanço de pagamentos ocorre quando o país tem déficits crescentes no balanço de pagamentos por não gerar fluxos positivos de recursos monetários.

[4] CAMPOS, Roberto de Oliveira. *A moeda, o governo e o tempo*. Rio de Janeiro: Apec, 1964, p. 33-35. Esse entendimento sobre as causas da inflação ainda perdura entre economistas estruturalistas brasileiros. Entre 2012 e 2014, os responsáveis pela política macroeconômica da então presidente, Dilma Rousseff, argumentavam que a inflação decorria do crescimento da demanda. Deixaram de frisar que a política de estímulos ao consumo sem a contrapartida de investimentos que pudessem aumentar a oferta de bens e serviços causaria a inflação. A política econômica denominada de "a nova matriz econômica" flexibilizou a meta de inflação (4,5% ao ano), a qual cresceu muito acima da meta, reduziu drasticamente o superávit primário das contas públicas (de 2,5% para 0,5% do PIB) e valorizou a taxa de câmbio por meio do aumento da taxa real de juros, como forma de manter o nível de inflação no teto – 6,5% ao ano. O impulso ao crescimento deu-se por meio do estímulo ao consumo e da expansão fiscal. Isso gerou a maior crise na história econômica brasileira, causando recessão por mais de três anos (2014-2017). A taxa de câmbio, que fora de R$ 2,8, ultrapassou R$ 4,10 por dólar em doze meses; o desemprego, que era de 4,9% no final de 2014, alcançou 14% no final de 2016, ou seja, 14 milhões de pessoas desempregadas. A economia brasileira conseguiu atravessar o ápice da crise internacional com certa tranquilidade, entre 2008 e 2010, mantendo estável o tripé macroeconômico. Portanto, não procede atribuir aos efeitos tardios da crise internacional a recessão econômica brasileira, entre 2014 e 2017. Os desequilíbrios no balanço de pagamentos e a elevação dos déficits públicos primários causaram um prejuízo de R$ 140 bilhões nos anos de recessão. As situações de estagflação são normalmente associadas a restrições da oferta de bens que limitam a capacidade de expansão da atividade e, ao mesmo tempo, geram pressão de alta nos preços.

[5] HERSH, Adam S. e WELLER, Christian E. "Growing concerns about future U. S. competitiveness..." Estados Unidos, maio de 2011. Disponível em <https://www.americanprogress.org/issuers/economy/reports/2011/05/09/9697/growing-concerns-about-future-u-s-competitiveness/>.

[6] DELFIM NETTO, Antonio et al. Alguns aspectos da inflação brasileira. *Estudos ANPES* nº 1, São Paulo, 1965.

[7] Refiro-me aos economistas Afonso Celso Pastore, Pedro Cipollari e Eduardo Pereira de Carvalho.

[8] As causas e os efeitos macroeconômicos do "milagre econômico" brasileiro serão apresentados no Capítulo 8.

Notas de referências

[9] DELFIM NETTO et al., op. cit., p. 17-18.
[10] SIMONSEN, Mário Henrique. *Inflação: gradualismo x tratamento de choque*. 2ª ed. Rio de Janeiro: Apec, 1970.
[11] GUDIN, Eugênio. *Reflexões e comentários 1970-1978*. Editora Nova Fronteira, p. 236.
[12] CAMPOS, Roberto de Oliveira. Inflação e crescimento equilibrado. In: *Economia, planejamento e nacionalismo*. Rio de Janeiro: Apec, p. 129, 1963. Texto apresentado à mesa redonda da Associação Econômica Internacional, Rio de Janeiro, ago. 1957.
[13] Ibid., p. 130.
[14] Ibid., p. 127.
[15] Ibid., p. 122.
[16] Ibid., p. 131 e nota 2.
[17] CAMPOS, Roberto de Oliveira. *Do outro lado da cerca: três discursos e algumas elegias*. Rio de Janeiro: Apec, 1968, p. 11-31.
[18] Nesse aspecto, Campos sugeriu que o BNDES deveria ter seu próprio instrumento financeiro de captação de recursos para financiar projetos de desenvolvimento e não recursos do Tesouro Nacional. Esse tema será apresentado no Capítulo 6, BNDE/BNDES.
[19] BIELSCHOWSKY, Ricardo. *Pensamento econômico brasileiro: o ciclo ideológico do desenvolvimentismo*. 5ª ed. Rio de Janeiro: IPEA/Inpes, 1988, p. 116-122.
[20] Os aspectos institucionais do pensamento econômico de Roberto Campos serão apresentados no Capítulo 6.
[21] CAMPOS, Roberto de Oliveira. *Reflections on Latin American development*. Austin: University of Texas Press, 1967, p. 3-12 e 106-121.
[22] CAMPOS, Roberto de Oliveira. Duas opiniões sobre inflação na América Latina. In: HIRSCHMAN, Albert Otto. *Monetarismo vs. estruturalismo*. Rio de Janeiro: Lidador, 1967.
[23] CAMPOS, Roberto de Oliveira. *Some inferences concerning the international aspects of economic fluctuations*. Dissertação de Mestrado. George Washington University, 1947. Rio de Janeiro: FGV, 2004.
[24] HIRSCHMAN, Albert Otto, *Latin American Issues*. New York: Twentieth Century Fund, 1961.
[25] BRUNNER, Karl, "The role of the money and monetary policy." Federal Reserve Bank of Saint Louis Review 50, 1968, p. 8-24; e " The monetarist revolution in monetary theory." Weltwirtschaftliches Archiv, 105, nº 1, 1970. A curva de Phillips tornou-se o centro das atenções no debate entre emprego e inflação.
[26] BOIANOVSKY, Mauro, "Celso Furtado and the structuralist-monetarist debate on economic stabilization in Latin America" em *History of Political Economy* 44:2 DOI 10.1215/0018702-1571719, Duke University Press, 2012, p. 277-330.
[27] Essa observação me foi enfatizada pelo professor Mauro Boianovsky.
[28] Essa relação entre exportadores de bens de capital e de *commodities* deu origem aos estudos sociológicos sobre países centrais (produtores de bens de capital) e periferia (produtores de *commodities*). Roberto Campos contestou ardorosamente essa hipótese como se os países centrais fossem a causa do subdesenvolvimento dos países

latino-americanos. Raúl Prebisch, estruturalista, o mais notável economista vinculado à Cepal, em uma das suas aulas sobre a economia da América Latina na Universidade de Columbia, Nova York, em novembro de 1972, afirmou: "A Argentina optou pelo subdesenvolvimento." Prebisch não atribuiu as causas do atraso socioeconômico da Argentina ao capitalismo internacional, mas aos erros da política de desenvolvimento do país.

[29] FURTADO, Celso, *Diagnosis of the Brazilian Crisis*. Berkeley: University of California Press, 1965.

[30] CAMPOS, Roberto, "Inflation and Balanced Growth" em Ellis and Wallich editores, Economic Development in Latin America. Londres: Macmillan, 1961, p. 82-103.

[31] CAMPOS, Roberto de Oliveira; LOPES, Lucas. *Programa de estabilização monetária para o período de setembro de 1958 a dezembro de 1959*. 1958. Parte I. Mimeografado. Este trabalho encontra-se na biblioteca da Unicamp.

[32] CAMPOS, idem.

[33] Essa proposição não se encontra nos textos do economista romeno Mihail Manoilescu, que fomentou as bases do pensamento cepalino (junto a Celso Furtado e Raúl Prebisch), e do empresário Roberto Simonsen, que preconizou a industrialização e o protecionismo como caminhos para o desenvolvimento nacional.

[34] LAZZARINI, Sergio G.; JANK, Marcos Sawaya e INOUE, Carlos F. K. V. Commodities no Brasil: maldição ou bênção? In: BACHA, Edmar e BOLLE, Monica Baumgarten de (Ed.). *O futuro da indústria no Brasil: desindustrialização em debate*. Rio de Janeiro: Civilização Brasileira, 2013, p. 201-225.

Capítulo 4

[1] VU, Tuong. *Paths to development in Asia: South Korea, Vietnam, China, and Indonesia*. Cambridge: Cambridge University Press, 2010. Excelente fonte para entender o processo de coalizão político-institucional desses países, objetivando viabilizar seu processo de desenvolvimento socioeconômico.

[2] Fonte de dados para os países asiáticos: Penn World Table 9.0 (PWT); fontes para o Brasil: IBGE e Bacen, deflacionados pelo INPC.

[3] LOZARDO, Ernesto. *Globalização: a certeza imprevisível das nações*. São Paulo: Editora do Autor, 2007, Cap. 11.

[4] Algumas nações perdem o fio condutor do progresso por meio de estratégias de desenvolvimento equivocadas ou desconsideram a evolução das nações em desenvolvimento, baseada em novas organizações institucionais, avanços científicos e tecnológicos e alianças comerciais globais que agregam valor ao progresso socioeconômico. ACEMOGLU, Daron e ROBINSON, James A. *Why nations fail: the origins of power, prosperity, and poverty*. New York: Crown Business, 2012.
AUTHERS, John. *Europe's financial crisis: a short guide to how the euro fell into crisis, and the consequences for the world*. New Jersey: Pearson Education, Inc. Publishing as FT Press, 2013.

Notas de referências

GRAHAM, Edward M. e RICHARDSON, J. David (Ed.). *Global competition policy*. Washington D.C.: Institute for International Economics, 1997.

LOZARDO, Ernesto. *Globalização: a certeza imprevisível das nações*. São Paulo: editora do Autor, 2008.

MAHBUBANI, Kishore. *The great convergence: Asia, the West, and the logic of one world*. New York: Public Affairs, 2013.

[5] CAMPOS, Roberto de Oliveira. *Do outro lado da cerca: três discursos e algumas elegias*. 2ª ed. Rio de Janeiro: APEC, 1968, p. 285-289.

[6] CAMPOS, Roberto de Oliveira. A experiência brasileira de planejamento. In: SIMONSEN, Mário Henrique e CAMPOS, Roberto de Oliveira. *A nova economia brasileira*. Rio de Janeiro: José Olympio, 1974, p. 47-78.

[7] CAMPOS, Roberto de Oliveira. *A lanterna na popa*. 4ª ed. Rio de Janeiro: Topbooks, 2004, p. 618-620.

[8] Fontes: IBGE e Bacen, deflacionados pelo INPC.

[9] LEFF, Nathaniel H. *Política econômica e desenvolvimento no Brasil*. São Paulo: Perspectiva, 1979, p. 60.

[10] O PAEG (1964), no Capítulo 6, será apresentado como um dos grandes feitos de Roberto Campos na mudança paradigmática do processo de políticas de desenvolvimento do Brasil.

[11] A síntese do I PND, do II PND e do III PND foi em grande parte baseada no trabalho desta professora: KON, Anita. Quatro décadas de planejamento econômico no Brasil. *Revista de Administração de Empresas*, v. 34, nº 3, p. 49-61, maio/jun. 1994.

[12] SDR, direito especial de saque, representa uma cesta de moedas do FMI (dólar, euro, ien, libra esterlina e o renminbi) calculada diariamente, exceto nos feriados norte-americanos. Não é moeda. Representa uma unidade contábil de valor monetário, cujos países membros têm direitos de saque sobre essas moedas mantidas no FMI. O SDR foi criado em 1969 para atender à escassez de reservas internacionais em ouro ou dólar.

[13] IMF, *Annual Report*, 1985.

[14] Fonte: Ipeadata.

[15] Para entender esse cálculo: Ri = [(Rn/Iaa) - 1] x 100, sendo: Ri a taxa real de juros anual; Rn a taxa nominal de juros anual; Iaa a taxa de inflação anual. Assim sendo, temos: Ri = [(1,38/1,994) - 1] x 100 = -30,79% de taxa real de juros anual. Fontes de dados: Banco Central do Brasil. HOMER, Sidney e SYLLA, Richard. *A history of interest rates*. 4ª ed. Hoboken: John Wiley & Sons, Inc., 2005, Cap. 28. The Drunkeynesian: um histórico longo de juros no Brasil. São Paulo, 28 maio 2012. Disponível em: <http://drunkeynesian.blogspot.com.br/2012/05/um-historico-longo-de-juros-no-brasil.html>.

[16] LOZARDO, Ernesto. Por que o Brasil ainda não deu certo. *Revista Foco*, p. 26-27, 15 dez. 2004.

[17] Cabe fazer uma importante distinção entre os diferentes generais da Revolução Militar no Brasil no tocante ao seu papel no poder entre 1964 e 1985. Os generais Humberto de Alencar Castello Branco e João Batista Figueiredo foram militares que, desde suas origens, eram defensores da ordem social e da democracia. No início da década de 1960, o país vivenciava um crescente processo de desordem social e po-

lítica, como ocorria em quase todas as nações da América Latina e em várias partes do mundo ocidental. Em 1964, deu-se o golpe militar no Brasil. Em 1980, o regime militar começou a perder força e, em 1985, chegou ao fim por ocasião da eleição de Tancredo Neves para presidente da República. O general João Batista Figueiredo fez parte desse final do período dos militares no poder.

Figueiredo era filho do general Euclides de Oliveira Figueiredo, que se destacou na Revolução Constitucionalista de 1932, no comando das tropas rebeldes em operação no vale do Paraíba. O general João Batista teve uma vida militar similar à de seu pai na luta pela liberdade e pela ordem democrática. Em 1961, durante o curto período do governo de Jânio Quadros, trabalhou sob as ordens do coronel Golbery do Couto e Silva no Conselho de Segurança Nacional. Participou de todos os atos preparativos da Revolução de 31 de março de 1964. No governo de Castello Branco, criou-se o Serviço Nacional de Informações (SNI), chefiado por Golbery do Couto e Silva, e Figueiredo foi chefiar a agência do SNI no Rio de Janeiro. Com a posse do general Ernesto Geisel na presidência da República, em 15 de março de 1974, Figueiredo assumiu a chefia do SNI e integrou o núcleo central das principais decisões governamentais sobre o processo de distensão política, que teve seu principal teste nas eleições de novembro desse ano. Nessas eleições, dos 21 senadores eleitos, dezesseis eram da oposição, MDB, e cinco da Arena. Mesmo com esse resultado contra a situação militar, o governo continuou sua ênfase na distensão política, desagradando setores militares da "linha-dura", que pretendiam manter o regime de exceção. Em 15 de março de 1979, o general João Batista Figueiredo foi eleito presidente da República no Congresso Nacional e reafirmou seu propósito de "fazer deste país uma democracia". Uma das suas primeiras medidas foi a revogação por Atos Institucionais, destacadamente, o AI-5 por meio da Emenda Constitucional nº 11. A segunda medida foi relacionada ao abrandamento das penas previstas na Lei de Segurança Nacional. Entrava em vigor a Lei da Anistia, sancionada pelo então presidente da República em 28 de agosto de 1979. Com a sucessão de Geisel por Figueiredo, a sociedade começou a caminhar em direção a um Estado de direito democrático, embora em uma situação socioeconômica precária: inflação acima de 200% ao ano. De todo modo, pode-se afirmar que o general João Batista Figueiredo se distinguiu dos militares da "linha-dura", que objetivavam a continuidade política de poder e eram socialmente repressivos e economicamente intervencionistas, como foram seus antecessores Costa e Silva, Médici e Geisel.

[18] CAMPOS, Roberto de Oliveira. A experiência brasileira de planejamento. In: SIMONSEN, Mário Henrique e CAMPOS, Roberto de Oliveira. *A nova economia brasileira*. Rio de Janeiro: José Olympio, 1974, p. 47-78.

[19] FURTADO, Celso. *Desenvolvimento e subdesenvolvimento*. Fundo de Cultura, 1961.
_____. *Teoria e política do desenvolvimento econômico*. Editora Companhia Nacional, 1969.

[20] CAMPOS, Roberto de Oliveira. *A lanterna na popa: memórias 2*, op. cit., p. 805-811 e p. 1073-1080.

[21] Antonio Delfim Netto, na condição de ministro, certa vez levou ao conhecimento do general Costa e Silva, quando presidente da República, a importância da independência do Banco Central. O presidente indagou: "Mas pra quê?" Respondeu Delfim: "Para garantir

o poder de compra da moeda nacional." Retrucou o presidente: "O guardião da moeda sou eu." A mesma resposta proferiu Dilma Rousseff durante seu mandato, quando lhe perguntaram se tinha alguma objeção quanto à independência do Banco Central. Ela deu a mesma resposta: "Eu sou a guardiã do poder de compra da moeda nacional."

[22] FRANCO, Gustavo H. B. *A moeda e a lei: uma história monetária brasileira "1933-2013"*. Zahar. Rio de Janeiro, 2017, Capítulo 6.

[23] Hirschman aprimorou esse conceito de planejamento seccional que gerou novas vinculações para diante e para trás, as quais ele definiu como *forward and backward linkages*.

[24] O capitalismo de compadrios ganhou força nos governos Lula-Dilma.

[25] CAMPOS, op. cit., p. 807.

[26] Esses temas serão apresentados de forma conclusiva nos Capítulos 5, 6 e 7.

[27] Roberto Campos tinha clareza do seu modelo econômico de desenvolvimento, o qual será objeto de análise nos Capítulos 5 e 6.

[28] CAMPOS, Roberto de Oliveira. *A lanterna na popa*, op cit., p. 616-623.

[29] BIELSCHOWSKY, Ricardo. *Pensamento econômico brasileiro: o ciclo ideológico do desenvolvimentismo*. 5ª ed. Rio de Janeiro: Contraponto, 1988, p. 105.

[30] CAMPOS, Roberto de Oliveira. *A lanterna na popa: memórias 1*. 4ª ed. Topbooks. 2004, p. 243.

[31] CAMPOS, Roberto de Oliveira. *Economia, planejamento e nacionalismo*. Rio de Janeiro: APEC, 1963, p. 14.

Capítulo 5

[1] O Banco de Desenvolvimento Asiático (ADB) foi fundado em 1966, como uma organização financeira que visava apoiar o crescimento e a cooperação a uma das mais pobres regiões do mundo. Sua constituição resultou de uma resolução da Conferência Ministerial sobre a Cooperação Econômica da Ásia, realizada pela Comissão Econômica das Nações Unidas para a Ásia e o Extremo Oriente em 1963.

[2] HUNTINGTON, Samuel P. *The third wave: democratization in the late twentieth century*. University of Oklahoma Press, 1993, Cap. 1.

[3] Vide o Capítulo 1 para compreender as propostas de desenvolvimento da Cepal.

[4] Op. cit., p. V.

[5] REINHART, Carmen M. e ROGOFF, Kenneth S. *This time is different: eight centuries of financial folly*. Princeton University Press, 2011.

[6] CAMPOS, Roberto de Oliveira. Da necessidade de mudar o grande costume. In: *A técnica e o riso*. 2ª ed. Rio de Janeiro: Apec, 1967, p. 36-56.

[7] A Venezuela exportava petróleo e gás, Chile cobre, México ouro e prata, de sorte que, poucos países da região exportavam produtos agrícolas em volume significativo. Os principais exportadores de produtos agrícolas eram Brasil, Argentina, Uruguai, Colômbia e as economias da América Central e Caribe. O conteúdo tecnológico influencia o valor adicionado em um determinado produto, cujo efeito pode ser negativo, pois a inovação contribui para reduzir preços dos produtos com maior valor

agregado. Nesse aspecto, a concorrência favorece a redução de preços e exige maior produtividade. O ganho é do consumidor. O diferencial entre exportar produtos primários e manufaturados está na natureza da dinâmica da concorrência, da mudança de preços e do reflexo desses sistemas produtivos na qualidade do crescimento econômico de países cuja pauta de exportações consiste de produtos de maior valor agregado do que produtos primários. Países cujo perfil de produção consiste de maior valor agregado registram crescimento econômico de melhor qualidade tanto na composição tecnológica dos produtos como na qualidade da mão de obra empregada e salários pagos entre esses setores. Para elucidar essa afirmação, vale observar o fato de que em 2016, o PIB real *per capita* da paridade do poder de compra médio dos Tigres Asiáticos foi de US$ 30,000, contra US$ 10,800 no Brasil.

[8] Com uma pequena margem de erro, pode-se afirmar que a perda de produtividade econômica brasileira tem sido gerada por uma combinação de fatores: o cipoal de impostos que gera a desordem tributária, encarecendo o custo da produção; o estímulo fiscal ao capitalismo anão (sistema simples); a lei trabalhista que impede a evolução de emprego de mão de obra qualificada e a rotatividade (a Lei nº 13.429/2017) iniibe a rotatividade e flexibiliza o mercado de trabalho); o sistema previdenciário que desvirtua o setor produtivo na busca da eficiência e estimula a elevação dos gastos públicos/dívidas e dos juros para atender ao crescente déficit; a falta de regras nos limites da expansão fiscal do governo federal. Todos esses aspectos resultam no elevado custo do capital e da produção brasileira, limitando a possibilidade do aumento da produtividade e da competitividade nacional.

[9] CAMPOS, Roberto de Oliveira. *A lanterna na popa: memórias 1*. Rio de Janeiro: Topbooks, 1994, p. 249-254.

[10] Nessa obra, como em muitas de autoria de Roberto Campos, não consta seu nome, mas sabe-se que foi um trabalho proposto por Lucas Lopes e escrito por Roberto Campos. Trata-se de dois volumes que podem ser encontrados na Biblioteca do Ministério da Fazenda – Rio de Janeiro ou na Biblioteca da Unicamp.

[11] CAMPOS, op. cit., p. 20.

[12] CAMPOS, op. cit., p. 25.

[13] CAMPOS, Roberto de Oliveira e LOPES, Lucas. *Programa de estabilização monetária para o período de setembro de 1958 a dezembro de 1959*, 1958, p. I.

[14] Op. cit., p. II-V.

[15] CAMPOS, op. cit., p. 25-26.

[16] CAMPOS, op. cit., p. VIII.

[17] Augusto Frederico Schmidt foi um poeta da segunda geração do modernismo brasileiro. Exerceu a função de assessor especial para assuntos internacionais da Presidência da República do Brasil e foi embaixador do Brasil na ONU e na Comunidade Econômica Europeia. Ele não era economista, mas um formador de opinião do presidente da República em vários temas. Considerava Roberto Campos um esquerdista por dar importância às regras de mercado contrárias às do grupo do governo que se opunha à reforma cambial. A velha história: uma forma de abafar a opinião contrária de um idealista pragmático é rotulá-lo de forma inadequada, evitando, assim, aborrecer o "chefe indeciso" (algo comum tanto na atividade pública como na

privada). O presidente Juscelino Kubitschek mostrava-se indeciso sobre a importância dessa reforma, pois Schmidt era contrário ao plano de reforma cambial de Lucas Lopes e Campos, o qual poderia naufragar o Plano de Metas do presidente. A mesma sorte de opinião encontramos em Celso Furtado, cujo plano da reforma cambial levaria três anos para obter algum resultado. Juscelino tinha pressa na execução do Plano de Metas. Disse Kubitschek: ao se evitar a reforma cambial, "salvou-se o Plano de Metas". A crise econômica e a ascensão inflacionária ocorreram no final do governo, junto a uma ruptura com o FMI. No governo de João Goulart, Celso Furtado, então ministro do Planejamento, também contrariou a reforma cambial de Lucas Lopes e Campos. O governo de João Goulart herdou a instabilidade fiscal de Juscelino, evitou reformas e manteve a inflação descontrolada; houve desemprego em alta, déficits crescentes na conta corrente, queda na produção e inquietação social, culminando no golpe militar em 1964.

[18] PASTORE, Affonso Celso e PINOTTI, Maria Cristina. O PAEG e as políticas econômicas dos anos 1960 e 1970. In: MOURA, Alkimar R. (Org.). *PAEG e Real: dois planos que mudaram a economia brasileira*. Rio de Janeiro: FGV, 2007, p. 25.

[19] CAMPOS, Roberto de Oliveira. Inflação e crescimento equilibrado. In: *Economia, planejamento e nacionalismo*. Rio de Janeiro: Apec, 1963, p. 125-155.

[20] CAMPOS, Roberto de Oliveira. *A lanterna na popa: memórias*, vol. 2. Rio de Janeiro: Topbooks, 2004, p. 1265-1276.

Capítulo 6

[1] Roberto Campos dominava plenamente os fundamentos das teorias e as proposições de desenvolvimento econômico como as de Adam Smith, David Ricardo, Stuart Mill, Hansen, Sweezy, Keynes e Schumpeter, a teoria da arrancada de Rostow, a do impulso de Rosenstein-Rodan e as teorias mecanicistas de Harrod-Domar; nelas encontrava suas deficiências teóricas e aplicação prática às realidades das nações. Mesmo não tendo esboçado uma teoria sobre a importância das instituições no funcionamento dos mercados – processo alocativo – e na eficiência das políticas macroeconômicas, Campos ressaltou em quase todos os seus escritos sobre o desenvolvimento econômico a relevância das reformas institucionais para o funcionamento dos mercados financeiros e o processo de financiamento do desenvolvimento. Campos arquitetou e implementou inúmeras reformas institucionais na economia brasileira, entre 1964 e 1967, que resultaram no "milagre econômico" brasileiro. Vide: CAMPOS, Roberto de Oliveira. O mistério do desenvolvimento. In: _____. *A lanterna na popa: memórias*. 4ª ed. Topbooks, 2004, v. 2, p. 1272-1276.

[2] CAMPOS, op. cit., p. 1265-1271.

[3] A nulidade das hipóteses cepalinas para o desenvolvimento é abordada em um artigo do economista Paulo Roberto de Almeida:
ALMEIDA, Paulo Roberto de (Org.). Roberto Campos: um economista pró-desenvolvimento econômico. In: _____. *O homem que pensou o Brasil: trajetória intelectual de Roberto Campos*. Curitiba: Appris, 2017.

[4] NORTH, Douglass C. *Institutions, institutional change and economic performance.* Cambridge: Cambridge University Press, 1990.
_____. *Understanding the progress of economic change.* Princeton: Princeton University Press, 2005, Cap. 3.

[5] CAMPOS, Roberto de Oliveira. *A lanterna na popa: memórias.* Rio de Janeiro: Topbooks, 1994, v. 1, p. 650.

[6] Essa síntese advém de dois textos de Campos:
CAMPOS, Roberto de Oliveira. A crise econômica brasileira. In: _____. *Economia, planejamento e nacionalismo.* Rio de Janeiro: Apec, 1963, p. 53-82.
CAMPOS, Roberto de Oliveira. Observações sobre a teoria do desenvolvimento econômico. In: _____. *Economia, planejamento e nacionalismo.* Rio de Janeiro: Apec, 1963, p. 83-104.

[7] CAMPOS, Roberto de Oliveira. O déficit ferroviário: suas causas e suas consequências. In: _____. *Economia, planejamento e nacionalismo.* Rio de Janeiro: Apec, 1963, p. 305-324.

[8] CAMPOS, Roberto de Oliveira. *A lanterna na popa: memórias.* Rio de Janeiro: Topbooks, 1994, v. I, p. 339-348.

[9] FRIEDMAN, Milton. The supply of money and changes in prices and output. In: U.S. Congress, Joint Economic Committee, The Relationship of Prices to Economic Stability and Growth, 85th Congress, 2nd Session, 1958, p. 241-256.

[10] FURTADO, Celso. *A fantasia desfeita.* Rio de Janeiro: Paz e Terra, 1997, v. II.
ARAUJO LIMA, Marco Antonio Albuquerque de. *O desenvolvimento inacabado do Brasil: o BNDE e a convenção do crescimento de 1952 a 1978.* Rio de Janeiro: BNDES, 2009, p. 133.

[11] CAMPOS, Roberto. *Do outro lado da cerca.* Apec. 2ª edição, 1968, pp. 55-59, 254-256.

[12] CLAK, Gregory. *A farewell to Alms.* Princeton, Nova Jersey, Princeton University Press. 2007; e Joel Mokyr. *A culture of growth.* Princeton, Nova Jersey, Princeton University Press, 2017, Capítulo 3.

[13] CAMPOS, Roberto. *Ensaios de história econômica e sociologia.* 2ª ed. Rio de Janeiro, Apec, 1964a.

[14] CAMPOS, Roberto de Oliveira. *Some inferences concerning the international aspects of economic fluctuations.* Dissertação (Mestrado em economia) Columbian College of the George Washington University, Washington, DC, 1947. Rio de Janeiro: FGV, 2004. Republicação.

[15] Plano Decenal, tomo VI; economista Mariano Ramirez, da OEA; assistência técnica do IPEA.

[16] Ministério do Planejamento e de Coordenação Econômica – Plano Decenal de Desenvolvimento Econômico e Social, tomo VI, volumes I e II, março de 1967. Volumes fartos de dados e estatísticas sobre o ensino no Brasil, projeções até 1976, estimativas de demanda de mão de obra e oferta de conclusão de cursos por categoria de ensino.

Notas de referências

Capítulo 7

[1] CAMPOS, Roberto de Oliveira. *A lanterna na popa: memórias*. Rio de Janeiro, 4ª ed. Topbooks, 2004, vol. 1, p. 574-579.

[2] Vale a pena destacar que os formuladores da política econômica brasileira dos governos de Garrastazu Médici e Ernesto Geisel optaram por financiar o crescimento econômico por meio da expansão fiscal e da emissão de moeda acima do crescimento da demanda. No segundo mandato do petista Luiz Inácio Lula da Silva, deu-se o início do retrocesso irracional na política de desenvolvimento nacional. A política econômica brasileira cometeu impropérios ao voltar para o passado na tentativa de provar a tese cepalina dos anos 1950, no tocante ao desenvolvimento mediante financiamento por meio dos gastos públicos e da dívida interna bruta. O superávit primário de 2,5% do PIB chegou a -2,5% do PIB no final da gestão de Dilma. Muitos dos preceitos cepalinos foram relançados, em particular no que se refere ao papel do Estado como financiador ou vetor principal das atividades econômicas por meio de estímulos fiscais e creditícios sem qualquer avaliação de custos ou benefícios da política fiscal em curso. Os resultados foram idênticos: dívida pública fora de controle, elevados déficits fiscais e inadimplência no setor privado e nas dívidas dos subnacionais. As famílias ficaram extremamente endividadas com o estímulo creditício que os governos petistas deram à sociedade, com o intuito de promover o crescimento. A economia entrou em recessão, com crescimento negativo em torno de 3,5% ao ano, entre 2015 e 2016. O financiamento do crescimento dos governos petistas foi efetuado por meio de estímulos fiscais sem a contrapartida dos benefícios, elevando o nível de endividamento federal acima de 60% do PIB em 2016. Esse endividamento poderia alcançar 90% em 2019, caso a PEC do teto de gastos públicos da União não fosse aprovada em novembro de 2016. O BNDES, na época de Roberto Campos, teve o papel de estimular os investimentos na infraestrutura, sem recursos públicos. Sua característica operacional de fomento tinha como missão a obtenção de recursos locais e internacionais para o financiamento da infraestrutura e a necessidade de recursos das empresas para o financiamento na obtenção de bens de capital, importantes na formação do capital fixo nacional. Na gestão petista, esses propósitos foram fragorosamente deturpados, causando enormes prejuízos à carteira do BNDESPAR, e o banco de fomento passou a ser um balcão de empréstimos subsidiados pelo Tesouro Nacional. A gestão recente, com a economista Maria Silvia Bastos, presidente do BNDES, resgatou as origens do banco com aspectos inovadores, considerando que, nos empréstimos do BNDES, a taxa de retorno do capital social dos seus investimentos deve ser maior do que a taxa de retorno do capital privado.

[3] CAMPOS, Roberto de Oliveira. A despedida de Roberto Campos. *O Estado de S. Paulo*, São Paulo, p. A8, 31 jan. 1999.

[4] CAMPOS, Roberto de Oliveira. *A lanterna na popa: memórias*. Rio de Janeiro, 4ª ed. Topbooks, 2004, vol. 1, p. 650.

[5] CAMPOS, Roberto de Oliveira. Cultura e desenvolvimento. In: *Ensaios de história econômica e sociologia*. Rio de Janeiro: Apec, 1963, p. 112.

[6] CAMPOS, Roberto de Oliveira. *A lanterna na popa: memórias*. Rio de Janeiro, 4a ed. Tobpooks, 2004, vol. 2, p. 636.
[7] CAMPOS, Roberto de Oliveira, op. cit. Idem, p. 562 e 609-610.
[8] MOKYR, Joel. *A culture of growth – the origins of the modern economy*. Princeton University Press. New Jersey, 2017. Capítulos 1 e 2; e REGO, José Márcio e outros, em *Conversa com economistas*. Editora 34, São Paulo, 2ª ed., 1996, pp. 31-59; CAMPOS, Roberto. *Guia para os perplexos*. Nórdica Editora, Rio de Janeiro, 1988, p. 85-87.
[9] CAMPOS, Roberto de Oliveira, idem, p. 256.
[10] CAMPOS, Roberto de Oliveira, idem, p. 191-195.
[11] LAZZARINI, Sergio G. e MUSACCHIO, Aldo. *Reinventando o capitalismo de Estado: o Leviatã nos negócios: Brasil e outros países*. São Paulo: Schwarcz, 2014, Cap. 9.
[12] O BNDE passou a incorporar o "S" no final, BNDES, em 1982, quando começou a atuar em áreas sociais com recursos advindos do Finsocial, da Caixa Econômica Federal e do Banco do Brasil. Um dos primeiros projetos foi o que cuidava da saúde da mulher de baixa renda na rede pública de saúde, em Goiás. Essa mudança se deu no governo do general João Figueiredo (1979-1985). Para mais informações sobre o banco, vide esta publicação em comemoração dos sessenta anos do BNDES: PAIVA, Márcia de. *BNDES: um banco de histórias e do futuro*. São Paulo: Museu da Pessoa, 2012.
[13] BERNANKE, Ben. *Essays on the Great Depression*. Princeton University Press, New Jersey. 2000; EL-ERIAN, MOHAMED A. *The only game in town- central banks, instability, and avoiding the next collapse*. Random House, New York, 2016.
[14] EHRL, Philipp. "Créditos do BNDES e a sobrevivência de empresas", mimeo., IPEA, 2018, Brasília, p. 28-30.
[15] LOZARDO, Ernesto. Com a lanterna na proa do desenvolvimento. *O Estado de S. Paulo*, São Paulo, p. A2, 20 abr. 2017. Esse artigo foi escrito em comemoração dos 100 anos de nascimento de Roberto de Oliveira Campos.
[16] CAMPOS, op. cit., p. 625.
A CGP foi criada em 3 de janeiro de 1946 pelo general De Gaulle com o objetivo de realizar o planejamento do desenvolvimento da França após a Segunda Guerra Mundial. Elaborou onze planos de desenvolvimento, encerrando essa atividade em 2006, quando passou a ser uma Secretaria de Assuntos Estratégicos.
[17] GOLDSMITH, Raymond W. *Brasil 1850-1984: desenvolvimento financeiro sob um século de inflação*. São Paulo: Harper & Row do Brasil, 1986. Tabela V-1, p. 221.
[18] MINISTÉRIO DO PLANEJAMENTO E COORDENAÇÃO ECONÔMICA. *Programa de ação econômica do governo 1964-1966*, cap. XIV, XV e XVI, Documento EPEA, nº 1, Brasília, nov. 1964.
[19] CAMPOS, Roberto de Oliveira. *A lanterna na popa: memórias*. Rio de Janeiro, Topbooks, 2004, vol. 1, p. 615.
[20] LOZARDO, Ernesto. Por que o Brasil ainda não deu certo. *Revista Foco*, São Paulo, p. 26-27, dez. 2004.
[21] MINISTÉRIO DO PLANEJAMENTO. *Plano decenal de desenvolvimento econômico e social*. Brasília. Tomo I, Visão Global, v. 1, p. 13. 1967. O documento deixou claro que não se pretendia transformar o planejamento em uma obra de controle dos

Notas de referências

agentes econômicos e de normas ditadas pela burocracia governamental ao nortear o comportamento dos mercados, mas sim corrigir distorções não competitivas, possibilitando a concorrência efetiva pela livre empresa.

[22] A correção monetária, ou seja, a ORTN, foi criada pela Lei nº 4.357, de 16 de julho de 1964, e o Banco Central do Brasil pela Lei n. 4.595, de 31 de dezembro de 1964, no âmbito da reforma bancária.

[23] A Sumoc foi criada por meio do Decreto-Lei nº 7.293, de 2 de fevereiro de 1945.

[24] LOZARDO, Ernesto. *O sistema financeiro brasileiro*. São Paulo: FGV-SP, 2002. Mimeografado.

[25] O Imposto sobre Valor Agregado (IVA) não é um imposto novo. Sua criação é atribuída a Georg Wilhelm von Siemens, o segundo filho de Werner von Siemens, o industrial fundador da empresa alemã Siemens. Como seu pai, Wilhelm von Siemens foi um importante industrial no setor de telecomunicações. Foi o primeiro a propor esse novo imposto ao governo da Alemanha, em 1919, denominado *Veredelte Umsatzsteuer*. As causas fundamentais da preferência e eficiência do IVA são a redução da evasão fiscal, a simplificação arrecadatória e o baixo custo para as empresas calcularem o imposto devido a ser pago pelo consumidor final. O pagador final dos impostos dos bens e serviços produzidos é o consumidor final. Essa é a essência do IVA. Tratava-se de um imposto não cumulativo sobre o valor agregado no processo da produção industrial. Há um sistema de crédito tributário durante a fase produtiva, antes de o produto chegar ao consumidor final. É um sistema de imposto contra imposto entre fornecedor de insumos e produtor; o fornecedor tem impostos a pagar e os repassa no preço do insumo vendido ao produtor. Este deduz do que deve pagar de impostos, repassando o imposto final ao comprador do produto final fabricado. No início de 1921, Thomas S. Adams, norte-americano, sugeriu também a instituição de um imposto semelhante nos Estados Unidos, mas sobre as transações dos negócios (*business tax*), um substituto ao imposto sobre a renda corporativa. Com o passar do tempo, os tributaristas passaram a nomear Wilhelm von Siemens e Thomas S. Adams como os criadores desse novo imposto, o IVA. Nos Estados Unidos, o IVA foi considerado um sistema de arrecadação sobre os negócios, como propôs Thomas S. Adams, ao passo que, no continente europeu, vigorou o sistema de valor adicionado na produção industrial. Mais tarde, nos anos 1950, o IVA estendeu-se para o setor de serviços. Na França, o IVA foi introduzido sobre os grandes pagadores de impostos, sendo, portanto, menos abrangente do que seria mais tarde. Internacionalmente, o primeiro IVA sobre a circulação de mercadorias foi instituído no Brasil, com a criação do Imposto sobre a Circulação de Mercadorias (ICM), um imposto não cumulativo. Ele surgiu em meio à grande reforma tributária de 1967. Isso se deveu à participação do renomado teórico norte-americano sobre o IVA, Carl S. Shoup, professor da Columbia University. Shoup foi professor de Roberto Campos nessa universidade. Com o tempo, agregaram-se à arrecadação não cumulativa os serviços. Assim, o ICM passou a ser conhecido como ICMS. O ICMS inicialmente foi um IVA eficaz, mas depois se tornou um imposto ineficiente por conta das inúmeras deduções para efeito de política de desenvolvimento realizada pelos estados da federação. É comum considerar o IVA como um imposto do

século passado, alegando que deve ser criado outro sistema tributário para o Brasil. No entanto, ainda não há nada melhor do que esse imposto não cumulativo, o qual existe em mais de 150 países que consistem em federações. Os Estados Unidos não constituem uma federação; cada estado tem autonomia para estabelecer seu regime tributário com impostos diferenciados, sistemas bancários independentes etc.

[26] Depois da implementação do IVA na França, outros países seguiram o mesmo curso: Alemanha, Itália, Reino Unido, Coreia do Sul, Canadá, China, Rússia (1991) e Índia (2017). Em 2016, o IVA é o sistema de coleta indireta de impostos em 160 países.

[27] MINISTÉRIO DO PLANEJAMENTO. *PAEG*. Brasília. Tomo II, v. 1, p. 77-81, op.cit.

[28] MINISTÉRIO DO PLANEJAMENTO. *Plano decenal de desenvolvimento econômico e social*. Brasília, 1967. Tomo II, v. 1, Política Tributária, p. 58.

[29] MINISTÉRIO DO PLANEJAMENTO. *Plano decenal de desenvolvimento econômico e social*. Brasília, 1967. Tomo II, v. 1, p. 15-25.

[30] Em 2017, o presidente da República, Michel Temer, propõe tanto a reforma da previdência como a tributária, dois pilares para consolidar a reforma fiscal (do teto de gastos públicos) e eliminar a não neutralidade do atual sistema tributário cumulativo e não competitivo, que estimula a inflação de custos.

[31] Frase de Roberto Campos no discurso de despedida como ministro do Planejamento do governo de Castello Branco, no Congresso Nacional, em 17 de março de 1967. Vide p. 225.

Capítulo 8

[1] Esse tópico foi apresentado no Capítulo 5.

[2] DELFIM NETTO, Antonio. OK, Roberto Campos, você venceu! *Folha de S. Paulo*, São Paulo, 10 out. 2001. Acesso em: <www1.folha.uol.com.br/fsp/brasil/fc1010200127.htm>.

[3] DELFIM NETTO, Antônio et al. Alguns aspectos da inflação brasileira. *Estudos ANPES*, São Paulo, n. 1, 1965.

[4] BACHA, Edmar L. *Introdução à macroeconomia: uma perspectiva brasileira*. Rio de Janeiro: Campus, 1982. REZENDE, André P. de Lara. A política brasileira de estabilização: 1963/68. *Pesquisa e Planejamento Econômico*, Rio de Janeiro, v. 12, nº 3, dez. 1982.

[5] LAGO, Luiz Aranha Corrêa do. *Uma revisão do período do milagre: política econômica e crescimento, 1967-1973*. Rio de Janeiro: Departamento de Economia da PUC-Rio, dez. 1989. Mimeografado.

[6] Já mencionei esse feito anteriormente e publiquei um artigo sobre ele. Ilustres pessoas conhecedoras desse fato o confirmaram: o ex-ministro Delfim Netto, Eliezer Batista de Oliveira e Ha-Joon Chang, professor sul-coreano da Universidade de Cambridge. Ha-Joon comentou comigo que, durante duas décadas, 1980 e 1990, nos cursos de história do desenvolvimento da Coreia do Sul, apresentavam-se o PAEG e o Plano Decenal brasileiros como algumas das principais fontes inspiradoras do

Notas de referências

plano de desenvolvimento do país. Várias delegações de países subdesenvolvidos estiveram no Brasil observando as mudanças institucionais econômicas e políticas de desenvolvimento apoiadas pelo Banco Mundial. A comissão coreana esteve no Brasil no período entre 1964 e 1966. Muito do que Campos e Bulhões propuseram no planejamento estratégico foi incorporado nos planos decenais do governo sul-coreano. Os representantes coreanos ficaram admirados com a competência dos pesquisadores e com a organização do IPEA. No início de 1970, criou-se na Coreia do Sul um instituto similar ao IPEA: o Korean Development Institute (KDI).

Os militares que sucederam a Castello Branco ignoraram o Plano Decenal e preferiram construir uma economia capitalista estatal baseada no potencial da economia interna e na potencialidade econômica, financeira e inovadora da Petrobras. O governo de Geisel foi, a seu modo, um governo populista militar. Em meio a uma das maiores crises de custo internacional, a do petróleo, os planos de desenvolvimento de seu governo e as opções de política econômica eram incompatíveis com as realidades de financiamento do desenvolvimento. Alheio à mudança no custo do desenvolvimento com energia fóssil de baixo custo, insistiu no crescimento pela rota da expansão fiscal e pelo endividamento interno e externo. As estatais foram, no governo de Geisel, a fonte de captação de recursos internacionais para o financiamento do desenvolvimento. As dívidas internas e externas ultrapassaram qualquer limite de segurança financeira nacional. Geisel, literalmente, quebrou a nação. O mesmo populismo desenvolvimentista, alheio às realidades de crise internacional, ocorreu no segundo mandato de Lula e durante toda a gestão de Dilma. Esses governos, militar e civis, acreditaram que as crises que enfrentavam não passariam de uma "marolinha" nas praias da economia nacional. No caso de Lula, a retórica foi de que se tratava de uma crise passageira. Geisel, em relação à crise do petróleo, afirmou que tanto a taxa de câmbio como a inflação permaneceriam estáveis. Que medidas seriam adotadas? Novamente a expansão dos gastos fiscais e a redução do custo do capital, juros nominais. Essas políticas equivocadas resultaram na desindustrialização precoce do Brasil. Não se deve esquecer que Juscelino Kubitschek cometeu os mesmos erros em matéria de política de desenvolvimento populista, gerando no país um processo de desmanche econômico institucional e industrial e potencializando a inflação no governo de Goulart, como apresentado no Capítulo 3. Juscelino não quebrou a nação como os presidentes anteriores, mas lançou as sementes para o desastre político-institucional que aflorou no governo de João Goulart. A crise de crescimento transformou-se em uma crise político-institucional, que, por sua vez, resultou no afastamento de Goulart por meio de um golpe militar em março de 1964.

[7] MALAN, Pedro S. e BONELLI, Regis. The Brazilian economy in the seventies: old and new developments. *World Development*, v. 5, n. 1-2, 1977.

[8] STEPAN, Alfred. *Os militares na política*. Artenova, Rio de Janeiro, 1971 e organizado pelo autor, *Authoritarian Brazil: origens, policies and future*. New Haven. Yale University Press, 1973, p. 47-97.

[9] CAMPOS, Roberto. *O mundo que vejo e não desejo*. Rio de Janeiro: Livraria José Olympio Editora, 1967.

[10] CAMPOS, Roberto. *Política econômica e mitos políticos*. Apec Editora S.A. Rio de Janeiro, 1965, p. 56.

Ok, Roberto. Você venceu!

Memórias dos amigos de Roberto Campos

[1] O presidente Michel Temer (2016-2018) foi vice-presidente e sucedeu a Dilma Rousseff em razão de seu impeachment.
[2] Antonio Francisco Azeredo da Silveira, ministro das Relações Exteriores do Brasil 1974-1979, governo Ernesto Geisel. Merval Pereira, jornalista e escritor, relatou essa história em um evento em homenagem aos 100 anos de nascimento de Roberto Campos, no Itamaraty do Rio de Janeiro, 2017.

BIBLIOGRAFIA

Acemoglu, Daron e James A. Robinson. *The origins of power, prosperity, and poverty- why nations fail*. New York, Crown Business, 2012.
Afonso, Carlos A. e Hebert de Souza. *O Estado e o desenvolvimento capitalista no Brasil - a crise fiscal*. São Paulo, Paz e Terra, 1977.
Almeida, Paulo Roberto. *O homem que pensou o Brasil – trajetória intelectual de Roberto Campos*. Curitiba, Appris Editora, 2017
Bacha, Edmar. *Introdução à macroeconômica - Uma perspectiva brasileira*. Rio de Janeiro, Editora Campus, 1982.
Bilschowsky, Ricardo. *Pensamento econômico brasileiro: ciclo ideológico do desenvolvimentismo*. 2ª ed. Rio de Janeiro, Contraponto. 1995.
Buescu, Mircea. *300 anos de inflação*. Rio de Janeiro, Apec, 1973.
Biderman, Ciro, Luis Felipe L. Cosac e José Márcio Rego. *Conversas com economistas brasileiros*. São Paulo, Editora 34, 1996.
Bodworth, Barry. *Saving and investment in a global economy*. Washington D.C., The Brookings Institution, 1993.
Brainard, Lael e Leonard Martinez-Diaz (editores). *Brazil as an economic superpower? Understanding Brazil's changing role in the global economy*. Brookings Institution Press. Washington D.C., 2009.
Campos, Roberto e Mário Henrique Simonsen. *Formas criativas de desenvolvimento brasileiro*, Rio de Janeiro, Apec Editora S/A, 1975.
_____. *A nova economia brasileira*. Rio de Janeiro, Livraria José Olympio Editora, 1974.
Campos, Roberto de Oliveira. *Some Inferences Concerning The International Aspects of Economic Fluctuations*. Rio de Janeiro, FGV Editora, 2004 (Dissertação de mestrado).

_____. *Economia, Planejamento e Nacionalismo*, Apec Editora S/A. Rio de Janeiro 1963.
_____. *A moeda, o Governo e o Tempo*, Rio de Janeiro, Apec Editora S/A, Rio de Janeiro, 1964.
_____. *Ensaios de História Econômica e Sociologia*. 2a ed. Rio de Janeiro, Apec, 1964a.
_____. *A técnica e o riso*. Rio de Janeiro, Apec, 1967.
_____. *Reflections on Latin American Development*. University of Texas Press, Austin & London. 1968.
_____. *Temas e sistemas*. Rio de Janeiro, Apec, 1968.
_____. *Ensaios contra a maré*. Rio de Janeiro, Apec, 2a ed., 1969.
_____. *O Brasil e o mundo em transformação*. Brasília: Instituto de Pesquisas, Estudos e Assessoria do Congresso, 1973. 74 p. 320.981 S471b.
_____. *O mundo que vejo e não desejo*. Rio de Janeiro, Livraria José Olympio Editora, 1976.
_____. *As lições do passado e as soluções do futuro: discurso pronunciado na sessão do Senado Federal em 8.6.83*. Brasília, DF: Senado Federal, 1983. 119 p. 333.790981 C198l.
_____. *Guia para os perplexos*. Nórdica. Rio de Janeiro. 1988.
_____. *O século esquisito – ensaios*. Rio de Janeiro, Topbooks, 1990.
_____. *Reflexões do Crepúsculo – ensaios*. Rio de Janeiro, Topbooks, 1991.
_____, *Antologia do bom senso*. Rio de Janeiro, Topbooks, 1996.
_____, *A lanterna na popa – Memórias* 1 e 2. Rio de Janeiro, 4ª ed. Revisada, Topbooks, 2004.
Capie, Forrest H. (editor). *Major inflation in history*. Edward Elgar Publishing Limited. USA, Vermont, 1991.
Cooper, Richard N. *Economic stabilization and debt in Developing Countries*. Cambridge, The MIT Press. Massachusetts, 1992.
Easterly, William. *The Elusive Quest for Growth–economists adventure and misadventures in the topics*. Massachusetts, The MIT Press, 2002.
Franco, Gustavo H. B. *A moeda e a lei – uma história monetária brasileira 1993-2013*. Rio de Janeiro, Zahar, 2017.
_____. *O Plano Real e outros ensaios*. São Paulo, Editora Francisco Alves, 1995.

Bibliografia

Furtado, Celso. *A nova dependência (dívida externa e monetarismo)*. Rio de Janeiro, Paz e Terra. 1982.

Goldsmith, Raymond W. *Desenvolvimento financeiro sob um século de Inflação*. Editora Harper & Row do Brasil Ltda, 1986.

_____, *Do outro lado da cerca*. Rio de Janeiro, Apec, 2ª ed., 1968.

Gudin, Eugênio. *Reflexões e comentários - 1970-1978*. Rio de Janeiro, Editora Nova Fronteira, 1978.

Heap, Shaun P. Hergreaves. *The New Keynesian Macroeconomics - time, belief and social interdependence*. Great Britain, Billing & Sons, 1992.

Ianni, Octavio. *Estado e planejamento econômico no Brasil (1930-1970)*. Rio de Janeiro, Editora Civilização Brasileira. 2ª ed., 1977.

Landes, David S. *Riqueza e a pobreza das nações- por que algumas são tão ricas e outras são tão pobres*. Rio de Janeiro, Editora Campus. 3ª ed., 1998.

Lima, Heitor Ferreira. *História do pensamento econômico no Brasil*. Brasiliana. Vol 360. Rio de Janeiro, Companhia Editora Nacional, 1978.

McKinsey & Company, *Produtividade no Brasil. A chave do desenvolvimento acelerado*. Rio de Janeiro, Editora Campus, 1999.

Moura, Alkimar (organizador). *PAEG e Real - dois planos que mudaram a economia brasileira*. Rio de Janeiro, FGV Editora. 1ª edição, 2007.

Oliveira, Eliezer R. de. *As forças armadas: política e ideologia no Brasil (1964-1969)*. Petrópolis, Vozes, 1976.

Paim, Gilberto Ferreira. *O Filósofo do Pragmatismo - atualidades de Roberto Campos*. Rio de Janeiro, Editora Escriba, 2002.

Perez, Reginaldo Teixeira. *O pensamento político de Roberto Campos – da razão do Estado à razão do mercado (1950-1995)*. Rio de Janeiro, Editora FGV, 1999.

Silva, R. Planejamento econômico e crise política: do esgotamento do plano de desenvolvimento ao malogro dos programas de estabilização. *Revista de Sociologia e Política*. Curitiba, nº 14, p. 77-101, 2000.

Simonsen, Mário Henrique. *Ensaios sobre a economia e política econômica 1964-1969*, Rio de Janeiro, Apec Editora S/A, 1971.

Slawson, David W. *The new inflation - the collapse of the free markets*. New Jersey. Princeton University Press, 1981.

Stepan, Alfred. *Os militares: da nova abertura à 'nova república'*. São Paulo: Paz e Terra, 1984.

Stewart Jr., Donald. *O que é o liberalismo.* Rio de Janeiro, 4ª edição, Instituto Liberal, Rio de Janeiro, 1988.

Rezende, Fernando e José Roberto Afonso (org.). *50 Anos da Reforma Tributária Nacional: origens e lições.* Rio de Janeiro, FGV, Editora IBRE, 2014.

Rodrick, Dani. *One Economics Many Recipes– globalization, institutions and economic growth.* Princeton, Princeton University Press, 2007.

Romer, David e Gregory Mankiw (Editores). *New Keynesian Economics,* volume 2, Cambridge. The MIT Press, 1992.

Skidmore, Thomas. *Brasil: de Getulio a Castelo.* São Paulo, Paz e Terra, 8ª edição, 1982.

_____. *Brasil: de Castelo a Tancredo.* São Paulo, Paz e Terra, 1988.

_____. *Politics in Brazil – 1930-1964. An experiment in democracy.* Oxford, Oxford University Press, 1967.

Weintraub, Sidney. *Keynes, Keynesians and Monetarists.* New Jersey, University of Pennsylvania Press, 1978.

Werneck Sodré, Nelson. *Vida e morte da ditadura – 20 anos de autoritarismo no Brasil.* Petrópolis, Vozes, 1984.

ÍNDICE REMISSIVO

A

Alves, Vitor da Silva – 209
Angola – 275, 276
Arbach, Jorge – 11
Arida, Pérsio – 286
Armadilha da liquidez – 161
Arraes, Miguel – 314
Assistencialismo – 175

B

Bacha, Edmar – 286, 330, 340, 343
Banco Central do Brasil (BACEN) – 11, 206, 214, 218, 219, 220, 234, 270, 302, 330-332
Bangladesh – 285
Barbosa, Antonio José – 11
Barros, Luiz Carlos Mendonça de – 296
Batista, Eliezer – 17, 18, 301, 340
Bergsman, Joel – 239
Bielschowsky, Ricardo – 43, 323, 326, 327, 329, 333
BNDE – 127, 138, 139, 146, 167, 202, 204, 209, 212, 231, 303, 305, 329, 336, 338
BNDES – 43, 60, 64, 72, 104, 127, 186, 202, 204-208, 232, 263, 303, 329, 336-338
Boianovsky, Mauro – 11, 329
Bolivar, Simon – 43, 44
Branco, Humberto de Alencar Castello – 15, 16, 17, 18, 23, 24, 27, 28, 29, 34, 36, 38, 41, 44, 48, 52, 59, 61, 68, 69, 83, 113, 114, 126, 127, 132, 135, 138, 142-148, 152, 173, 175, 181, 182, 191, 192, 195, 199, 200, 202, 210, 211, 214, 218, 219, 221, 222, 224, 225, 228, 229, 233, 236, 239, 256, 257, 267-269, 271, 296, 297, 298, 308, 310-312, 324, 331, 332, 340, 341
Branco, Roberto Castello – 11, 325
Brunner, Karl – 107, 329
Bulhões, Otávio Gouveia de – 24, 38, 40, 41, 48, 69, 93, 95, 99, 132, 151, 210, 211, 218, 219, 211, 222, 229, 232, 236-238, 242, 255, 284, 285, 289, 298, 303, 304, 307-310, 312, 341

C

Café Filho, João – 162

Campeões nacionais – 179
Campos, ineditismo – 106, 178
Capanema, Gustavo – 98
Capital estrangeiro – 56, 101, 150, 176, 270
Capital humano – 20, 22, 27, 39, 54, 57, 66, 83, 101, 110, 111, 119, 142, 147, 148, 194, 230, 236, 246, 248, 249
Capitalismo de Estado – 18, 27, 29, 34, 39, 40, 62, 63, 75, 76, 113, 114, 138, 142, 144, 145, 148, 150, 179, 181, 198, 225, 230, 257, 338
Capitalismo democrático – 15, 19-21, 30, 54, 114, 137, 141, 144, 155, 197, 209, 256, 257, 317
Cardoso, Fernando Henrique – 21, 44, 60, 61, 114, 129, 143, 145, 185, 188, 190, 205, 225, 257, 260-272, 297
Carr, Robart C. –10
Centralização cambial – 65, 90
CEPAL – 19, 21, 26, 30, 33, 50, 51, 86, 158, 166, 172, 183, 249, 288, 290, 305, 306, 330, 333
Chile – 26, 83, 84, 86, 265, 279, 307, 333
China – 31, 46, 119, 138, 275, 330, 340
Constituição de 1967 – 222, 283
Coreia do Sul – 17, 30, 47, 61, 63, 66, 67, 116, 118, 119, 132, 134, 135, 138, 148, 152, 156, 185, 199, 212, 235, 327, 340, 341
Correção monetária – 127, 214, 215, 220, 221, 234, 235
Costa, Arthur de Souza – 303
Crescimento acelerado – 30, 40, 41, 84, 126, 130, 135, 136, 151, 170, 175, 213, 230, 231, 235, 237, 238, 240, 241, 246, 249, 255, 256, 270
Crescimento Equilibrado – 100-02, 173, 329, 335
Crescimento populacional – 178, 189-262
Crescimento sustentável – 13, 17, 19, 22, 23, 55, 56, 80, 81, 82, 85, 90, 94, 100, 109, 120, 123, 132, 139, 140, 153, 156, 157, 159-163, 165, 167, 169-171, 173, 174, 183, 188, 191, 192, 197, 200, 201, 236, 237, 242, 244, 247, 255

D

d'Estaing, Giscard – 284, 285
Década perdida – 29, 30, 31, 44, 60, 71, 97, 128, 135, 136
Decreto-Lei 200 – 283
Delfim Netto, Antonio – 11, 18, 28, 40, 41, 52, 54, 55, 68, 70, 83, 92-96, 99, 112, 194, 195, 229, 236-238, 242, 255, 257, 269, 270, 271, 283, 291, 298, 310-313, 325, 327-329, 332, 340
Dependência e desenvolvimento – 265
Desigualdade da renda – 178, 241, 243, 247
Diamond, William – 318, 319
Dirigismo Econômico – 122
Distribuição de renda – 19, 41, 83, 174, 240, 323
Distributivista – 155

E

Economia industrial – 103, 113
Ellis, Howard Sylvester – 239, 329

EPEA – 24, 30, 68, 208, 209, 210, 212, 338
Escolástico – 39, 52, 53, 100, 324-326
Estabilidade de preços – 59, 84, 99, 102, 116, 131, 162, 183, 186, 195, 214, 237, 250
Estagnação – 26, 123, 131, 172, 211, 250, 265, 325
Estruturalismo – 46, 47, 51, 82, 90, 106, 110, 239, 326
Estruturalista – 19, 22, 29, 38, 42, 45, 47-49, 51-53, 56, 57, 60, 61, 64, 74, 75, 82, 84-90, 92-95, 97, 101-103, 105-107, 109, 111-113, 166, 167, 170, 172, 183, 188, 211, 227, 228, 237-239, 246, 250, 291, 305, 311, 326, 328, 330
Ethel, Miguel – 296
Expansão demográfica – 178, 230

F

Federal Reserve System (Fed) – 285
Fenômeno monetário – 184
Figueiredo, João Batista – 35, 98, 113, 128, 130, 136, 145, 205, 221, 269, 300, 331, 332, 338
Fishlow, Albert – 238, 239
Franco, Gustavo – 333, 344
Franco, Itamar – 21, 285
Friedman, Milton – 26, 49, 54, 107, 184, 192, 336
Fundação Getulio Vargas (FGV) – 11, 18, 96, 238, 251, 303, 305, 307, 319
Fundo de participação – 224
Fundo Monetário Internacional (FMI) – 17, 96, 128, 157, 162, 166, 172, 331, 335
Furtado, Celso – 52, 75, 109, 137, 141, 167, 172, 184, 186, 188, 194, 211, 245, 246, 266, 283, 305, 315, 329, 330, 332, 335, 336, 345

G

Galvêas, Ernane – 11, 13, 194, 211, 255, 302-306
Geisel, Ernesto – 18, 35, 44, 60, 72, 83, 96, 98, 103, 109, 114, 127, 128, 130, 134, 136, 141, 145, 148, 205, 225, 261, 268, 269, 286, 332, 337, 341, 342
Globalização – 16, 21, 32, 55, 61, 106, 117, 120, 132, 157, 186, 192, 213, 265, 326, 330, 331
Goulart, João – 125, 173, 187, 228, 306-308, 335, 341
Gudin, Eugênio – 52, 54, 55, 60, 83, 91, 92, 96, 98, 99, 103, 152, 176, 194, 255, 303, 304, 306, 312, 326, 329, 344

H

Haberler, Gottfried von – 54, 319, 323
Harrod-Dommar – 248
Haveres Monetários – 127, 233-235
Hayek, Friedrich August Von – 39, 52-54, 78, 106, 192, 283, 320, 327
Hirschman, Albert Otto – 47, 82, 107, 141, 326, 327, 329, 333

I

ICM – 222-224, 253, 284, 287, 288, 339
Imposto sindical – 271
Imposto sobre Valor Agregado (IVA) – 222, 339
Industrialização brasileira – 176
Inflação, causas – 16, 17, 21, 26, 28, 29, 30, 35, 38, 39, 40, 41, 47, 48, 50,

51, 56, 60, 61, 65, 69, 70, 76, 77, 79, 80, 82-111, 124-132, 134-136, 141, 142, 144, 145, 147, 149, 153, 154, 159, 160, 162, 163, 165, 167-174, 180, 184-189, 196, 197, 199, 200, 208, 210, 211, 214, 215, 219, 221, 224, 226-240, 242, 245, 247, 250, 251, 257, 269, 283, 284, 286, 287, 288, 302, 306, 317, 324, 328, 329, 331, 332, 335, 340, 341
InvestBanco – 295, 296, 318
Investimentos internacionais – 96, 112, 163, 209, 229
IPEA – 15, 17, 93, 137, 143, 194, 210, 212, 213, 231, 281, 323, 326, 327, 329, 336, 338, 341
IPI – 222, 223, 224, 253, 284, 287
Isfahan – 274, 275

J

Jaguaribe, Hélio – 265
Jost, Nestor – 308, 309, 311
Julião, Francisco – 315
Juventude Estudantil Católica (JEC) – 315, 317

K

Kafka, Alexandre – 99
Kennedy, John – 292, 293, 294
Keynes, John Maynard – 39, 52, 54, 73-76, 78, 79, 80, 106, 131, 153, 161, 162, 164, 192, 226, 227, 232, 292, 320, 323, 325, 327, 335
Keynesiano – 39, 73, 75, 78, 106, 121, 152, 161, 325
Keynesianos – 22, 25, 59, 60, 73-76, 78, 80, 179, 290, 326

Kissinger, Henry – 11, 33, 274, 282, 300, 301, 326
Klabin, Israel – 274
Kubitschek, Juscelino – 103, 110, 124, 160, 165, 166, 184, 196, 203, 204, 211, 227, 228, 303, 335, 341

L

Langoni, Carlos Geraldo – 11, 247, 248, 249
Lebrun, Gérard – 261
Leme, Rui – 287, 309, 310
Levy, Joaquim – 287
Liberais – 22, 51, 55-59, 73, 75, 81-84, 87, 92, 113, 307, 326, 327
Liberal – 16, 20, 22, 27, 32, 45, 52, 53, 55, 76, 92, 98, 121, 141, 143, 150, 152, 154, 180, 264, 269, 282, 303, 305, 307, 311, 323-326
Lopes, Lucas – 110, 167, 168, 171, 172, 183, 211, 255, 303-305, 330, 334, 335
Lula, Luiz Inácio da Silva – 44, 60, 62, 114, 148, 186, 205, 256, 333, 337, 341

M

Malan, Pedro – 285, 286, 341
Manoilescu, Mihail – 53, 54, 72, 86, 186, 326, 327, 330
Mansfield, Annie – 293
Mariani, Clemente – 306, 308
Martins, João Carlos (maestro) – 11, 13, 292-302
Marx, Karl – 271, 291
McNamara, Robert – 33, 281, 282, 300

Índice remissivo

Menger, Carl – 53
MERCOSUL – 36, 86
Mesquita, Ruy – 268
Mises, Ludwing von – 39, 53
Monetarismo – 49, 106, 107, 326, 327, 329, 345
Monetarista – 42, 47, 48, 49, 51, 92, 106-109, 132, 159, 166, 170, 172, 237
Morgenstern, Oskar – 10, 53
Morley, Samuel – 239
Mundell, Robert – 33, 281, 297

N

Neoliberais – 22, 51, 55-59, 82-84, 87, 92, 113, 125
Neoliberal – 22, 27, 32, 34, 36, 39, 44, 45, 52, 54, 56, 59, 74, 78, 82, 83, 85, 97, 100, 109, 121, 150-152, 185, 202, 264, 267, 326
Nixon, Richard – 273, 274, 276, 277
Nova matriz econômica – 328
Nunes, Aloísio – 260

O

OCDE – 86, 191, 280, 326
Ode à Paz de Beethoven – 263
Operação Bandeirantes (OBAN) – 260
Oresme, Nicolas – 53
ORTNs – 215, 233

P

PAEG – 17, 23, 63, 68, 80, 125, 126, 135, 137, 144, 146, 152, 200, 209, 210, 211, 212, 214, 221, 233, 235, 254, 318, 331, 335, 340, 345

Paim, Gilberto Ferreira – 10, 43, 318, 345
Papel do Estado – 34, 38, 41, 54, 74, 75, 121, 134, 140, 150, 152, 159, 166, 179, 198, 226, 268, 317, 323, 337
PED – 126, 231
Pereira, Merval – 299
Planejamento Seccional – 141, 333
Plano de Metas – 110, 124, 147, 160, 165, 167-172, 184, 196, 203-205, 303, 304, 335
Plano Decenal de Desenvolvimento Econômico (PDDES) – 17, 20, 23, 30, 66, 80, 137, 200, 209, 212-214, 256
Plano Marshall – 144, 202, 209
Plano Real – 21, 44, 65, 134, 135, 269, 285, 286, 344
PMDB – 267
Poder de compra – 21, 26, 48, 49, 57, 62, 63, 82, 83, 111, 124, 140, 142, 159, 165, 168, 169, 184, 197, 218, 219, 226, 245, 255, 333, 334
Política fiscal – 49, 94, 106, 107, 110, 124, 129, 131, 132, 154, 219, 337
Política habitacional – 193, 195, 220
Política Industrial – 29, 65-68, 71, 79, 113, 167, 172, 177, 179, 181, 223, 228, 236
Política monetária – 21, 49, 57, 59, 77, 95, 97, 102, 107, 108, 131, 132, 192, 217, 219, 224, 236, 250
Política tributária – 97, 133, 211, 340
Prebisch, Raúl – 46, 52, 266, 330
Programa de Estabilização Monetária (PEM) – 110, 168, 169, 170, 171, 184, 211, 323, 330, 334
PSDB – 267
PT – 267

Q

Quadros, Jânio – 42, 307, 332

R

Reforma institucional – 15, 16, 19, 34-36, 39, 41, 44, 45, 48, 50, 51, 61, 64, 67, 72, 75, 76, 80, 98, 100, 101, 103, 114, 116, 119, 136, 137, 143, 144, 156, 157, 158, 161, 166, 175, 178, 180, 182, 195, 196, 200-202, 209, 225, 235, 238, 246, 255, 256, 271, 335
Reforma trabalhista – 42
Reformas estruturais – 38, 69, 93, 119, 153, 211, 220
Resende, André Lara – 286
Responsabilidade fiscal – 113, 183, 219, 267, 269
Rhodesia – 276
Rockefeller, Nelson – 274
Rogers, Bill – 274
Roosevelt, Eleanor – 294
Rothbard, Murray Newton – 53, 325
Rousseff, Dilma – 60, 114, 148, 186, 268, 328, 333, 342

S

Samuelson, Paul – 73, 137, 327
Schmidt, Augusto Frederico – 171, 334, 335
Schumpeter, Joseph – 39, 52-54, 78, 106, 192, 317, 319, 320, 323, 335, 336
Shell – 287
Shoup, Carl – 222, 339
Simonsen, Mário Henrique – 12, 24, 27, 28, 52, 54, 83, 91, 92, 96-99, 112, 194, 210, 211, 222, 255, 270, 286, 301, 308, 310, 312, 326, 329, 331, 332, 343, 345
Simonsen, Roberto – 52, 53, 98, 304, 327, 330
Sistema Financeiro da Habitação (SFH) – 220, 221
Solow, Robert – 248
SUMOC – 170, 217, 218, 303-306, 339

T

Temer, Michel – 42, 44, 143, 207, 269, 281, 340, 342

U

URV – 286

V

Valores culturais – 116, 117, 156, 182, 189
Vargas, Getulio – 42, 203, 204, 221, 222, 303
Vietnam War – 273, 275, 281
Volcker, Paul – 285

W

Westphalia Accord – 278
Whitaker, José Maria – 162, 166
Woods, Bretton – 98, 160-163, 302, 303, 305
World Order – 277, 278

Z

Zecchin, João Batista – 9, 10, 316

Este livro foi impresso em
novembro de 2018 pela Edigráfica